普通高等教育中医药类规划教材

中 医 筋 伤 学

（供中医骨伤专业用）

主　编　韦贵康
副主编　黄宪章
编　委　刘克忠　陶有略　涂　丰
主　审　刘柏龄　邓福树

上海科学技术出版社

图书在版编目(CIP)数据

中医筋伤学 / 韦贵康主编. —上海:上海科学技术出版社,2001.8(2025.9重印)

普通高等教育中医药类规划教材

ISBN 978-7-5323-4289-1

Ⅰ.①中… Ⅱ.①韦… Ⅲ.①筋膜疾病-中医伤科学-高等学校-教材　Ⅳ.①R274.3

中国版本图书馆 CIP 数据核字(2007)第 027152 号

中医筋伤学

主编　韦贵康

上海世纪出版(集团)有限公司
上海科学技术出版社　出版、发行
(上海市闵行区号景路 159 弄 A 座 9F-10F)
邮政编码 201101　　www.sstp.cn
常熟市兴达印刷有限公司印刷
开本 787×1092　1/16　印张 15.25
字数：357 000
1997 年 6 月第 1 版　2025 年 9 月第 20 次印刷
ISBN 978-7-5323-4289-1/R·1144
定价：19.00 元

本书如有缺页、错装或坏损等严重质量问题，请向工厂联系调换

普通高等教育中医药类规划教材

顾问委员会名单
（按姓氏笔画排列）

王玉川	王绵之	邓铁涛	刘志明	刘弼臣	刘渡舟
江育仁	杨甲三	邱茂良	罗元恺	尚天裕	赵绍琴
施奠邦	祝谌予	顾伯康	董建华	程莘农	裘沛然
路志正					

编审委员会名单

主 任 委 员：张文康
副主任委员：于生龙　李振吉　陆莲舫
委　　　员：（按姓氏笔画排列）

于生龙	于永杰	万德光	马宝璋	马骥
王永炎	王世成	王和鸣	王洪图	王萍芬
王新华	王韵珊	王耀庭	韦贵康	邓福树
龙致贤	叶传蕙	叶定江	石学敏	丘和明
丘德文	皮持衡	朱文锋	任继学	刘柏龄
刘振民	孙国杰	孙校	杜健	杨兆民
杨春澍	李任先	李安邦	李明富	李振吉
李家实	李鼎	严世芸	严振国	吴敦序
何珉	肖崇厚	沈映君	陈奇	陈大舜
陈子德	陆莲舫	陆德铭	张文康	张六通
张安桢	张志刚	张绚邦	张殿璞	范碧亭
罗永芬	周梦圣	郑守曾	尚炽昌	宗全和
孟如	项平	柯雪帆	钟淼	段逸山
段富津	施杞	施顺清	施雪筠	袁浩
钱英	徐生旺	高尔鑫	郭诚杰	梁颂名
葛琳仪	彭胜权	傅世垣	曾诚厚	雷载权
黎伟台	戴锡孟	魏民	魏稼	魏璐雪

前　言

　　根据国家教委《全国普通高等教育"八五"期间教材建设规划纲要》"要集中力量抓好本科主要专业主干课程教材建设"的精神，国家中医药管理局统一组织编审出版了普通高等教育中医药类规划教材。本套教材包括中医学、中药学专业的主要课程和针灸、中医骨伤科学专业主要专业课程教材，计有《医古文》、《中医基础理论》、《中医诊断学》、《中药学》、《方剂学》、《中医内科学》、《中医外科学》、《中医妇科学》、《中医儿科学》、《中医急诊学》、《内经选读》、《伤寒论选读》、《金匮要略选读》、《温病学》、《正常人体解剖学》、《生理学》、《病理学》、《生物化学》、《诊断学基础》、《内科学》、《针灸学》、《经络学》、《腧穴学》、《刺法灸法学》、《针灸治疗学》、《中医骨伤科学基础》、《中医骨伤学》、《中医骨病学》、《中医筋伤学》、《中医学基础》、《药用植物学》、《中药化学》、《中药药理学》、《中药鉴定学》、《中药炮制学》、《中药药剂学》、《中药制剂分析》、《中药制药工程原理与设备》等三十八门课程教材及其相关实践教学环节教材。

　　为了提高教材质量、深化教学领域改革，国家中医药管理局于一九九二年四月在杭州召开了全国中医药本科教材建设工作会议，研究部署了本套教材的建设工作，会后下发了《普通高等教育中医药类规划教材编写基本原则》、《普通高等教育中医药类规划教材组织管理办法》、《普通高等教育中医药类规划教材主编单位招标办法》等文件。通过招标，确定并聘任了各门教材主编。一九九二年十一月在北京召开的普通高等教育中医药类规划教材建设工作会议上，成立了普通高等教育中医药类规划教材编审委员会，讨论研究了本套教材的改革思路，并组成了各门教材编写委员会，确定了审定人。

　　为了保证教材的编写质量，先后召开了几次工作会议和教材审定会议，对各门课程教学大纲、教材编写提纲及教材内容进行了认真审定。最后，还征求了本套规划教材顾问委员会各位名老中医药专家的意见。通过多次会议以及全体编委审定人的共同努力，在名老中医药专家的指导下，使本套教材在前五版统编教材的基础上，在符合本科专业培养目标的实际需要方面，在理论联系实际、保持中医理论的系统性和完整性，反映中医药学术发展的成熟内容和教育改革新成果方面，在明确各门教材的教学目的、确定教材内容的深广度、促进教材体系整体优化等方面有了较大的提高，使本套规划教材内容能具体体现专业业务培养的基本要求和教学质量测试的基本标准。对少数教材根据课程设置的需要，进行了较大幅度的改革，使之更符合教学的需要。根据国家教委有关文件精神，各高等中医药院校、高等医药院校中医药类专业应优先选用这套由国家中医药管理局统一规划组织编审的规划教材。

　　随着中医药高等教育工作的不断改革与深化，本套教材不可避免地还存在一些不足之处，殷切希望各地中医药教学人员和广大读者在使用过程中，提出宝贵意见，以促使本套教材更臻完善和更符合现代中医药教学的需要。

普通高等教育中医药类规划教材编审委员会

一九九四年十二月

编 写 说 明

本教材是由广西中医学院韦贵康教授中标主编，黄宪章、刘克忠、陶有略、涂丰等参加编写。

全书共分12章，插图236幅。总论较全面地概述了筋伤的病因病机、诊断与治法，其余内容从这些方面展开，分别详述了上肢、下肢、颌颈、胸背、腰骶及周围神经和周围血管的筋伤疾患。

在编写过程中，我们不仅吸收了以往历次教材的优点和当前国内外较新的有关资料及研究成果，同时也适当结合了编者多年的教学及临床实践经验。既注重突出中医特色，又努力与现代科学技术相结合，从临床教学的深度和广度考虑，对本学科的基础理论知识和临床技能进行了较全面地阐述。

因水平有限，书中不足、错漏之处难免，恳请各院校教学人员和广大读者在使用过程中，提出宝贵意见，以便进一步修改提高。

中医筋伤学编委会

1996年8月

目 录

第一章 总论 …………………………… 1
  第一节 概述 …………………………… 1
  第二节 筋伤的病因病机 ……………… 3
  第三节 筋伤的诊断 …………………… 10
  第四节 筋伤的治法 …………………… 23
第二章 肩部筋伤 ……………………… 62
  第一节 肩部扭挫伤 …………………… 64
  第二节 冈上肌腱炎 …………………… 66
  第三节 肩袖损伤 ……………………… 68
  第四节 肱二头肌长头肌腱炎 ………… 70
  第五节 牵拉肩 ………………………… 72
  第六节 肱二头肌腱断裂 ……………… 73
  第七节 肩关节周围炎 ………………… 74
  第八节 肩峰下囊炎 …………………… 77
第三章 肘部筋伤 ……………………… 79
  第一节 肘关节扭挫伤 ………………… 79
  第二节 肱骨外上髁炎 ………………… 80
  第三节 肱骨内上髁炎 ………………… 83
  第四节 旋前圆肌综合征 ……………… 83
  第五节 旋后肌综合征 ………………… 86
  第六节 肘关节骨化性肌炎 …………… 87
  第七节 尺骨鹰嘴滑膜囊炎 …………… 90
第四章 腕及手部筋伤 ………………… 92
  第一节 桡腕关节扭挫伤 ……………… 92
  第二节 腕关节盘损伤 ………………… 93
  第三节 桡侧腕伸肌腱周围炎 ………… 95
  第四节 腕管综合征 …………………… 97
  第五节 指伸、指屈肌腱断裂 ………… 98
  第六节 腱鞘囊肿 ……………………… 101
  第七节 桡骨茎突狭窄性腱鞘炎 ……… 102
  第八节 指屈肌腱鞘炎 ………………… 103
第五章 髋及大腿部筋伤 ……………… 105
  第一节 股四头肌损伤 ………………… 105
  第二节 股内收肌群损伤 ……………… 107
  第三节 髋关节一过性滑膜炎 ………… 109
  第四节 弹响髋 ………………………… 111
  第五节 股骨大转子滑膜囊炎 ………… 112
第六章 膝关节及小腿部筋伤 ………… 114
  第一节 膝关节胫、腓侧副韧带损伤 … 115
  第二节 膝交叉韧带损伤 ……………… 117
  第三节 膝关节半月板损伤 …………… 118
  第四节 膝关节创伤性滑膜炎 ………… 120
  第五节 髌腱断裂 ……………………… 121
  第六节 髌前、髌下滑膜囊炎 ………… 122
  第七节 髌骨软化症 …………………… 123
  第八节 髌下脂肪垫肥厚 ……………… 125
  第九节 腘窝囊肿 ……………………… 126
  第十节 腓肠肌损伤 …………………… 127
第七章 踝及足部筋伤 ………………… 128
  第一节 距小腿关节内、外侧韧带损伤 … 129
  第二节 跗跖关节扭伤 ………………… 130
  第三节 跟腱断裂 ……………………… 131
  第四节 跟腱滑膜囊炎 ………………… 133
  第五节 跟腱炎 ………………………… 133
  第六节 踝管综合征 …………………… 135
  第七节 腓骨长、短肌腱滑脱 ………… 136
  第八节 跟痛症 ………………………… 137
  第九节 跖痛症 ………………………… 142
  第十节 踇趾滑膜囊炎 ………………… 143
第八章 颌颈部筋伤 …………………… 145
  第一节 颞下颌关节紊乱症 …………… 145
  第二节 颈部急性扭挫伤 ……………… 147
  第三节 落枕 …………………………… 148
  第四节 颈椎病 ………………………… 149
  第五节 肌性斜颈 ……………………… 155
  第六节 颈椎关节突关节错缝 ………… 156
第九章 胸背部筋伤 …………………… 159
  第一节 胸部扭挫伤 …………………… 159
  第二节 项背筋膜炎 …………………… 160
  第三节 胸廓出口综合征 ……………… 161
  第四节 胸椎关节突关节错缝 ………… 164
第十章 腰骶部筋伤 …………………… 167
  第一节 急性腰扭伤 …………………… 169
  第二节 慢性腰肌劳损 ………………… 176
  第三节 第3腰椎横突综合征 ………… 177
  第四节 腰椎间盘突出症 ……………… 179
  第五节 腰椎椎管狭窄症 ……………… 186
  第六节 骶髂关节损伤 ………………… 189
  第七节 腰椎退行性滑脱 ……………… 192
  第八节 腰臀部筋膜炎 ………………… 193

第九节 臀肌挛缩症 …………………… 194
第十节 梨状肌综合征 …………………… 195
第十一节 坐骨结节滑膜囊炎 …………… 197
第十二节 骶尾部挫伤 …………………… 198
第十一章 周围神经损伤 ………………… 200
　第一节 周围神经的解剖、生理、病理、损伤
　　　　原因及分类 …………………… 200
　第二节 周围神经损伤的检查 ………… 202

　第三节 周围神经损伤的治疗 ………… 203
　第四节 上肢神经损伤 ………………… 205
　第五节 下肢神经损伤 ………………… 209
第十二章 周围血管损伤 ………………… 211
　第一节 四肢血管损伤的病理类型 …… 212
　第二节 四肢血管损伤的诊断 ………… 213
　第三节 四肢血管损伤的处理 ………… 214
附方索引 ………………………………… 220

第一章 总 论

第一节 概 述

中医筋伤学是在中医骨伤学的基础上逐步发展而形成的分支学科，为骨伤科的重要组成部分，是研究人体筋伤病因、病机、诊断、辨证治疗和预防的一门临床学科。

综合历代中医文献记载，结合现代医学解剖知识，所谓"筋"主要是指人体的皮肤、皮下浅深筋膜、肌肉、肌腱、腱鞘、韧带、关节囊、滑膜囊、椎间盘、周围神经及血管等软组织。凡因各种急性外伤或慢性劳损以及风寒湿邪侵袭等原因造成的人体上述组织病理损害，统称为"筋伤"，即相当于现代医学的软组织损伤范畴。

引起筋伤的原因比较复杂，往往是内外因素综合的结果。全身性的内在因素与局部筋伤的发生有密切的联系，局部筋伤也可引起全身性的病理变化。筋伤不一定伴有骨折、脱位，但是骨折、脱位一般都伴有不同程度的筋伤。骨折愈合或脱位整复后仍遗留有各种筋伤症状的病例在临床上是比较常见的，这表明筋伤与骨折、脱位有着密切的内在联系。

外来暴力、强力扭转、牵拉压迫、跌扑闪挫或慢性劳损及风寒湿邪侵袭等均可导致筋伤，故在现代工农业生产、交通运输、体育运动、军事训练或日常生活中筋伤的发病率较高，在骨伤科患者中所占比重较大。因此，系统地学习和掌握筋伤诊断治疗学的有关知识和技能，是骨伤科临床、教学和科研工作人员所不可缺少的基本要求之一。

祖国医学很早就对筋伤疾病有所认识，据古文字专家考证，出土于商代的甲骨文卜辞中就有"疾手"、"疾肘"、"疾胫"、"疾止"等病名记载，并有使用按摩、外敷药物治病的记录。《吕氏春秋·古乐篇》介绍有："昔陶唐之始，阴多滞伏而湛积……民气郁阏而滞着，筋骨瑟缩不达，故作为舞以宣导之。"《周礼·天官》载："以酸养骨，以辛养筋……"等。

据史料考证：原始先民在劳动、生活和原始部落之间的冲突中，在与虫蛇猛兽的搏斗中，各种创伤疾病在所难免。古人通过用手抚摸、按压肿痛之处以祈减轻疼痛，用树叶、草茎等涂擦、包扎伤口或固定肢体以止血、消肿、止痛，这便是外治法的起源，也是筋伤原始疗法的起源。

筋伤学形成和发展于人类社会的生产和生活实践之中，从帛画《导引图》记载的44幅治痹、厥的各种术式中，我们可以窥见古人对包括筋伤在内疾病的治疗、保健方法之一斑。

战国、秦汉时期，《内经》、《难经》、《神农本草经》等医籍相继问世，奠定了祖国医药学的理论基础，也奠定了筋伤诊治学的理论基础。《内经》中除有"筋"的概念外，还有"筋膜"、"经筋"、"宗筋"等名称，并提出了："宗筋主束骨而利关节也。"(《素问·痿论篇》)说明了人体的筋附着于骨上，其主要功能是连接关节、络缀形体、主司关节运动等。因此，凡是肢体运动功能障碍或丧失的病变，都可责之于筋。"病在筋，筋挛节痛，不可以行，名曰筋痹。"(《素问·长刺节论篇》)"经筋之病，寒则反折筋急，热则筋弛纵不收，阴痿不用。"(《灵枢·经筋》)《内经》对"筋"的论述内容是很丰富的，不但其提出的有关概念一直沿用到现代，而且以后中国历代医家对于"筋"的生理、病理的论述都是在《内经》的基础上加以阐发的。《神农本草经》则记载了60多种治疗折骨绝筋、腰痛、痹痛的药物，这些药物至今仍在临床治疗筋伤疾病中经常使用。

《内经》、《难经》等医籍对筋伤诊治学更为重要的影响在于其阐述了人体是一个有机的整体，构成人体的各个组成部分之间在结构上是不可分割的，在功能上是相互协调、相互为用的，在病理上是相互影响的。这种以五脏为中心，通过经络系统，把六腑、五体、五官、九窍、四肢百骸等全身组织器官联系成有机整体，并通过精、气、血、津液来完成机体功能运动的认识不仅一直有效地指导着筋伤诊治学的临床实践，而且奠定了筋伤诊治学辨证论治的理论基础。

汉代华佗创编了"五禽之戏"，以"引挽腰体，动诸关节。"达到"谷气得消，血脉流通，病不得坐。"因此，部分筋伤疾患亦可在"血脉流通"中得到防治。

晋代葛洪所著《肘后救卒方》，对筋伤肿胀、疼痛等用活血化瘀药物内服外用，并加入酒剂以加强活血力量，或用药物熨患处，或用药酒、药醋涂擦患处以缓解症状。直至现在，这些方法仍沿用来治疗软组织损伤疾病。

隋代巢元方等编著了《诸病源候论》一书，其中如"金疮伤筋断骨候"、"金疮筋急相引不得屈伸候"等记载了人体运动障碍、循环障碍、神经麻痹等临床症状，并介绍了筋的断裂伤、开放性伤口的正确缝合方法。唐代孙思邈《备急千金要方》不仅记载了筋伤的内外用药，还记载了"老子按摩法"、"天竺国按摩法"，归纳了擦、捻、抱、推、振、打、顿、捺等治疗筋伤的手法。

唐代蔺道人著《仙授理伤续断秘方》是我国现存的第一部中医骨伤科专著。该书强调的动静结合、筋骨并重、内外兼治和医患合作的治疗思想，逐渐成为筋伤治疗中所遵循的基本原则。

宋、元近400年间，是中国骨伤临床学科迅速发展的历史时期，涌现了不少医学专著。如李仲南著《永类钤方》、危亦林著《世医得效方》等，对元以前的骨伤科成就进行了总结和发挥，逐步确立了治疗创伤活血化瘀、养血舒筋和培元固肾的三期用药原则。三期用药原则在筋伤治疗中同样具有重要意义，配合以辛热芳香、温经散寒和活血定痛为主的洗药、淋洗药、熨药、贴药和敷药等外治方法，奠定了筋伤治疗内外用药的基本原则。

宋代张杲在《医说》中记载了采用脚踏转轴及竹管搓滚舒筋治愈骨折后膝、距小腿关节功能障碍的病例，反映了这一时期医家在筋伤治疗中已能有效地运用练功疗法。

明清两代在总结前人成就的基础上，又使骨伤科的理论得到了不断充实和提高，尤其是手法和固定方法有了较大的提高和发展，骨伤科的专著也逐渐增多。

明初，太医院制度分为十三科。骨伤科分为"接骨"和"金镞"两个专科，到隆庆五年（公元1571年）改名外科和正骨科（又名正体科）。医事制度的逐步完善为临床诊治技术和理论的发展、提高，创造了有利的条件。薛己在《正体类要》中介绍了大量的骨伤科医案，该书序文对此概括后指出："肢体损于外，则气血伤于内，营卫有所不贯，脏腑由之不和。"阐明和强调了骨伤科疾病局部和整体的辨证关系。朱橚等著的《普济方》、异远真人著的《跌损妙方》、李时珍的《本草纲目》和王肯堂著的《证治准绳》等著作，都收集了大量有关筋伤治疗的方剂、药物和医案等资料，对筋伤学的发展起到了承前启后的作用。

清代吴谦等编著了《医宗金鉴·正骨心法要旨》，系统地总结了历代骨伤科经验，对筋伤的诊断和手法治疗有了明确的记载。该书把正骨手法归纳为摸、接、端、提、推、拿、按、摩八法，其中的"摸"法主要用于筋伤疾病的诊断，"推、拿、按、摩"等手法则主要用于治疗各种筋伤疾病。

筋伤学在我国有几千年的悠久历史，历代医家积累了丰富的治疗经验。但由于诊疗技术主要依赖于师授家传才得以延续下来，并散在于老一辈的中医师和民间之中，而形成了多种派别，但因缺乏综合整理和提高，学术发展比较缓慢。

中华人民共和国成立以后，党和政府十分重视发掘、继承和发展祖国传统医药学。祖国医学犹如枯木逢春，欣欣向荣，蒸蒸日上。1956年以来，全国各省、市、自治区相继建立了高等中医院校和中医院，并设立了骨伤专业或骨伤系，培养了大批的专业人才。很多地区还建立了骨伤专科医院，骨伤科专业队伍有了很大发展。北京、天津、上海、洛阳、武汉等地先后成立了骨伤科研究所，在科学研究和人才培养方面发挥了重要作用。各地著名的中医骨伤科专家被聘到各级院校和医院从事教学和医疗工作，使过去靠"师授家传"的筋伤诊疗技术得以系统地整理、研究、提高，并整理成专著出版，如郭汉章著的《实用正骨学》、郭春园著的《平乐郭氏正骨学》、石筱山著的《正骨疗法》、王子平等编著的《祛病延年二十势》、朱兴恭著的《临床正骨学》、李国衡著的《伤科疗法》、杜自明著的《中医正骨经验概述》，以及《刘寿山正骨经验》、《陈氏祖传正骨疗法》、《林如高正骨经验》、《李墨林按摩疗法》等。20世纪70年代始，对筋伤学的现代研究逐步深入，并由临床观察、总结，发展到采用现代科学技术手段进行临床资料的研究分析和对筋伤的基础理论进行探讨，尤其对手法疗效的机制探讨和外用药物的药理研究等取得了初步成果。全国各地的有关学术研究团体、专业学会相继成立，如中国中医药学会骨伤科专业委员会、全国软组织疼痛研究会、全国传统手法研究会、全国颈肩腰腿痛专业学会，以及各省市的骨伤学会、中西医结合骨伤学会等。这些学术团体和研究会，在国内外进行了广泛的学术交流和研讨，促进了筋伤学理论和临床诊断、治疗技术的提高和发展。

近年来，筋伤学的诊疗技术愈益受到国外医学界的关注，我国向国外派出了一批批的骨伤科专业人员和推拿按摩专业人员进行医疗和学术交流，国外有关医务人员、学者到我国学习和进行学术交流也日益增多。国际间日益增多的学术交流加深了互相了解，加强了学术上的互相联系，促进了筋伤学诊疗技术在世界范围内的推广和应用，弘扬了中华民族的传统文化，为世界人民的卫生保健事业做出了应有的贡献。

第二节　筋伤的病因病机

一、筋伤的病因

筋伤的病因系指引起筋伤的发病因素，因其比较复杂，祖国医学对此论述颇多，如《内经》中分为"坠落"、"击仆"、"举重用力"、"五劳所伤"等。《金匮要略·脏腑经络先后脉证第一》中提出："千般疢难，不越三条。"即"一者，经络受邪，入脏腑，为内所因也；二者，四肢九窍，血脉相传，壅塞不通，为外皮肤所中也；三者，房室、金刃、虫兽所伤。"虽然历代医家对筋伤病因的分类有所不同，但归纳起来亦不外是外因和内因两大类。

（一）外因

外因是指从外界作用于人体引起筋伤疾病的因素，主要是指外力伤害，但与外感六淫之邪也有密切关系。

1. **外力伤害**　是指外界暴力所致的损伤，如跌仆、坠落、撞击、闪挫、扭捩或压轧等。根据外力的性质不同,一般可分为直接暴力、间接暴力和持续劳损三种。

(1) 直接暴力:是指直接作用于人体而引起筋损伤的暴力,筋伤学中多指引起钝性挫伤的暴力,如棍棒打击、撞压碾轧等。

(2) 间接暴力:是指远离作用部位,因传导而引起筋损伤的暴力,筋伤学中多指引起撕裂性伤的暴力。如因肌肉急骤、强烈而不协调地收缩和牵拉,而造成肌肉、肌腱、韧带的撕裂或断裂,即属于此类。

(3) 持续劳损:是指反复、长期地作用于人体某一部位的较小的外力作用所致,为引起慢性原发性筋伤的病因之一。祖国医学对劳损筋伤有"久视伤血,久卧伤气,久坐伤肉,久立伤骨,久行伤筋"的描述,指出了慢性劳损也可以引起筋伤。慢性劳损引起的筋伤多因久行、久坐、久卧、久立,或长期以不正确姿势劳动、工作,或不良生活习惯而使人体某一部位长时间过度用力所致。如长期弯腰工作而致的腰肌劳损,反复的伸腕用力而致的网球肘等疾病,就属于这一类筋伤。

2. 风寒湿邪侵袭 外感六淫邪气与筋伤疾患关系密切。如损伤后受风寒湿邪侵袭,可使急性筋伤缠绵难愈,或使慢性筋伤症状加剧。《诸病源候论·卒腰痛候》指出:"夫劳伤之人,肾气虚损。而肾主腰脚,其经贯肾络脊,风邪乘虚,卒入肾经,故卒然而患腰痛。"《仙授理伤续断秘方》曰:"损后中风,手足痿痹,不能举动,筋骨乖张,挛缩不伸。"说明各种损伤可因风寒湿邪乘虚侵袭,经络阻塞,气机不得宣畅,引起肌肉挛缩或松弛无力,而致关节活动不利,肢体功能障碍。感受风寒湿邪还可致落枕等疾患,如《伤科补要》说:"感冒风寒,以患失颈头不能转。"

风寒湿邪侵袭是筋伤中比较常见的病因,故在辨证论治中应特别注意这一特点。

(二) 内因

内因是指受人体内部因素影响而致筋伤的因素。无论是急性损伤还是慢性劳损,都与外力作用因素有着密切关系,但是一般都有相应的各种内在因素和对应的发病规律。《素问·评热病论篇》指出:"邪之所凑,其气必虚。"《灵枢·百病始生》说得更为透彻:"风雨寒热,不得虚,邪不能独伤人。……此必因虚邪之风,与其身形,两虚相得,乃客其形。"说明了外在因素和人体内在因素的密切关系。这不仅对外感六淫和内伤七情病证的发病而言,对筋伤的发病也不例外。因此,在研究病因时不能忽视机体内在因素对疾病的影响,必须注意内因在发病学上的重要作用。筋伤常与年龄、体质、局部解剖结构等内在因素有十分密切的关系,也与从事职业有直接联系。下面我们从年龄、体质、局部解剖结构和职业四个方面来说明内在因素对筋伤的影响。

1. 年龄 年龄不同,筋伤的好发部位和发生率也不一样。《灵枢·天年》说:"人生十岁,五脏始定,血气已通,其气在下,故好走。二十岁,血气始盛,肌肉方长,故好趋。三十岁,五脏大定,肌肉坚固,血脉盛满,故好步,……六十岁,心气始衰,苦忧悲,血气懈惰,故好卧。七十岁,脾气虚,皮肤枯。"由于年龄的差异,气血、脏腑的盛衰,动静各别,筋伤不一。例如,少儿气血未盛,筋骨发育不全,多易发生扭伤、错缝、桡骨头半脱位或先天性髋关节脱位等。青壮年活动能力强,筋肉的撕裂、断裂伤较为常见。老年人气虚血衰,少动而好静,则劳损和关节、筋膜、肌肉粘连或活动功能障碍的疾病较为多见,故有"年过半百,筋骨自痛"之说,如肩周炎、脊柱炎等在老年人中发病率较高。

2. 体质 体质的强弱和筋伤的发生有密切关系。如《素问·经脉别论篇》在论病因中指出:"当是之时,勇者气行则已,怯者则着而为病也。"体质因素每与先天因素和后天摄养、锻炼有关。《灵枢·寿夭刚柔》曰:"人之生也,有刚有柔,有弱有强。"说明先天禀赋不同,可以形成个体差异。先天禀赋不足或后天失养,气血虚弱,肝气虚损者,体质较弱,举动无力,稍过劳累,即感筋骨酸痛,易发劳损。先天充盛,又善摄养,经常参加体育锻炼者,气血充沛,体力健壮,则不易损伤;即使遇有损伤,一般恢复也较快。

3. 局部解剖结构　局部解剖结构对筋伤的影响表现在两方面。一是解剖结构的正常与否对筋伤的影响,解剖结构正常,承受外力的能力就强,因而也就不易造成筋伤;反之,解剖结构异常,承受外力的能力相应减弱也就容易发生筋伤。例如,腰骶部如有先天性畸形,这种局部解剖结构的先天异常就容易造成腰部扭伤。二是局部解剖结构本身的强弱对筋伤的影响,人体解剖结构有强弱之分,有些部位的解剖结构较强,不易造成损伤;有些部位的解剖结构较弱,就容易损伤。例如,髋关节其骨质结构和周围的韧带等组织都较强大,若不是较强大的暴力就不易造成髋关节部位的筋伤。而肩关节是全身活动范围最大的关节,其关节盂浅而窄,关节周围韧带也较薄弱,故损伤的机会也就比其他部位多。位于多动关节骨突或骨沟内的肌腱和腱鞘,也常容易发生肌腱炎或腱鞘炎。

4. 职业　职业虽然不属于人体本身的内在因素,但它对机体的影响及与筋伤的关系都较密切。职业不同,所处的工作环境和工作性质不同,常见的筋伤疾病也不同。例如,手部各种软组织的损伤多发生在手部劳动频繁或缺乏必要防护设备的机械工人、编织工人等,腰部慢性劳损多发生在建筑工人、煤矿工人等,长期伏案工作的人容易发生颈部肌肉劳损和颈椎病,运动员、舞蹈演员或杂技演员则易发生扭挫伤。因此,从某种意义上讲,职业也可说是筋伤的一种致病因素。

(三) 内因与外因关系

筋伤的病因比较复杂,但归纳起来不外内因和外因两大类,其中外力伤害和慢性劳损为主要的致病因素。不同的外因可以引起不同的筋伤疾患,但由于内因的影响,在同一外因情况下,筋伤的种类、性质和程度都可有所不同。所以,筋伤疾病的发生,外因虽然是重要的,但亦不能忽视内在因素。必须正确处理外因和内因的辨证关系,通过分析疾病的症状、体征来推理病因,从而提供治疗的根据,亦即是要做到"辨证求因"、"审因论治"。

二、筋伤的病机

人体是由脏腑、经络、皮肉、筋骨、气血、津液等共同组成的一个整体。筋伤可导致脏腑、经络、气血的功能紊乱,除出现局部的症状之外,常可引起一系列的全身反应。"肢体损于外,则气血伤于内,营卫有所不贯,脏腑由之不和。"明确地指出了外伤与内损、局部与整体之间的相互关系,辨证地说明了损伤的病理机制和发展变化的规律。这对于正确指导临床诊断、治疗和判断预后,至今还具有现实指导意义。

(一) 气血病机

"气血"是人体生命活动的动力源泉,是维持人体生命活动的最基本的物质。它一方面来源于与生俱来的肾之精气,另一方面来源于从肺吸入的自然界之清气和由脾胃所化生的水谷之精气。气血相辅相成,循行脉中,周流不息,运行全身;外而充养皮肉筋骨,内而灌溉五脏六腑。气血与人体一切生理活动和各种病理变化密切相关。

1. 急性筋伤与气血的关系　急骤的暴力作用可致气血运行失常。如《杂病源流犀烛·

跌仆闪挫源流》说:"跌仆闪挫,卒然身受,由外及内,气血俱伤病也。"又说:"忽然闪挫,必气为之震,震则激,激则壅,壅则气之周流一身者,忽因所壅,而凝聚一处,……是气失其所以为气矣。气运乎血,血本随气以周流,气凝则血亦凝矣,气凝在何处,则血亦凝在何处矣。夫至气滞血凝,则作肿作痛,诸变百出。"详细阐明了损伤与气血的关系。"跌仆闪挫"、"卒然身受"虽为皮肉筋骨损伤,但亦必损及气血,形成气滞、血瘀。气血瘀阻,为肿为痛,故《素问·阴阳应象大论篇》有"气伤痛,形伤肿。故先痛而后肿者,气伤形也;先肿而后痛者,形伤气也"之说。如瘀血逆于肌腠则局部肿胀,滞于肌表则皮肤青紫。

2. 慢性筋伤与气血的关系　《洞天奥旨》曰:"气血旺则外邪不能感,气血衰则内正不能拒。"说明了气血的盛衰与筋伤的关系。筋的正常生理活动赖气以煦之,血以濡之。若气血虚弱之人,筋肉失养,失养则虚,虚则不耐疲劳,因而"内正"不能拒其"外邪"。所以,虽较小的外力,或单一姿势的长期操作,或风寒湿邪侵袭,皆可致筋的损伤。疲劳则筋伤,气血运行阻滞,不通则痛,故慢性筋伤常表现为局部酸痛,且常与气候变化关系密切。

(二) 津液病机

津液是人体内一切水液的总称。其清而稀者为津,浊而稠厚者为液。津液可相互转化,有充盈空窍、滑利关节、润泽肌肤、濡养脑髓的功能。津液的代谢正常与否和筋伤疾病的发生、发展有着密切关系。

1. 急性筋伤与津液的关系　津液主要来源于水谷精气,为人体生命活动的物质基础之一。当严重的软组织损伤发生时,除气血受损外,常有津液的损伤。如大面积皮肤撕脱损伤、严重的软组织挤压伤,常出现口渴、皮肤枯燥无华、尿少、便秘、苔黄燥等津液不足的证候。《灵枢·营卫生会》曰:"夺血者无汗,夺汗者无血。"说明了血和津液的关系。外伤气血亏损,津液也必然亏耗,造成津液代谢失调。

2. 慢性筋伤与津液的关系　关节、筋膜、肌腱与津液的关系十分密切。关节频繁活动、疲劳受损,易导致津液代谢失调;反之,津液亏虚亦常为关节、肌腱劳损的发病内因。因津液虚少,不能濡润关节、充养筋肉,而致关节屈伸不利,如指屈肌腱鞘炎;或由于劳损引起津液代谢失调,积聚肿胀,如慢性滑膜囊炎等。

(三) 脏腑病机

脏腑是化生气血,通调经络,濡养皮肉筋骨,主持人体生命活动的主要器官。《杂病源流犀烛·跌仆闪挫源流》指出:"虽受跌仆闪挫者,为一身之皮肉筋骨,而气既滞,血既瘀,其损伤之患,必由外侵内,而经络脏腑并与俱伤。……其治之之法,亦必于经络脏腑间求之。"说明了跌仆筋伤与脏腑的密切关系。

1. 筋伤与肝肾的关系　《内经》指出五脏各有所主,如"肝主筋"、"肾主骨"、"肝肾同源",说明肝、肾与筋的密切关系很早就广泛地运用于伤科临床中。

(1) 肝主筋:《素问·五藏生成篇》说:"肝之合筋也,其荣爪也。"《素问·六节脏象论篇》说:"肝者……其华在爪,其充在筋。""肝主筋"即指全身筋的功能与肝有密切关系,"故人卧血归于肝,……足受血而能步,掌受血而能握,指受血而能摄。"(《素问·五藏生成篇》)肝血充盈才能使筋得到充分濡养,以维持正常的生理功能。若肝肾虚衰,或先天不足,后天失养,肝肾不足,肝血亏损,则血不养筋。筋失荣养则常成为筋伤疾患的内因,故《素问·上古天真论篇》说:"七八肝气衰,筋不能动,天癸竭,精少,肾脏衰,形体皆极。"临床常表现为老年人手足拘挛、肢体麻木、屈伸不利等。

肝的病变可导致筋的损伤，同样外伤筋脉亦可致内伤于肝，故《医宗金鉴·正骨心法要旨》指出："凡跌打损伤、坠堕之证,恶血留内,则不分何经,皆以肝为主。盖肝主血也,故败血凝滞,从其所属必归于肝。"

(2) 肾主骨,生髓：由于筋附于骨,故筋伤疾病与肾有着密切关系,肾虚亦常为筋伤疾患的内因。《灵枢·五癃津液别》曰："阴阳不和,则使液溢而下流于阴,髓液皆减而下,下过度则虚,虚故腰背痛而胫痠。"阐明了房劳伤肾、肾虚筋伤、腰痛胫痠的病机。《素问·痹论篇》说："肾痹者,善胀,尻以代踵,脊以代头。"特别是慢性腰痛与肾虚的关系更为密切。前人认为腰为肾之府,肾虚则腰痛。如《诸病源候论·腰痛不得俛仰候》说："肾主腰脚","劳损于肾,动伤经络,又为风冷所侵,血气击搏,故腰痛也。"《医宗必读》认为腰痛的病因"有寒有湿,有风热,有挫伤,有瘀血,有滞气,有积痰,皆标也,肾虚其本也。"同样,筋伤疾病亦可导致肾虚,如强力举重、闪挫日久等。所以,《素问·痹论篇》说："五脏皆有合,病久而不去者,内舍于其合也。"

2. 筋伤与脾胃的关系 脾主肌肉、四肢,主运化；胃主受纳,腐熟水谷,为"水谷之海"、"六腑之大源"。脾胃功能协调,受纳五谷,转输水谷精微,以养五脏之气。它对气血的生成,提供维持人体正常生命活动所必需的营养起着重要作用,故前人有"脾胃为后天之本"、"气血生化之源"之称。人体的筋肉等组织亦皆依赖脾胃的营养才能发达丰满,臻于健壮。如胃受纳失权,脾运化失司,则清阳不布,气血亏虚,常致筋肉失养,临床可表现为筋肉萎缩、四肢倦怠、举动无力,甚则可发为筋痿、肉痿等。如《素问·太阴阳明论篇》说："四肢皆禀气于胃,而不得至经,必因于脾,乃得禀也。今脾病不能为胃行其津液,四肢不得禀水谷气,气日以衰,脉道不利,筋骨肌肉皆无气以生,故不用焉。"《素问·痿论篇》说："阳明者,五脏六腑之海,主润宗筋,宗筋主束骨而利机关也。……阳明虚,则宗筋纵,带脉不引,故足痿不用也。"故古人有"治痿独取阳明"之说,说明四肢功能的正常与否和脾胃关系甚为密切。此外,临床上筋伤肉痿的疗愈时间和功能恢复程度皆与脾胃功能相关。若脾胃功能正常,则肌肉壮实,四肢活动有力,受伤后易于恢复正常。反之,则肌肉消瘦,四肢痿软、懈怠、举动无力,伤后不易恢复。所以,筋伤一证,虽外在皮肉筋膜,但亦要注意调理脾胃,以利损伤之恢复。

3. 筋伤与肺、心的关系 肺主气,心主血脉。心肺功能的正常与否直接影响人体气血循环和营养输布,它与筋伤疾病有着密切联系。《素问·经脉别论篇》说："肺朝百脉,输精于皮毛。毛脉合精,行气于府……留于四脏。"说明了肺有输布水谷精微的功能。心血与肺气相互依存,血的运行有赖气之推动,而气的输布也需要血的运载,故有"气为血帅"、"血为气母"之说。心肺功能协调,气血才能正常发挥温煦濡养全身的作用,筋骨受损伤后才能得到较快痊愈。在病理情况下,若肺气虚弱,宗气不足,则血运无力,循环瘀阻。反之,若心气不足,或心阳不振,血脉运行不畅,也会影响肺的输布、宣降功能。而心肺病变也会诱发筋伤疾患发生,如《素问·痿论篇》说："肺热叶焦,则皮毛虚弱急薄,著则生痿躄也。心气热,……枢折挈,胫纵而不任地也。"又说："大经空虚,发于肌痹,传为脉痿。"此外,严重的筋伤疾病也可导致心肺功能失常,而出现体倦无力、气短自汗、心悸、胸闷等气血虚损的症状。

心藏神,与人的神志、思维活动有密切相关。《素问·灵兰秘典论篇》说："心者,君主之官也,神明出焉。"如筋伤严重或开放型筋伤,邪毒感染,可出现热毒攻心,扰乱神明,临床上常表现为神昏、谵语、不省人事等症状。

4. 经络病机 经络是运行气血,联络脏腑,沟通表里上下及调节各部功能的通路。《灵枢·本藏》说:"经脉者,所以行血气而营阴阳,濡筋骨,利关节者也。"指出了经络有运行气血,营运阴阳,濡养筋骨,滑利关节的作用。《灵枢·经别》又说:"夫十二经脉者,人之所以生,病之所以成,人之所以治,病之所以起。"也可以说人体的生命活动、疾病的发生发展都是通过经络来实现的。临床跌仆闪挫所致筋伤常与经络有密切关系,如《圣济总录·伤折门》说:"若因伤折,内动经络,血行之道不得宣通,瘀积不散,则为肿为痛,治宜除去恶瘀,使气血流通,则可以复元也。"指出了跌仆筋伤致经络受损,经络阻塞,气血之道不得宣通,导致气滞血瘀、为肿为痛的病机。同样,如经络为病,气血瘀阻不通,又可导致筋肉失养而发生筋伤疾患,其发病也常累及经络循行所过部位。如腰为肾之府,肾之经络入脊内,贯脊至腰,络膀胱。膀胱经挟脊,抵腰,络肾,并下行臀及股后外侧,沿小腿后行于足背外侧,止于足小趾至阴穴。故肾与膀胱经络的病变常可引起腰、臀部向下肢放射性疼痛,并可在承扶、委中、承山、昆仑等穴找到压痛点。在治疗方面,经络病机与筋伤病的辨证论治亦有着密切关系。如《伤科真传秘抄》中说:"若为伤科而不知此十二经脉之系统,则虽有良药,安能见效,而用药、用手法,亦非遵循于此不可也。"所以,治疗的方法亦必于经络脏腑间求之。

5. 筋骨、关节病机　肢体的运动是依靠筋骨来完成的。筋附于骨上,大筋联络关节,小筋附于骨外。筋的主要功能是联属关节,络缀形体,主司关节运动。《素问·五藏生成篇》说:"诸筋者,皆属于节。"《灵枢·经脉》说:"筋为刚。"言筋应坚韧刚强,才能发挥其束骨而利关节的功能。《杂病源流犀烛·筋骨皮肉毛发病源流》中对于筋的功能论述更为详细透彻,书中指出:"筋也者,所以束节络骨,绊肉绷皮,为一身之关纽,利全体之运动者也,其主则属于肝。故曰:筋者,肝之合。按人身之筋,到处皆有,纵横无算。"骨为奇恒之腑,为肾所主,《灵枢·经脉》说:"骨为干。"《素问·脉要精微论篇》说:"骨者,髓之腑,不能久立,行则振掉,骨将惫矣。"扼要地指出了骨的作用,不但为立身之骨干,还内藏骨髓,与人的站立、行走等功能有着密切关系。

人体的肢体运动有赖于筋骨,但筋骨的强劲有力离不开气血的温煦濡养、脏腑经络功能的协调统一,特别是筋骨为肝肾之外合,故筋骨与肝肾的关系尤为密切。在筋伤疾病发生时,不但伤及气血津液,严重时亦可造成脏腑内伤。凡跌仆闪挫之证,筋骨首当其冲,受伤机会最多。临床上常表现为局部疼痛,肿胀,关节屈伸不利。严重时,可发生筋断、筋裂、筋位失常,使关节功能丧失。在"伤骨"的病证中,如骨折时,由于筋附着于骨的表面,筋亦往往受损伤;关节脱位时,关节四周筋膜多有破损。所以,在治疗骨折、脱位时都应考虑筋伤这个因素,忽略了它,就不能取得满意疗效。慢性劳损亦多导致筋的损伤,如"久行伤筋",说明了过度行走可致筋的损伤。此外,慢性筋伤又常与风寒湿三气的侵袭有着密切关系。临床上筋伤疾患甚多,其证候表现、病理变化复杂多端,如筋急、筋缓、筋挛、筋缩、筋痿、筋惕等,宜细审之。

骨缝是指骨与骨相连接处的间隙,也是关节之间的间隙,存在于可动关节和微动关节。这些关节在外力的作用下引起微细的离位,即称为骨错缝。骨错缝实际上是指关节骨缝错开而言。从人体解剖结构来说,凡是关节,只要外力达到一定程度,都可发生关节的完全脱位、半脱位或关节错缝。《伤科汇纂·上髎歌诀》:"大抵脊筋离出位,至于骨缝裂开细,将筋按捺归原处,筋若宽舒病体轻。"认为伤筋离位也可能导致骨缝裂开,当理筋回复原位,裂开的骨缝随之复位,肢体即感轻松舒适。

引起骨错缝的外力作用是多方面的,如直接外力、间接外力、肌肉拉力等。但主要是间接外力、强力扭转、牵拉、闪挫或过伸等，使关节运动超过正常的生理活动范围而产生骨错缝。这时因关节失去了正常解剖位置，关节周围的关节囊、韧带被拉紧，而使错缝关节不能自行复位；或错缝关节内产生负压，将滑膜吸入关节腔内，阻碍关节自行复位，如腰椎关节突关节滑膜嵌顿症就是这种原因造成的。筋的损伤可使骨缝处于交锁错位，如距小腿关节损伤使距小腿关节周围的肌腱、韧带撕裂或断裂，距小腿关节失去稳定性，就可能造成距小腿关节的骨错缝。筋伤后使筋离开了原来正常的解剖位置，骨错缝在筋的牵拉下处于交锁状态而不能自行复位，全身的各关节突关节最易出现这种病理变化。相反，关节突关节扭伤使关节突关节在外力的作用下出现了微细的离位，关节周围的关节囊、韧带等软组织也会发生相应改变，如关节囊的破裂，韧带、筋膜的撕裂等。总之，骨错缝与筋伤是相互影响的。骨错缝必然导致筋伤，而筋伤如发生在关节部位也可以引起骨错缝。治疗时往往纠正了骨错缝后筋就可自然恢复正常位置，从而使临床症状迅速消失。

三、筋伤的分类

中医对筋伤的分类相当精细，在古代文献中有"筋断"、"筋转"、"筋歪"、"筋走"、"筋翻"、"筋柔"、"筋强"、"筋粗"、"筋结"、"筋痿"等具体描述。"筋断"是指筋伤后全部或部分断裂而言。筋扭伤后常偏离原来正常的解剖位置，即所谓"筋走"、"筋歪"、"筋翻"、"筋转"等。"筋强"是指筋伤后僵硬强直，多见于陈伤瘀结不化。"筋粗"指筋脉受伤后较正常为粗，多因瘀血阻滞、组织增生变性或痉挛所致。"筋结"是指筋伤后气血凝滞，出现囊肿状的局限性肿块而言。"筋缩"是指筋伤后出现短缩现象，多见于损伤后关节固定时间较长，发生粘连或因固定于外翻或内翻位置上出现外侧或内侧筋牵缩，造成关节活动受限、功能障碍。"筋痿"是指筋伤后筋腱功能减弱，痿软无力。"筋柔"是指筋伤后关节松弛乏力。

上述分类方法实际是古代中医对筋伤病因、病理及临床症状的概括，但目前临床中像这样精细的分类已不常用。临床上常见的分类方式主要有以下几种：一是按筋伤的受伤性质，可分为扭伤、挫伤、碾挫伤三种；二是按筋伤的受伤时间，可分为急性损伤、慢性损伤两种；三是按筋伤的受伤程度，可分为撕裂伤、断裂伤、骨错缝三种；四是按筋伤后皮肤有无伤口，可分为开放性损伤、闭合性损伤两种。

(一) 按受伤的性质分类

1. **扭伤** 任何关节（包括可动关节和微动关节）由于旋转、牵拉或肌肉猛烈而不协调的收缩等间接暴力，使其突然发生超出正常生理范围的活动时，会使肌肉、肌腱、韧带、筋膜或关节囊被过度扭曲、牵拉或引起撕裂、断裂或移位，也可能引起关节的错缝。例如，距小腿关节因行走或奔跑于不平的道路上，或由高处跌下，或因踏入凹陷处，使足突然发生内翻或外翻，引起距小腿关节侧副韧带的损伤，即属于扭伤。

2. **挫伤** 是指因直接暴力、跌仆撞击、重物挤压等作用于人体而引起的闭合性损伤，以外力直接作用的局部皮下或深部组织损伤为主。轻则局部血肿、瘀血，重则肌肉、肌腱断裂。关节错缝或血管、神经严重损伤，可伤及气血、经脉，甚至脏腑而造成内伤。如棍棒直接打击胸部，或胸部受重物挤压而造成的胸壁软组织损伤，即属于挫伤。

3. **碾压伤** 由于钝性物体的推移挤压与旋转挤压直接作用于肢体，造成以皮下及深部组织为主的严重损伤，往往形成皮下组织的挫伤及肢体皮肤的撕脱伤。如上肢被绞入机器传动皮带内，或被慢行的汽车轮挤压等造成的损伤，即属于碾压伤，常伴有不同程度的皮肤撕脱或皮肤套式撕脱等严重损伤。

（二）按受伤的时间分类

1. 急性筋伤　亦称为新伤，是突然暴力造成的损伤，一般指伤后不超过2周的新鲜损伤。急性筋伤的特点是，一般有明显的外伤史，局部疼痛、肿胀、血肿及瘀血斑、功能障碍等症状较明显。

2. 慢性筋伤　亦称为陈伤，一般是指急性损伤后因失治或治疗不当而形成的慢性损伤。筋伤后超过2周以上未愈者，即属慢性筋伤。慢性劳损造成的筋伤也属此类。

（三）按受伤的程度分类

1. 撕裂伤　指由于扭、挫、牵拉等强大外力造成的某一部位的筋部分撕裂损伤，一般腰部、腕部、踝部及指骨间关节的扭伤，多导致不同程度的撕裂伤。由于致伤外力的大小、作用方向和致伤的部位不同，导致筋伤程度也各异。例如，肌腱周围的筋膜被撕裂，使肌腱失去维系的组织，肌腱发生移位，即所谓的"筋走"、"筋歪"、"筋离"等。又如，肌肉、滑膜、关节囊撕裂，可因组织坏死、变性、瘢痕化而导致肌肉、筋膜的挛缩僵硬、痿软无力，即所谓的"筋硬"、"筋缩"、"筋软"、"筋痿"等。

2. 断裂伤　断裂伤的机制与撕裂伤相同，只是体质、部位及致伤外力大小有别而造成了某些筋的全部断裂损伤。一般来说，造成断裂伤的外力要比撕裂伤所受的外力大，可导致严重的功能障碍和明显的局部疼痛、肿胀、瘀血斑、畸形等临床表现。例如，从高跳下者，如配合失调，足尖着地后跟腱仍强力收缩或起跑弹跳，腓肠肌收缩过猛造成的跟腱断裂，除足的跖屈功能丧失外，筋断而致的腓肠肌挛缩及跟腱断裂处的凹陷空虚更为明显。

3. 骨错缝　指可动关节和微动关节在外力作用下发生的微细离位，也称为关节骨缝错开，多因扭伤、挫伤而发生。骨错缝可引起关节功能活动的障碍和局部疼痛、肿胀等。

（四）按受伤后皮肤有无伤口分类

1. 开放性损伤　由于外力造成肢体损伤，皮肤有伤口与外界相通，称为开放性损伤。如切割、爆炸及枪击多造成开放性损伤，此类损伤容易发生感染。此外，钝性物体的碾挫也可造成开放性损伤。

2. 闭合性损伤　外力作用于肢体造成筋伤，但皮肤尚保持完整者，称为闭合性损伤。如扭伤及挫伤多属于闭合性损伤。

以上分类在临床上常常复合使用，如急性扭伤就是按筋伤的受伤性质和筋伤的受伤时间两种分类方法结合起来使用的。总之，分类是为便于阐述、理解、认识筋伤的病因、病情发展过程、程度和病理变化的，因此在临床上要灵活运用。

第三节　筋伤的诊断

一、筋伤的临床表现

全面系统地掌握筋伤的临床表现是筋伤诊断的重要环节，对所收集的临床资料加以正确地分析、归纳是作出正确诊断的基础。筋伤的临床表现主要是疼痛、肿胀和功能障碍等，但因致伤外力的大小、性质和程度的不同，也各不相同。临床表现多与损伤的程度和部位有关。一般急性筋伤发病突然，大都有较明显的外伤史，临床症状也较典型，诊断比较容易，但要注意是否有骨折、脱位并发症。慢性损伤一般没有明显的外伤史，起病缓慢，发病原因也多种多样，症状逐渐出现，常易漏诊、误诊，要注意鉴别诊断。掌握筋伤的临床表现对于提高筋伤疾病的诊断水平有很大帮助。

(一) 疼痛

肢体受外来暴力撞击、强力扭转或牵拉压迫等，首先引起受伤处局部疼痛。一般来说急性损伤疼痛较剧烈，慢性损伤疼痛较缓和，多为胀痛、酸痛，或与活动牵拉有关。神经挫伤后有麻木感或电灼样放射性剧痛。肌肉、神经或血管损伤一般在受伤后立即出现持续性疼痛，而肌腱、筋膜、肋软骨等损伤产生的疼痛常在突然发作后缓解一段时间，然后疼痛又渐渐加重。

(二) 肿胀

一般筋伤均有不同程度的局部肿胀，其程度多与外力的大小、损伤的程度有关。外力小，损伤程度轻，局部肿胀也就轻；外力大，损伤程度重，局部肿胀就较严重。伤后血管破裂形成血肿，肿胀局部呈现青紫色的瘀血斑，一般比较局限；出血量较多的局部血肿有波动感。血管未破者常因神经反射反应引起血管壁渗透增加而形成肿胀。较大面积的碾挫伤，因损伤面积较大，渗出液也较多，肿胀多发生在浅表层，波动感较明显，临床上称为潜行剥脱伤。此外，临床上还常见一种慢性肿胀，多表现为患肢远端肿胀，末端温度降低，肤色暗或紫绀，晚期呈现慢性充血，患肢远端处于低位时肿胀明显加重，又称为体位性水肿。其主要是由于四肢筋伤后伤情较重，经络受损，气血运行不畅；或包扎固定过紧，影响气血流通，或下肢下垂多，活动少，局部静脉回流不畅，多见于年老体弱患者。

(三) 畸形

筋伤后可能出现畸形，但与骨折畸形有明显区别。筋伤畸形多由肌肉、韧带断裂收缩所致。如肌肉、韧带断裂后，可出现收缩性隆凸，断裂缺损处有空虚凹陷畸形。例如，前锯肌损伤可以出现翼状肩胛畸形，检查时要仔细辨别，并与健侧肢体对比。

(四) 功能障碍

筋伤后的肢体由于疼痛和肿胀，大多会出现不同程度的功能障碍。检查关节的运动和活动范围及肌力，对于损伤部位的诊断帮助很大。有无超过正常运动范围的活动，对鉴别肌肉、肌腱或韧带等属撕裂伤还是断裂伤有很大意义。神经系统损伤后可以引起支配区域感觉障碍或肢体功能丧失。因神经损伤、肌腱断裂引起的功能障碍，其特点是主动活动障碍，被动活动正常。若关节主动活动和被动活动都受限者，一般是因为损伤后肌肉、肌腱、关节囊粘连挛缩而引起关节活动障碍。

二、筋伤的辨证诊断

(一) 问诊

通过问诊可以了解患者受伤的部位、时间、经过、暴力性质、伤后处理和伤情变化等情况，通过分析，可对伤情有一个初步估计。问诊内容主要包括以下几方面：

1. 主诉　问患者主要症状和受伤时间。这是提示病变的性质和促使患者前往就医的主要原因，也是患者最需要解决的问题。因此，主诉是辨证中的主要依据。

2. 伤处　对于损伤部位的情况要仔细询问，如疼痛、肿胀情况、伤肢活动程度、有无异常活动等。

3. 伤势　问患者的受伤部位，受伤过程中是否昏厥，昏厥的时间以及醒后有无再昏厥，还有抢救措施等,以了解患者伤势的轻重。

4. 受伤时间　问患者何时受伤,要问清楚日期和时间,以判断是急性损伤还是慢性损伤。如果患者就医前已进行了其他治疗,还要问清楚治疗时间和经过。

5. 受伤原因和体位　造成受伤的原因是多种多样的,故在询问时要问清楚受伤的具体原因,包括所受暴力的性质、强度和患者受伤时的体位。慢性损伤患者还要询问其职业和生活环境是否潮湿、寒冷等。

6. 寒热　询问恶寒、发热的时间和程度以及与损伤的关系。如损伤初期发热多为血瘀化热,体温一般不超过38℃;而高热多为伤口感染邪毒,热盛肉腐煨脓,体温常在38℃以上。

7. 疼痛　筋伤患者多有疼痛,要详细询问疼痛的起始时间、部位、性质和程度。询问是剧痛、酸痛还是麻木;疼痛是持续性还是间歇性,是加重还是减轻;疼痛的范围是在扩大、缩小还是局限固定不移,是多发性还是游走性,有无放射痛,放射至何处;服止痛药物后能否减轻;不同动作(负重、咳嗽、喷嚏等)对疼痛有何影响;与天气变化有无关系;休息及白昼、黑夜对疼痛程度有无影响等。一般剧痛者伤重,疼痛较轻者伤势也较轻;隐痛者多属慢性损伤,胀痛多为气滞,刺痛多为血瘀,酸痛多属慢性筋伤,游走性疼痛多属风邪侵袭等。

8. 肢体功能情况　如有功能障碍,应问清楚是受伤后立即发生,还是受伤后经过一段时间才发生的。一般骨折、脱位后活动功能多立即丧失,筋伤大多随着肿胀发展而症状逐步加重。有功能障碍者还要问是长期存在还是间歇出现,长期存在多为损伤后组织粘连,间歇出现多提示有某些障碍因素存在。例如,关节内有游离体,当游离体嵌在关节腔内时就会出现关节交锁现象。

除以上所述的问诊内容外,对于患者本人的情况和家族情况也要详细询问。如姓名、性别、年龄、职业、婚否、民族、籍贯、住址、工作单位、电话号码、邮政编码、身份证号码、家族成员或经常接触者有无各种传染性疾病或家族遗传性疾病和个人嗜好等,女性患者还应询问月经、孕产情况。这些内容不但有利于诊断时参考,也有利于建立完整的病历记录,便于查询、联系和随访。

(二) 望诊

人体外部和体内五脏六腑有着密切的联系,故筋伤望诊不但应重视对局部损伤区的观察,而且应包括人体的神、色、形、舌等,借以推断体内病情变化。

1. 望全身

(1) 望神色:神色指神态和气色而言,神的存亡是推断病情轻重转归的根本。一般筋伤对神色影响不大,较严重的筋伤或筋伤日久体质虚弱者则可出现精神萎靡,色泽晦暗,面容憔悴。如果筋伤出现神志不清,呼吸微促,面色苍白或紫绀,则表明精气衰亡,是危证的征象。

(2) 望形态:主要观察患者体质强弱、胖瘦、肢体的姿势和体位。例如,急性腰扭伤患者身体多向患侧侧屈,且有用手支撑腰部等姿势;落枕患者颈部僵直,转头时常连同身体一起转动等。

2. 望局部

(1) 望畸形:筋伤可能引起肢体畸形,但筋伤畸形往往没有骨折、脱位畸形明显,因此需要仔细观察。例如,髋部筋伤时下肢可出现假长,桡神经损伤时出现腕下垂畸形。

(2) 望肿胀、肤色：肿胀是筋伤中常见的症状。筋伤早期的肿胀是局限性的，陈旧性筋伤肿胀不明显。肿胀而有波动感，说明内有积血或积液。新伤出血肿胀，并有局部肤色青紫。陈伤瘀血被吸收时局部肤色变黄，范围扩大。局部肤色发红并且肤温增高，提示继发感染。肤色苍白而发凉，说明血液循环障碍。局部肤色变黑，则显示组织坏死。

(3) 望肢体功能：注意观察肢体功能活动情况，如上肢能否上举，下肢能否行走等；再进一步检查关节能否屈伸、旋转等。例如，肩关节的正常活动有外展、内收、前屈、后伸、旋内和旋外 6 种。凡上肢外展不满 90°，且外展时肩胛骨一并移动者，说明外展动作受限制。当肘关节屈曲、肩关节内收时，肘尖不能接近正中线，说明内收动作受限。若患者梳头动作受限制，说明有旋外功能障碍。若患者手背不能置于背部，说明旋内功能障碍。如有活动障碍时应进一步查明是何种活动障碍，此时望诊往往与摸法、量法结合进行，通过对比方法以测定其主动与被动的功能活动度。

3. 望舌　观察舌质及舌苔。望舌虽然不能直接判断筋伤的部位和性质，但舌为心之苗窍，脾胃之外候，与各脏腑均有密切联系。所以，舌能反映人体气血的盛衰、津液的盈亏、病情的进退、病邪的性质、病位的深浅和筋伤后的机体变化。因此，望舌是筋伤辨证的重要内容。

舌质和舌苔在反映筋伤病情方面各有侧重。大体上，反映在舌质上的以气血变化为重点，反映在舌苔上的以脾胃变化为重点，故观察舌质、舌苔可相互印证。

(1) 望舌质：正常的舌质为淡红色，色泽鲜明滋润。舌质淡白，提示气血不足或气伤血脱。舌质胖嫩边有齿痕者，为脾虚湿滞。舌质红可见于实热或阴虚内热，严重损伤早期血瘀化热亦常见红舌。舌质深红为绛舌，主热证和阴虚火旺。舌质红中带青紫色或蓝色称为青紫舌，主瘀血。全舌紫者表示全身血行不畅或瘀血程度较重，局部紫斑者表示局部瘀血或瘀血程度较轻。也有热盛紫舌，但紫中带有绛色。

(2) 望舌苔：舌苔可分为苔质和苔色两个方面。

① 望苔质：苔厚为邪盛，苔薄为邪衰。苔由薄变厚者为病情加重，由厚变薄者为病情减退，这在创伤感染患者中常见。苔润泽者有津液，干燥者为津液不足。苔腻者，体内有湿、有痰邪滞留或为食积。苔剥而光，为阴虚内热、津液不足或津液耗伤。

② 望苔色：苔色有白、黄、灰、黑等四种。白色主表证、寒湿证。薄苔净而润泽为正常舌苔，或疾病初起在表；苔白而滑多为寒证，厚白而滑多为寒证中之寒痰或痰湿；薄白干燥为津液不足，厚白干燥为湿邪化热；白腻者为痰湿阻滞。苔黄主里证、热证。薄黄而干表示热邪伤津，黄腻多为湿热；老黄（深黄色）、焦黄（黑黄色）为里有湿热积聚；黄白相间表示病邪由表入里，由寒化热。灰苔主里证，既可见于里热，亦可见于里寒证。灰苔即浅色苔可由白苔转化而来，也可与黄苔同时并见。苔灰白而润多为寒湿内阻或痰饮内停，灰白而干燥多为热炽伤阴或阴虚火旺。黑苔主里证，主热极而又主寒盛。黑苔多由灰苔或焦黄苔发展而来，黑而燥裂，甚至有芒刺多为热极津枯，黑而润滑多为阳虚寒盛。

(三) 闻诊

闻诊分耳闻和鼻嗅两个方面，除注意听患者的语言、呼吸、咳嗽，嗅呕吐物、伤口、二便或其他排泄物的气味等一般内容外，筋伤疾患检查中还应注意以下几点。

1. 关节弹响声　关节内有游离体的患者，活动关节时可有弹响。膝关节半月板损伤的患者作膝关节旋转伸屈活动时，可发生较清脆的弹响。

2. 肌腱与腱鞘的摩擦音 肌腱周围炎的患者在检查时常可听到捻发音,一般常见于有渗出的腱鞘周围,好发于前臂的伸肌群、大腿的股四头肌和小腿的跟腱部。指屈肌腱狭窄性腱鞘炎的患者在作伸屈运动时,可听到弹响声。

3. 关节摩擦音 退行性关节炎的患者在活动关节时,常可听到关节摩擦音。髌骨软骨软化症的患者在作髌骨研磨时,也常可听到摩擦音。

(四) 切诊

切诊分脉诊和摸诊两部分。脉诊主要是掌握人体内气血、虚实、寒热等变化。摸诊是通过对患者的肌肤、四肢、胸腹及其他部位的触摸按压,以鉴别外伤的轻重和部位深浅。切诊在筋伤的检查中应用十分广泛和重要。

1. 脉诊 亦称切脉。筋伤中常见的脉象可归纳如下:

(1) 浮脉:轻按应指,重按稍减而不空,多见于新伤瘀肿疼痛剧烈。若见于大出血和长期慢性病患者,说明正气不足。

(2) 沉脉:轻按不应,重按始得。主里证。多见于内伤气血,损伤疼痛。

(3) 迟脉:脉搏缓慢,一呼一吸脉来不足4次。一般迟脉主寒,主阳虚。多见于伤筋挛缩,瘀血凝滞。

(4) 数脉:脉搏加快,一呼一吸脉来超过5次以上。数而有力,多为热证;细数而无力属阴虚火旺证,多见于损伤发热期。

(5) 滑脉:往来流利,如盘走珠,应指圆滑。多见于胸部挫伤、血实气壅和妊娠期。

(6) 涩脉:脉形细而迟,往来艰涩,如轻刀刮竹。主血虚、血瘀、气滞。

(7) 弦脉:脉形端直以长,如按琴弦,寸、关、尺三部直起直下。主诸痛、肝胆疾病、阴虚阳亢。多见于胸部损伤和各种损伤剧烈疼痛,以及肝胆疾病、高血压、动脉硬化等患者。有力者属紧脉,多见于外感风寒性腰痛者。

(8) 濡脉:浮而细软,脉气无力,与弦脉相对。多见于劳损,气血两虚。

(9) 洪脉:脉来如汹涌波涛,来盛去衰。多见于伤后血瘀化热者。

(10) 细脉:脉细如线,应指显然。多见于气血不足,诸虚劳损或久病体弱者。

(11) 芤脉:浮大中空,如按葱管。多见于损伤后的各种大出血。

(12) 结代脉:间歇脉的总称。脉来缓慢时而一止,止无定数为结脉;脉来动而中止,不能自还,良久复动,止有定数而为代脉。多见于筋伤疼痛剧烈,脉气不衔接时。

筋伤疾患中的脉法纲要,可归纳以下几点:①瘀血停积者多系实证,脉宜坚强而实,不宜虚细而涩。洪大则顺,沉细则恶。②亡血过多系虚证,脉宜虚细而涩,不宜坚强而实。沉小则顺,洪大者恶。③六脉模糊者,证虽轻,而预后恶。④外证虽重,而脉来缓和有神者,预后良好。⑤在重伤痛极时,脉多弦紧,偶而出现结代脉,系疼痛而引起的暂时脉象,并非恶候。

2. 摸诊 亦称摸法,它可以提供重要的诊断依据。《医宗金鉴·正骨心法要旨》说:"以手扣之,自悉其情。"又说:"摸者,用手细细摸其所伤之处,……筋强、筋柔、筋歪、筋正、筋断、筋走。"故通过摸诊可以对损伤部位的情况有较明确的了解,尤其在缺少检查设备的情况下更具有重要意义。

(1) 摸诊的主要内容

① 摸痛处:根据疼痛的部位、范围、程度来鉴别其损伤的性质。如直接压痛可能是局部

的筋伤,如压之疼痛并有放射性疼痛则可能病变与神经有关。

② 摸畸形:触摸体表骨突变化,判断畸形的性质、位置,如腰椎间盘突出症者多有脊柱侧屈和腰肌紧张等症。

③ 摸肤温:通过局部皮肤温度的改变可辨别寒证和热证。肤温高,表示新伤或局部瘀血化热,热盛肉腐;肤温低,表示寒性疾患,或血运障碍。摸肤温时,一般以手背测试为宜。

④ 摸异常活动:在肢体关节处出现超出正常范围的活动是韧带断裂的表现。

⑤ 摸肿块:了解肿块的解剖层次,表面是否光滑,明确其质地、大小,了解形态、边界、活动度等。

(2) 摸诊的主要方法

① 触摸法:用手指细心地触摸伤处,从而辨明损伤局部的情况。

② 挤压法:用手挤压患处上下、左右、前后,根据力的传导作用来诊断骨骼是否折断,以排除骨折。

③ 叩击法:利用对肢体远端纵向叩击所产生的冲击力来检查有无骨折、骨病。

④ 旋转法:用手握住伤肢的下端,做轻轻地旋转动作,观察伤处有无疼痛、活动障碍或特殊响声等。

⑤ 屈伸法:用手握住邻近的关节做屈曲、伸展动作,根据屈伸的度数来测量关节活动的功能。

作上述摸诊检查时,必须注意与健侧比较,因为先天畸形等因素可影响诊断的正确性。同时,治疗前后也应当进行对比。

筋伤的临床表现差异性很大,损伤外力的大小、性质和程度的不同,引起的临床表现也不相同,因此必须将望、闻、问、切四诊所收集到的临床资料,结合现代检查手段所得的结果进行综合分析,才能作出符合病情状况的诊断。

(五) 筋伤检查法

1. **肢体测量法** 肢体关节的运动主要依靠关节及周围肌肉相互协调来完成的,通过关节活动范围、肢体长度和肢体周径的测量,分析和了解肢体损伤程度,这对于诊断、治疗和疗效观察均是必不可少的。

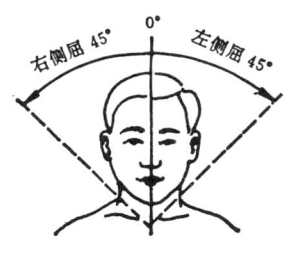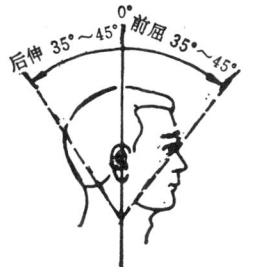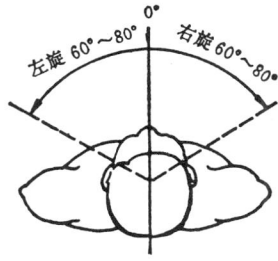

图 1-1 脊柱颈段活动范围

(1) 关节活动范围的测量:全身各关节都有其正常的生理活动范围(见图 1-1 至图 1-8),在肢体发生疾病或损伤时,其活动范围可发生变化,活动度减小或增大,也可出现超越生理活动范围的异常活动度。目前临床上较为常用的测量方法是以中立位为 0°计算的,简称为中立位 0°法,在测量时应注意除去关节周围的附加活动(见表1-1)。如测量肩关节活动,应固定肩胛骨。测量髋关节活动时,应固定骨盆。还应注意正常人体关节活动范围的差异,必要时要进行两侧关节活动对比。对不易精确测量角度的部位,关节功能可用测量长度的方法以记录各骨的相对活动范围。例如,颈椎前屈可测下颏至胸骨柄的距离,腰椎前屈时测下垂的中指尖与地面的距离等。

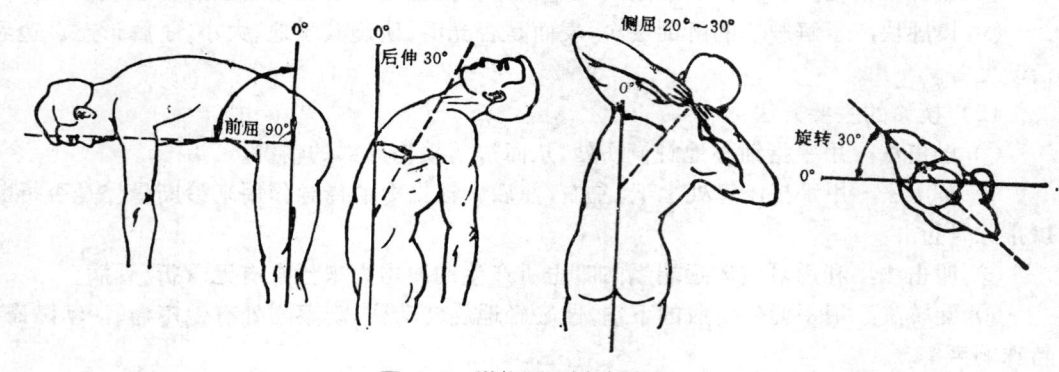

图 1-2　脊柱腰段活动范围

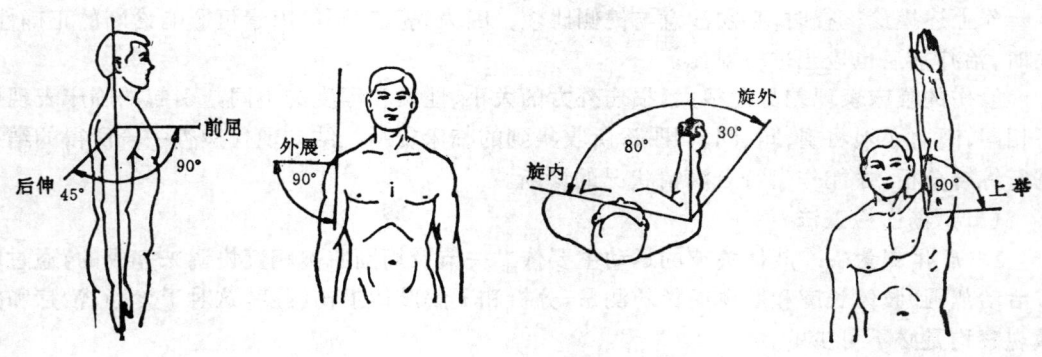

图 1-3　肩关节活动范围

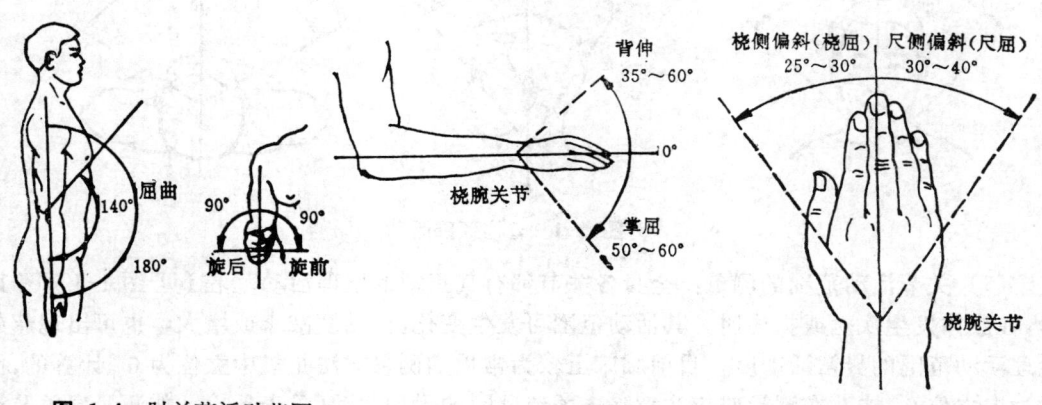

图 1-4　肘关节活动范围　　图 1-5　桡腕关节活动范围

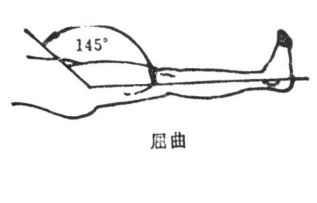
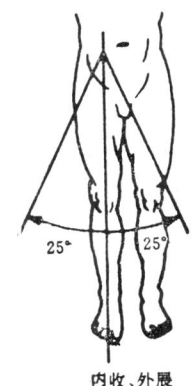
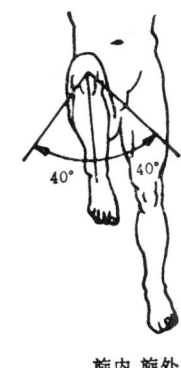

图 1-6 髋关节活动范围

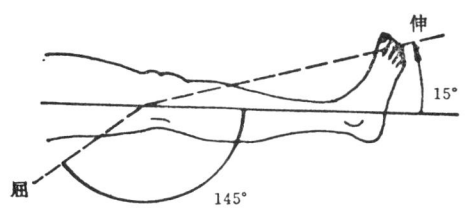
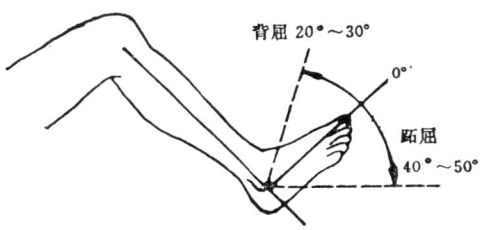

图 1-7 膝关节活动范围　　　　**图 1-8 距小腿关节关节活动范围**

表 1-1 测量四肢关节角度时量角器放置部位表

关节活动方式	测量器中心位置	量角器一脚的位置	量角器另一脚的位置
肩关节的屈伸、外展、内收	肱骨头	肩峰至髂骨最高点	肩峰至肱骨外上髁
肘关节的屈伸	肱骨外上髁	肱骨外上髁至肩峰	肱骨外上髁至桡骨茎突
桡腕关节的屈伸	尺骨远端	沿尺骨外缘	沿第5掌骨（小指缘）
桡腕关节的桡屈、尺屈	桡尺骨远端中点	桡尺骨中线	第4、第5指间第1掌骨
髋关节的屈伸、外展、内收	股骨大转子	大转子至腋中线	大转子至股骨外上髁
膝关节的屈伸	股骨外上髁	股骨外上髁至大转子	股骨外上髁至胫骨外踝
距小腿关节的屈伸	内踝	内踝至股骨内上髁	内踝至第1跖趾关节

（2）肢体长度的测量：肢体长度的测量主要用于筋伤与骨折、脱位、先天性或继发性畸形的鉴别诊断。常用的肢体长度测量部位和固定标记见表1-2。

表 1-2 肢体长度测定的部位和固定标记

部 位	标志（起～止）		
躯干	颅顶	骶尾端	躯干全长
上肢	肩峰	中指末端	上肢全长
	肩峰	肱骨外上髁	上臂全长
	桡骨头	桡骨茎突	前臂全长
下肢	髂前上棘	内踝	下肢全长
	髂前上棘	髌骨中心	大腿全长
	髌骨中心	内踝	小腿全长

(3) 肢体周径的测量：筋伤患者常表现出肢体肿胀或萎缩，测量其肿胀或萎缩的程度对于了解病情轻重、评定治疗效果很有帮助。一般常用软尺测量肢体周径，测量时取肿胀或萎缩最明显处，并测量健侧对称部位的周径，分别记录，以作对比。肿块测量时以其直径或体积记录。

2. 神经系统检查法　神经损伤是筋伤疾病中重要内容，诊断或处理不当常会给患者带来不可挽回的后果。因此，准确判断有无神经损伤和损伤的部位尤为重要，临证时应了解损伤原因、受伤部位、麻痹发生时间（伤后立即发生或逐渐发生）和伤后有否恢复现象等。具体检查应包括感觉检查、运动检查和反射检查等方面。

(1) 感觉检查

① 触觉：患者闭目，医者以棉絮或棉签轻轻触其皮肤，并比较不同部位的触觉变化。触觉强度可分为正常、敏感、迟钝和消失4级。

② 痛觉：用针刺皮肤以检查痛觉，操作时应掌握刺激强度，可从无感觉区向正常区检查。检查要有系统性，自上而下，注意两侧对比。痛觉分为正常、敏感、迟钝和消失4级。

③ 温度觉：用玻璃试管盛5～10℃冷水或40～50℃左右的温水检查皮肤温度觉。

④ 位置觉：患者闭目，医者将患者末节指（趾）关节作被动活动，并询问其所处位置。

⑤ 震动觉：用音叉柄端放在被检者骨突或骨面上，如踝部、髌骨、髂骨棘、棘突、胸骨或锁骨，检查震动感觉。检查时，患者应闭目勿视。

检查出的感觉改变应作详细记录，并以图示其区域。

(2) 运动检查

① 肌容积：注意肌肉的外形有无萎缩和肿胀。测出肢体的周径，按部位与健侧对比。

② 肌张力：张力增强的肌肉，静止时肌肉紧张，被动活动关节有阻力，见于上运动神经元损伤。张力减低，肌肉松弛，肌力减退或消失，见于下运动神经元损伤。

③ 肌力：检查肌力时，必须将神经损伤水平以下的主要肌肉一一检查，并与健侧或正常人作对比，以估计其肌力。通常将完全麻痹至正常的肌力分为6级，其标准如下：

0级：肌肉完全麻痹，完全无收缩力者。

Ⅰ级：肌肉动力微小，不能带动关节活动者。

Ⅱ级：肌肉动力可带动水平方向关节的活动，但不能对抗地心引力。

Ⅲ级：仅在抗肢体重力而无抗阻力的情况下可使关节活动。

Ⅳ级：能抗较大阻力，但比正常者为弱。

Ⅴ级：正常肌力。

(3) 反射检查：检查时应使患者体位适当，肌肉放松，避免紧张。医者叩击位置要准确，用力均匀，并注意两侧的对比。

① 浅反射：刺激体表感受器引起的反射，消失则表明体表感受器至中枢的反射弧中断。临床上常用的浅反射及其相应的脊髓节段为：

腹壁反射：用钝器或手指轻划腹壁两侧上、中、下部皮肤，可见到该处腹肌有收缩反应。上腹壁反射消失提示胸7～9损伤，中腹壁反射消失提示胸9～11损伤，下腹壁反射消失提示胸11～腰1损伤。

提睾反射：用钝器轻刮大腿上部内侧皮肤，引起提睾肌收缩，睾丸上升。反射消失提示腰1～2损伤。

肛门反射：用钝器轻刮肛门周围皮肤，引起括约肌收缩。反射消失提示骶 1～5 损伤。

② 深反射：是刺激肌肉、肌腱、关节内的本体感受器所产生的反射，临床上常用的深反射及其相应的脊髓节段为：

肱二头肌反射：患者前臂置于旋前半屈位，医者将其拇指放在肱二头肌腱上，用叩诊锤叩击拇指，引起肱二头肌收缩，由颈 5～6 支配。

肱三头肌反射：患者前臂置于旋前半屈位，医者以手握住其前臂，用叩诊锤叩击其肘后肱三头肌腱，引起肱三头肌收缩，由颈 6～7 支配。

桡骨膜反射：患者肘关节半屈，前臂旋前，叩击其桡骨茎突，引起其前臂屈曲和旋外动作，由颈 7～8 支配。

膝反射：检查时应使患者放松肌肉，用叩诊锤叩击其髌韧带，引起伸膝动作，由腰 2～4 支配。

跟腱反射：用叩诊锤叩击跟腱引起足的跖屈。检查时患者仰卧，膝关节半屈曲，足跟向内。医者左手持握足部（拇指在下，余 4 指在足背部，使足呈背伸位），右手叩击跟腱引起小腿三头肌的收缩和足的跖屈，由骶 1～2 支配。

③ 病理反射

霍夫曼(Hoffmann)征：医者左手托住患者手掌，右手的食指和中指挟住患者的中指，再用拇指轻弹患者中指指甲。如引起患者拇指及其余各指出现屈曲动作为阳性反应，提示上运动神经元损伤。

巴彬斯基(Babinski)征：以钝器划患者足底外侧，引起𧿹指伸直背屈，其他 4 趾扇形分开为阳性反应，这是锥体束损伤所表现的最重要的一个病理反射。

髌阵挛：患者仰卧，下肢伸直。医者以手指按在髌骨上缘，骤然向下推动髌骨，并将推下的髌骨继续保持于这个位置。如股四头肌腱有节律地阵阵收缩而使髌骨急速阵阵上下移动，则为阳性。

踝阵挛：患者仰卧，医者用右手握住其足部，使膝关节处于半屈曲位，猛力推足使距小腿关节背屈。若引起距小腿关节有节律地出现屈伸动作，则为阳性。

3. 特殊检查

(1) 脊柱检查

① 头顶叩击试验：患者端坐，医者一手平按患者头顶，用另一手握拳叩击按在患者头顶的手掌掌背。患者若感觉颈部疼痛不适或向上肢窜痛、麻木，即为阳性。用于颈椎病或脊柱损伤的检查。

② 椎间孔挤压试验：患者端坐，头部略向患侧的侧后方倾斜，医者两手交叉，按住头顶向下施加压力。患者若感觉颈痛并向上肢放射，即为阳性。用于颈椎病的检查。

③ 臂丛神经牵拉试验：患者端坐，医者一手握患者病侧手腕，另一手按住患者头部，两手反方向推拉。若患者感到疼痛并向上肢放射，即为阳性。用于颈椎病的检查。

④ 直腿抬高试验：患者仰卧，两腿伸直。分别作直腿抬高动作，然后再被动抬高。正常时两侧下肢抬高幅度相等且无疼痛。若一侧抬高幅度降低，同时又有下肢放射性疼痛即为阳性，表示神经根有压迫现象。应记录两腿抬高的度数。用于腰椎间盘突出症、坐骨神经痛的检查。

⑤ 直腿抬高加强试验：又称足背屈试验，体位同直腿抬高试验。当患者抬高下肢发生

疼痛后,略放低患者下肢使其不感疼痛。医者一手握住患者足部突然使其背屈。若患者突感疼痛加剧或引起患肢的放射性疼痛即为阳性。用于腰椎间盘突出症和坐骨神经痛的检查。

⑥ 屈髋伸膝试验：患者仰卧位,医者使患者下肢尽量屈髋屈膝,然后逐渐伸直膝关节。若在伸膝时出现下肢放射痛即为阳性。多用于坐骨神经痛的检查。

⑦ 髋膝屈曲试验：患者仰卧位,医者用两手握住患者两膝部使其髋、膝关节尽量屈曲,并向头部推压,使臀部离开床面。若腰骶发生疼痛即为阳性。如果腰部筋伤、劳损或腰椎间关节、腰骶关节、骶髂关节有病变或腰椎结核等均可以出现阳性,但腰椎间盘突出症做此试验常为阴性。

⑧ 骶髂关节分离试验：又称"4"字试验。患者仰卧位,医者将患者伤肢屈膝后作盘腿状放于对侧膝上,然后一手扶住对侧髂嵴部,另一手将患膝向外侧按压。若骶髂关节发生疼痛即为阳性。用于骶髂关节病变的检查,但事先应排除髋关节本身病变。

⑨ 分腿试验：又称床边试验。患者仰卧位于床边,健侧在床上,患侧垂于床边。医者一手握住健侧膝部使其屈膝屈髋,另一手扶住患侧大腿用力下压,使髋关节尽量后伸,若骶髂关节发生疼痛即为阳性。说明骶髂关节有疾患。

(2) 上肢检查

① 肩关节外展上举试验(疼痛弧试验)：患者上肢外展0°～60°不痛,外展60°～120°疼痛,再上举120°～180°反而不痛即为阳性。提示冈上肌腱炎。

② 冈上肌腱断裂试验：冈上肌腱断裂后,上肢不能维持良好的外展位。患侧越用力外展,肩就越高耸。

③ 网球肘试验：患者前臂在旋前位并将桡腕关节屈曲再伸肘时,由于桡侧腕伸肌张力增大引起肱骨外上髁处疼痛,即为阳性。

④ 握拳尺偏试验：患侧握拳,拇指握于掌心内。医者一手握患腕,一手将患腕向尺侧倾斜,如桡骨茎突部疼痛即为阳性。用于检查桡骨茎突腱鞘炎。

⑤ 屈腕试验：医者将患者伤侧手腕屈曲,同时压迫正中神经1～2min。如掌侧麻木感加重,疼痛放射至食指、中指,即为阳性。用于检查腕管综合征。

(3) 下肢检查

① 髋关节屈曲挛缩试验：又称托马斯征。患者仰卧位,尽量屈曲健侧髋膝关节,使大腿贴近躯干,腰部紧贴于床面。如果患髋不能伸直平放于床面或虽能伸直但腰部出现前突即为阳性。用于髋关节僵硬、强直或髂腰肌痉挛的检查。

② 单腿站立试验：又称臀中肌试验。患者健肢单足站立,抬起患肢,患侧骨盆及该侧臀皱折上升,即为阴性。再令患者以患肢单足站立,健肢抬起,则健侧骨盆及臀皱折下降,即为阳性。此试验检查髋关节脱位或臀中、小肌麻痹,任何使臀中、小肌无力的疾病,这一体征均可出现阳性。

③ 浮髌试验：患者仰卧,患侧膝关节伸直,令其放松股四头肌。医者一手在髌骨上方压挤,将髌上囊区的关节液挤压到髌骨下方,另一手食指向下压髌骨。若出现髌骨有浮动感即为阳性,说明膝关节内有积液。

④ 膝关节分离试验：又称膝关节侧副韧带牵拉试验。患侧膝关节伸直,医者一手握住小腿下端,将小腿外展,另一手压住膝关节外侧向内侧推压。如膝关节内侧发生疼痛和侧方活动即为阳性,说明胫侧副韧带损伤或断裂。检查腓侧副韧带时,方法与之相反。

⑤ 推拉试验：又称抽屉试验。患者仰卧位，患膝屈曲。医者两手握住患侧膝部下方，向前后推拉。若小腿有过度前移，表示前十字韧带断裂或松弛；反之，表示后十字韧带松弛或断裂。

⑥ 回旋挤压试验：又称麦氏征。患者仰卧位，医者一手握膝，另一手握足。先使患肢尽量屈膝，然后使小腿充分外展、旋外或内收、旋内，并逐渐伸直。在伸直过程中患膝出现疼痛和弹响声即为阳性。检查时小腿外展、旋内伸膝出现疼痛和弹响者，多提示外侧半月板损伤；小腿内收、旋外伸膝出现疼痛和弹响者，多提示内侧半月板损伤。但临床中也可能有与之相反的结果。

⑦ 研磨试验：患者俯卧位。医者两手握住患肢踝部，屈膝90°；然后用力沿小腿纵轴向下挤压膝关节，并作内、外旋转活动。如患膝关节内外侧疼痛即为阳性，说明内、外侧半月板损伤。此外，如将小腿向上牵拉，作内、外旋转活动引起疼痛，则说明膝胫、腓侧副韧带有损伤。

⑧ 半月板重力试验：又称膝伸屈试验。患者侧卧位，患肢离开床面。令患者作膝关节伸屈活动，用小腿的重力挤压内、外侧半月板牵张侧副韧带。如出现响声或疼痛，提示半月板或侧副韧带损伤。

（六）筋伤的现代诊断检查方法

1. X线检查　X线检查一般对筋伤诊断意义不大，有时对肌腱、韧带和软骨损伤有一定参考价值，主要用于与骨折、脱位和骨病等的鉴别诊断。创伤后筋伤的X线表现主要有以下征象：①软组织厚度增加，局部膨隆。②局部软组织影象密度增高。③原有组织层次混乱不清晰。④因皮下组织内有间质水肿而成网状结构。⑤由于关节内积液、积血致关节囊膨隆，并可造成关节囊外脂肪垫间脂肪线的推压移位或受压变窄。

筋伤的X线摄片主要有以下几种：

（1）X线平片：一般对筋伤诊断意义不大，主要用于与骨折、脱位和骨病的鉴别诊断。

（2）应力下摄片：主要用于检查平片所不能显示的关节松弛、关节脱位和韧带损伤。检查方法是将被检查肢体放在正位，强迫在内翻或外翻、外展或内收位摄片，从中观察关节解剖关系有无异常改变。

（3）造影检查：有助于某些筋伤的诊断，如髓腔造影可以确定椎管内病变，关节造影可确定关节软骨、关节内软骨和关节囊的病变。

2. 肌电图检查　肌电图检查是记录骨骼肌生物电的一种方法，依据病理肌电图的形态、分布和范围，可以确定神经损伤的部位，判断神经肌肉损伤程度和预后，进一步对上、下运动神经元的病变予以鉴别。肌电图检查的临床意义在于：

（1）震颤电位的出现是下运动神经元损伤的可靠征象。

（2）部分神经损伤的肌电图表现比较多样。肌肉松弛时则呈现正常的功能运动单位电位；肌肉强烈收缩时一般出现单纯相，但也可能出现干扰相。

（3）进行性多块肌肉检查有助于定位诊断，从而可以肯定某一周围神经有无损伤。

（4）肌肉长时间失神经支配会发生完全纤维化，则各种病理电位均告消失，出现病理性电静息状态。

（5）原发性肌病和废用性肌萎缩由于没有神经损伤，肌肉松弛时表现为电静息状态；肌肉收缩时出现肌萎缩电位；肌肉强力收缩时可出现电压较低的干扰相。

（6）肌电图可区分神经源性肌萎缩、肌源性萎缩和其他原因所致的肌萎缩，还可区别脊髓前角细胞和周围神经病变。

(7) 神经传导速度可反映神经的传导功能。周围神经疾病时，传导速度改变最明显。脊髓前角细胞疾病时，如不合并周围神经变性，其传导速度多属正常。因此，传导速度减慢是周围神经损伤的表现，也是区别病变是在脊髓前角细胞还是在周围神经的主要依据。

3. 计算机X线体层摄影(CT)　计算机X线体层摄影检查在椎间盘突出症、腰椎管狭窄症等筋伤疾病的诊断上有重要参考价值，并可推测软组织病变的性质和范围。

4. 核磁共振(MRI)　核磁共振的原理是某些物质的原子核内具有单数的原子或中子，有可被测量出来的微量磁力。当这些有磁力的原子核被置于强磁场时，它们就围绕磁力线作旋转运动；其周期则根据磁线的强弱和核的类型而异，出现一定的强度。因而可以通过数据处理使组织的核磁共振图象呈现出不同的台阶，按其明暗度呈现以下顺序，即脂肪、脑及脊髓、内脏、肌肉、液体充盈的体腔、韧带及肌腱、有迅速血流的血管、密质骨、空气等，从而可产生明显的对比。核磁共振的使用范围与计算机X线体层摄影相似，可用于检查脊髓、椎间盘、膝关节、韧带病变、滑膜肥厚、软组织肿瘤和原发性肌肉疾患等。但由于设备昂贵，目前还未广泛应用。

5. 实验室检查　实验室的检查是筋伤诊断中不可缺少的一部分，但对一般筋伤诊断意义不大，主要用于严重筋伤危重患者的诊断、鉴别诊断，并作为对病情变化、发展的判断和指导治疗的重要指标。随着筋伤学基础研究的开展，实验室检查在临床上越来越重要。

6. 关节镜检查　目前主要用于膝关节检查，正逐步用于其他的关节如肩、肘、桡腕、髋或距小腿关节的检查。此外，还有经皮穿刺椎间盘镜等。关节镜的适应证及其应用价值主要有以下几点：

(1) 明确诊断：对不能明确诊断的关节疾病，可行关节镜检查以确诊。对临床已做出诊断并决定手术治疗的关节疾病，可在手术前行关节镜检查，以进一步明确临床诊断，从而避免不必要的手术。

(2) 确定病变部位和程度：通过关节镜检查可了解关节内损伤的具体部位和损伤的程度，以确定治疗方法。

(3) 直视下取活检：可在关节镜直视下获取病变组织送病理检查，明确诊断。

关节镜不但可用以检查诊断，也可以用于某些关节疾病的治疗，如可以使用膝关节镜进行关节内半月板切除手术等。

关节镜检查目前已被公认为是一种有价值的辅助诊疗方法，准确率高，并发症少，在临床上的应用越来越广泛。但是，关节镜检查不能排除或代替其他诊断方法，在临床上应有选择地使用。

三、筋伤的并发症

筋伤除可产生局部症状外，常会引起一系列的反应和并发症。临床诊断治疗时要全面、仔细地检查，注意筋伤并发症的发生，及时预防其发展。筋伤常见的并发症有以下几种：

(一) 肌肉萎缩

肌肉萎缩是慢性筋伤的并发症。筋伤后由于气血瘀阻、疼痛和包扎固定而使肢体活动减少，肌肉收缩能力减弱，造成血液循环障碍，日久导致不活动的肢体肌肉萎缩，称之为废用性肌萎缩。此外，营养不良性肌萎缩是指原因不明的肌肉变性疾病，特点是有遗传病变，多局限于肢体的某一肌群,萎缩程度较明显,恢复慢,预后较差。下运动神经元或周围神经损伤,亦常见肌肉萎缩。

(二) 关节强直

筋伤后由于失治、误治,常常引起筋的挛缩和粘连,使关节主动活动和被动活动受限而出现关节强直。特别是手部筋伤治疗要注意早期功能锻炼,以预防指骨间关节强直的发生。

(三) 关节脱位

筋的主要功能是联属关节,络缀形体,主司关节运动。由于筋伤或断裂,或内分泌紊乱、炎症等因素,致韧带松弛,在肌肉牵拉、肢体重力等外力作用下,关节稳定性遭到破坏,引起关节半脱位或全脱位。如膝关节十字韧带损伤可并发膝关节半脱位,颈部炎症并发环枢椎半脱位,盆腔炎症并发骶髂关节骨错缝等。

(四) 骨质疏松

筋骨与五脏六腑的关系密切,特别是肝肾两脏。肝主筋的运动,主藏血;肾主藏精,生髓、合骨,肝肾亏损加上筋伤表现出腰腿活动不灵。因肝血不足,血不养筋,甚则出现手足拘挛,肢体麻木,屈伸不利。骨的坚硬依赖肾精的濡养,肾精充足则骨髓生化有源,骨骼得到骨髓的滋养而坚固有力。如肾气衰弱,肾精不足,则骨髓空虚,化源不足,成骨功能减退而发生骨质疏松,表现骨骼脆弱,两下肢痿软乏力,腰酸背痛,活动受限等。临床上筋伤患者长期卧床,肢体固定或废用后,亦可发生废用性骨质疏松。

(五) 组织粘连

筋伤后血溢脉外,修复时纤维机化易致修复部位与周围组织粘连而影响关节活动,如膝关节侧副韧带的损伤、手部肌腱的损伤等。因此,治疗时要注意早期功能活动锻炼,预防筋伤修复过程中造成的粘连。

(六) 肥厚增生与管腔狭窄

在慢性筋伤中,筋的损伤与修复同时并存,时间长久后筋会发生增生肥厚变性,如指屈肌腱、椎管内黄韧带,这些筋又在管腔之中,若增生肥厚变性,势必造成管腔狭窄,产生临床症状。

(七) 钙化、骨化和骨质增生

急性筋伤后局部出血,日久血肿机化,使受伤组织增生和钙化。此外,由于积累性劳损,亦可导致劳损的韧带产生钙化,劳损的关节边缘骨质增生。如颈部项韧带的钙化,腰椎和膝关节骨质增生等。

(八) 骨折

筋伤时在肌腱附着点可有撕裂骨折发生。此外,轻微、反复或持续的肌肉收缩,如长跑、长途行军等,应力集中作用于骨骼某一处,而引起的骨折,称疲劳性骨折,如第2跖骨疲劳性骨折。

第四节 筋伤的治法

一、筋伤治疗原则

(一) 筋骨并重

筋与骨在生理和病理上有密切关系,肝主筋,肾主骨,素有"肝肾同源"之说。筋伤与骨伤可同时发生,也可单独发生,并能相互影响。例如,筋的损伤性痉挛可使骨关节处于交锁或错位;反之,骨关节错位也可改变筋的正常生理位置而使筋受损伤。日常所见的长期姿势不正确或用力不当,可致肌肉、韧带和筋膜损伤,如老年腰椎间盘退变缩小、椎间隙狭窄、韧带松弛、椎体失稳,轻微的外力可使椎间关节突关节产生移位而产生各种下腰痛症状。因此,临床治疗需注重"筋骨并重"的原则,弄清筋与骨关节间的病理变化,既要治疗筋的损伤,又要治疗骨关节的损伤,这样便可事半功倍,此即为"筋柔才骨正,骨正才筋柔"。

(二) 内外兼治

人体是统一的整体,无论是跌打损伤,还是外邪侵袭,损伤筋骨,经络受累,将使气血运行紊乱,严重者消耗津液,伤及脏腑。若脏腑气血受伤,可导致经络失调,加重外伤病情。所以,外伤与内损密切相关,彼此影响。在筋伤治疗中需要把握"内外兼顾"的原则,即既要外治筋骨、皮肉损伤,又要内治脏腑、气血的病变。临床上可根据损伤的病理变化,或以外治为主,或以内治为主,或内、外治并重,灵活运用。通过针对性的治疗,尽量做到"内外兼顾"。这对于提高治疗效果、巩固疗效,有着极为显著的作用。

(三) 急慢各异

筋伤临床上有急、慢性损伤之分。急性筋伤因暴力所致,气滞血瘀,肿痛明显;慢性筋伤常因反复损伤或治疗不当,迁延日久,缠绵难愈,脏腑、气血虚弱,筋骨失养,风寒湿邪乘虚而入,致四肢拘挛,活动不能。两者病因病机上的区别,决定了它们在治法上的差异。急性筋伤多以行气活血、消肿止痛为主;慢性筋伤则宜补益扶正,兼祛除外邪。由于急性筋伤可因失治、误治而成慢性,慢性筋伤也可由外力诱因而急性发作,临床上常可见病证实中挟虚,虚中挟实,虚实挟杂,变证多端。故治疗之法,应重视辨证,具体分析,"病无常形,治无常法,医无常方,药无常品",绝不能拘泥于一方一法。

(四) 保健与治疗结合

一部分筋伤为人们缺乏足够自我预防保健知识所引起,特别是慢性筋伤,治疗过程中常出现功能恢复缓慢或留有后遗症。所以,应将治疗与预防、保健密切结合起来,其目的就是尽快促使组织愈合,功能恢复。保健应当是积极的,除避免过度疲劳、注意休息外,还可采取药物调补和功能锻炼等方法。实践证明,功能锻炼对于筋伤恢复确有良效,《吕氏春秋》有"形不动则精不流,精不流则气郁"的记载。合理的肢体关节活动和全身锻炼,能推动气血流通,促进祛瘀生新,使筋骨关节得到滋养,有利于慢性筋伤的修复。但是,锻炼必须持之以恒,才能取得效果。

二、手法治疗

(一) 手法治疗的作用

1. **活血散瘀,舒筋通络,消肿止痛** 气血瘀阻,经络受滞,则为肿为痛。施以适当的手法有助于气血运行,调畅气机,通顺经络,从而达到气行则血行,血行则肿消,通则不痛的作用。《医宗金鉴·正骨心法要旨》指出:"按其经络,以通郁闭之气,摩其壅聚,以散瘀结之肿,其患可愈。"

2. **调理气血,改善营养,促进组织修复** 手法有调顺气血之功能,可促进新陈代谢,改善局部营养,有利于炎症吸收和组织的修复。

3. **宣通散结,松解粘连** 外伤或风寒湿邪郁阻,必使患部气血凝滞,软组织粘连。恰当的手法可宣通闭阻的气血,剥离软组织的粘连,有利于患部功能的恢复和疼痛的消除。

4. 解除肌痉挛,纠正错位,通利关节　手法直接加速气血运行,疏通经络通道,改善肌肉、筋骨、关节等组织营养状态,调整机体内部平衡。在痉挛的肌肉施以不同手法,可将紧张的肌纤维充分拉长,从而解除肌肉痉挛,恢复关节功能。

5. 激发经气,调节功能,平衡阴阳,促进突出物还纳　正确的理筋手法通过合理的外力作用,能将骨关节错缝整复,软组织撕裂复原,肌腱滑脱理正,脱出之髓核还纳,并可排除这些病理变化带来的肌痉挛和疼痛,恢复组织的正常结构和功能。

(二) 手法操作的基本要求

(1) 施术前充分了解病情,明确诊断。

(2) 施术过程应有详细的计划。

(3) 施行手法时指导患者密切配合,尽量放松、协作,需要时随时调整姿势、体位。

(4) 手法操作应熟练、准确,用力轻巧适度。每次手法先轻后重,活动范围由小渐大,活动速度先慢后快,尽量使患者不受或少受痛苦。

(5) 手法操作时必须全神贯注。

(6) 手法操作的强度、时间需视患者形体强壮、瘦弱和治疗的反应随时进行调整。

(7) 手法操作时需熟悉局部解剖结构与关节正常、异常的活动范围,避免造成不必要损伤。

(8) 严格掌握手法的适应证和禁忌证。

(三) 手法的适应证与禁忌证

1. 手法的适应证

(1) 急、慢性闭合性筋伤者。

(2) 骨关节及筋脉有轻度解剖移位者。

(3) 急性筋伤失治或误治致关节僵直者。

(4) 骨折、脱位后期关节僵直或肌肉萎缩者。

(5) 因风寒湿邪凝结筋骨之间引起的肢节疼痛、活动不利者。

(6) 筋伤并发其他病证者。

2. 手法的禁忌证

(1) 急性筋伤早期局部疼痛剧烈或肿胀瘀血严重者慎用手法,肌腱或韧带大部或完全撕裂者禁用。

(2) 诊断尚不明确的急性脊柱损伤伴有脊髓损伤症状者禁用。

(3) 恶性肿瘤、骨关节结核、骨髓炎等患者禁用。

(4) 伴有严重心、肝、脾、肺、肾器质性病变者慎用。

(5) 有出血倾向的血液病患者禁用或慎用。

(6) 施法部位有严重皮肤损伤或合并感染者慎用。

(7) 精神病患者发作期慎用。

(8) 各种传染病活动期禁用。

(9) 妇女妊娠期或月经期慎用。

(10) 对手法有恐惧心理,不愿意合作者,或身体过于虚弱、老年骨质疏松症者慎用。

(四) 常用手法介绍

1. 摆动类手法

(1) 一指禅推法

① 动作要领：手握空拳，腕掌悬屈，拇指伸直，盖住拳眼，用拇指的指端或指腹或桡侧指端着力于治疗部位体表上，运用腕部的横向来回运动摆动拇指骨间关节的屈伸活动，轻重交替，持续不断（见图1-9）。操作时幅度要均匀，动作要灵活。手法频率每分钟120~160次。一指禅推法的动作要领应掌握"沉肩，垂肘，悬腕，指实，掌虚"十字口诀。"沉肩，垂肘"即指肩部、肘部都要放松，上肢肌肉不能紧张，勿扛肩抬肘。"悬腕"意为手腕要自然垂屈而不可用力屈曲桡腕关节，这样腕部作横向摆动时就有一定活动余地。"指实"为拇指端或指腹要紧贴在经络穴位上，不能离开或游动。"掌虚"意思是除大拇指外，其余四指及手掌都要放松，整个动作贯穿一个"松"字。

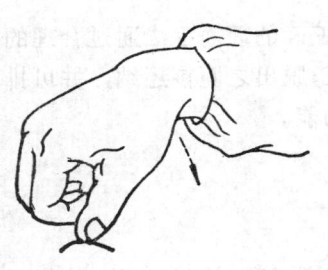

图 1-9 一指禅推法

② 手法分化：一指禅推法为一指禅推拿学派主要手法，临床应用广泛，分化较多。常见以下几种：

缠法：意为缠绵不休，摆动速度每分钟加快到200次以上。

一指禅偏峰推法：拇指桡侧端用力，手腕自然平伸。

屈指推法：拇指屈曲，以拇指骨间关节着力。

在临床运用时，可根据不同病情和部位，灵活地组合各种适合的一指禅推法。

③ 操作要求：本法吸定时不易掌握，易发生滑脱。要求推动灵活，浮而不松，往返自如，不可滑脱。患者自觉局部有温热、酸胀感而皮肤不觉疼痛，皮色不红。

④ 临床运用：一指禅推法可广泛应用于全身各部穴位，尤以头面部、颈项部、胸腹部、肩背部和腰臀部等常用。由于接触面积小，压力大，加之对经络穴位持续、柔和而有力的刺激，使功力易于深透至体内。起到舒筋通络，调和营卫，行气活血，祛瘀消滞，消肿止痛等作用。临床上常用以治疗头痛、腰背痛、筋骨关节酸痛等。

(2) 滚法

① 动作要领：常用有侧滚法和直滚法两种。

侧滚法：以手掌背部小指侧部分及小鱼际贴于治疗部位体表上，掌指关节略为屈曲，然后进行桡腕关节最大限度的屈伸及前臂旋转的协调动作，使滚动的力作用于治疗部位。（见图 1-10）

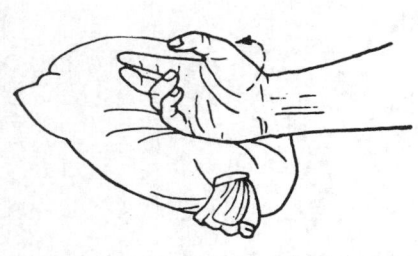

图 1-10 侧滚法

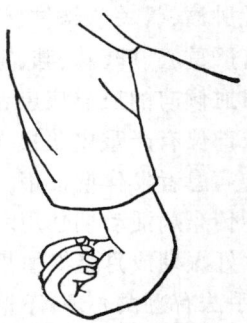

图 1-11 直滚法

直滚法:将手握空拳,以食、中、环、小四指的第1指骨间关节突出部分着力于治疗部位体表上,腕部放松并作前后往返均匀摆动,带动拳作小幅度的来回滚动。力点要紧贴体表,不可离开或摩擦,桡腕关节屈伸幅度要小,压力均匀。(见图1-11)

② 操作要求:在人体上操作一般持续5~10min,使深部肌肉自觉节律性压力和滚动,而体表不觉痛甚,患部微微发热为宜。

③ 临床运用:滚法接触面积大,压力大而柔和,具有疏通经络,活血化瘀,松解粘连,理顺筋脉的作用。适用于颈、肩、腰、背、臀部和四肢关节等部扭挫伤,以及筋脉拘挛、关节强直、肢体瘫痪、疼痛麻木等病证治疗。侧滚法用力较小而柔和,体表各部皆可应用。直滚法着力较大,感应较强,适用于腰背臀部之筋伤。

(3) 揉法

① 动作要领:用手指指腹、手掌掌面、掌根或肘尖部着力于治疗部位体表上,微用力不停地移动,轻重缓急、幅度大小均需适当。揉动时要求手指或手掌不离开或摩擦皮肤,并且有一定的均匀压力,使该处的皮肤、皮下组织随揉力做合理地回旋揉动。

② 手法分化:根据不同部位分为指揉法、掌揉法、拳揉法和肘揉法四种。

指揉法:以拇指指腹紧贴皮肤回旋揉动。刺激部位稍大者可用食、中指或食、中、环指指腹同时揉动。(见图1-12)

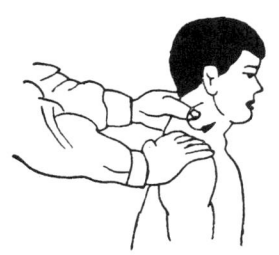

图 1-12 指揉法

图 1-13 掌揉法

掌揉法:以掌面着力于治疗部位体表上回旋揉动。揉动时需带动该处的皮下组织,揉动范围由小至大,力量也可由轻而重。(见图1-13)

拳揉法:握实拳或虚拳着力于治疗部位体表上,作旋转揉动。(见图1-14)

图 1-14 拳揉法

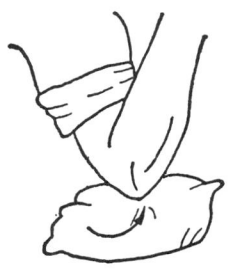

图 1-15 肘揉法

肘揉法:以肘部尺骨鹰嘴着力于治疗部位体表上,揉动深部肌肉。(见图1-15)

③ 操作要求:揉法操作时动作宜协调而有节律,既使深层组织有感应,又要使皮肤无

不适感,具体方法应根据病情调整。肿胀、瘀血、疼痛明显者压力应柔和,揉动频率宜快;若局部疼痛、瘀肿不明显者则应加大压力,揉动频率宜慢。

④ 临床运用:揉法较柔和,能消散外伤引起的肿胀和气血凝滞,并能缓和强手法后疼痛刺激。适用于四肢、颈项、躯干部的伤筋,尤宜解除肌肉疲劳。指揉法与肘揉法作用较强,揉力深入;掌揉法与拳揉法较柔和。指揉法适用于狭小部位或穴位。掌揉法适用于面积较大部位,如肩、背、腰、臀部。拳揉法适用于肌肉丰满部位,如腰背部。肘揉法主要适用于腰、臀部,作用力最强。

2. 摩擦类手法

(1) 摩法

① 动作要领:将指腹或掌面着力于治疗部位体表上,掌指关节自然伸直;以肘关节为中心,连同前臂作缓和协调的环旋摩擦活动。频率视病情而定,慢者每分钟20~60次,快者每分钟100~200次。摩法与揉法颇为相似,但摩法力度较轻,摩动时仅在体表回旋移动而不带动皮下组织;而揉法则力度较重,揉动时不仅在体表移动,还要带动皮下组织。在临床应用时,两者可结合起来操作,使揉中有摩,摩中有揉。

② 手法分化:常用摩法有指摩、掌摩两种操作方法。

掌摩法:用掌面着力于治疗部位体表上环旋摩擦。(见图1-16)

指摩法:以食、中、环指指腹着力于治疗部位体表上环旋摩擦。(见图1-17)

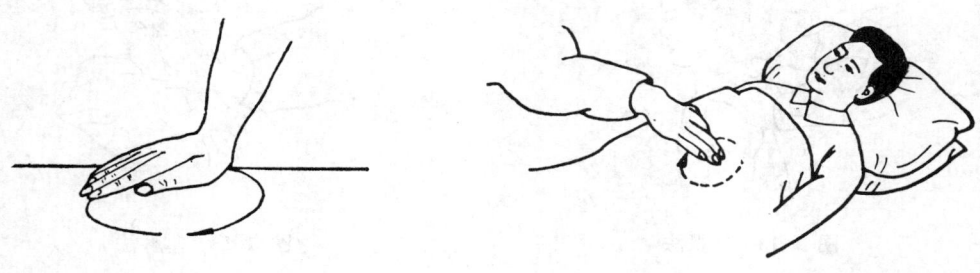

图 1-16 掌摩法　　　　　　图 1-17 指摩法

③ 操作要求:摩法应顺着体表移动,使患处感觉舒适,有微痒和温热感。

④ 临床运用:摩法为推拿手法中最轻柔的手法,作用力温和而表浅,仅达皮肤及皮下组织,适用于全身各部,尤以胸、腹、肋为常用。其具有和中理气、安神定痛和消肿化瘀之功效,可用于各种急、慢性损伤。亦可用葱姜汁、松节油作摩法辅助用药。

(2) 擦法

① 动作要领:以指腹或掌面着力于治疗部位体表上,往返推擦,与摩法相似。但擦法为直线往返,频率极快,操作动作要求紧直、匀长,即着力部位需紧贴体表,但活动时不可带动深部组织;且不论是上下或左右方向摩擦,必须直线往返,否则会影响热能产生。摩擦时往返距离要拉长,动作要连续不断,不能有间歇停顿。若距离太短,容易擦伤皮肤,而动作间歇停顿就不能使热量深透。出力要均匀而适中,以摩擦时不使皮肤产生皱褶为宜。摩擦频率每分钟约80~100次。由于擦法直接在体表上操作,故擦时需涂少许润滑剂(如植物油类)以保护皮肤和加强手法效果。

② 手法分化：擦法可分为掌擦法、鱼际擦法和侧擦法三种。
掌擦法：以全掌面着力于治疗部位体表上来回摩擦。（见图 1-18）

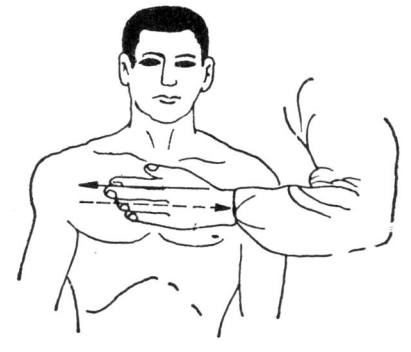

图 1-18 掌擦法

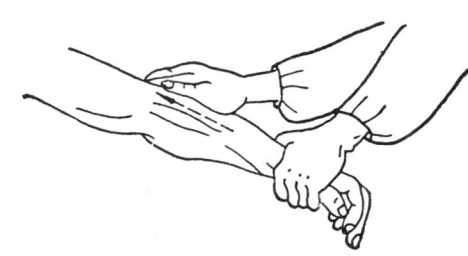

图 1-19 鱼际擦法

鱼际擦法：以大鱼际及掌根部着力于治疗部位体表上作直线往返摩擦。（见图 1-19）
侧擦法：以小鱼际部着力于治疗部位体表上作直线往返摩擦。（见图 1-20）

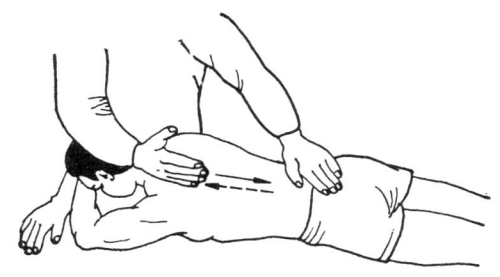

图 1-20 侧擦法

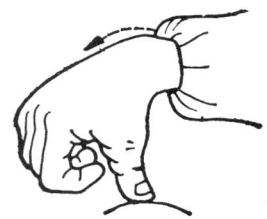

图 1-21 指推法

③ 操作要求：以被摩擦皮肤发热不要太快为宜。要使热能逐步透入，获得温热、舒适感，但不要擦伤皮肤。

④ 临床运用：运用擦法能使局部有温热感，达到舒筋活络、理气止痛、消瘀退肿和祛风散寒等作用。掌擦法热能较低，常用于胸胁和脘腹部，主要治疗胸胁疼痛。侧擦法热能较高，常用于肩、背、腰、臀和下肢部，主要治疗风湿痹痛、肢体麻木等证。鱼际擦法的热能适中，常用于四肢部。但三种方法可配合变化应用，不必拘泥。

(3) 推法

① 动作要领：以手指、掌根或肘尖部着力于治疗部位体表上向前推挤肌肉，推时用力均匀，作直线或沿肌纤维走向顺势推动。推力能达到的深度随所用力的大小而定，可浮于皮，亦可深及筋骨和脏腑。行推法时推力须由轻渐重，用力大小应当依疾病和患者体质而定。其频率一般每分钟 50～150 次。

② 手法分化：依作用部位不同，可分为指推法、掌推法和肘推法三种。

指推法：以拇指指腹或桡侧面着力于治疗部位体表上，余四指微曲助力。按经络循行路线或肌纤维走向向前推进。（见图 1-21）

掌推法：手掌放于治疗部位体表上，以掌根为着力点向一定方向推动。如需加大压力时，可两手相叠推动。（见图1-22）

肘推法：屈肘，以尺骨鹰嘴着力于治疗部位体表上用力向一定方向推动。（见图1-23）

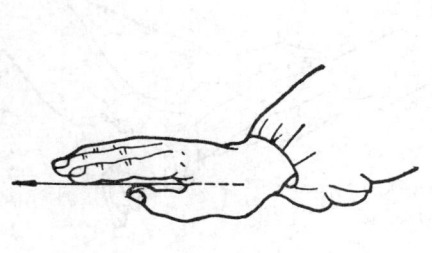

图1-22 掌推法

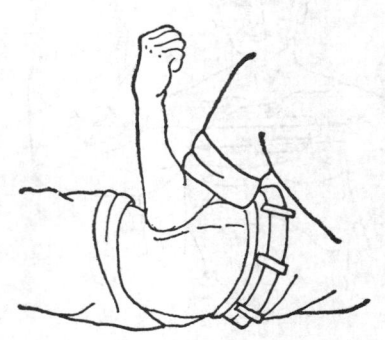

图1-23 肘推法

③ 操作要求：推法可使患者肌肉放松，皮肤组织改善。特别是肘推法既可使表皮滑动，产生较强热效应，又能使热力透入深部肌肉，甚至循经络传导到远处，从而使患者有舒畅轻快感。

④ 临床运用：推法作用极广，是活血解痉、舒筋活络的有效手段。指推法作用面积小，动作灵活，尤其适用于面积较小部位。掌推法轻柔缓和，适用于面积较大部位。肘推法刚劲有力，刺激量大，主要适用于体形肥胖者及脊背部、腰臀部和大腿肌肉丰厚部位。常用于治疗风湿痹痛、四肢关节挫伤、腰背痛或胸胁痛等疾病。

（4）搓法

① 动作要领：两手挟住治疗部位肢体作对称性相反方向搓动，或两手掌着力于治疗部位体表上相反方向用力，来回搓动筋肉，要求两手轻快用力，彼此协调。（见图1-24）

② 操作要求：搓法作用力可达肌肉、骨骼，强度小者可使筋肉松展，强度大者可令患者有明显酸胀感。

③ 临床运用：搓法刺激较为温和，具有调和气血、舒筋通络、缓解疼痛和消除疲劳等功能，用于缓解肌肉紧张和痉挛效果较好，临床常作为治疗后的结束手法。

3. 振动类手法

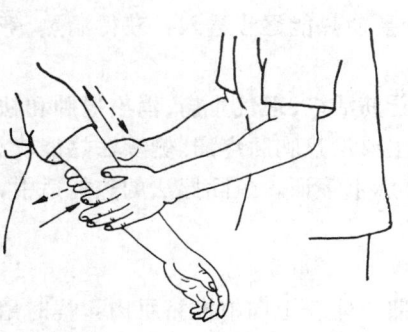

图1-24 搓法

抖法

① 动作要领：用单手或两手握住患肢远端，轻轻用力作小幅度连续上下或左右抖动，用力均匀而有力，幅度由小渐大，频率逐渐增快，使振动力量传递到远处关节，抖动幅度不能超过关节活动生理范围。同时，可让助手作拔伸牵引。（见图1-25）

② 操作要求：抖法引起肢体振动，在肢体上传导时形成横波，使肢体有节奏进行摆动，

令关节有舒适放松感。

③ 临床运用：抖法为一种缓和手法，能舒通经络，调和气血，松解粘连，疏理肌筋和滑利关节。常用于四肢部、脊柱部，治疗急性腰扭伤、腰椎间盘突出症及肩、肘等关节的功能障碍；或用于减轻重手法后反应，增加舒适感，常为理筋终末手法。

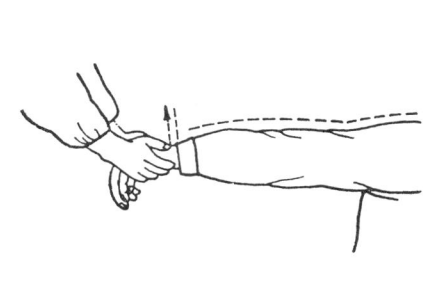

图 1-25 抖法　　　　　　　图 1-26 拳击法

4. 叩击类手法

(1) 拍击法

① 动作要领：以虚掌敲打治疗部位体表为拍法，以拳叩打治疗部位体表为击法。临床上两者常相互为用，故统而称之。施法时应由轻至重，由慢至快，或快慢交替进行拍击。动作要协调、灵巧，着力要有弹性，根据体表部位、患者胖瘦、病情而定施力的大小和着力的部位。

② 手法分化：拍击法方法较多，一般可分为六种。

拳击法：手握空拳或实拳，腕伸直。根据施力大小，以肩关节或肘关节摆动力量带动腕手部，用小鱼际部击打体表。(见图 1-26)

掌击法：手指自然松开，腕伸直。运用肘关节或肩关节摆动力量带动腕手部，以掌根部叩击体表。(见图 1-27)

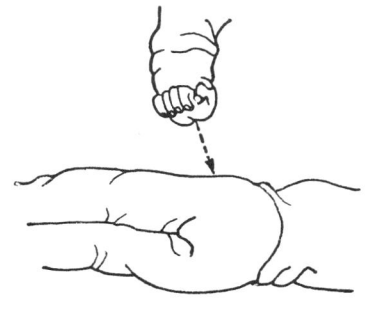 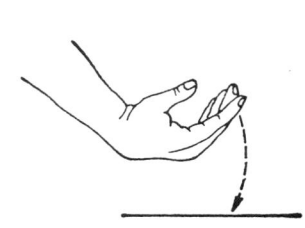

图 1-27 掌击法　　　　　　图 1-28 指节拍法

指节拍法：各指微分开，微屈食、中、环和小指的掌指及指骨间关节，运用肘关节或肩关节摆动力量带动腕手部，以手背指节拍打身体某一部位。(见图 1-28)

劈法：两手手指伸直并自然分开，运用肘关节或肩关节摆动力量带动腕手部，以手的尺侧缘或小鱼际肌处劈打治疗部位体表。两手对合施法又称为全拳劈法。(见图 1-29)

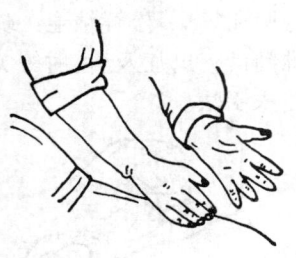

图 1-29 劈法

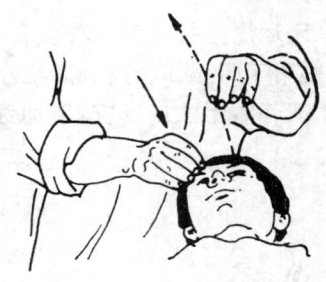

图 1-30 啄法

啄法：两手五指微屈成爪形或成梅花形,依靠桡腕关节小幅度屈伸活动,交替上下轻击治疗部位体表。击打速度轻快而有节奏,如鸡啄米状。(见图 1-30)

棒击法：通常以柔枝击打体表。

③ 操作要求：以拍击后皮肤微红、充血为宜。

④ 临床运用：拍法作用面积较大,主要作用于浅表组织。击法动作迅速,对深部组织有一种冲击力,使局部肌肉有胀、松感,常用于深部组织。拳击法主要作用于胸背部和腰骶部,掌根击法主要用于腰部和下肢部,指节击法主要用于腰背部及下肢,劈法主要用于肩背部及下肢侧部,棒击法主要用于腰、臀和下肢部。拍击法具有舒筋通络,调和气血的作用,临床常配合治疗风湿痹痛、局部感觉迟钝、肌肉痉挛或头痛等证,具有治疗与保健双重功效。

(2) 弹法

① 动作要领：用拇指的指腹紧扣食指或中指的指甲,食指或中指用力弹出,连续以指甲部击打治疗部位体表。弹力的强度需由轻至重,击打要有弹性。(见图 1-31)

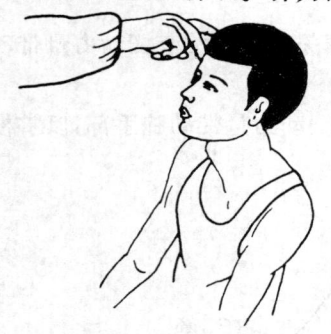

图 1-31 弹法

② 临床运用：本法适用于全身各部位,为一种辅助性手法,具有舒筋通络、开结畅郁和祛风散寒的功效,尤适合头面、颈项部治疗。临床上常配合治疗头痛、项痛、风湿痹痛或肌肤麻木等证。

5. 挤压类手法

(1) 按法

① 动作要领：以手往下按压,用力的方向要垂直,稳而持续；切忌用迅猛的暴力,以免产生不良反应。同时,着力部位要紧贴治疗部位体表。由于本法刺激较强,临床上常与揉法结合使用,在按压至一定深度时兼行揉法,使刚中有柔。

② 手法分化：临床上根据着力部位、压力大小和适用范围的差异,可分为指按法、掌按法和肘按法三种。

指按法：又分点按法和掐法两种。

点按法是用拇指指腹或食、中、环三指指腹或食、中指屈曲之近侧指骨间关节突出部按压治疗部位体表,余指协作固定。临床上以拇指按最为常用,一般在穴位上按压时拇指不要移动,只是按压的力量可有所增减。临床上可用单拇指按,两手拇指交替按,拇指重叠按或拇指对按。(见图 1-32)

掐法是用指甲峰掐刺穴位。操作时不要移动,避免损伤患者皮肤。

图 1-32 拇指按法

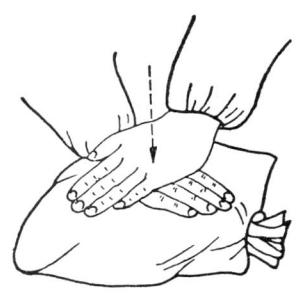
图 1-33 掌按法

掌按法：用手的鱼际、掌面或掌根全力按压治疗部位。可单手也可两掌重叠按压，并可借助上身前倾惯力（见图 1-33）。操作时由轻到重，往返按压；也可固定于局部大力按压。

肘按法：屈肘，以肘尖尺骨鹰嘴部为着力点，另一手按压该手腕部或抓住床面，以加强力度，进行按压。（见图 1-34）

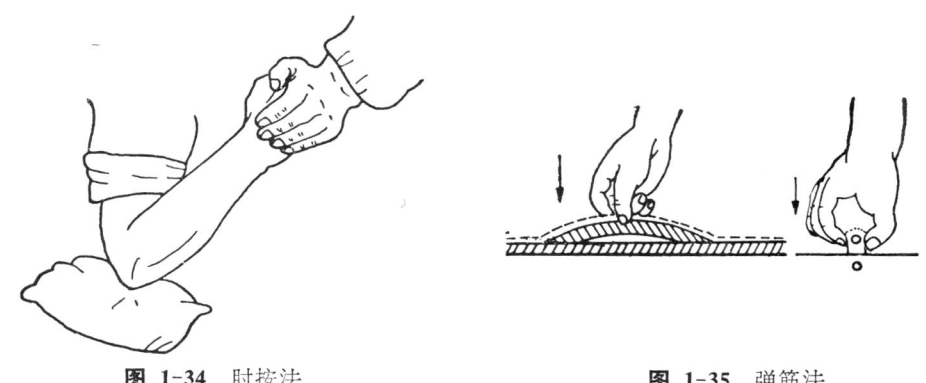

图 1-34 肘按法　　　　　　　　　图 1-35 弹筋法

③ 操作要求：指按法和肘按法可达到一种"按而留之"效果，使患部有酸麻胀痛感。掌按法可使深部组织产生舒适感而体表无不良反应，掌按脊柱时常可整复关节并可闻及"咔嗒"声响。

④ 临床运用：指按法接触面小，刺激强度可轻可重，且易控制调节，具有开通散结、散寒止痛作用，可用于全身各经络穴位。掌按法接触面大，能行气、活血、止痛，适用于软组织丰满部位或较深部位，作用较为缓和。肘按法力量最强，具有疏松筋脉、消肿破结、合骨复筋作用，多用于腰背部和臀部。

(2) 拿法

① 动作要领：用拇指和食、中两指，或用拇指和其他四指形成钳状，对治疗部位进行一紧一松地提捏皮下肌肉、肌腱，拿起后迅速滑脱松开；或辗转提捏，动作要缓和而有连贯性。拿法时指面用力要稳，指端用力拿起部位要准确，用力要由轻渐重，不可突然用力，其频率一般每分钟 6～10 次。

② 手法分化：拿法一般有以下常用手法。

三指拿法：用拇指和食、中指提拿。

五指拿法：用拇指和其他四指提拿。

弹筋法：以拇指或拇、食、中三指沿着肌肉垂直方向拿起肌腹或肌腱与肌腹交接处并尽

量向外牵拉，待牵拉到相当程度后让肌腹滑脱，滑脱中可闻及"咔嗒"响声。3～4次即可。（见图1-35）

③ 操作要求：拿法既要有一定指力，使患者感到酸胀、微热和放松、舒展感，又不能使患者感到过于疼痛。弹筋后注意再用柔和手法缓解。弹筋法不宜频繁使用。

④ 临床运用：拿法刺激量大，适用于颈、肩和四肢部。三指拿法应用于较小部位，五指拿法适用于面积大、肌肉丰隆部位，弹筋法多用于慢性病变的肌肉、肌腱。拿法具有舒通经络、解痉止痛、分解粘连和解除疲劳等作用，常用于治疗颈肩痛、四肢关节及肌肉酸痛等。

(3) 捏法

① 动作要领：以拇指与食、中指或拇指与其他四指形成钳形，捏住一定部位，或对称用力，或循肌肉及经络走向捏挤前进，作连续不断地辗转挤压。捏法与拿法相似，但作用部位较浅，动作较轻，多用于浅表肌肤组织。本法操作时间不宜过长，频率不宜过快，以皮肤微热或红润为度。

② 手法分化：捏法可分为合指捏法、双手捏法和屈指捏法三种。

合指捏法：用拇指和食、中指（即三指捏）或拇指和其余四指（即五指捏）捏住肌肉，三指捏以指力为主，五指捏则借助腕部发力。（见图1-36）

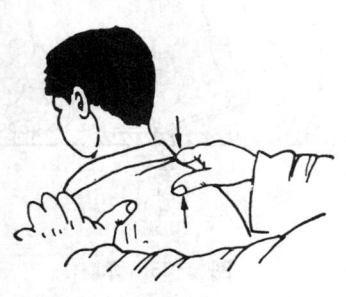

图 1-36 合指捏法

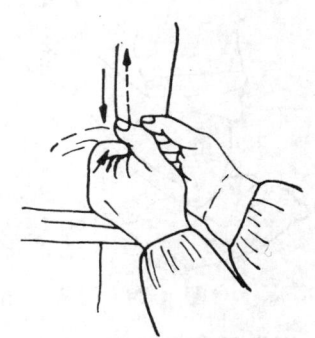

图 1-37 双手捏法

双手捏法：以两手手指或掌根作相对合提挤揉动作。（见图1-37）

屈指捏法：以相邻手指分开，屈指捏实肌肉揉动。

③ 临床运用：捏法刺激量小，适用于肩颈和四肢部。具有疏通气血、缓解痉挛、消除肿痛等作用，主要适用于各种慢性损伤的治疗，且对颈肩、肢体酸痛、麻木和外伤肿胀疼痛也有一定疗效。

(4) 踩跷法

① 动作要领：踩跷法目前临床运用较少，现仅介绍腰部踩跷法。其操作方法是患者俯卧，胸部和大腿各垫枕头，以使腹部离开床面10cm左右为宜。医者两手需扶住固定物体，以控制踩踏力量。用足底前部踩在腰骶部，足跟提起。踩踏时以单足或两足前部着力于治疗部位，足底切不可离开患者腰部；主要利用膝关节一屈一伸使身体一起一落，对腰部进行连续而均匀地弹压动作。患者要配合弹压起落，压下时呼气，弹起时吸气，切忌屏气，以免内伤。踩踏的次数和力量须根据患者体质和病情而定，适可而止，不能强行。（见图1-38）

② 操作要求：使腰部在踩踏作用下呈上下起伏运动，以患者可耐受为度。如患者难以忍受或不能配合，应停止施术。

③ 临床运用：临床上常用于腰椎间盘突出症的治疗，但本法刺激性大，应用时需谨慎，严格掌握禁忌证。

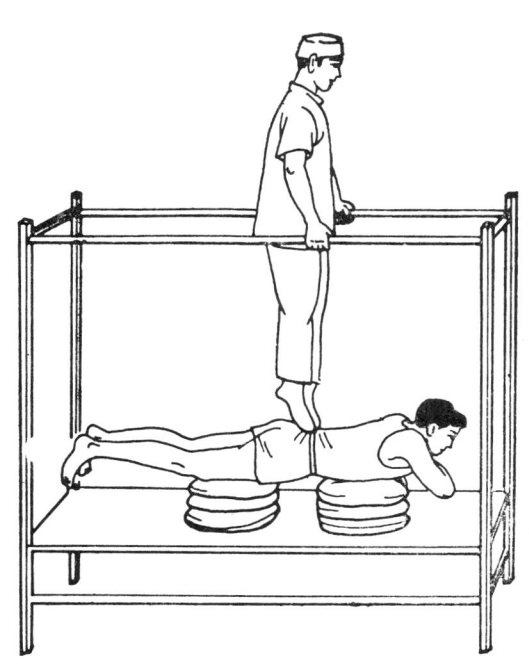

图 1-38 踩跷法

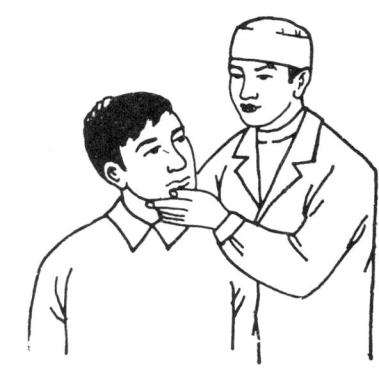

图 1-39 摇颈法

6. 运动类手法

（1）摇法

① 动作要领：以单手握住关节远端，另一手握住关节近端以固定，再予以被动性的环旋运动，借以协助患者肢体恢复正常功能活动。操作时，根据不同关节选择适当体位。摇时动作要稳妥，幅度由小到大，速度不宜过快；应在生理活动范围内进行，适可而止，不可过度。

② 手法分化：根据不同部位可分为摇颈、摇肩、摇肘（膝）、摇腕（踝）、摇腰和摇髋等六种手法。

摇颈法：患者坐位，颈项放松。医者立于其侧后，一手扶其头顶，另一手托住下颌，两手将头部略向上牵引后，缓缓使头向左、右摇转。（见图1-39）

摇肩法：患者坐位，肩部放松，屈曲患肢肘关节。医者立于其侧方，一手扶住肩关节上部，另一手托住患肢肘部，作顺时针或逆时针方向转动。临床上以此种屈肘摇肩法最为常用。（见图1-40）

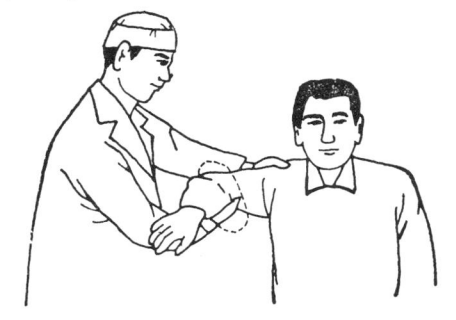

图 1-40 摇肩法

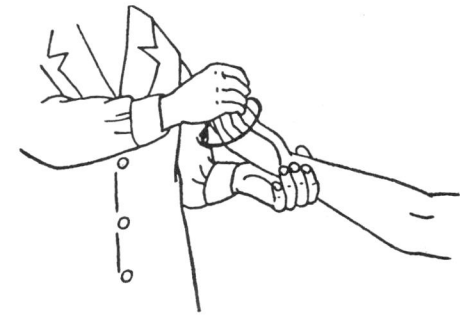

图 1-41 摇腕法

摇肘（膝）法：医者立于患者对面，一手拿起肘（膝）部，另一手握其腕（踝）部，屈肘

(膝)约 90°后,使前臂(小腿)由外向内或由内向外作环旋运动。

摇腕(踝)法:医者立于患者对面,一手握其腕(足跟),另一手握其手指(足趾),以医者前臂环转运动,带动患部运动。(图 1-41)

摇腰法:患者坐位,助手固定患者骨盆。医者一手扶住患侧腰部或胸部,另一手扶住对侧肩部,将患者上身由左或由右向另一侧连续作腰部环旋动作。(图 1-42)

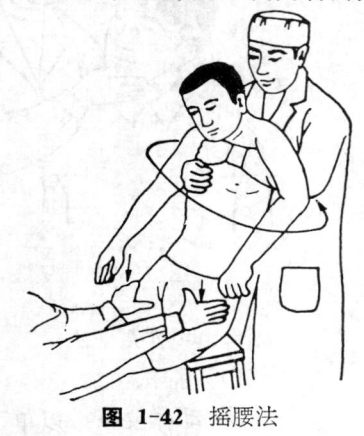

图 1-42 摇腰法　　　　　　图 1-43 摇髋法

摇髋法:患者仰卧,患肢屈膝屈髋。医者以一手握住其膝部,另一手握住小腿远端,作顺时针或逆时针环旋摇动。(图 1-43)

③ 操作要求:摇后应使僵硬关节松动、灵活,局部痉挛肌肉得以松解。

④ 临床运用:摇法可松解关节周围的粘连,恢复关节活动功能。适用于关节僵直、关节急慢性扭伤和骨轻微错缝者。

(2) 扳法

① 动作要领:两手协同作反方向扳动,以伸展、屈曲或旋转脊柱或四肢某一关节,使之活动瞬间超过一定范围。扳动时须要将被扳动关节作最大限度伸展或旋转,在保持这一姿势基础上,瞬间施以加大动作幅度扳动。扳法动作轻巧,用力部位准确,扳动幅度必须根据生理和病理情况而决定。扳法为一种被动手法,但操作时也应使患者主动配合。脊柱扳法作用较强,使用时必须谨慎。

② 手法分化:目前扳法使用较广泛,应用于不同部位可有不同操作手法。主要有以下几种。

扳颈椎法:又可分为单人旋转复位法、角度复位法和侧旋提推法三种。

单人旋转复位法,多用于上颈段。以颈1横突偏右为例,患者坐矮凳上,颈部前屈35°,左偏35°,右侧旋转45°。医者立于患者身后,左手拇指触到偏移横突固定之,余四指置于患者右侧头枕部或颞部,右手扶持左面部,在右手向右旋转的瞬间,左手拇指将横突轻轻推向患者左侧,常听到"咯"的一声,拇指下有轻度移动感,触之平复或改善。(见图 1-44)

图 1-44 单人旋转复位法

角度复位法,多用于中颈段。以颈4棘突偏右为例,患者端坐矮凳上。医者立于患者背后,左手拇指触到颈4棘突右侧并固定之,右手拇指与其余四指相对置于下颌部,使颈略前屈。以颈4为中心左侧屈30°,此时右手拇指与其余四指同时用力向右旋转;同时,左手拇指稍用力向左下推按,常听到"咯"的一声,拇指下有轻度移动感,触之平复或改善。

侧旋提推法,多用于下颈段。以颈6棘突偏右为例,患者端坐矮凳上,颈部稍前屈位。医者立于患者背后,右手拇指触及颈6棘突右侧并固定之,左手扶持患者下颌,使头转向右侧45°,此时左手向上轻轻提牵;同时,右手拇指迅速用力向左轻推,常听到"咯"的一声,拇指下有轻度移位感,触之平复或改善。

扳胸椎法:又可分为掌推法和膝顶法两种。

掌推法,患者俯卧,胸前垫一软枕,两上肢旋内贴于身体两侧。医者立于患者左侧,右手掌根部按压住患椎棘突,左手放在右手背上,嘱患者作深吸气,在呼气末时医者手掌(与脊柱呈45°方向)向前上方推按,此时可听到"咯"的一声。

膝顶法,患者端坐矮凳上,两手自然下垂。医者两臂环抱患者两肩及上胸,两手在患者胸骨处十指交叉相握,嘱患者略后仰、背靠医者右膝前,头置于医者右肩,医者以右膝顶住患椎棘突;在患者深吸气末呼气初,医者两臂及手用力往后下方压,右膝同时往上方顶推,此时可听到"咯"的一声。(见图1-45)

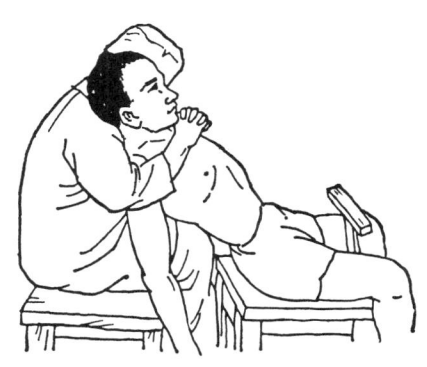 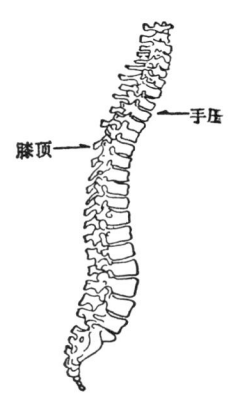

图 1-45 膝顶法

扳腰椎法:又可分为斜扳法、旋转复位法和后伸扳法三种。

斜扳法,患者侧卧,在下方的下肢取伸直位,在上方的下肢屈髋屈膝80°。医者一手扶持肩前侧,另一手扶持臀部。两手用反方向相等力量,进行推拉(注意交叉点在患椎上)。当遇到阻力时,突然加大推拉力,常可听到关节复位响声。(见图1-46)

旋转复位法,患者坐于双连椅的前椅上。医者坐在后椅上,一手拇指触偏移腰椎棘突并固定之;另一手自患者腋部伸出上肩,绕颈后握住对侧肩部,然后使患者前屈60°~90°,侧屈45°;在拇指推挤棘突向对侧外上方的同时,绕肩之手向后上方旋转,常可听到"咯"的一声。(见图1-47)

后伸扳法,患者俯卧。医者立于其一侧,用一手按住患者腰部或骶髂关节处,另一手臂将其两下肢托起。两手协调同时向相反方向施力,使腰部展伸。(见图1-48)

扳肩:扳肩的基本手法又可分为前上举、内收、后伸和外展四种。

前上举法,患者坐位。医者立于其患肩一侧,屈膝半蹲将患侧手搭在医者肩上,并以两手互抱将患肩固定,同时慢慢站起使患肢抬举。

内收法,患者坐位,将患肢置于胸前。医者立其后,紧靠其背,稳定其身体,用与患肩同侧的手扶住患肩,另一手握其患侧肘部作内收动作。

后伸法,患者坐位,上肢自然下垂。医者立于其患侧,用与患肩同侧的手扶住患肩,另一手握其患侧腕部,将上肢后伸,并使其屈肘,手背贴于腰背部,再沿脊柱从上向下移动。

外展法,患者仰卧。医者立于患肩侧方,一手扶住其患肩,用与患肩同侧的手握住其患侧肘部作外展、上举,同时也可作肩关节的旋内、旋外活动。

扳肘:患者坐位。医者一手握住其患肘上部,另一手握住其同侧腕部,反复扳动肘关节作屈伸动作。

③ 操作要求:施法后患者应无不适感,患部关节活动范围增大,有轻松舒适感,手法中常可听到关节弹响声,此为手法复位标志。但在施术中不一定都

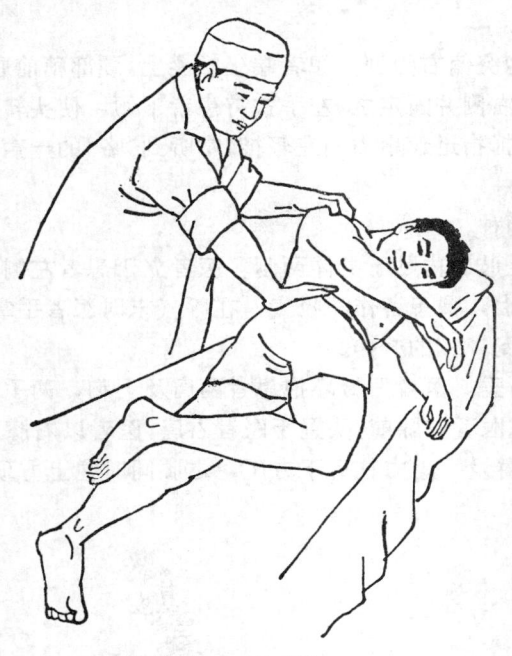

图 1-46 斜扳法
(在下面的下肢伸直,在上面的下肢屈曲约 80°)

能听到这种响声,故不必勉强,避免使用暴力,以免造成不良后果。

图 1-47 旋转复位法

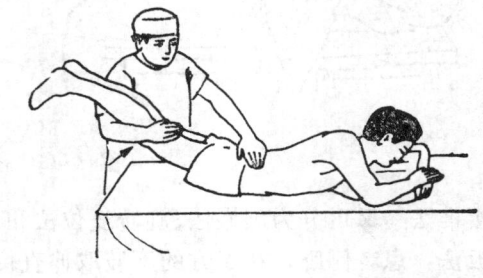

图 1-48 后伸扳法

④ 临床运用:扳法具有滑利关节、整复移位、解除嵌顿作用,适用于颈椎病、肩周炎、腰痛和四肢关节的活动功能障碍,尤为治疗脊椎损伤的常用手法。其中单人旋转复位法多用于上颈段颈椎错位,角度复位法常用于中颈段颈椎错位,侧旋提推法则用于下颈段颈椎错位。胸椎掌推法适用于胸椎中、下段关节突关节紊乱而棘突有后突者。膝顶法可用于胸椎关节突关节紊乱症、胸椎轻度移位棘突偏歪者。扳腰椎法中斜扳法用途较广,可用于治疗腰痛。腰椎旋转复位法主要治疗腰椎间盘突出症、腰椎关节突关节紊乱及腰部扭伤等证。后伸扳法也是治

疗腰椎间盘突出症常用手法之一,并可用于骶髂关节骨错缝。

(3) 拔伸法

① 动作要领:医者两手分别固定关节的两端或两手同时握住关节某一端的肢体,对关节及周围组织行牵拉拔伸,用力要稳定持续,禁用突发性的猛力,同时要根据不同部位和病情,适当控制拔伸力大小和方向。

② 手法分化:拔伸按部位可分为颈部拔伸、腰部拔伸和四肢拔伸三种。

颈部拔伸:患者正坐位。医者立于患者背后,用两手拇指托住枕骨下方,掌根托起两侧下颌角缘,两手用力向上提,利用患者自身重量作对抗牵引。拔伸时可使头部前屈、后伸或旋转一定角度,并将头颈向左右旋转。(见图 1-49)

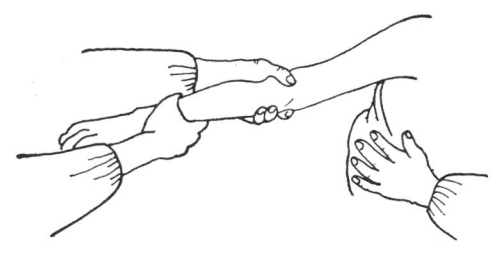

图 1-49 颈部拔伸　　　　　　图 1-50 腰部拔伸

腰部拔伸:患者俯卧,两手抓住床头。医者两手握患者两踝,作对抗拔伸,力量逐渐加大,同时可轻轻摇动或颤抖患者肢体。(见图 1-50)

四肢拔伸:患者坐位。医者两手分握住患部关节两端,两手同时向相反方向拔伸。如力量不足,可多人协助固定和拔伸。上肢拔伸法见图 1-51。

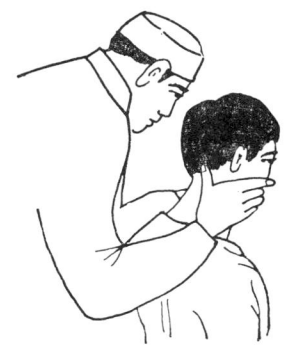 

图 1-51 上肢拔伸　　　　　　图 1-52 屈伸法

③ 操作要求:患者应积极配合。手法后患者感觉关节活动灵活,局部组织松解、舒适。

④ 临床运用:拔伸法通过拉宽关节间隙,拉伸有关肌肉,松解粘连,为关节复位和功能恢复创造有利条件,故有舒筋活络、整复错位的功效。主要用于治疗关节错位、伤筋、功能障碍等,特别适合于脊柱和四肢关节的移位和扭伤、错位。

(4) 屈伸法

① 动作要领:医者两手分别握住患肢关节两端,作适当屈伸活动,逐渐加大活动幅度和频率,同时可结合拔伸和按压。或者在松弛局部肌肉后突然用力,使患肢关节活动作超过

平常范围的伸展或屈曲。每次治疗前,医者必须估计患肢关节可能增大的幅度,循序渐进,避免造成不必要拉伤。(见图 1-52)

② 操作要求:屈伸法应以患者能耐受为度,不宜操之过急。手法后患肢关节灵活、松动,活动范围增大。

③ 临床运用:屈伸法幅度可大可小,有松解粘连、舒筋活络之功。常用于四肢关节,对筋络挛缩、韧带及肌腱粘连或关节强直都有一定作用。

(5) 背法

① 动作要领:医者与患者背靠背站立,医者用两肘分别挽住患者两肘,然后医者弯腰以臀部顶住患者腰部,屈膝抬臀将患者反背起来,使其两脚离地。此时,嘱患者全身放松,医者也可以臀部着力摇颤。使用背法时要注意医患间的配合。医者要把握背起的角度和动作力度,以免损伤。(见图 1-53)

② 操作要求:应使患者腰部尽量后伸,并借助医者摇颤之力使患者全身协调活动。

③ 临床运用:背法可使脊柱腰段及其两侧伸肌过伸,促使错位之关节复位,并有助于解除神经根受压,缓解腰椎间盘突出症的症状,对腰部扭闪疼痛和腰椎间盘突出症等常用本法配合治疗。但在临床运用中应视患者情况和医者自身承受能力而施,不可蛮干,以免医患两者俱伤,并应注意防止跌仆。年老体弱、骨质疏松或强直性脊柱炎等患者禁用本法。

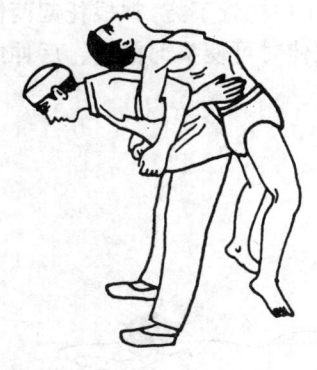

图 1-53 背法

三、固定治疗

固定是治疗筋伤的方法之一。筋伤错位经过整复治疗后,及时、适当的外固定有利于维持整复治疗的效果,能预防重复损伤,减轻疼痛,加快肿胀的吸收和促使筋伤愈合。所以,对某些筋伤患者采取适当的外固定是非常必要的。

一般来说筋伤的固定不如骨折固定要求那么高,其用具也取自骨折固定的用具,如绷带、胶布、纸板、石膏等。固定方法很多,使用时应根据筋伤的部位、性质、程度和受伤机制等选择适当的用具和固定方法。如筋的断裂伤应选择牢靠的石膏固定或塑形小夹板固定,关节部位扭伤可采用绷带固定。

固定和运动是一对矛盾,但筋伤的治疗两者都不可缺少。唐代《仙授理伤续断秘方》载:"凡曲转,如手腕脚凹手指之类,要转动,用药贴,将绢片包之,后时时运动。"叙述了对关节部位的损伤既要用绢片包扎作相对固定,又要作或屈或伸时运动的治疗方法。固定是一种制动,有利于筋伤的修复,但用之不当会造成组织粘连,对功能恢复不利。因此,对固定与不固定,固定方式的选择,固定范围和固定时间都必须根据实际情况决定。只有将合理的固定与有效的运动结合起来,才能达到预期的治疗效果。

(一) 固定的作用

1. **维持手法治疗的效果** 筋伤经手法治疗效果满意后,将关节固定在令所伤之筋松弛、关节稳定的位置,可以维持手法的效果,以利于愈合。有些骨错缝、筋错位患者,手法复位后,如不作适当固定,很容易重新错位,故常常要将肢体固定在与造成筋伤暴力方向相反的位置,防止重新移位,重复损伤,维持手法治疗的效果。如距小腿关节外翻扭伤将关节固定在内翻位,内翻扭伤将关节固定于外翻位。

2. 有利于消肿止痛、解除痉挛　筋伤后局部血管破裂出血形成血肿,或因损伤造成血管壁通透性改变,大量液体自血管内渗出,停留于组织间隙形成水肿。固定能使肢体损伤组织处于一种相对静止的休息状态,如无不良因素刺激,通过自身调节,血肿和渗出液将很快被吸收,起到消肿作用。疼痛和肌肉痉挛往往同时存在,两者互为因果,形成恶性循环。局部外固定可减少肢体活动,避免对损伤部位的牵拉刺激,从而减轻疼痛,解除痉挛。

3. 为筋伤的修复创造有利条件　筋伤的修复需要一个相对稳定的环境,只有将受伤肢体保持在使筋松弛的位置上并维持一定时间,才能完成筋伤的修复过程。如果修复过程中损伤局部仍经常活动,不但会使脆弱的新生组织被破坏,而且还会加重原有损伤,不利于损伤组织的修复。

4. 减少或避免并发症和后遗症的发生　损伤局部的有效固定可为全身或其他部位早期进行功能锻炼创造条件,有利于全身脏腑功能、气血生化输布的改善和加强,从而减少或避免并发症的发生。

(二) 固定应注意的事项

1. 选择适当的固定方法和用具　筋伤的固定方法和用具较多,应根据受伤的部位、受伤机制、伤势严重程度、是否有合并症及治疗效果等加以选择。原则是简单,有效,患者易接受。要求能起可靠的固定效果,能维持一定时间,并且不影响伤处及其远端的血液循环,不影响筋伤的愈合过程,不妨碍功能锻炼。

2. 注意观察固定后肢体的血运情况　固定对肢体的血运有一定影响,固定时要尽量把这种影响降低到最小限度。缚扎松紧要适当,过紧则会造成血液流通障碍,从而出现患肢肿胀、缺血乃至肌肉挛缩等并发症。因此,固定后要密切观察患肢的血液循环情况,特别是前4日内更应注意观察肢端动脉搏动和皮肤温度、颜色、感觉、肿胀程度以及指(趾)活动等情况。若出现血液循环障碍征象,必须及时放松固定;如仍未好转,应拆开外固定用具,重新固定。

3. 预防压迫性溃疡的发生　肢体骨骼隆起部位最容易出现压伤,固定时应在骨骼隆起部位事先放置衬垫加以保护。如在固定过程中出现某处固定部位的疼痛或有异常渗出物时,应及时检查以防止发生压迫性溃疡。伤后在肿胀达到高峰前固定,患肢会因继续肿胀而出现伤处疼痛,有的还会出现张力性水泡,要注意及时调整松紧度。

4. 适当抬高患肢　抬高患肢有利于肢体肿胀的消退,改善局部组织的营养状态,为修复创造有利条件。上肢可用三角巾或绷带悬于胸前,下肢可用软枕、砂袋垫高或将伤肢置于支架上。

5. 掌握固定的位置与固定时间　要求固定于有利肢体修复和功能恢复的位置(一般是筋松弛位),避免再发生骨错缝、筋错位。固定时间应根据筋伤情况与病情变化及一般愈合时间而定。若时间过长,会产生局部软组织粘连、肌肉萎缩、骨质脱钙、关节囊挛缩或关节功能障碍等;固定时间过短则肌腱、韧带或关节囊愈合困难,并可能造成关节松动不稳或习惯性扭伤、错缝和脱位。一般筋伤的固定需要 2~6 周。

6. 指导患者积极练功　固定后应及时指导患者进行练功活动,发挥其主观能动性。医患结合,可以加快局部肿胀的消退,防止关节粘连、肌肉萎缩或僵硬、韧带挛缩等。功能锻炼

（三）固定方法

1. 绷带固定法 绷带固定材料简单,应用方便,固定范围可大可小,压力均匀,很适合于筋伤外固定。尤其是在应用外敷药基础上,外加绷带包扎固定,药物治疗与局部固定兼而有之,多用于关节附近韧带扭伤。使用绷带固定因损伤部位不同,损伤机制不同,固定方法、位置也有所不同。如距小腿关节扭伤多用绷带行"8"字固定,但因其损伤机制有内翻和外翻之分,损伤部位也就有内、外之别,故固定方法也有所区别。如外翻损伤易造成内侧韧带（三角韧带）损伤,固定时应固定距小腿关节于内翻位。方法是：用绷带从内向外先在踝上缠绕几圈作固定支点,然后通过足背外侧从足底绕过,再从内踝向上缠绕到踝上。全部过程如"8"字缠绕,一般缠6～10圈。绷带固定的缺点是固定维持时间不长,容易松脱。

2. 弹力绷带固定法 弹力绷带除有一般绷带的特点外,还具有维持时间长,弹力持续作用于固定部位,有利于某些分离组织的靠拢或压迫止血的优点。如桡尺远侧关节损伤分离时,可在复位后用弹力绷带在桡尺远侧关节部位缠绕6～10圈固定。筋伤后出现局部或关节囊血肿,早期用弹力绷带加压包扎固定可以止血,以后再在无菌操作下抽出瘀血或渗出液后加压包扎,可防止血肿再次形成,并可使血肿壁紧密贴近,有利于组织修复。但在关节或有主要动脉通过的部位固定时,注意不要缠得过紧,以免影响血液循环。

3. 胶布固定法 用普通胶布在损伤部位粘贴进行固定也具有材料简单、应用方便的特点,多用于韧带、肌腱撕裂等损伤。方法是：用数条胶布沿损伤组织纤维的纵轴方向交叉固定,这样可以给损伤组织以支持。也可以在胶布固定基础上缠绕绷带,加强固定效果。

4. 纸板固定 用硬纸剪成一定形状放在需固定部位上,再外缠绷带固定。其优点是取材方便,制作简单,纸板硬度和厚度可调节,可裁剪成各种形状;而且捆绑后舒适,不影响气血流通,不易发生压迫性损伤,多用于小关节错缝复位后的固定。方法是：选择包装纸箱、纸盒如X线胶片盒、橡皮布筒等,确定所需厚度,根据患部情况剪成适当形状,并制成符合体形的弧度和角度,放在损伤部位,外面用绷带捆绑固定。也可以在硬纸板内侧放置棉垫,纸板的边缘用胶布粘贴覆盖,这样能更好地保护皮肤。如环枢椎错缝在手法复位后佩带颈托固定,可根据患者颈围大小用纸板剪裁成一个前高后低、下颌和后枕各有一弧度的环形固定物,用棉衬里包裹固定于颈部,以防止再错位。

5. 石膏固定 将石膏绷带浸水后,缠绕在肢体上形成管形或做成石膏托固定肢体。其优点是能根据肢体形状而塑型,且坚固而不易变形,固定作用确实可靠。多用于严重筋伤需要制动者,如韧带、肌腱的断裂伤等,或有其他合并症的筋伤。方法是：选用适当宽度的石膏卷,依所需长度反折成数层,然后向中间折叠,浸泡后平铺于木板上,以手掌加压抹平,贴于患处,外缠石膏绷带或普通绷带即可。固定时需注意保护好骨突,不能出现向内的皱褶,以免压迫肢体。指、趾端需外露,以观察其颜色、温度和感觉等。

四、药物治疗

筋伤的治疗应以辨证论治为基础,贯彻局部与整体兼顾,内治与外治相结合的原则。既要注意局部损伤的变化,又要重视脏腑、气血的盛衰；既要注意内服药物的治疗,又要重视外用药物的运用；并以八纲辨证和经络、脏腑、气血等辨证为治疗依据,根据损伤的虚实、久暂、轻重或缓急等具体情况采用不同的治疗方法。

筋伤的治疗,新伤当以化瘀、通络、止痛。如迁延失治,络道阻碍,血不荣筋,则筋膜僵硬,治宜养血荣筋为主;若关节筋膜陈旧性损伤反复发作、留瘀未化者,当活血和营、舒筋通络;若患肢肉削形瘦,气血失养,治当重补气血;若筋伤而风寒湿乘虚侵袭,则以温经通络为主,助以化瘀祛风湿;若筋伤感染或血瘀化热、腐筋蚀骨而见局部红肿热痛、高热烦躁或血热妄行者,当清热解毒、凉血止血。

(一) 内治法

《正体类要·序》曰:"肢体损于外,则气血伤于内,营卫有所不贯,脏腑由之不和。"阐明局部筋伤通过气血、经络可影响到脏腑及全身。因此,治疗应从整体着眼,辨病与辨证相结合,将筋伤的发生、发展、转归的连续性及阶段性与三期辨证用药结合起来。内治法常用的剂型有汤剂、酒剂、丹剂、丸剂和散剂等,近年来也有把内服药制成针剂、冲剂或片剂的,更方便于临床使用。

1. **初期治法** 筋伤初期(伤后1~2周)以气滞血瘀、疼痛、肿胀或瘀血化热为主。根据"结者散之"的原理,宜用攻利法,常用攻下逐瘀法、行气活血法和清热凉血法。如损伤严重、瘀血蓄积出现脏腑受损、卒然昏厥、不省人事等,应辨别虚实,因证论治。

(1) 攻下逐瘀法:《素问·至真要大论篇》曰"留者攻之。"《素问·缪刺论篇》云:"人有所堕坠,恶血留内,腹中满胀,不得前后,先饮利药。"故受伤后有瘀血停聚或蓄血妄行者宜采用攻下逐瘀法以攻逐瘀血,泄瘀止痛。本法适用于筋伤早期蓄瘀,便秘,腹胀,或蓄血妄行,舌红,苔黄,脉数之体实者,多选用具有活血祛瘀和泻下作用的药物。常用方剂有桃仁承气汤,鸡鸣散,大成汤,黎洞丸等。

攻下逐瘀法属"下"法,药物多苦寒峻猛,故年老体弱、气血虚弱、内伤重症者慎用;若必须"下"者,当遵王好古"虚人不宜下者,宜四物汤加山甲"之意而用之。

(2) 行气活血法:又称行气消瘀法,为筋伤内治法中最常用的一种。暴力致伤可导致经脉内外气滞血瘀,其治疗原则依《素问·至真要大论篇》之"结者散之"、"逸者行之"和《素问·阴阳应象大论篇》所谓"血实宜决之"。本法具有通经络、消瘀肿、止疼痛的作用,适用于筋伤后气滞血瘀,局部肿痛但无里实证,或宿伤而有瘀血内结及有某种禁忌而不能猛攻急下者。多选用具有疏通气机,促进血行,消除瘀滞作用的药物。常用方剂有以活血化瘀为主的复元活血汤、活血止痛汤,行气为主的柴胡疏肝散、复元通气散,行气与活血并重的膈下逐瘀汤、顺气活血汤等。临证应根据筋伤的程度和部位的不同,或重于活血化瘀,或重于行气,或行气与活血并重而灵活选用。行气活血法属"消"法,力不峻猛;如须逐瘀,可与攻下法配合施用。

(3) 清热凉血法:本法包括清热解毒和凉血止血法。脉络受损,瘀血蓄而化热,迫血妄行或热盛肉腐,治宜"热者寒之,温者清之。"本法具有清热解毒,凉血止血的作用。适用于热毒蕴结于皮肉筋骨,局部红肿热痛,全身发热,口渴,舌红,苔黄,脉数等,甚或火热内攻,出现各种血热妄行证候者。多选用具有清热解毒,凉血止血作用的药物。常用方剂有加味犀角地黄汤、清心汤、五味消毒饮,以及凉血止血方剂如十灰散、四生丸、小蓟饮子等。止血药应按其归经和出血部位的不同而正确选用,如鼻衄多用白茅根,吐血多用侧柏叶、茜草根,尿血多用蒲黄、小蓟,便血多用槐花、地榆。上部出血忌用升麻、桔梗等升提药,下部出血忌用厚朴、枳实等沉降药。

清热凉血法所用方剂以寒凉药物为主，治疗时应注意防止寒凉太过引起瘀血内停。在治疗出血不多或兼有瘀血的疾病时常与活血化瘀药同用，或选用具有活血化瘀作用的止痛药。出血过多时，辅以补气摄血之法，以防气随血脱，必要时还要结合输血、补液等。脾不统血的出血症忌用本法。

2. 中期治法　筋伤中期(伤后 3～6 周)病情虽已减轻，但仍有一定程度的疼痛、肿胀，同时可能出现肝、肾、脾、胃虚弱，形成虚实兼有之证。治疗上宜攻补兼施，调和营卫，以"和"法为主。常用和营止痛法和舒筋活络法。

(1) 和营止痛法：是筋伤中较重要的治法之一。本法适用于急性筋伤，虽经"消"、"下"等法治疗而气滞血瘀，肿痛尚未尽除，而继续用攻下之法又恐伤正者。常用方剂有和营止痛汤，定痛和血汤，七厘散，和营通气散等。

(2) 舒筋活络法：筋伤后瘀滞停积，气耗血伤，筋肉失养；或风寒湿邪乘虚侵袭，痹阻经络，常使肌肉、筋脉发生挛缩等。本法具有祛风湿，行气血，舒筋活络，通利关节的作用。适用于筋伤后肢体拘挛、强直、麻木痹痛，关节屈伸不利者。多选用具有舒筋，祛风通络作用的药物。常用方剂有舒筋活血汤，活血舒筋汤，舒筋汤，蠲痹汤等。

舒筋活络药物各有偏胜，临床应用宜辨清寒热虚实，分别选用辛温、寒凉或益血养肝类药物。一些舒筋活络药物性较辛燥，易伤阴血，故阴血虚者不能单独使用过久，可配合补阴益血之品。

3. 后期治法　急性筋伤后期(筋伤 6 周以后)瘀血、肿胀基本消除，但撕裂损伤之筋尚未能愈合坚固，经脉未能完全畅通，气血、脏腑虚损之证突出。其治法应同慢性筋伤，以补益为主，常用补养气血法、补益肝肾法。因损伤日久，若调护不当，复感风寒湿邪者颇多，故后期治法还包括温经通络法。

(1) 补养气血法：筋伤日久多出现气血亏损之证，若早期攻伐太过或虚人外伤，虚弱之候更明显。《素问·阴阳应象大论篇》云："形不足者，温之以气；精不足者，补之以味。"通过补养气血可使气血旺盛以濡养皮肉筋骨，使之强劲有力。本法适用于久伤体虚，气血不足，筋骨痿弱，肌肉萎缩者。多选用具有补益气血作用的药物。常用方剂有四君子汤，四物汤，八珍汤，十全大补汤等。

补气、补血虽各有重点，但不能截然分开。气虚可致血虚，血虚可致气损，故在治疗上常补气、养血兼用。本法属补法，瘀实邪盛者不宜应用。补气药性多温燥，阴虚内热、肝阳上亢者忌用。补血药性多滋腻，脾胃虚弱者常需配伍理气健脾药物。

(2) 补益肝肾法：肝主筋，筋伤则内动肝。肾主骨，主腰脚。本法具有补益肝肾，强壮筋骨作用。适用于筋伤后期体质虚弱、肝肾亏虚所导致的筋骨痿软，腰脊不举，胫酸节挛，疼痛日久者。肝为肾之子，"虚则补其母"，故肝虚者应注意补肾。常用方剂有壮筋养血汤，生血补髓汤，左归丸，右归丸等。

(3) 温经通络法：筋伤日久，气血不足，运行不畅；或阳气不足，风寒湿邪乘虚侵袭，常导致经络不通。气血喜温而恶寒，本法具有祛除风寒湿邪，活血舒筋，滑利关节，通畅经络的作用。适用于筋伤后气血不畅，或关节痹痛者。多使用温热类的祛风、散寒、除湿药，并佐以调和营卫或补益肝肾之品。常用方剂有麻桂温经汤，乌头汤，大红丸，大活络丹，小活络丹等。

(三) 外治法

外治法是一种将药物制成一定剂型，放置在损伤部位，对伤病局部进行治疗的方法，在筋伤治疗中占有重要地位。外治法和内治法一样贯穿着整体观念和辨证论治的精神，也是运用中医的基本理论，通过望、闻、问、切四诊合参，经过归纳与分析，得出初步判断和施治方法。清代吴师机认为："外治之理，即内治之理；外治之药，即内治之药，所异者法耳。"外用药物主要通过皮肤渗透进入体内发挥疗效，临床上大致可分为敷贴药、搽擦药、熏洗湿敷药和热熨药。

1. **敷贴药** 指直接敷贴在损伤局部的药物制剂，传统常见的有药膏、膏药和药散三种。随着现代医疗技术的发展，敷贴剂型和方法均有所改进，如将敷贴药制成胶布或作离子导入等。

(1) 药膏：又称敷药或软膏，由碾成细末的药粉和基质混合而成。常用的基质有饴糖、凡士林、油脂等，也可用水、蜜、酒或鲜草药汁将药末调拌成糊状直接敷贴。配制药膏时多用饴糖，除其药理作用外，还取其硬结后有固定和保护伤处的作用。一般饴糖与药物之比为3:1，也有用饴糖与米醋按8:2比例调制的。换药时间可根据病情的变化、肿胀消退程度或气温的高低来决定，一般每2～4日换药1次，后期患者可酌情延长。用水、酒或鲜草药汁调制外敷药时，要随调随用。饴糖调制的药膏要注意防止发酵、发霉。少数患者外敷药膏后产生接触性皮炎，应注意观察，及时处理。

药膏按其功用可分为五种。①消瘀退肿止痛类的消瘀止痛药膏、定痛膏、双柏膏等，适用于筋伤初期肿胀、疼痛者。②舒筋活血类的三色敷药、舒筋活络膏、活血散等，适用于筋伤中期患者。③温经通络类的温经通络膏，适用于损伤日久、复感风寒湿邪者。④清热解毒类的金黄膏、四黄膏等，适用于筋伤感染邪毒，局部红、肿、热、痛者。⑤生肌拔毒类的象皮膏、生肌玉红膏等，适用于开放性筋伤红肿已消，但创口尚未愈合者。

(2) 膏药：又称薄贴，由多种药末配以香油、黄丹或蜂蜡等基质炼制而成，属中医外用药物中一种特有剂型。膏药遇温烊化而具有粘性，能粘贴在患处。具有应用方便，药效持久，便于收藏、携带，经济节约等优点。膏药一般由较多药物组成，适合治疗多种疾患。具有祛瘀止痛作用者如损伤风湿膏、坚骨壮筋膏，适用于损伤肿痛者；具有祛风除湿作用者如狗皮膏、伤湿宝珍膏等，适用于风湿患者；如损伤兼风湿者，可用万灵膏、万应膏、损伤风湿膏；如陈伤气血凝滞、筋膜粘连者，可用化坚膏等；如有创面溃疡者，可用太乙膏、陀僧膏。

(3) 药散：又称掺药，是直接掺于伤口上或加在敷药上敷贴患处的药粉，具有止血、生肌、消肿、止痛之功效。因组成的药物不同，其功效不同，适应证也有所不同。具有止血收口作用者如桃花散、花蕊石散、如圣金刀散等，适用于筋伤出血者；具有活血止痛作用者如四生散，适用于筋伤初期，局部瘀血肿痛者；具有温经散寒作用者如丁桂散、桂麝散等，适用于筋伤后期，局部寒湿停聚、气血凝滞疼痛者；具有祛腐拔毒作用者如九一丹、七三丹等，适用于筋伤创面腐肉未去或肉芽过多者；具有生肌长肉作用者如生肌八宝丹等，适用于筋伤创面新肉难长者。

2. **搽擦药** 直接涂擦或配合理筋手法使用于患部的一种液体状药物制剂。搽擦药可直接涂擦于伤处，也可在施行理筋手法时配合使用。一般可分为：

(1) 酒剂：本书指外用药酒或外用外伤药水，是将多种配制好的药物放置于白酒、醋溶液中浸泡一定时间后过滤去渣而成。一般酒、醋之比为8:2，也有单独用酒浸泡。酒剂多用于闭合性筋伤或陈伤，有活血止痛、舒筋活络、追风散寒的作用，但开放性伤口不宜使用。应用时先将药酒涂于患处，然后用手在患处揉擦数分钟，以揉为主，不宜过多、过度用力摩擦皮肤，以免损伤皮肤。常用的有活血酒，正骨水，舒筋药水，舒筋止痛水等。

(2) 油剂与油膏：用香油、花生油把药物煎熬后去渣制成，也可加黄蜡而制成油膏。具有温经通络、消散瘀血的作用，适用于关节、筋络寒湿冷痛；也可在理筋手法前作局部搽擦，以增强手法效果。常用的有伤油膏，跌打万花油，活络油膏，按摩乳，松节油等。

3. **熏洗湿敷药** 将药物置于锅或盆中加水煮沸后，先用热气熏蒸患处，候水温稍降后用药水浸洗患处。也可以将药物分成2份，分别用布包住，放入锅中加水煮沸后，先取出1药包熏洗患处，药包凉后再放回锅中，取出另1包交替使用，温度以患者感觉舒适为度，注意不要烫伤皮肤，尤其是皮肤感觉迟钝的患者。冬天可在患肢上加盖棉垫后再熏洗，使热能持久，每日2次，每次15～30min，每剂药可熏洗数次。本法具有舒松关节筋络、疏导腠理、流通气血、活血止痛的作用，适用于筋伤后关节强直拘挛、酸痛麻木或损伤兼挟风湿者。新伤初期，肿痛明显者多用散瘀和伤汤；后期常用海桐皮汤、舒筋活血洗方；陈伤风湿冷痛者常用八仙逍遥汤等；开放性筋伤合并感染、伤口久不愈合者，常用野菊花煎水、2%～20%黄柏溶液、蒲公英鲜药煎汁、苦参汤等煎水外洗。

4. **热熨药** 是将药物加热后用布袋装好，熨贴于损伤局部的一种外治法。热熨的作用一方面是借火气之热力来温通经络，调和血脉；另一方面取药物的温通作用。所选药物多为辛温通络之品，加热后起温通祛寒、行气止痛的作用，使损伤日久、瘀血凝聚者，肿胀消退，疼痛减轻，肌肉、关节活动灵便。本法适用于不易外洗的腰脊躯体之新伤、陈伤。主要的有以下几种：

(1) 坎离砂：铁砂炒热后用醋、水煎成的药汁搅拌制成。用时加醋少许拌匀并置于布袋中，数分钟内会自然发热，用于热熨患处。适用于慢性腰腿痛，陈伤兼有风湿证者。

(2) 熨药：又称腾药。将药物置于布袋中，扎好袋口，放在锅中蒸热后熨患处。适用于筋伤肿痛，或挟有风寒湿者。

(3) 其他：民间常用粗盐、黄砂、米糠、麸皮、吴茱萸等炒热后装入布袋中热敷患处，简单有效。近年来应用的电热熨贴，是用药末加上适量酒或醋敷贴患处，再接上低压电流加热。适用于治疗骨关节筋伤肿痛。

五、练功疗法

练功疗法又称功能锻炼，即通过运动加强肢体功能活动而达到防治疾患的一种有效疗法。练功疗法是筋伤治疗方法中重要的组成部分，在祖国医学宝库中有着丰富的理论和经验。

古人早就观察到："流水不腐，户枢不蠹，动也。"(《吕氏春秋·季春篇》)故，"昔陶唐之始，阴多滞伏而湛积，水道壅塞，不行其原，民气郁阏而滞着，筋骨瑟缩不达，故作为舞以宣导之。"(《吕氏春秋·古乐篇》)长沙马王堆出土的帛画"导引图"，即反映了古人进行功能锻炼的一些情况。汉代华佗创"五禽之戏"，模仿虎、熊、猿、鹤、鹿等五种动物的动作进行锻炼，以求"谷气得消，血脉流通，病不得坐。"隋代《诸病源候论》中收集了大量的"导引法"，不仅内容丰富，且施术具体，目的明确。唐代《千金要方》中载"老子按摩法"和"天竺国按摩法"，则是两组成套的导引和自我按摩相结合的练功疗法。中医骨伤科第一部专著，唐代《仙授理伤续断秘方》中在治疗骨折时更是强调："凡曲转，如手腕脚凹手指之类，要转动……或屈或伸，时时为之方可。"又说："大概看曲转处脚凹之类不可夹缚，恐后伸不得。"说明古人早已认识到"宗筋主束骨而利关节。"(《素问·痿论篇》)骨折必伴有不同程度的筋伤,在治疗骨折中可通过练功而达到恢复筋的功能。后世不断推出并沿袭的易筋经、八段锦、太极拳等术式,则从不同角度丰富了练功疗法的内容。现代医家在古人遗留的丰富经验基础上,经过大量研究和实践总结,形成了一整套行之有效的练功疗法。实践证明,练功疗法治疗筋伤可以促进气血流通,加速瘀祛新生,促进损伤组织的修复和功能恢复,是提高和巩固临床疗效必须重视的一种治疗方法。

(一)练功的作用和注意事项

1. 练功的作用

(1) 活血化瘀,消肿定痛:伤肢关节和全身锻炼,对治疗损伤可起到推动气血流通和加速瘀祛新生的作用。由于损伤产生不同程度的络道阻塞不通,血瘀气滞,导致疼痛、肿胀。而练功能促进血液循环,行气活血,达到消肿定痛的目的。

(2) 濡养关节:练功可使损伤的关节筋络伸展、舒松,有助于缓解筋肉痉挛。气血流通对损伤后期的肌筋劳损,局部气血不荣、酸痛麻木和肌肉萎缩等症状的改善有一定疗效。

(3) 避免关节粘连:关节粘连以至僵硬、强直的原因是多方面的,但其主要的因素是不进行活动。所以,积极、合理地练功是保持关节功能活动的有效措施。

(4) 恢复肢体功能,巩固治疗效果:练功促进人体的气血生化和运行,逐步改善损伤组织濡养失司的状况,有利于损伤组织的修复。同时,气血旺盛,筋骨强劲,可提高机体抗损伤能力。

2. 练功的临床应用和注意事项

(1) 辨明伤情,确定练功内容和运动强度,制定合理的练功计划。练功的内容应因人而异,因病而异。医者既需了解损伤的病理特点,又要掌握各种功法的治疗作用,才能正确选择练功方法,合理安排练功内容。

选择适宜的运动量也是医疗练功时的一个重要问题,只有合适而强度足够的运动量,才能取得满意效果。

(2) 正确指导患者练功动作,是取得良好疗效的一个重要因素。

上肢练功的主要要求是手的持、握、抓、捏功能的恢复。上肢任何一个关节受限制,都将妨碍手的功能活动。所以,除了注意损伤局部关节的治疗外,对上肢关节都应采用练功方法以预防关节发生功能障碍。

下肢练功的主要要求是下肢的负重和行走功能的恢复,使各关节保持充分的稳定。在人体活动中,尤其需要有强大而有力的臀大肌、股四头肌和小腿三头肌支持,才能保持正常的行走,故练功时应特别加以注意。

(3) 练功要掌握循序渐进的原则,防止损伤和偏差。练功时必须以恢复和增强肢体生理功能为中心,锻炼时间由短到长,次数应由少到多,动作幅度由小到大,负重由轻到重。如练功中出现疼痛加重、伤情恶化时,应立即改变练功方法,或者暂时停止练功。

(4) 定期复查,评定疗效,随时调整。定期复查不仅可以了解患者病情和功能恢复情况,还可随时调整练功内容和运动量。此外,还可使患者看到医疗效果,有助于坚定患者练功的信心。

(5) 练功时要全神贯注,思想集中,每日以2~3次为宜。在练功时尚要注意四时气候变化,避免六淫时邪侵袭机体。

(二) 练功方法

1. 颈部练功法

作用:增强颈项部肌肉力量和舒缩的协调性,提高和巩固颈部肌肉劳损、落枕、颈椎关节突关节紊乱和颈椎间盘突出症等疾患的治疗效果。

锻炼方法:可采用站立或坐位。站立时两足分开,与肩同宽,两手叉腰进行深呼吸并做以下动作:

① 与颈争力:上身、腰部不动。抬头望天,颈部后伸至最大限度,吸气,还原。低头看地,尽量使下颌接近胸骨柄上缘,呼气,还原。(见图 1-54)

图 1-54 与颈争力

图 1-55 左右侧屈

重复动作数次至十数次。

② 左右侧屈:吸气时头向左侧屈,呼气时头部还原正中位;呼气时头向右侧屈,吸气时还原。(见图 1-55)

左右交替,数次至十数次。

③ 犀牛望月:头颈先向右向上方尽量旋转,眼看右后上方(似向天空望月亮一样),深吸气,还原,呼气。头颈向左后上方旋转,眼看左后上方,吸气,还原,呼气。(见图 1-56)

图 1-56 犀牛望月

头颈转动时身体不必向前伸出,转动速度要慢,重复数次至十数次。

④ 颈椎环转:头部作顺时针方向或逆时针方向回旋活动,顺、逆交替。(见图 1-57)本式急性损伤者慎用。重复数次至十数次。

图 1-57 颈椎环转

图 1-58 前伸后屈

2. 肩臂部练功法

作用:防治肩、肘关节因外伤或慢性劳损引起的疼痛及关节活动障碍等。

锻炼方法:

① 前伸后屈:采用立位,两手握拳放在腰间,用力将上肢向前上方伸直,然后用力收回。(见图 1-58)

左右交替,重复数次至十数次。

② 内外旋转:采用立位,两手握拳,肘关节屈曲,前臂旋后。利用前臂来回划半圆圈动作做肩关节旋内和旋外活动。(见图 1-59)

图 1-59 内外旋转

图 1-60 上肢回环

两臂交替,重复数次至十数次。

③ 上肢回环:站立位,两足分开,与肩同宽,一手叉腰,另一手握拳。整个上肢作顺、逆时针方向划圈回环,由小到大,由慢到快。(见图 1-60)

左右交替,重复数次至十数次。

④ 手指爬墙:两足分开站立,面向墙壁。用患侧手指沿墙壁徐徐向上作爬行,使上肢高举到最大限度,然后再沿墙归回到原处。(见图1-61)

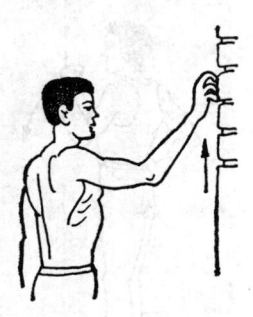

图 1-61 手指爬墙

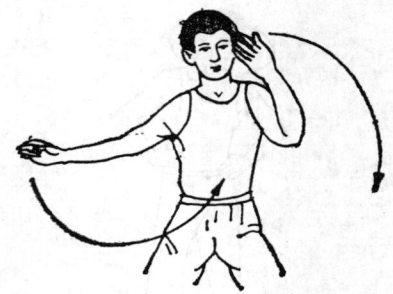

图 1-62 弓步云手

重复数次至十数次。

⑤ 弓步云手:两下肢前后分开呈弓步站立,用健侧手托扶患肢前臂使身体的重心先后移,两上肢屈肘,前臂靠在胸前;再使身体重心移向前,同时把患肢前臂在同水平上作顺时或逆时针方向弧形伸出,前后交替。(见图1-62)

重复数次至十数次。

⑥ 肘部屈伸:坐位,患肢放在桌面的枕头上,手握拳。用力徐徐屈肘,伸肘。(见图1-63)

重复十数次至数十次。

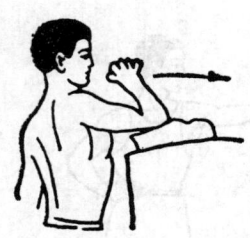

图 1-63 肘部屈伸

图 1-64 双手托天

⑦ 双手托天:两脚分开站立,两肘屈曲,两手放在腹部,手指交叉,掌心向上。反掌上举,掌心向上,同时抬头眼看手掌,还原。(见图1-64)

初起可由健肢用力帮助患臂向上举起,高度逐渐增加,以患者能忍受为度。重复数次至十数次。

⑧ 弯肱拔刀:两脚分开站立,两臂下垂。右臂屈肘向上提起,掌心向前,提过头顶,然后屈肘向右下落,手抱住颈项;左臂同时屈肘,掌心向后,手背贴于腰后自背后上提于后腰部;右掌自头顶由身前下垂,右臂垂直后再屈肘,掌心向后,手背贴于腰后,自背后上提于后腰

部;左掌同时自背后下垂,左臂垂直后再屈肘,由身前向上提起,掌心向前,提过头顶,然后屈肘向左下落,手抱住颈项。头随手臂运动至头顶时仰头向上看,足跟微提起。(见图1-65)

重复数次至十数次。

图 1-65 弯肱拔刀

图 1-66 体后拉肩

⑨ 体后拉肩:两脚分开站立,健侧之手在身体背后,握住患手。由健手牵拉患侧手臂,一拉一推,必须将患侧关节拉动。(见图1-66)

重复十数次至数十次。

3. 腕部练功法

作用:防治前臂、腕部扭伤或慢性劳损等所致疼痛、关节功能活动障碍等。

锻炼方法:

① 抓空增力:立位或坐位,两手臂前平举。将手指尽量伸展张开,然后用力屈肘握拳。(见图1-67)

左右交替进行,重复十数次至数十次。

图 1-67 抓空增力

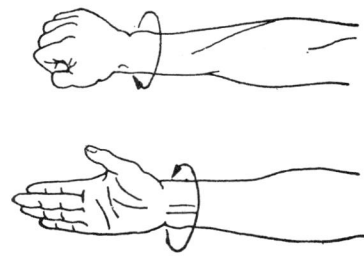

图 1-68 拧拳反掌

② 拧拳反掌:两脚分开站立,两臂前平举,掌心向上。两臂同时逐渐向前内侧旋转,使掌心向下变拳,还原变掌。(见图1-68)

握拳过程要有"拧"劲。重复十数次至数十次。

③ 上翘下钩 两脚分开站立,两手平伸向前,掌心向下。然后,桡腕关节作最大幅度背

伸,成立掌的姿势。随后,桡腕关节作最大限度掌屈,成钩状。(见图1-69)

动作要缓慢有力,重复十数次至数十次。

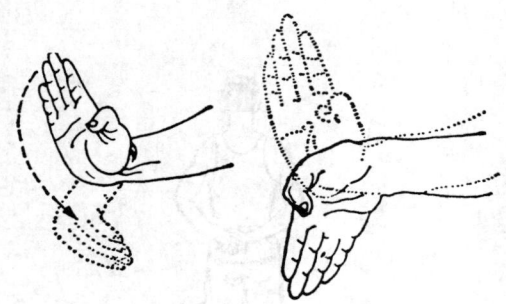 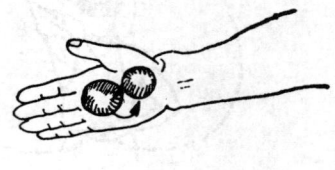

图 1-69　上翘下钩　　　　　图 1-70　手滚圆球

④ 手滚圆球:手握两个圆球,手指活动使圆球滚动或交换两球位置。(见图1-70)

4. 腰背练功法

作用:治疗急性腰部扭伤、慢性腰肌劳损等引起的腰部疼痛及功能活动障碍。

锻炼方法:

① 按摩腰眼:坐位或立位,两手掌对搓发热后,紧按腰眼。两手同时向下推摩至腰骶部,然后再向上推回背部。(见图1-71)

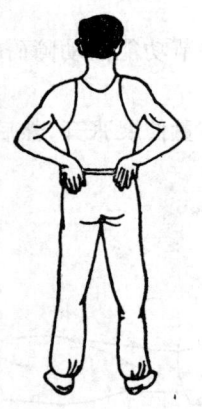 

图 1-71　按摩腰眼　　　　　图 1-72　左右回旋

按摩时用力适度,重复十数次至数十次。

② 左右回旋:两脚分开站立,两手叉腰。腰部作顺时针或逆时针方向旋转运动。(见图1-72)

动作缓慢,幅度由小到大,顺逆回旋交替进行。重复十数次至数十次。

③ 转腰推碑:两脚分开站立,两臂下垂。向左转体,右手以立掌向正前方推出,手臂伸直与肩平;同时,左手握拳抽回至腰部,眼看左后方。向右转体,左手变立掌向正前方推出,右掌同时变拳抽回至腰部,眼看右后方。(见图1-73)

动作要缓慢,推掌与握拳抽回速度一致,转体时头颈与腰部同时转动。重复十数次至数十次。

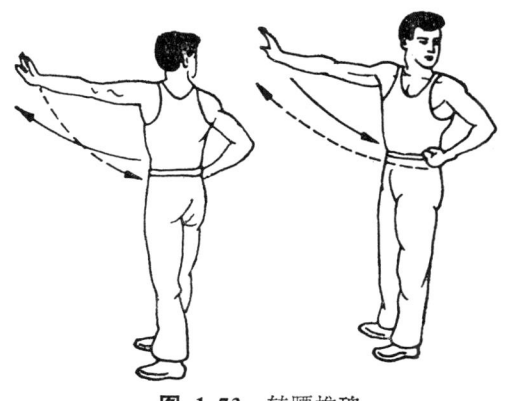
图 1-73 转腰推碑

图 1-74 双手攀足

④ 双手攀足：两脚并立，两手置腹前。向前弯腰，手掌下按着地，还原。(见图 1-74) 动作缓慢，弯腰时两膝勿弯曲，重复数次至十数次。

⑤ 拧腰后举：两脚分开站立，两手下垂。上身下俯，两膝稍屈；右手向右上方扬起，腰随之，后旋头，随之向右上转，眼看右手，左手同时虚按右膝；上身仍下俯，两膝仍稍屈，左手向左上方扬起，腰随之，后旋头，随之向左上转，眼看左手，右手同时虚按左膝。(见图 1-75) 重复数次至十数次。

图 1-75 拧腰后举

⑥ 拱桥式：仰卧位，两手屈肘，两腿半屈膝。以头后枕部、两肘、两足五点为支撑，两掌托腰五点用力将腰拱起。(见图 1-76)

动作要缓慢，重复数次至十数次。

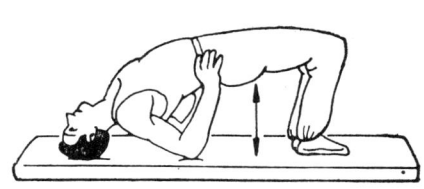 

图 1-76 拱桥式　　　　　　　　图 1-77 飞燕式

⑦ 飞燕式：俯卧位，头转向一侧，两上肢靠身旁伸直。头颈肩带动两上肢向后做背伸动作，或两腿、腰部同时做过伸动作，上身与两上肢同时背伸，还原。（见图1-77）

重复数次至十数次。

⑧ 滚床起坐法：仰卧位，屈髋屈膝，两臂环抱双膝。以背部为支点，双髋双膝向前上方用力，使背部前后摇动，并利用惯性力坐起，还原。（见图1-78）

重复十数次至数十次。

图 1-78 滚床起坐法

图 1-79 左右下伏

5. 下肢练功法

作用：治疗急性扭伤或慢性劳损引起的疼痛和髋、膝、距小腿关节功能障碍等。

锻炼方法：

① 左右下伏：两脚分开站立，两手叉腰，两肘撑开。右腿向外屈曲下蹲，左腿伸直，还原；左腿向外屈曲下蹲，右腿伸直，还原。（见图1-79）

上体伸直，动作幅度由小渐大。重复数次或十数次。

② 半蹲转膝：两脚并立，两膝微屈，两手按于膝上。两膝自左向后、右、前作环转运动，还原；自右向后、左、前作环转运动，还原。（见图1-80）

两足不动，两手按膝不必用力。交替进行，重复数次至十数次。

图 1-80 半蹲转膝

图 1-81 屈膝下蹲

③ 屈膝下蹲：两脚分开站立，两手下垂。脚尖着地，脚跟稍提，两腿下蹲，两手成掌伸直平举，还原。（见图1-81）

下蹲时尽可能使臀部下触脚跟。重复数次至十数次。

④ 搓滚舒筋：坐于凳上，将竹管或圆棒放在地上，患足踏住。膝关节活动使圆管活动于

足底前、后之间。(见图 1-82)

重复数十次至上百次。

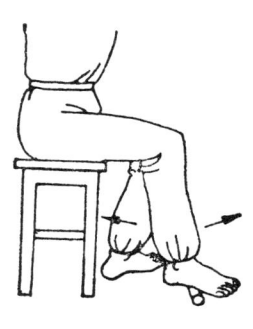

图 1-82 搓滚舒筋

图 1-83 蹬车活动

⑤ 蹬车活动：坐于特制的练功车上，模拟踏自行车运动。(见图 1-83)

重复数十次至上百次。

六、其他疗法

手法、固定、药物和练功是筋伤的四种主要治疗方法，除此之外还有一些其他的治疗方法，如针刺、理疗、封闭和手术治疗等，这些方法在治疗筋伤中都有其特定的适应范围和肯定的疗效。因此，也是筋伤治疗中不可缺少的一部分，应该熟悉和掌握。

(一) 针刺疗法

针刺疗法是通过针刺人体特定的穴位，调整经络、气血、脏腑的功能，从而达到防治疾病的方法。

1. **筋伤针刺取穴** 人体穴位很多，在筋伤治疗中常用穴位达60余个(具体参考《腧穴学》)，临床可根据不同情况选择应用，也可根据具体情况酌加一些阿是穴。

筋伤初期针刺取穴一般是"以痛为输"与邻近取穴相结合，在疼痛剧烈处进针可收到止痛消肿、舒筋活络等效果。筋伤后期主要是循经取穴，对证施治，以通经活络，促进血脉通畅，恢复肌肉、关节的功能。筋伤后期兼挟风寒湿邪痹阻经络时，针刺后加用艾灸，其疗效更佳。

2. **针刺疗法的注意事项** 针对人的生理功能状态和生活环境条件等因素，在针刺时应注意以下几点：

(1) 患者过于饥饿、疲劳或精神过度紧张时不宜立即进行针刺。

(2) 妇女孕期不宜针刺。

(3) 有继发性出血倾向的患者和损伤后出血不止的患者，不宜针刺。

(4) 有皮肤感染、溃疡、瘢痕或肿痛的部位，不宜针刺。

(5) 对胸、胁、背、腰等脏腑所居之处的腧穴，不宜直刺、深刺，以防损伤脏器。

(6) 针刺过程要注意严格无菌操作。

(7) 针刺过程中要使患者保持舒适、安稳的体位，一般采取卧位。

(8) 针刺入穴位后，若发生不能转动或进退的现象称为滞针。滞针多因患者肌肉紧张或针刺时捻转幅度过大，留针时间过长所致，可在穴位旁轻轻按摩，使肌肉放松，然后将针轻轻转动退出。

(9) 严防弯针和断针。针体在人体内弯曲或折断多因毫针质量较差、针体损伤未予检出、强行进针或留针时受外力碰撞、变动体位等引起。如发生弯针需顺势逐步将针退出，如发生断针需立即手术取出。

(10) 如出现晕针现象，轻者停止针刺即可，重者则应作相应处理。

(二) 小针刀疗法

小针刀疗法是近年来在临床上逐步推广和运用的一种新的治疗方法。它使针刺疗法的针和手术疗法的刀熔为一体，把两种器械的治疗作用有机地结合到一起。具有方法简便、疗效明显、患者痛苦少、花费少、适应证广等特点，日渐成为筋伤治疗的一种有效方法。

小针刀疗法实际上是一种闭合性手术疗法。小针刀形体像"针"，但末端有一个0.8mm宽的刃(见图1-84)，在刺入人体时，刀刃应避开神经、血管和重要脏器。小针刀设计有方向性，根据体外刀柄部分可判明刀锋在体内的方向，利于进针操作。小针刀刃锋利且有一定钢度，可在体内很快切开或剥离病变组织。小针刀具有一定弹性，因此在体内旋转、小距离移动而不会折断。小针刀针体为圆柱形，刺入和拔出时对肌肉的损伤均很小。因此，小针刀不失为筋伤治疗中一种相对安全、有效的治疗器具。

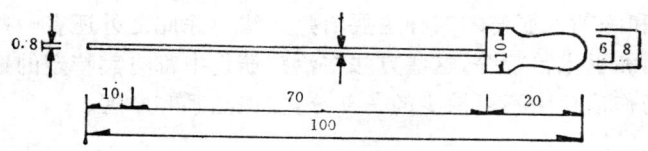

图 1-84 小针刀

1. 小针刀疗法施术的理论基础　小针刀施术的着眼点放在调整人体组织的动态平衡失调之上。动态平衡失调不仅是指宏观四肢、躯干外在的动态平衡失调，主要还是指内在的动态平衡失调。人体内部各种软组织在人体活动时都在自己特定的范围内作相对的点、面、线的运动，有的还是综合运动。由于某种因素的限制，使这些组织不能在它特定运动轨迹上自由完成其运动，就称动态平衡失调。

筋伤疾患中导致动态平衡失调的常见病理因素是筋的粘连、挛缩和疤痕形成等三种。急性筋伤失治、误治，慢性劳损等均可不同程度地造成筋脉的挛缩，以及肌肉之间，肌肉和韧带之间，肌肉和神经、血管甚至骨骼之间的粘连，从而导致筋脉内在活动的动态平衡失调。

2. 小针刀疗法的治疗机制　当各种因素造成人体内部肌肉之间、肌肉和韧带之间，以及肌肉和神经、血管甚至骨骼等组织之间的粘连时，小针刀可以把这些粘连组织剥离开来，使这些组织恢复原来的动态位置；当慢性劳损导致腱鞘膨胀、水肿，疤痕挛缩和肌腱粘连时，小针刀可以刺开腱鞘，分离粘连，缓解挤压，促进局部的炎症吸收；当外伤或刺激引起局部肌紧张或肌痉挛时，小针刀可以切断一部分痉挛紧张的肌纤维，从而改善了局部的血液循环和组织的新陈代谢。总之，小针刀的机械刺激通过剥离粘连、缓解痉挛、松解疤痕，而达到疏通阻滞，柔筋通脉，促进气血运行的作用，使人体的经络、气血、脏腑功能恢复正常。

3. 小针刀疗法的临床运用

(1) 小针刀疗法的适应证

① 因筋脉粘连、挛缩所致的四肢、躯干各处的顽固性疼痛点,其中以粘连面积小,或者仅是一个痛点的疗效最佳。粘连面积大疗效较差。

② 所有骨关节附近因肌肉、韧带紧张、挛缩,牵拉应力过度引起的骨质增生,小针刀可以通过松解相应的肌肉、韧带,恢复应力的动态平衡。

③ 各种损伤引起的滑膜囊闭锁、滑液排泄障碍造成滑膜囊膨胀,出现酸胀、疼痛和运动障碍等。应用小针刀将滑膜囊闭合性切开数处,往往可立见成效。

④ 各种腱鞘炎,尤其是狭窄性腱鞘炎,小针刀治疗效果明显。

⑤ 外伤性肌痉挛和肌紧张(非脑性)者,若明确病位、施术恰当可取得立竿见影的效果。

⑥ 骨化性肌炎初期,肌肉韧带尚有一定弹性者,可使用小针刀治疗,但疗程较长,**一般为 2 个月左右。**

⑦ 手术损伤后遗症,如腱鞘狭窄,筋膜、肌肉、韧带、关节囊挛缩或疤痕粘连等**导致功能障碍者,** 小针刀施行闭合性松解疗效尚可。

⑧ 病理性损伤后遗症,如骨髓炎、类风湿性关节炎等疾病导致的筋脉挛缩、粘连等而使关节屈伸受限,小针刀对恢复关节功能有一定疗效。

(2) 小针刀疗法禁忌证

① 有发热症状者。

② 严重内脏疾病者。

③ 施术部位有皮肤感染、肌肉坏死者。

④ 施术部位有红肿、灼热或深部有脓肿者。

⑤ 施术部位有重要神经、血管、脏器而施术时无法避开者。

⑥ 患有血友病者。

⑦ 年老体弱、妇女妊娠期者。

(3) 小针刀操作方法和注意事项

① 进针四步规程

定点:确定病变部位和弄清局部解剖结构后,在进针部位作一记号,局部消毒,铺消毒小孔巾。

定向:使刀口线和大血管、神经及肌肉纤维走向平行。

加压分离:将刀口压在进针点线上,稍加压力使局部形成一个长形凹陷(注意不可刺破皮肤),将神经、血管分离到刀刃两侧。

刺入:继续加压感到刀口下有坚硬感时,说明刀口下皮肤已被推挤到接近骨骼,神经、血管已被分离,稍一加压即可穿过皮肤。

② 手术七法

纵行疏通剥离法:粘连发生于肌腱、韧带附着点时,将刀口线与肌肉韧带走行方向平行,刺入,按附着点的宽窄,分几条线疏剥。

横行剥离法:当肌肉、韧带和骨骼发生粘连时,将刀口线与肌肉或韧带走行方向平行,刺入。当刀口接触骨面时,作与肌肉或韧带走行方向垂直的铲剥。当觉得针下有松动感时,即可出针。

切开剥离法:当肌肉之间,韧带之间或肌肉、韧带之间互相粘连时,将刀口线与肌肉或**韧带走行方向平行,刺入,将粘连和疤痕切开。**

铲磨削平法：对长于关节边缘或骨干的较大骨刺，先将刀口线与骨刺竖轴线垂直，刺入；刀口接触骨刺后，逐步将骨刺尖部或锐边削去磨平。

疤痕刮除法：对腱鞘壁、肌腹或肌肉附着点处的疤痕组织，先沿纵轴切开数条口，在切开处反复疏剥二三次，刀下有柔韧感时即可出针。

通透剥离法：当某处有范围较大的粘连板结时，可在板结处肌肉及其与其他组织的间隙处取数点进针。当针口接触骨面时，除软组织在骨骼的附着点外，全部从骨面铲起，并尽可能将软组织之间的粘连疏剥开来，将粘连带切开。

切割肌纤维法：当某处部分肌紧张或痉挛引起顽固性疼痛、功能障碍时，将刀口线与肌纤维垂直，刺入，切断少量紧张或痉挛的肌纤维，往往可使症状立即缓解。

③ 治疗时的针感：掌握小针刀治疗时的针感，对施术的准确性和安全性极为重要。小针刀刺至病变部位进行治疗时，患者一般有酸、胀、麻的感觉；但少数病变组织变性严重者无此感觉，此时一般治疗效果较差。进针过程中针体在组织间隙行进时患者可无任何感觉，针尖刺及血管和正常的肌肉组织时患者可有疼痛感，针尖触及神经组织时患者有麻木、触电感。当针尖刺及神经、血管和正常的肌肉组织时，应及时轻提刀锋，稍移开1～2mm再继续进针。

④ 无菌操作规程：小针刀施术时应严格执行无菌操作规程，手术环境应常规消毒灭菌，术野皮肤必须常规消毒铺巾。医者必须按常规换专用衣裤，常规洗手。小针刀必须高压灭菌，施术时一处一支针。术毕针孔敷盖无菌纱布，患者3日内不可污染施术处。

（三）封闭疗法

封闭疗法是筋伤治疗中较常用的一种方法。它主要通过在某一特定部位或压痛点注射药物，使局部组织神经传导被阻滞，肌紧张松弛，疼痛可明显缓解。由于封闭药物中常选用类固醇激素类药物，可使炎症水肿消退，粘连松解。所以，在麻醉药物排泄后，仍能有效地缓解疼痛。

1. 常用封闭方法

（1）压痛点封闭：是临床最常用的方法。一般在体表压痛最明显处注射，常能收到很好的局部止痛效果。

（2）腱鞘内封闭：将药物直接注入腱鞘内，有消炎、松解粘连和缓解疼痛的作用。常用于指屈肌腱鞘炎，腱鞘囊肿等。

（3）硬膜外封闭：将药物注入椎管内硬膜外腔中以减轻炎症反应，解除或减轻对神经根的压迫和刺激，使疼痛缓解。常用于腰椎间盘突出症，腰椎椎管狭窄症等。

（4）神经根封闭：在神经根部注射药物以缓解因神经根受压或刺激引起的疼痛。

2. 常用封闭药物

（1）泼尼松龙 12.5～25mg，2%盐酸普鲁卡因 2～10ml。每周1次，3次为1疗程。

（2）醋酸氢化可的松 12.5～25mg，2%盐酸普鲁卡因 2～10ml。每周2次，3次为1疗程。

（3）复方当归注射液 2～6ml，2%盐酸普鲁卡因 2～10ml。隔日1次，10次为1疗程。

（4）复方丹参注射液 2～6ml，2%盐酸普鲁卡因 2～10ml。隔日1次，10次为1疗程。

3. 封闭注意事项

（1）严格无菌操作，防止局部感染。

(2) 注射部位要求准确,深浅适当,特别是胸背部要防止损伤内脏,严禁将药物直接注射在血管内。

(3) 选择好适当的药物和剂量,对于高血压、消化道溃疡和活动性肺结核患者禁用类固醇激素。

(四) 物理疗法

物理疗法是利用各种物理刺激作用于机体引起所需的各种反应,以调节、加强或恢复各种生理功能,促进病理过程向有利于疾病康复的方向发展,从而达到治疗目的的一种疗法。

1. 物理疗法的治疗作用

(1) 加速创伤的愈合:物理疗法可以改善局部的血液循环,降低局部小血管的渗透性,提高白细胞和吞噬细胞的吞噬能力,从而促使局部病变组织从被动充血和瘀血状态中逆转过来,变为血流通畅的主动充血,以消除组织水肿,促进血肿吸收,改善组织缺氧和营养状态,消除炎症反应。

(2) 减少疤痕和粘连的形成:疤痕组织是一种循环不良,结构不正常,神经分布错乱的修复性组织;粘连是因炎症渗出后组织纤维机化而形成的病理性结缔组织。理疗可减少胶原纤维的形成和玻璃样变性过程,也可减轻疤痕组织水肿,改善局部组织血供和营养,从而减少疤痕和粘连的形成。同时,也可缓解或消除疤痕瘙痒、疤痕疼痛等症状。

(3) 镇痛作用:炎症刺激、缺血或代谢致痛介质,以及精神因素等都可产生疼痛。理疗可以提高痛阈,去除各种致痛原因,从而达到镇痛。

(4) 避免或减轻并发症和后遗症:理疗可以改善局部的血液循环,加速组织水肿吸收,改善局部组织营养,减少疤痕和粘连的形成。同时,通过镇痛作用而有利于肌肉得到较充分的活动,避免关节僵硬、肌肉萎缩等后遗症。

2. 物理疗法种类

(1) 电疗法:电疗法的种类很多,临床上应根据不同的病证选择应用。

① 直流电疗法:是应用直流电作用于人体使组织中离子、水分子和胶体微粒转移,改变离子浓度而达到治疗目的的一种方法。适用于脊髓损伤,周围神经损伤,疤痕增生和组织粘连等。心力衰竭、有出血倾向,以及对直流电过敏或局部有广泛或严重皮肤损伤者禁用。

② 感应电疗法:是应用感应电流作用于人体治疗疾病的一种方法。皮肤对感应电流电阻较小,故比直流电容易通过皮肤而扩散到组织器官中去。适用于软组织扭挫伤,下运动神经元部分损伤后的弛缓性麻痹、废用性肌萎缩等。禁忌证同直流电疗法。

③ 间动电疗法:间动电是在直流电基础上,叠加经过半波或全波整流后的 50Hz 正弦电流。其作用于人体后可使组织内离子分布发生改变,从而达到止痛、促进周围血液循环、调节神经和肌肉组织的紧张度等效果。适用于软组织扭挫伤,关节强直,肌萎缩,腰肌劳损和肩周炎等。禁忌证同直流电疗法。

④ 电体操疗法:是以各种不同形式的电流作用于神经或肌肉,使肌肉产生收缩的一种方法,又称电刺激疗法。适用于周围神经损伤,肌萎缩,关节强直等。禁忌证同直流电疗法。

⑤ 刺激电疗法:是应用方形脉冲电波或低频脉冲电流来达到止痛目的的一种方法。适用于各种痛症。有出血倾向、化脓性疾患和带有心脏起搏器的患者禁用。

⑥ 音频电疗法:是应用频率在音频范围内的中频正弦交流电来治疗疾病的一种方法,有止痛、促进血液循环、软化疤痕、松解粘连的作用。禁忌证同直流电疗法。

⑦ 干扰电疗法：是应用两路频率不同的中频电流交叉地分别输入人体，在体内产生低频调制的脉冲中频电流来治疗疾病的一种方法。具有止痛，促进局部血液循环，促进水肿和渗出物的吸收，兴奋骨骼肌和平滑肌等作用。适用于软组织扭挫伤，神经损伤，肌萎缩及创伤后积液或瘀血吸收差，关节炎及关节周围炎等。禁忌证同直流电疗法。

⑧ 短波电疗法：是应用波长在 10～100m 范围内的高频电磁波在人体内产生的热效应，以加强血液循环，改善组织营养，降低肌肉和结缔组织纤维的张力，而达到消炎止痛、消肿解痉等的一种治疗方法。适用于软组织扭挫伤，损伤后遗症及关节炎，神经损伤等。内脏出血，心血管系统代偿功能不全，带有心脏起搏器者禁用。

⑨ 超短波电疗法：是应用波长在 1～10m 范围内的高频电磁波产生比短波电疗法更为深透的热效应，从而对人体进行治疗的一种方法。此外，尚能产生一种很明显的非热效应(或称热外效应)，可明显加速神经再生，加强白细胞的吞噬作用，抑制急性炎症过程。适用于周围神经损伤，伤口感染等。禁忌证同短波电疗法。

⑩ 微波电疗法：是应用波长在 0.01～1m 范围内的超高频电磁波在人体内产生的热效应和非热效应，以达到止痛、促进血液循环及解痉等的一种方法。其作用局限而均匀，而非热效应比超短波有更显著的作用，使组织内动、静脉显著扩张，血流速度及血循环量均显著增加。适用于软组织扭挫伤，关节炎等。禁忌证同短波电疗法。

(2) 光疗法：是应用光照射人体，利用其产生的热效应和光化学效应达到促进血液循环，加速组织的再生能力和细胞活力，加速炎症产物及代谢产物的吸收，镇痛解痉的一种方法。适用于软组织扭挫伤，周围神经损伤，疤痕硬结，肌肉劳损等。有出血倾向、高热者禁用。

光疗法可分为红外线疗法和可见光疗法两种，临床可根据疾病的不同选择使用。

(3) 激光疗法：激光是 20 世纪 60 年代发展起来的一门新技术，治疗作用基础主要是热效应、机械效应(光压作用)、光化学效应和电磁效应等四个方面。适用于软组织扭挫伤等。目前理疗应用的激光器尚无明确的禁忌证。

(4) 超声疗法：是应用频率在 20KHz 以上，不引起正常人听觉反应的机械振动波作用于人体，利用其产生的机械作用、化学作用和温热作用，以改善血液循环，加强组织营养和促进组织物质代谢的一种方法。适用于软组织扭挫伤、各种神经痛，关节炎，肌炎，疤痕增生，硬结和血肿机化等。血栓性静脉炎、出血倾向者禁用。

(5) 离子透入疗法：是应用直流或感应电电疗机配合离子液或中草药液将各种微量元素(如铁、铜、锌等)及药物的有效成分透入皮下组织，以改善、调整机体的内环境，促进神经、肌肉等组织的生长及代谢，达到治疗疾病的一种方法。适用于各种急、慢性筋伤疾病，如急性腰扭伤、慢性腰肌劳损、骨关节炎等。使用时电压、电流强度因人而异，直流电极片的负极不可置错，颈动脉窦、心前区和第 3 腰椎以上脊椎两侧不能放置电极板。皮肤溃破、孕妇及高血压等患者慎用。

(6) 磁疗法：是应用磁场作用于机体来治疗疾病的一种方法。其主要治疗作用是镇痛、消肿、消炎和镇静，临床有穴位磁疗法、磁按摩法、交变磁场疗法、旋转磁疗法及磁电综合疗法等。适用于软组织扭挫伤，能减少疤痕形成及促进疤痕软化等。磁疗法目前尚无绝对禁忌证。

(7) 蜡疗法：是利用加热后的石蜡作为导热体涂敷于伤部，以达到治疗疾病的一种方法。蜡疗法的主要作用是温热和机械压迫，一般无化学性刺激作用。适用于软组织扭挫伤，疤痕挛缩、粘连等。感染性皮肤病、出血者禁用。

（四）牵引疗法

牵引疗法是用适当重量的牵引力和自身体重的反牵引力，或用机械的牵引力，克服肌肉的收缩力，以缓解肌肉痉挛，扩大椎间隙，解除神经、血管的卡压，进而改善临床症状的一种治疗方法。筋伤治疗中普遍使用的是颈椎和腰椎牵引。

1. 颈椎牵引法　又称枕颌牵引，可分为坐式牵引和卧式牵引两种。牵引重量要根据患者的年龄、性别、体质、病情、颈部肌肉状况及对牵引的反应而定，一般为 3～6 kg，应从小重量开始逐渐增加，直至出现最佳效果为止。每日 1～2 次，每次 30min，10 次为 1 疗程，间隔 1 周后可继续牵引。如连续牵引 2～3 周仍无明显效果，可放弃牵引而改用其他方法治疗。适用于颈椎病患者。

2. 腰椎牵引　临床一般采用骨盆电动牵引。患者仰卧在牵引床上，分别固定胸部和骨盆部。牵引可分为连续牵引和间断牵引两种。牵引重量一般为自身重量或自身重量加 10kg，应逐渐增加。每日 1 次，每次牵引时间为 20～30min，牵引次数可以根据患者反应灵活掌握。适用于急慢性腰扭伤、腰椎间盘突出症等患者。

（五）拔火罐疗法

应用大小不同的罐子，利用在罐子里燃烧后产生的负压吸附在皮肤上以治疗疾病的一种方法。

拔火罐疗法有点火拔罐法、推罐法和刺络放血拔罐法等。主要利用负压形成的机械性刺激和温热刺激作用使局部血管扩张，促进局部血液循环，改善新陈代谢和组织营养状态，使血管和细胞的通透性增强，加强网状内皮系统的吞噬功能，有利于炎症的消散。适用于软组织扭挫伤，关节肌肉部位痹痛等。年老体衰，全身性剧烈抽搐者，孕妇之腰骶部、腹部，出血性疾患，水肿患者，恶性肿瘤及局部皮肤有破损者禁用。

（六）手术疗法

手术治疗筋伤主要用于肌腱、韧带的断裂伤，神经、血管的严重损伤及关节盘的损伤等。临床上要严格掌握筋伤的手术适应范围，因为大多数筋伤经过保守治疗均可获得较满意的疗效。手术适应证如下：

(1) 肌肉、肌腱、韧带的完全断裂伤。

(2) 腱鞘疾病反复发作，保守治疗无效，如狭窄性腱鞘炎、腕管综合征等。

(3) 重要的神经、血管损伤者。

(4) 颈、腰椎间盘突出症经半年以上非手术疗法治疗无效，或首次发病症状严重，出现有马尾神经压迫，影响工作和生活者。

(5) 关节内游离体影响关节功能活动者。

第二章 肩部筋伤

肩胛带是以肩胛骨为主,包括锁骨、肱骨以及相关韧带、关节囊、肌肉等的一组解剖功能结构。人体的肩胛带是通过肩胛骨担负上肢功能活动和作为受力支架,是上肢运动的基础。它们相互连接,形成4个功能关节,即肩关节、肩锁关节、胸锁关节、肩胛胸壁关节。(见图2-1)。

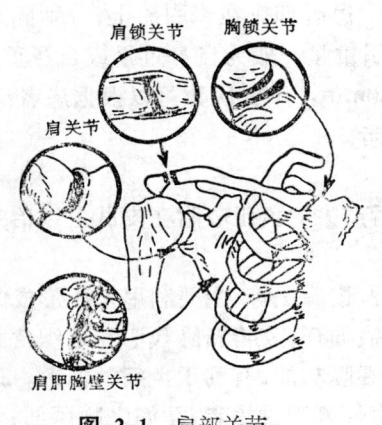

图 2-1 肩部关节

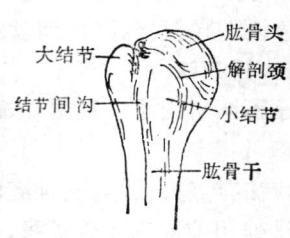

图 2-2 肱骨头

一、肩部的关节

(一) 肩关节

由肩胛骨关节盂与肱骨头构成,是一典型的球窝关节,可作各个方向的运动。由于肱骨头的半球形关节面大于关节盂的关节面,虽然在关节盂的四周有盂唇附着而略增加了关节盂的深度,但仍只有1/3～1/4的肱骨头关节面与之相接触,故肩关节的活动范围较大。加上肘关节和桡腕关节的活动度较大,使手可触到身体的任何部位。

1. **关节盂** 呈梨状,上窄下宽,关节面为凹面,向前、外、下方。关节盂的表面覆有一层透明软骨,中央较边缘为薄。关节盂的边缘镶有一层纤维软骨,名盂唇,以增加关节盂的深度。关节盂的上、下各有一个突起,名盂上、盂下结节,分别为肱二头肌长头和肱三头肌长头的附着处。关节囊上部附着于关节盂周缘,并将盂上结节包于囊内,由该结节起始的肱二头肌长头腱被包入囊内,并经由结节间沟穿出关节囊。

2. **肱骨头** 为半球体的关节面(见图2-2),向后、上、内方倾斜,仅有部分的关节面与关节盂接触,故稳定性差。肱骨大结节朝向外侧,构成结节间沟的外壁;小结节朝向前侧,构成结节间沟的内壁。肱二头肌的长头腱,经过结节间沟,可随肱骨内收、外展、旋转的活动而上下滑行。肱骨头关节软骨的退变不很广泛,通常在边缘区较多,外环区次之,内环区最轻。关节软骨的退变表现为软骨变薄、胶原纤维紊乱、表面不平和蚀损,在边缘区可有骨赘形成。成年以后,由于骨质增生而致结节间沟变窄,这是造成肱二头肌腱鞘炎的诱发原因。肱骨结节间沟的内侧壁与沟底所形成的角度有很大的变异，浅而角度较小的沟易引起肱二头肌长头腱脱位，特别在上臂突然旋外或已旋外的上臂猛力前屈时更易发生。大结节周围骨折、冈上肌腱炎、肩峰下囊炎等都会引起肩关节活动受限。

3. 肩关节囊　为纤维组织构成的松弛囊壁，环绕在关节的周围。关节囊的后壁起始于关节盂唇和关节盂缘，前壁起始部依滑膜隐窝的有无而异。关节囊远端的最高平面止于肱骨干的骨膜。关节囊的内面衬以滑膜，向下沿肱骨解剖颈反折至肱骨头软骨面的周围。肩内收时关节囊成皱襞状，外展时皱襞逐渐减小或消失。关节囊上部被坚强有力的腱袖加强。

4. 肩关节的相关滑膜囊　有肩峰下囊、肩胛下肌腱下囊和胸大肌、背阔肌、大圆肌肌腱止于肱骨结节间沟两侧的下囊，以及喙肱肌囊、前踞肌下囊等，其中肩峰下囊在临床上意义最大，此滑膜囊紧密地连于肱骨大结节和肌腱袖的上外侧，其顶部与肩峰和喙肩韧带下面相接。肩部周围的肌肉有内外两层，外层为三角肌和大圆肌，内层为肌腱袖。肩峰下囊介于此两层之间，以保证肱骨大结节顺利地通过肩峰下进行外展活动。正常肩峰下囊与肩关节之间有腱袖相隔，当腱袖完全破裂时，两者相互贯通。肩部丰富的滑膜囊，可以有效地减少关节与肌腱活动时的摩擦。

5. 肩关节的相关韧带

(1) 喙肩韧带：是肩关节上部强有力的屏障。其前后部较厚，宽广的基底起自喙突外缘，以后缩窄，在肩锁关节前止于肩峰尖部的前缘，中部纤维薄或缺如，形成两个坚强纤维束，为分歧状。上臂抬起时，肱骨大结节位于喙肩韧带之下，作为肱骨头外展时的支点，使喙肩韧带与其下的滑膜囊和疏松组织便于肩部浅、深层肌肉的滑动。

(2) 盂肱韧带：起于肱骨解剖颈的前下部，向上、向内止于关节盂的盂上结节和关节盂唇，与肱二头肌腱相连续，为关节囊比较致密的部分，以增强关节囊的前部。其分为上、中、下三束，称为盂肱上韧带、盂肱中韧带(盂肱内韧带)和盂肱下韧带。这些韧带仅能在关节囊内部找到，借着关节囊、肩锁韧带、三角肌、斜方肌有约束肩关节旋外的作用。三个韧带在引起前方盂唇脱落和骨赘的产生上起重要作用。

(3) 喙肱韧带：起于肩胛骨喙突的外缘，向前下部发出，在冈上肌和肩胛下肌之间与关节囊同止于肱骨大、小结节，横跨结节间沟之上，为悬吊肱骨头的韧带。肱骨旋外时，韧带纤维伸展，有约束肱骨旋外的作用。肱骨旋内时韧带纤维短缩，有阻止肱骨头脱位的功能。肩关节周围炎时因韧带挛缩，肱骨头处于旋内位，限制肩关节的外展、旋外功能。

(二) 胸锁关节

是锁骨的胸骨关节面与胸骨柄的锁骨切迹及第 1 肋软骨所形成的摩动关节，被关节囊和韧带围绕固定，有胸锁前、后韧带相连接。胸锁关节是具有软骨盘的关节，如果胸锁韧带或肋锁韧带慢性损伤、松弛，可发生胸锁关节半脱位或全脱位。胸锁关节的后部解剖关系甚为重要，有重要的纵隔组织、大血管、气管和食管，同时有丰富的静脉网和胸膜顶，此处有胸骨甲状肌和胸骨舌骨肌附着于关节囊之后，对其下经过的大血管起一定的保护作用。

(三) 肩锁关节

由肩峰的关节面和锁骨肩峰端，借着关节囊、肩锁韧带、三角肌及斜方肌腱附着部、喙锁韧带等连结组成。喙锁韧带为联系锁骨与肩胛骨喙突的韧带，起于喙突，向后上部伸展，止于锁骨外端下缘，分为斜方韧带和锥状韧带。当锁骨旋外活动时，此韧带延长。上肢外展时，有适应肩锁关节 20°活动范围的功能。喙锁韧带为稳定肩锁关节的重要结构，此韧带损伤断裂后必须修复。肩锁关节的作用是：一方面可使肩胛骨垂直向上或向下，如耸肩动作；另一方面可使肩胛骨关节盂向前或向后活动，如向前的击拳活动。

(四) 肩胛胸壁关节

肩胛骨与胸壁间的连结称肩胛胸壁关节，它虽然不具备典型关节的结构，但在功能上应视为肩部关节的一部分。肩胛骨与胸壁间的负压对于保持肩胸连结有很大作用，此间隙被前锯肌分为前后两部分，肩胛骨在此间隙沿胸壁活动。肩胛骨可通过胸锁关节、肩锁关节在胸壁上作旋转运动，活动范围约 60°。

二、肩部的肌肉

肩关节由于关节囊松弛，韧带薄弱，关节盂较浅，主要依靠关节附近肌肉维持关节的稳定性。当关节周围的肌肉发生损伤时，会影响关节的功能。肩关节周围的肌肉可分为三类：①主要提供动力的肌肉如胸大肌、斜方肌等，这类肌肉的肌纤维较长。②主要稳定关节的位置，兼供给关节动力的肌肉，如冈上肌、冈下肌、小圆肌和肩胛下肌，这类肌肉的纤维较短，肌腱与纤维性关节囊紧密相连。③稳定关节和供给动力并重的肌肉，如三角肌。

三、肩部各关节的运动

肩关节是典型的球窝关节，沿冠状轴的运动是前屈、后伸，沿矢状轴的运动是内收、外展，沿垂直轴的运动是旋内、旋外。此外，还可作环转运动。

第一节 肩部扭挫伤

人体肩部经筋受到外力的打击或扭掀致伤称为肩部扭挫伤。

【病因病机】

本病可见于任何年龄，因碰撞、跌仆、牵拉过度或投掷物体用力过度而致伤。如碰撞性暴力来自肩关节外侧方，喙锁韧带将首先受到影响；跌仆时来自冠状面的侧向暴力则易伤及肩锁关节，故损伤多见于肩部上方或外侧方。一般以闭合伤为常见，伤后络脉破损，血溢脉外，瘀积于皮下，相继出现肩部经筋功能紊乱的症状。

【诊断】

(一) 临床表现

有明显外伤史。肩部肿胀、疼痛逐渐加重，或皮下青紫，局部片状钝性压痛，肩关节活动受限。轻者1周内症状明显缓解；伴有组织的部分纤维断裂或并发小的撕脱性骨折损伤者，症状可迁延数周。

(二) X线检查

肱骨、肩胛骨、锁骨及肩关节、肩锁关节、胸锁关节等结构无骨折或脱位征象。

(三) 鉴别诊断

1. 肱二头肌长头肌腱炎和腱鞘炎　外伤史不明显，疼痛以肩前部明显，可向上臂和颈部放射，局限性深压痛，肱二头肌抗阻力试验阳性。

2. 肱二头肌腱断裂　外伤性断裂时可闻及断裂的响声，疼痛剧烈，肩臂部可出现隆凸及凹陷畸形，断裂处瘀斑、肿胀，不能主动屈肘，肌力减退，肌腹松软。

【辨证论治】

(一) 手法治疗

1. 揉搓法　沿患者颈项和背部使用揉法、滚法和搓法等,以缓急解痉、行气活血、通络止痛。

2. 拿弹法　沿肩前部、肩胛内上角处(胸大肌、斜方肌等)和腋下筋痛处(大、小圆肌等)拿弹诸筋,以解痉舒筋止痛。

3. 旋肩法　患者取坐位,医者立于患者身后,右手虎口托于其右腕上,医者屈肘内收带动患者屈肘,由下向胸前上举(见图 2-3),再旋外、外展后伸放下。重复数遍,幅度由小变大,患者肘关节的活动随医者肘关节的屈伸而屈伸。

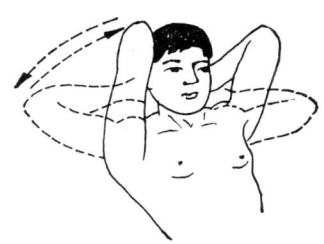

图 2-3　旋肩手法　　　　　　图 2-4　卧位操练法

(二) 固定治疗

患侧上肢屈肘 90°,掌心向胸,以三角巾悬挂于胸前 3～7 日。

(三) 药物治疗

1. 内服药　损伤初期,肿痛明显,治宜行气、活血、止痛,舒筋活络汤加减。后期肩部以酸胀痛为主,治宜祛风散寒、舒筋通络,三痹汤加减。

2. 外用药　正骨水、跌打万花油等外擦,外敷跌打膏。

(四) 功能锻炼

以主动活动为主,被动活动为辅。其目的是恢复肌肉的力量及韧带、肌腱、关节周围组织的弹性,改善和恢复肩关节的基本功能。肩部运动包括外展、内收、前屈、后伸、旋外、旋内和环旋 360°等。可反复进行,每次 3～5min。具体术式如下:

1. 卧位操练法　患者仰卧位,两手指交叉抱于颈后,然后使两肘触及床面。维持约 20min。(见图 2-4)

2. 立位操练法　患者弯腰,患肢自然下垂,先做前后甩动,然后做环旋运动。活动范围逐步由小到大,每次约 10～15min。(见图 2-5)

被动运动是借助外力活动肩关节,多在患者不能作主动运动的情况下采用。动作要协调,循序渐进,逐步加大活动量,以牵伸挛缩的肌肉和韧带。活动应保持在无痛范围内进行,且应略加牵引力量。

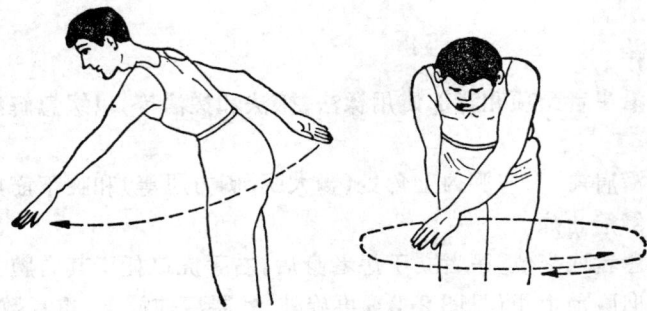

图 2-5 立位操练法

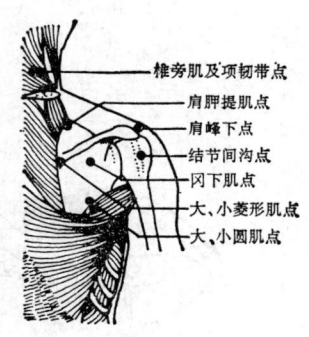

图 2-6 颈肩部的主要浅封闭点

（五）其他疗法

1. 理疗 红外线理疗治肩部扭挫伤,能促进局部炎症吸收,增强组织再生能力。超声波具有镇痛、缓解肌肉痉挛和加强组织代谢的作用,疗效较好,可选择使用。

2. 局部封闭疗法 是常用的一种治疗方法,一般以泼尼松龙12.5～25mg加1%普鲁卡因6～8ml,行痛点封闭。肩部的主要封闭点如图2-6所示。

第二节 冈上肌腱炎

冈上肌是肩腱袖的一个组成部分,有悬吊肱骨及协助三角肌外展的功能。冈上肌起于肩胛骨冈上窝,肌腱在喙肩韧带及肩峰下囊下,肩关节囊之上通过,止于肱骨大结节。其位于肩腱袖的顶部,附着处呈弯曲状,血液供应较差。肩关节外展、旋外时,冈上肌腱经常受到肩峰和喙肩韧带的挤压摩擦。肩关节在静止状态时,冈上肌腱则承受上肢重力的牵拉。

【病因病机】

冈上肌在肩关节肌群中,最容易发生撕裂伤和退化性病变。因为冈上肌是肩部四方力量的交叉点,易长期遭受各种劳损,尤其当上臂外展时,冈上肌需要穿过上由肩峰、下由肱骨头构成的狭小间隙(见图2-7),故极容易受到挤压或摩擦损伤。在冈上肌腱劳损或变性的基础上,因轻微外伤或用力过度,或局部感受风寒湿之邪,均可引起肌腱炎,并容易发生钙化。而已经变脆弱的肌腱纤维特别容易引起损伤,如跌仆或猝然肌肉用力均可发生不完全性撕裂伤。

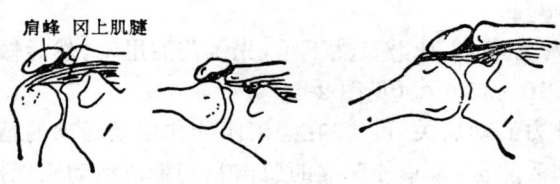

图 2-7 冈上肌腱

第二节 冈上肌腱炎

【诊断】

(一) 临床表现

本病多发于中年人。一般起病缓慢，常有轻微的外伤史或受凉史。肩部外侧疼痛，有时在三角肌附着点附近亦感觉反射性疼痛。

(二) 检查

压痛点在肱骨大结节冈上肌止点处。当患肩上臂外展到60°～120°范围时，出现明显疼痛。这就是冈上肌抵触肩峰的极限，即所谓"疼痛弧"（见图2-8）。当超越这个范围而上臂又继续向上外展时，不再发生疼痛；上臂从上举渐渐放下，经过120°～60°时又会发生疼痛，小于60°时，疼痛消失。

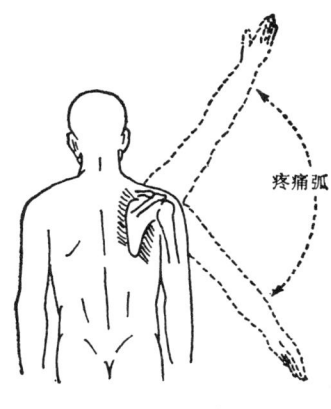
图 2-8 疼痛弧

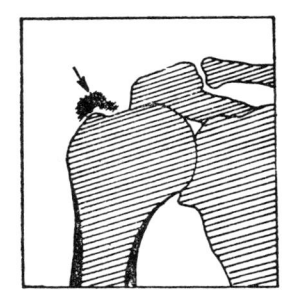
图 2-9 冈上肌腱钙化阴影

(三) X 线检查

偶见冈上肌腱钙化物沉着（见图2-9），主要由肌腱纤维变性、缺血所引起。

(四) 鉴别诊断

1. 肩关节周围炎　肩关节疼痛以夜间明显，肩关节主动、被动活动均受限，疼痛感从患侧上肢外展开始持续整个关节运动过程。

2. 粘连性肩关节滑膜囊炎　活动开始时不痛，外展70°以上出现疼痛，随外展范围加大疼痛明显加重。

3. 肩锁关节错逢　肩锁关节处隐痛不适，患侧上肢外展大于90°时出现疼痛，继续上举疼痛加重，最明显的疼痛位置是外展120°～180°之间。

【辨证论治】

(一) 手法治疗

1. 拿法　患者端坐靠背椅上，医者先用拿法捏拿冈上部、肩部、上臂部，自上而下，疏松痉挛。然后，以冈上肌为重点，用拇指在局部弹拨，轻柔按摩，以舒筋活络。

2. 牵抖法　患者坐位，医者两手紧扣患肢大、小鱼际部，松臂，在向下牵引的同时，手臂用力均匀颤动数次，以疏通经络。

(二) 药物治疗

1. 内服药　急性期治宜舒筋活血、行气通络为主，方用舒筋活血汤加减。慢性期可服舒筋丸，每日3次，每次1丸。局部疼痛、畏寒者可服活络丸或活血汤，体弱血虚者可服当归鸡血藤汤。

2. **外用药** 急性期肿痛较重时外敷消瘀止痛膏,或以中药熏洗、热熨患处。

(三) 功能锻炼

同肩部扭挫伤。但应在无痛范围内作有规律地操练,外展活动至引起疼痛为限。

(四) 其他疗法

1. **针灸疗法** 取穴如天宗、肩髎、曲池等,提插、捻转至肩臂感酸痛胀麻,留针20min,可加艾灸。以疏风通络,温经散寒。

2. **局部封闭疗法** 同"肩部扭挫伤",但必须将药物注入病变组织内。

第三节 肩袖损伤

肩袖由冈上肌、冈下肌、肩胛下肌及小圆肌等四个肌腱组成,亦称肌腱袖、肌腱帽等。肩袖环绕着肱骨头的上端,将肱骨头纳入关节盂内,使关节稳定,并协助肩关节外展,且有旋转功能,故又名肩胛旋转袖。肩袖损伤在肩部筋伤中并不少见,随年龄的增长肩袖肌腱退变或因累积性损伤所致的肌腱变性使其变脆,弹性和伸展性降低,以至在轻微外力的作用下即可造成肩袖挫伤乃至完全性肌腱断裂。新鲜外伤性肩袖破裂容易漏诊、误治,而引起慢性肩部疼痛,导致肩部功能障碍,故应提高对本病的认识。

【病因病机】

本病多发于长期从事需用臂力工作的人,如举重、棒垒球投手等。常因组织萎缩或退行性变,或跌倒时手外展着地,或手持重物肩关节突然外展、上举时发生损伤。肩袖中冈上肌肌力薄弱,而承受牵扯力最大,故易破裂,约占本病的50%。

肩袖损伤据断裂程度可分为部分断裂和完全断裂两类,部分断裂又分为肌腱表面浅层断裂、深层表面断裂和肌腱内肌纤维断裂三型。若处理不当,部分断裂可发展为完全断裂。若仅部分肌腱纤维组织断裂,三角肌下囊与关节腔仍不相通。而完全断裂时,冈上肌腱与肱骨的连续性就明显中断,三角肌下囊与关节腔相通(见图2-10),冈上肌在肩袖中处于悬垂整个上肢的应力之下。冈上肌腱断裂后,由于四个不同方向力的牵拉,即肩胛下肌向前拉,冈下肌和小圆肌向后拉,冈上肌本身向内回缩,而肢体重力向外拉,从而形成三角形裂口(见图2-11),这裂口将随肌肉的牵拉和磨损而扩大。

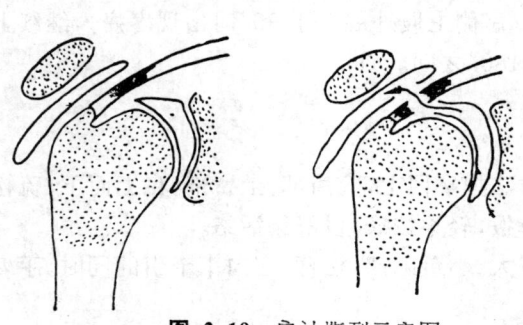

图 2-10 肩袖撕裂示意图　　图 2-11 冈上肌断裂的裂口

【诊断】

(一) 临床表现

多见于40岁以上的男性患者,如为青年人必有严重的外伤史。当肩袖破裂时,患者自觉有撕裂响声,局部肿胀,有皮下出血。伤后局部疼痛多限于肩顶,时有向三角肌止点部放射痛。夜间疼痛加重,不能卧向患侧。由于疼痛和肌肉紧张而影响肩关节活动。

(二)检查

1. 压痛　冈上肌损伤时,压痛在大结节顶部。冈下肌损伤时,压痛在大结节顶部的外侧,将臂轻度伸直,损伤裂口前移,触痛在结节间沟处。肩胛下肌腱破裂时,压痛在大结节的前下方。

2. 弹响　医者将手掌按压患部,患肩在上举和旋转上臂时可感到有响声,被动活动时弹响较粗糙。慢性肩部滑膜囊炎时亦可发生类似弹响。

3. 肌萎缩　外伤以前即有肩袖部分损伤,早期外层因有丰满的三角肌而不见明显的肌萎缩。急性期2～3周后即可出现冈上肌、冈下肌萎缩,尤以冈下肌更为明显。病程日久者小圆肌和斜方肌也可明显萎缩,三角肌因萎缩而变扁平。

4. 裂隙　完全断裂者,可以摸到断裂的裂隙。

5. 关节活动异常　肩袖破裂较大时,患臂不能外展,而由耸肩来替代,由于肩袖破损,三角肌的收缩,肱骨沿其垂直轴向上,迫使肩胛骨在胸壁上滑动并旋转,出现肩关节活动异常,同时抗阻力外展力量减弱。

6. 疼痛弧　肩关节外展60°～120°范围内出现疼痛,小于60°或大于120°时疼痛不明显。

7. 患肩坠落试验　被动抬高患臂至上举90°～120°范围内,撤除支持,若患臂不能自主支撑而发生坠落即为阳性。

(三)X线检查

作关节内充气或碘油造影。肩袖破裂时,关节腔与滑膜囊相通,造影剂外溢。

(四)鉴别诊断

1. 肱二头肌长头肌腱断裂　断裂多位于肱骨结节间沟中的肌腱处。急性外伤性断裂时肩部剧痛,向上臂前侧放射至肘,局部出现隆凸和凹陷畸形,不能主动屈肘,肌力减弱,肌腹松软。慢性断裂者屈肘力量逐渐减弱。

2. 肩关节周围炎　起病缓慢,肩周钝痛或刀割样痛,夜间加重,甚至痛醒,可放射至前臂或手部、颈、背部;肩部广泛压痛,活动以外展、旋外、后伸障碍最明显;肩关节造影有助于鉴别诊断。

3. 冈上肌腱炎　临床表现与肩袖损伤极为相似,可用1%的普鲁卡因封闭痛点。若封闭后疼痛消失,冈上肌腱功能恢复,即表示为炎症;若功能仍不能恢复,则可能为断裂。

【辨证论治】

肩袖新鲜和比较小的破裂损伤保守治疗极为有效。完全性断裂应行手术修补,且于伤后3周以上、肌力恢复不满意时进行为宜。此时断端已形成坚强瘢痕,有利于缝合固定。

(一)手法治疗

肩袖裂口不大的新鲜损伤,采用上举位皮肤牵引治疗为宜。即仰卧位,患臂外展和上举各155°牵引,这样有利于损伤的肌腱在低张力下修复和愈合。2周后解除固定,顺肩袖肌腱走向以手法弹拨,或行揉摩手法。

(二)药物治疗

1. 内服药　损伤初期内服活血止痛散,待肿胀消退后服舒筋活血汤,后期服橘术四物汤加钩藤、五加皮等。

2. 外用药 早期外敷跌打膏或接骨止痛膏等,后期配合舒筋活血散外洗。

(三) 功能锻炼

开始时被动上举,随后练习侧方外展、上举,外展、上举无痛且达到最大上举范围后,开始作增强肌力训练。3个月内应避免提举重物和攀援等动作。

(四) 其他疗法

1. 局部封闭疗法 肩袖损伤局部疼痛较剧烈的患者,在肩峰下间隙行局部封闭。

2. 手术疗法 完全断裂或陈旧性断裂的患者,非手术治疗一般无效。若不行恰当的手术修补,势必造成肩袖性关节病,出现不同程度的关节功能障碍。肩袖断裂通常发生于大结节近侧1cm处,这是冈上肌腱近侧端滋养血管与大结节部骨膜滋养血管交界处,是供血薄弱部位,因此破裂口的直接缝合因局部供血较差而不利于愈合。临床证实,完全破裂且撕裂的范围和间距较大的病例,自愈的机会较少,应考虑手术修补。

第四节 肱二头肌长头肌腱炎

肱二头肌长头肌腱炎发病率较高,这与其解剖位置的特点有关。肱二头肌长头肌腱起自肩胛骨的盂上结节,在肱骨结节间沟与横韧带形成的纤维管道中通过。在肩关节运动中,肌腱与肱骨结节间沟反复摩擦,特别是上肢外展位屈伸肘关节时,肱二头肌长头肌腱在腱沟内对肱骨产生压力,增大摩擦力,这种机械效应对肌腱增加了磨损。(见图2-12)

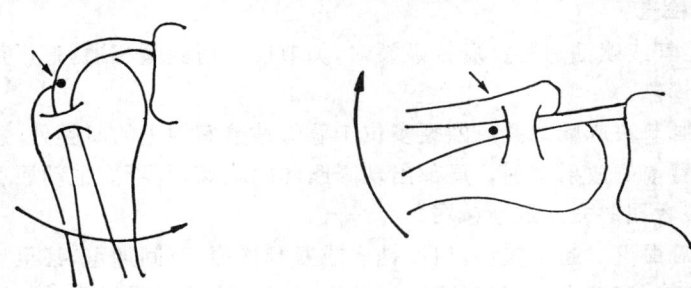

图 2-12 肱二头肌长头肌腱炎好发部位

【病因病机】

使用肩部从事重体力劳动者,如搬运工和从事投掷、棒球等运动的运动员,因长期、反复使肩关节处于活动范围极限的情况下用力转肩活动,肱二头肌长头肌腱在腱沟中反复、过度地磨损而致腱鞘充血、水肿、增厚,导致粘连和肌腱退变。在此基础上,肩部的过度牵拉或扭捩等轻微外伤或不慎感受风寒之邪均可引起明显的临床症状。

【诊断】

(一) 临床表现

多见于中年人。急性期肩前部疼痛,主要位于肱骨结节间沟处,可反射至三角肌止点,有时难以指出确切的疼痛部位。肩部活动受限,常将上臂紧贴身体,避免上肢旋转活动。一般受凉后症状加重;凡引起肱二头肌长头肌腱滑动的动作,如肘关节屈伸,均可引起肩部疼痛加重。

慢性劳损致伤者,往往病史叙述不清,仅诉三角肌部疼痛,压痛点常局限于结节间沟处,上臂外展、上举和后伸时肩关节疼痛。

(二) 检查

特有体征是沿肱二头肌长头肌腱通过肩关节和结节间沟处有明显的压痛。主动或被动牵张肌腱均可引起疼痛,包括外展、旋外、后伸和伸肘旋外,以及伸肘抗阻力外展。大部分患者出现肱二头肌长头肌腱紧张试验阳性,即抗阻力屈肘旋后位时,肩部前内侧疼痛。

(三) X 线检查

可以发现肱二头肌腱沟变浅、狭窄、沟底或侧面有骨赘形成等。

(四) 鉴别诊断

肱二头肌长头肌腱滑脱　肱二头肌长头肌腱由肱骨横韧带维持在结节间沟中,当横韧带纤维过度牵拉或撕裂时,或结节间沟过浅,均可造成肌腱滑脱。检查时可用一手固定患手于屈肘90°位,并作内、外旋转,另一手在肱二头肌腱最上端处触扪,可以明显感觉到肌腱在腱沟内滑动,并发出弹响声和局部疼痛。

【辨证论治】

(一) 手法治疗

1. 拨筋法　有舒筋活络,消炎镇痛的作用。患者坐位,医者将患者前臂屈曲,上臂外展90°平肩(或略小于90°),以单侧拇指顺肱二头肌长头肌腱走行方向,取与肌腱纵轴相垂直的方向左右弹拨,分离肱二头肌长头肌腱抵止端,随之理顺(见图2-13)。弹拨应达到筋膜深部。

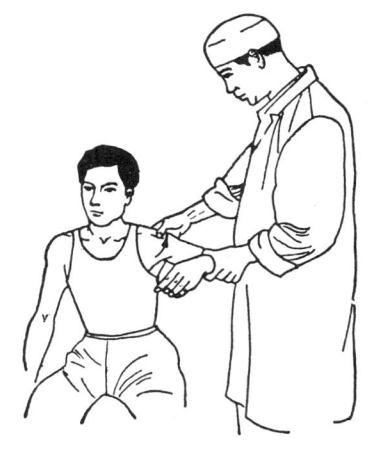 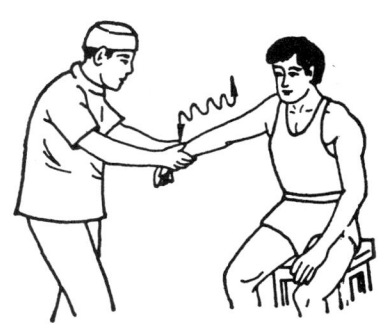

图 2-13　肱二头肌长头肌腱弹拨理筋手法　　　图 2-14　牵抖法

2. 牵抖法　患者坐位,医者两手握持患肢手腕,在向下牵引的同时,两臂用力均匀颤动3～5次。(见图2-14)

(二) 药物治疗

1. 内服药　正骨紫金丹加减。
2. 外用药　外敷消炎止痛膏或狗皮膏,以及用中药熏洗。

(三) 功能锻炼

当局部疼痛缓解后,主动开始进行有规律地操练,以防止发生冻结肩。练功活动方法同"肩部扭挫伤"。

(四）其他疗法

1. 局部封闭疗法 保守治疗对大部分没有并发症的患者有效,局部封闭是其中有效的方法之一,临床可选择应用。

2. 手术疗法 少数经保守治疗无效者,可行手术治疗。手术的目的是保证肱二头肌长头肌腱滑动装置在结节间沟内正常活动。最常应用的方法是将肱二头肌长头肌腱起点转移到喙突,并与短头肌腱行边-边缝合。

第五节 牵 拉 肩

亦称肱二头肌短头肌腱捩伤。肱二头肌短头肌腱起自喙突,移入肌腹;长头肌腱起自关节盂的盂上结节,经肱骨头上,行于结节间沟移入肌腹;短头肌腱短于长头肌腱。喙突、盂上结节和二肌腹交点构成一个三角形,短头和长头肌腱各成为其中的一条边。当上臂后伸、外展时,肱二头肌短头肌腱为锐角三角形的长边,即受牵伸拉力最大。肱二头肌短头肌腱从起点移入肌腹行程中,无沟槽及韧带保护,当肱骨旋内、旋外活动时大、小结节与短头肌腱摩擦,使其易于发生捩伤。

【病因病机】

小儿在受到突然用力牵拉肩时,可引起肱二头肌短头肌腱在喙突附着部发生轻度的解剖移位;成年人在上肢突然或不协调外展、上举并极度旋外的情况下用力,在牵拉、扭转外力作用下,肱二头肌短头肌腱可发生腱纤维扭转损伤,甚至部分纤维撕裂。损伤后组织肿胀、变硬、挛缩,而产生症状。

【诊断】

（一）临床表现

多见于小儿或从事上肢剧烈活动的运动员。患儿往往不敢用患肢取物,不敢上举,不让任何人触摸患肢,患肢虽因疼痛而拒绝使用,但仍然强而有力,肩部外形正常,喙突处压痛明显。成人主要表现为疼痛和功能障碍,自觉肩部、上背部疼痛,严重者肩部肌肉抽痛,或持续性钝痛,夜不能寐。

（二）检查

肩关节处于内收、旋内位时,外展及后伸明显受限。慢性损伤患者肩部僵硬,肩部多方位活动功能障碍。

（三）X 线检查

X 线摄片一般无异常表现。

（四）鉴别诊断

1. 肱二头肌长头肌腱炎 通常累及肌腱上部,接近结节间沟区域,屈肘抗阻力试验阳性。而肱二头肌短头肌腱捩伤表现在喙突处疼痛,以喙突外下方压痛最明显。肘关节伸直时,抗阻力内收上臂,引起喙突部剧痛。

2. 肱二头肌长头肌腱急性断裂 是因受暴力牵拉而引起,肱二头肌长头肌腱断裂部位并不在结节间沟中。肩部活动不受影响,但局部有明显压痛,用力收缩时肌腹向远端膨隆。

3. 肱二头肌长头肌腱滑脱 将患者上臂在水平位被动旋外,此时可在结节间沟区域触及肌腱从沟中滑脱,同时患者觉肩关节前方剧痛。

【辨证论治】

（一）手法治疗

1. **小儿复位法** 患儿坐位或由家长抱住患儿，使患臂对向医者。医者将患儿肘关节屈曲，一手握住前臂，使其上臂后伸、外展。另一手拇指按于喙突处，顺外下方向用分筋法，即分拨。然后以理筋手法下压，将高隆肌腱复平于原位(见图2-15)。再环转肩关节，作各个方向的运动，有时可听到响声，疼痛立即消失。

2. **肱二头肌短头肌腱捩伤复位法** 患者坐位，医者一手拇指按于患侧肩胛骨喙突上，其余4指按压于肩胛冈上，在上臂前屈时触摸喙突。上臂后伸、外展位再旋外、旋内时触及肱二头肌短头肌腱和喙肱肌腱抵止端，判定短头位置，然后再使上臂处于后伸、外展位，采用分筋、理筋手法，使其恢复正常解剖位置。

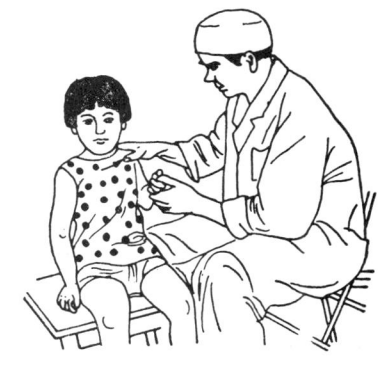

图 2-15 牵拉肩关节分筋法

（二）药物治疗

1. **内服药** 小儿一般无需服药；成人局部疼痛较剧且肿胀者，早期内服正骨紫金丹或跌打丸。

2. **外用药** 早期疼痛、肿胀甚者，可用中药热敷或消肿止痛膏外敷。

（三）固定和功能锻炼

急性期用三角巾悬吊3～5日，以后逐渐加强患肩功能锻炼，多做外展、旋外、上举活动。

（四）其他疗法

成人早期可配合理疗或局部封闭疗法。

第六节 肱二头肌腱断裂

因外力而致肱二头肌腱部分或完全断裂，引起肩部疼痛、肿胀、功能障碍者，称为肱二头肌腱断裂。

肱二头肌腱断裂多见于肱二头肌长头肌腱，该肌腱在狭窄的结节间沟内被摩擦、挤压等，从而发生退行性变，其物理性能变得韧性减小，脆性增大，这是肱二头肌腱断裂的病理基础。

【病因病机】

青壮年多在缺少准备而使肌肉突然、猛烈地收缩时导致断裂。中年人则因原有不同程度的退行性改变，突然受外力作用或微屈肘提物时发生肌腱的部分或完全断裂。

断裂多发生在肱二头肌长头肌腱刚穿出关节囊处的下方，少数断裂发生于盂上结节的肱二头肌长头肌腱起点处，或肌腱与肌腹交界处，甚至肌腹本身断裂。有时，肱二头肌长头肌腱止点也可发生断裂。

肱二头肌长头肌腱断裂通常为完全性的，偶见部分断裂。完全断裂时肌腱常卷曲在结节间沟以下，部分断裂者撕裂的纤维可以附着于结节间沟。

【诊断】

（一）临床表现

患病以前，可有肩部疼痛和轻度强硬等现象，或见宿伤持续数月，甚至数年。当上臂偶然用力时，突然感到肩部尖锐疼痛，随之发生肿胀，有时在三角肌下方发生皮下瘀斑等。肿胀消散后，上臂部可见典型的凹陷，尤其当肘关节用力弯曲时，肱二头肌肌腹外上方凹陷，同时肱二头肌肌腹的位置比健侧稍向下且向远端凸起（见图2-16）。按压肌腹时有压痛，不能主动屈肘，肌力减弱。慢性或陈旧性断裂者，只有轻度酸痛，屈肘功能逐渐减弱，屈肘抗阻力旋后时疼痛，并放射至肩前内方。

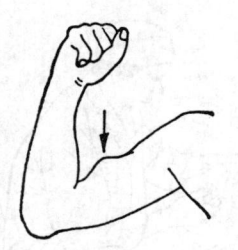

图 2-16　肱二头肌腱断裂形成的包块

（二）X 线检查

常规肩部平片，排除撕脱性骨折。

【辨证论治】

（一）手法治疗

对于慢性损伤的老年患者或陈旧性肌腱断裂，但无明显的功能障碍者，可在局部采用理筋手法理顺肌纤维，使功能得到改善或恢复。

（二）固定治疗

一般患者用三角巾悬吊患肢3～4周。如手术者，术后使关节屈曲90°，用石膏托固定4～6周。

（三）药物治疗

1. 内服药　早期内服活血舒筋汤或安痛活血汤，恢复期可用舒筋丸调理。
2. 外用药　可配合中药熏洗、热敷。

（四）其他疗法

手术疗法　年轻人急性损伤，肌腱断裂后功能严重受累者，应考虑手术修复，可采用端-端缝合。若术中发现肌腱已经萎缩、退化而不能缝补，可以设法在肱骨颈附近骨组织内钻一孔道，将肱二头肌腱穿过骨孔后与断端缝合。

第七节　肩关节周围炎

肩关节周围炎，是肩关节囊及其周围韧带、肌腱和滑膜囊的慢性非特异性炎症，简称肩周炎。临床上患者多为50岁左右，故又称为"五十肩"。由于后期肩关节僵硬，活动明显受限，又称"肩凝症"或"冻结肩"。其病理表现主要是关节囊与周围组织发生粘连，又称粘连性关节囊炎。本病有其特殊的临床病程，初始时疼痛和僵硬缓慢加重，达到某种程度后逐渐缓解，直至最后完全复原。本病的自然转归期，据文献报道为2年左右。

【病因病机】

老年人肝肾渐衰，气血虚亏，筋肉失于濡养，若受外伤或风寒湿邪侵袭，易致肩部经脉不通，气血凝滞，筋肉挛缩而变生诸证。患者肩周组织的病理学检查显示肱骨头周围的关节囊是增厚而收缩的，组织学观察为炎症细胞浸润和纤维化，肩周所有组织都有轻度炎性改变，包括肌腱的滑动面。临床上冈上肌腱炎、肱二头肌腱炎、肩峰下囊炎、肩袖破裂和创伤或因病造成的肩部长期固定不动、内分泌紊乱、慢性劳损、感受风寒湿邪等因素，均可继发引起肩部肌腱、肌肉、关节囊、滑膜囊、韧带充血、水肿，炎性细胞浸润，组织液渗出，发生纤维化，使肩关节滑膜、关节软骨间粘连，关节囊皱裂闭锁(见图2-17)；肩关节周围的肌腱和韧带间发生粘连，喙肱韧带增厚挛缩成索状，滑膜隐窝闭塞，肩峰下囊增厚，囊腔闭塞，关节囊粘连至骨，肱二头肌腱与腱鞘均有明显粘连，冈上肌、冈下肌、肩胛下肌紧张，将肱骨头抬高可限制其各方向的运动。

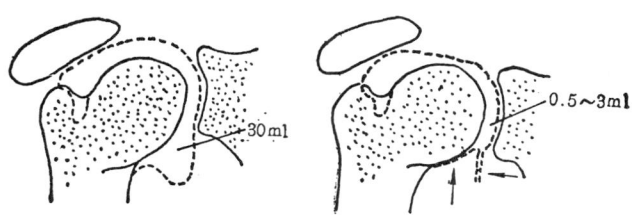

图 2-17 关节囊皱裂闭锁

【诊断】

(一) 临床表现

患者多为50~60岁，女性多于男性。多数病例慢性发病，患者先感到肩部、上臂部轻微疼痛，随后逐渐加重并感到肩部僵硬，疼痛可为钝痛、刀割样痛，夜间加重，甚至痛醒，可放射到上臂和手。检查肩部有广泛压痛，上臂紧贴胸廓，肩关节各个方向活动均受限，但以外展、旋外、后伸障碍最显著，如不能梳头、穿衣等。

肩周炎一般分为疼痛期、僵硬期和恢复期。

1. 疼痛期　发病早期疼痛常在三角肌附着点范围内，多为持续性并逐日加重，肩部广泛压痛。上臂外展、后伸或旋外活动最早受限，而旋内、内收动作受影响较晚且较轻。此期病程约1个月，亦可延续2~3个月。

2. 僵硬期　肩痛逐渐减轻，但肩关节活动越来越明显受限，活动范围可比正常减少约1/2；严重时只有肩胛骨在胸壁上移动，伴随而出现肩部肌肉萎缩。一般需要6个月左右逐渐缓解，进入恢复期。

3. 恢复期　肩痛基本消失，肩活动范围亦逐渐增加，首先旋外活动逐渐恢复，继之为外展和旋内等。

肩周炎的临床表现虽有分期，但临床中有时亦会交替出现各期症状，但几乎所有患者都能自发性终止。若身体营养状态不良，单侧起病后可出现双侧性病变，或病痛治愈后又复发。

(二) X线检查

病程日久者可见肱骨头有斑点状骨质疏松，肱骨大结节有不规则增生和致密阴影，余无异常表现。

(三) 鉴别诊断

1. 神经根型颈椎病　颈项部及肩、上肢疼痛，放射痛，肩部无明显压痛点，肩关节活动受限不明显，椎间孔压迫试验、臂丛牵拉试验可阳性，颈椎X线摄片多有阳性改变。

2. 风湿性关节炎　疼痛呈游走性，可波及多个关节，肩关节活动多不受限，活动期血沉、抗"O"值偏高，用抗风湿药物治疗显效。

3. 冈上肌腱炎、肩袖不完全破裂、肱二头肌腱炎、肩部扭挫伤等　可参照有关章节。

【辨证论治】

本病多能自愈，但易复发，预后良好，治疗的关键在于积极的功能锻炼。治疗时应从整体出发,全面检查,切忌简单粗暴一次性手法松解粘连。应以"元气索弱,一旦被伤,势必难支,若手法再误,万难挽回"为戒。

(一) 手法治疗

首先用弹拨、分筋手法在肱二头肌短头肌腱喙突附着点和肱二头肌长头肌腱及纤维关节囊下部进行充分松解。在肩部旋外时,手法弹拨、分离肩胛下肌腱及其下部之肌纤维;外展时纤维关节囊下部可闻及如撕布样声,说明粘连已撕开。具体方法如下:

患者取坐位,医者一手握患肢腕部,做牵拉、抖动和旋转活动,用另一手的拇、食两指分别放在患肩的前后,用分筋手法推按肩关节周围的筋结,力量由轻渐重,活动范围由小渐大,两手配合,边动边按,经充分活动后,再将患肢被动上举、外展、旋外、内收、后伸、旋内(见图2-18)。施术过程会产生不同程度的疼痛,必须在患者尚能忍受的情况下进行。隔日治疗1次,10次为1疗程。

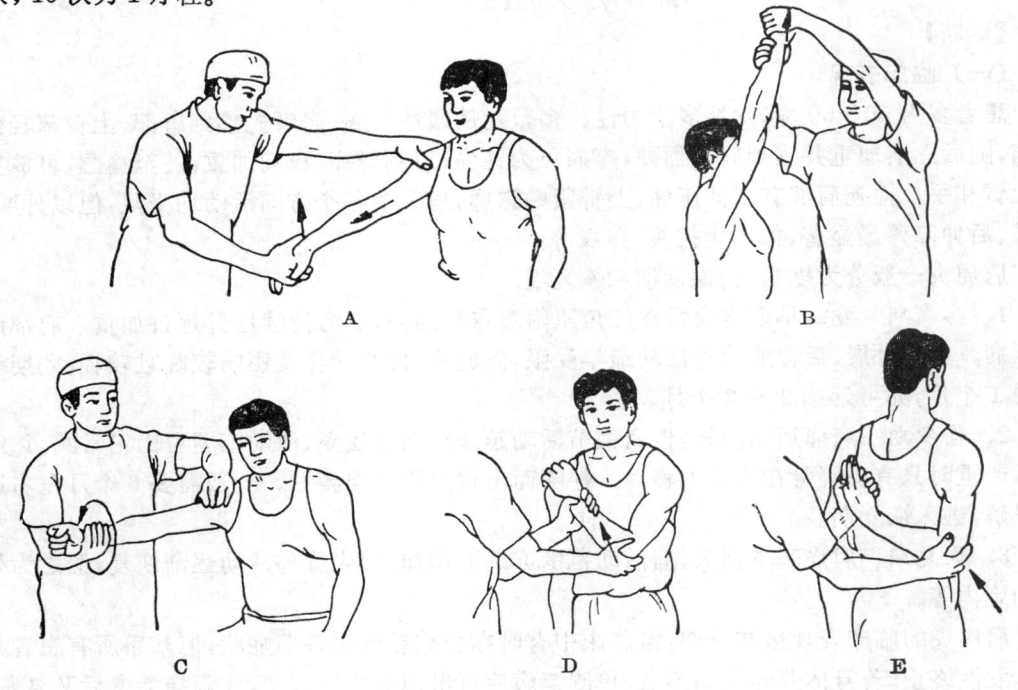

图 2-18 肩周炎治疗手法

(二) 药物治疗

1. 内服药

(1) 风寒型:可见于病变各期。肩部疼痛,肩关节活动轻度受限,恶风畏寒,复感风寒之邪疼痛加剧,得温则痛减,或伴头晕、耳鸣,舌淡,苔薄白,脉浮紧或弦。治宜祛风散寒,舒筋通络。方用三痹汤或桂枝附子汤加减。

(2) 瘀滞型:多见于病变的早、中期。肩部疼痛或肿胀,以夜间为重,肩关节活动受限,舌有瘀斑,苔白或薄黄,脉弦或细涩。治宜活血化瘀,行气止痛。方用身痛逐瘀汤加减。

(3) 亏虚型:多见病变后期。肩部酸痛,劳累痛剧。肩关节活动受限,或伴肩部肌萎缩等,舌淡,苔白,脉细弱或沉。偏气虚者,气短懒言,四肢无力;偏血虚者,头晕、眼花,心悸,耳鸣等。偏气虚者,治宜益气、舒筋通络,方用黄芪桂枝五物汤加减;偏血虚者,治宜养血、舒筋通络，方用当归鸡血藤汤加减。

2. **外用药** 以上各型均可配合外用药，以舒筋活血、祛风止痛。常用海桐皮汤外洗，外贴狗皮膏、热敷散等。

（三）功能锻炼

早期患者的肩关节活动减少主要由于疼痛和肌痉挛引起，此时可加强患肢的外展、上举、旋内、旋外等功能活动。僵硬期，患者可在早晚反复作旋内、旋外、外展、环转等动作。锻炼必须循序渐进，持之以恒。

爬墙锻炼是让患者侧面站立靠近墙壁，在墙壁上画一高度标志，以手指接触墙壁逐步向上移动，做肩外展、上举动作，每日2～3次，每次5～10min，逐日增加上臂外展度数。

（四）其他疗法

1. **局部封闭疗法** 将药物注射入肱二头肌腱鞘内，有时选用1%利多卡因3～5ml作颈交感神经阻滞，以减轻肩部疼痛和肌痉挛。

2. **针灸疗法** 取肩髃、肩髎、臂臑、巨骨、曲池等，并可"以痛为腧"取穴，留针20min，或加用艾灸。

第八节 肩峰下囊炎

肩关节是人体运动范围最大的关节，由四个功能性关节与其相应的关节囊组成，并有大量的滑膜囊，如肩峰下囊、肩胛下肌腱下囊、胸大肌、背阔肌和大圆肌及肱骨结节间沟两侧的滑膜囊、喙肱肌囊、前锯肌下囊、肩峰皮下囊等。（见图2-19）

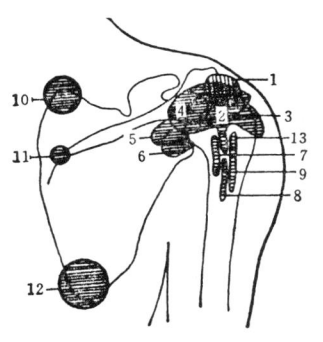
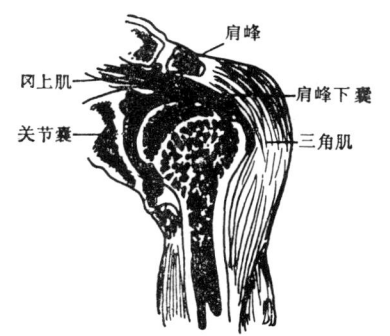

图 2-19 肩关节周围滑膜囊　　　　图 2-20 肩峰下囊

1. 肩峰皮下囊　2. 肩峰下囊　3. 三角肌下囊　4. 喙肱肌囊　5. 冈下肌腱下囊　6. 肩胛下肌腱下囊　7. 背阔肌腱下囊　8. 大圆肌腱下囊　9～12. 正常存在，无正式名称

肩峰下囊位于三角肌近侧深面，而喙肱肌囊、三角肌下囊和肩峰下囊三者实际上是一个大滑膜囊。该滑膜囊顶部与肩峰以及喙突肩峰弧紧密连接，而底部与各短小肌腱和肱骨大结节相连（见图2-20）。肩峰下囊的主要作用是使肱骨大结节与三角肌、肩峰和喙肩韧带分开，减轻在肩关节外展和旋转时以上结构间的摩擦。滑膜囊是一个潜在的间隙，有滑膜作内层，分泌滑液，润滑囊的内层。

【病因病机】

肩峰下囊炎主要继发于其囊底结构的病理变化，即冈上肌腱的病变，亦有因风湿病所致者。

滑膜囊组织夹于肩峰与肱骨之间，长期反复摩擦可致损伤。冈上肌腱发生炎性改变时，易累及滑膜囊组织而发生炎性渗出、肿胀等改变。炎性改变迁延日久，不断刺激滑膜囊组织，使之肥厚，相互粘连，尤以囊内为著。如此降低了肱骨大结节与肩峰软组织之间的活动性，影响了肩关节的外展、上举及旋转活动。

【诊断】

（一）临床表现

急性发病者，肩部广泛疼痛，并逐渐增剧，夜间常痛醒，运动时加重，尤以上臂外展和旋外时为著，可向肩胛部和颈、手等处放射。肱骨大结节处压痛明显，当滑膜囊肿胀和积液时，亦可在肩关节区域三角肌范围内出现压痛。为减轻疼痛，患者常使肩关节处于内收、旋内位。有时因滑膜囊肿大而引起肩部轮廓扩大，并可能在三角肌前缘出现一圆形的隆起。

慢性起病者，疼痛多不剧烈。疼痛部位常在三角肌止点，肩关节外展、旋外时疼痛加重，且夜间疼痛加重，可影响睡眠，检查时压痛常在肱骨大结节部位。

（二）X 线检查

X 线摄片一般无异常表现。病情日久者，可见冈上肌的钙化阴影。（见图 2-9）

【辨证论治】

（一）手法治疗

手法适用于亚急性或慢性期。医者先于肩峰下作轻轻揉按手法，继用旋肩的方法（见"肩部扭挫伤"手法治疗），使该滑膜囊在肩峰、三角肌与肱骨头之间进行间接按摩，以促进炎症吸收与组织修复。再于局部以分拨理筋手法理顺筋络，以行气活血。

（二）药物治疗

1. 内服药

（1）瘀滞型：多见于早期。局部肿痛、压痛，皮肤暗红，触及有波动感，质较硬，舌红，苔薄黄，脉弦略数。治宜活血，通络，止痛。方用舒筋活血汤加减。

（2）虚寒型：多见于后期。局部酸胀、困累，畏寒喜暖，神疲体倦，舌淡，苔薄白，脉沉细。治宜补气血，温经通络。方用桂枝汤加味。

2. 外用药　可适当选用追风膏或中药热敷等方法。

（三）功能锻炼

1. 基本功法　同"肩部扭挫伤"功能锻炼。

2. 马桩式站立法　下身不动，全臂用力，两手自胸前由内下→前上→外后→下内翻转，先是前臂旋后手心向内，继是前臂旋前手心向外，方向相反，左起左落。

3. 坐靠背椅仰卧练习法　利用肢体重量加上地心引力；或两指相嵌，手心翻转向上，左右摆动，按向上向后的要求，逐渐增加练习高度来增进疗效。

（四）其他疗法

1. 拔罐法　用于陈伤，可攻逐瘀血，或祛风寒湿邪，有助于气血流通。

2. 局部封闭疗法　是临床有效的治疗方法之一，可选择应用。

3. 手术疗法　长期顽固性疼痛而非手术治疗无效时，可行肩峰切除术或单纯切除肥厚的滑膜囊，多能取得良好的效果。

第三章 肘部筋伤

肘关节由肱尺关节、肱桡关节和桡尺近侧关节组成，属屈戌关节。其伸屈活动度约140°，上臂与前臂的纵轴不是成一条直线，正常向外倾，男性为10°～15°，女性为20°～25°，称为携带角。提物时对关节所施加的张力由关节周围软组织传导，肌肉因对抗负荷和保持关节稳定而收缩。当收缩力小于张力，不足部分由韧带和关节囊承担。内、外翻暴力可导致肘关节一侧压缩，另一侧拉伸，并在压缩侧形成骨折，而拉伸侧造成韧带扭挫伤。肘关节周围韧带，包括尺侧和桡侧副韧带、桡骨环状韧带和前臂骨间膜，都是稳定肘关节的因素之一。

肘部周围的肌肉为肘关节活动提供动力，有四组：①屈肌为肱肌、肱二头肌，②伸肌为肱三头肌、肘肌，③旋前肌为旋前圆肌，④旋后肌为肱二头肌、旋后肌和肱桡肌。腕部伸肌起于肱骨外上髁，腕部屈肌起于肱骨内上髁。挤压应力由骨骼承担和传导，纵向牵引力主要由肌肉、韧带来抗衡。一旦某些解剖弱点遭受复合暴力，往往造成肘部和前臂扭挫伤。

通过肘部的神经全部为臂丛神经的终末支所支配，肘部深层神经系正中神经、桡神经、尺神经的分支。正中神经在肱二头肌内侧沟进入肘部，位于肱动脉的内缘。桡神经相当于肱骨外上髁前方处，在肱桡肌深面分出浅、深两支，深支横越关节线并向下后方穿过旋后肌而紧靠桡骨头。尺神经在肱骨内上髁后下方的尺神经沟中行走，然后经尺侧腕屈肌两头之间，进入前臂内侧面下行。

第一节 肘关节扭挫伤

肘关节扭挫伤是常见的肘关节闭合性损伤，多在劳动、运动、玩耍时致伤。

凡使肘关节发生超过正常活动范围的运动，均可引起关节内、外软组织损伤。常见有肘关节尺、桡侧副韧带撕裂，关节囊、肱二头肌腱部分撕裂及其他肘部肌肉、韧带筋膜撕裂。其撕裂程度差异性较大，有的在骨折、脱位纠正后，肘关节扭挫伤就成为突出的病证；也有某些运动性肘关节扭挫伤，损伤后并未引起注意，至并发症出现引起肘关节活动受限时，才引起重视。

【病因病机】

直接暴力可造成肘关节挫伤，如跌仆滑倒、手掌撑地时，肘关节处于过度外展或半伸半屈位，可致肘关节扭伤。由于关节的稳定性主要依靠关节囊和韧带约束，而侧副韧带有防止肘关节侧移的作用。所以，肘关节扭挫伤常可损伤尺、桡侧副韧带，而以桡侧韧带损伤最为常见，尺侧次之，后侧较少。

严重的肘关节扭挫伤，伤后不固定或固定不恰当，或因进行不适当的反复按摩，都可使血肿扩大。这种血肿有软组织内血肿和骨膜下血肿，常互相沟通。在血肿机化时，通过膜下化骨，以及骨质内钙质进入结缔组织肿块内，造成关节周围组织的钙化、骨化，即造成所谓骨化性肌炎。

【诊断】

（一）临床表现

有明显的外伤史,伤后肘关节呈半屈曲位,活动受限。重者关节伤侧肿痛明显,皮下瘀斑,甚至有波动感。

初起时肘部疼痛,活动无力。肿胀常因关节内积液和鹰嘴窝脂肪垫炎,或肱桡关节后滑膜囊肿胀而逐渐加重,以致伸肘时鹰嘴外观消失。

部分严重的肘部扭挫伤,有可能是肘关节脱位后已自动复位,只有关节明显肿胀,而无脱位症,易误认为单纯扭伤。其中关节囊和韧带、筋膜若有撕裂性损伤,作关节被动活动时有"关节松动"的不稳定感,并引起肘部剧烈性疼痛。

（二）X线检查

常规肘关节正、侧位X线摄片,以排除是否有撕脱性骨折等。对可疑病例局部麻醉后,伸直肘关节,作被动肘外翻30°摄片,若内侧关节间隙明显增宽,则说明肘关节尺侧副韧带撕裂。同样,亦可作桡侧副韧带损伤检查。

【辨证论治】

《医宗金鉴·正骨心法要旨》论述肘部损伤时指出:"其斜弯之筋,以手推摩,令其平复,虽即时能垂能举,仍当以养息为妙。"这说明肘部损伤后功能恢复不可操之过急,应根据损伤程度的不同,采用相应的方法加以调治。

（一）手法治疗

在触摸到压痛点后,以两手掌环握肘部,轻揉按压数次,有疏散血肿、减轻疼痛的功效。以患侧为中心,医者用大拇指顺侧副韧带走行方向理顺剥离的肌纤维,一般2周左右逐渐修复。

此外,为防止撕裂的关节囊反折于关节间隙,宜将肘关节在牵引下被动屈伸活动数次,以纠正微细的关节错缝,同时能拽出嵌入关节内的软组织,并将渗入关节内的血肿压出关节间隙外。

（二）固定治疗

早期可在肘关节屈曲90°位以三角巾悬吊,或采用屈肘石膏托外固定4周。

（三）药物治疗

1. 内服药　根据损伤轻重不同,选用活血化瘀、消肿止痛之药,如桃红四物汤加减。
2. 外用药　早期外敷消肿止痛膏或狗皮膏外贴,后期用中药熏洗。

（四）功能锻炼

早期功能锻炼可作握拳活动,中、后期作肘关节屈伸等活动。

（五）其他疗法

肘关节尺侧副韧带断裂较轻者,被动肘外翻畸形亦轻,一般中药外敷、制动效果尚好。若肘关节尺侧副韧带完全断裂,宜手术治疗。

第二节　肱骨外上髁炎

本病常因慢性积累性劳损,导致肱骨外上髁腕伸肌腱附着处发生撕裂,出血机化形成纤维组织致病。本病名称较多,如肱骨外上髁综合征、肱桡关节外侧滑膜囊炎、肱骨外上髁骨膜炎、网球肘等。

【病因病机】

多由气血虚弱，血不荣筋，肌肉失却温煦，筋骨失于濡养，加上在肱骨外上髁腕伸肌附着点慢性劳损及牵拉引起。如乒乓球、网球中的"反拍"击球，泥瓦工、理发员、会计，以及偶然从事单纯收缩臂力活动工作的人，都会引起附于肱骨外上髁部肌腱、筋膜的慢性劳损。

起于肱骨外上髁部的有桡侧腕长伸肌、桡侧腕短伸肌、肱桡肌、旋后肌等，主要功能为伸腕、伸指，其次使前臂旋后。当腕背伸或前臂旋外过度都会使附着于肱骨外上髁部的腕伸肌腱、筋膜受到牵拉而致伤。

本病的病理变化较为复杂，常有肌纤维在外上髁部分撕脱，或关节滑膜嵌顿或滑膜炎，或支配伸肌的神经分支的神经炎，或桡骨环状韧带变性，或肱骨外上髁骨膜炎等（见图3-1）。其局部反应多有充血、水肿，或渗出、粘连等。

【诊断】

（一）临床表现

症状往往逐渐出现。初始为做某一动作时肘外侧疼痛，休息后缓解，以后疼痛转为持续性，轻者不敢拧毛巾，重者提物时有突然"失力"现象。一般在肱骨外上髁部有局限的压痛点，压痛可向桡侧伸肌腱总腱方向扩散（见图3-2）。局部无红肿现象，肘关节屈伸活动一般不受影响，但有时前臂旋前或旋后时局部疼痛。晨起时肘关节有僵硬现象。因患肢在屈肘、前臂旋后位时疼痛常缓解，故患者多取这种位置。部分患者每在肘部劳累、阴雨天时疼痛加重。

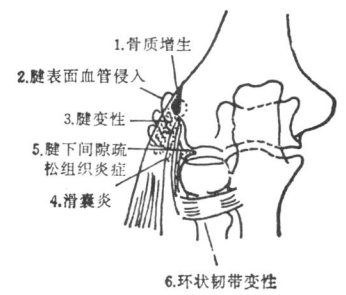

图 3-1 肱骨外上髁炎症病理改变

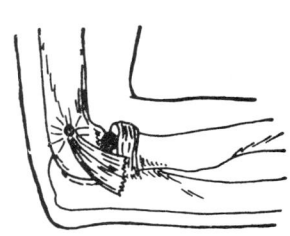

图 3-2 肱骨外上髁炎的压痛点

（二）检查

密耳(Mills)试验阳性，即肘、腕、指屈曲，前臂被动旋前并逐渐伸直时，肱骨外上髁部出现疼痛。（见图3-3）

（三）X 线检查

X 线摄片一般无异常表现。病程长者可见骨膜反应，在肱骨外上髁附近有钙化沉积。

图 3-3 密耳试验

（四）鉴别诊断

肱桡滑膜囊炎 本病除局部压痛外，肘部旋前、旋后受限。前臂旋前引起剧烈疼痛，其疼痛点位置比肱骨外上髁炎略高，压痛比肱骨外上髁炎为轻。局部可有肿胀和触痛，穿刺针吸可见有积液。

【辨证论治】

临床可分为急性期瘀滞型、慢性期僵凝型。急性期应使用颈腕带悬吊制动休息1～2

周,后期配合手法治疗。治疗期间应避免拧衣物或大螺丝帽等,注意防治结合。

(一) 手法治疗

1. 剥筋法 在肱骨外上髁及前臂桡侧用弹拨法和指揉法刺激桡侧腕伸肌和肱桡肌,如有明显痛点可用拇指剥筋。(见图3-4)

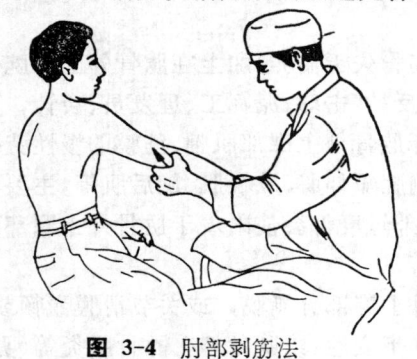

图 3-4 肘部剥筋法

2. 屈肘旋前过伸推肘法 患肢伸直,医者一手虎口对手腕背面,握住腕部;另一手掌心顶托肘后部,拇指置于肱桡关节处。然后,握腕部之手使桡腕关节掌屈并使肘关节做屈曲和伸直相交替的动作,另一手于肘关节由屈曲变伸直时在肘后部向前顶推,使肘关节过伸,此时可听到"咯吱"声,有时发出撕布样声音,患者立即可感轻松。(见图3-5)

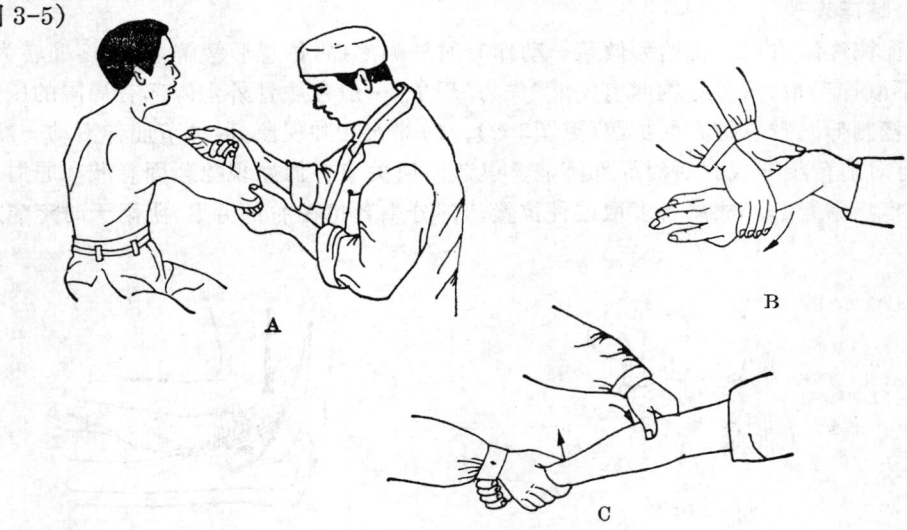

图 3-5 屈肘旋前过伸推肘法

(二) 药物治疗

1. 内服药 若体弱者内服补中益气汤加钩藤、威灵仙、桂枝等,或用补筋丸。
2. 外用药 局部制动时,外敷消炎止痛膏或用热醋洗患处。

(三) 功能锻炼

为防止肘关节僵硬及周围软组织粘连,每日主动进行握拳、屈肘、旋前、用力伸直出拳等锻炼。

(四) 其他疗法

1. 局部封闭疗法 以泼尼松龙12.5~25mg加1%普鲁卡因4~6ml在肱骨外上髁处消毒后,直接进针至骨后稍退0.4~0.5cm,作缓慢加压注射。每3~5日行1次,可连续封闭2~3次。
2. 小针刀疗法 对一些顽固性肱骨外上髁炎患者,可试用小针刀治疗。
3. 手术疗法 一些严重病例,局部骨质增生明显,也可考虑手术治疗。

第三节 肱骨内上髁炎

由急性损伤或慢性劳损引起肱骨内上髁或周围软组织炎性改变称为肱骨内上髁炎，又称高尔夫球肘。肱骨内上髁为桡侧腕屈肌群和旋前圆肌的起始点，肱骨内上髁炎的病机与肱骨外上髁炎（网球肘）相似，但作用的外力相反。

【病因病机】

多为慢性损伤引起。患者以从事前臂旋外、屈腕运动为主者，如纺织工、矿工、泥瓦工和网球运动员等多见。由于前臂屈肘时反复、紧张地收缩、牵拉而发生疲劳性损伤。

【诊断】

（一）临床表现

患者肘内侧骨突部活动疼痛，向前臂掌侧扩散，可达前臂中段。其局部有压痛，外观无明显红肿。

（二）检查

前臂作对抗性旋前运动时，可诱发肱骨内上髁屈肌腱起始部剧烈疼痛。在主动用力伸指、伸腕的同时，前臂旋后也可诱发该部位疼痛。

（三）X 线检查

一般无异常表现。严重者，局部可有骨膜增生改变。

【辨证论治】

（一）手法治疗

1. 弹拨法　以右侧为例，医者与患者相对而坐，左手握患肢，右手在肘关节内侧痛点先用指揉法，放松周围软组织，然后用单侧拇指垂直屈肌附着点行分筋手法，以松解周围粘连。

2. 屈肘旋后过伸法　患肢旋后位，掌心向上，医者右手拿腕，左手托肘尖，使患肢旋前屈肘，然后旋后伸肘，同时左手向上用力推托肘尖，随之在肘内侧可感到有撕布样的声响。（见图 3-6）

（二）药物治疗

同"肱骨外上髁炎"。

（三）功能锻炼

主动屈肘和前臂旋后、过伸等，每日 5～10 次。

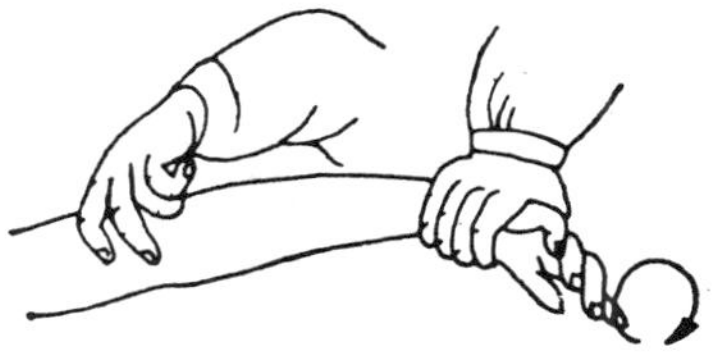

（四）其他疗法

图 3-6　屈肘旋后过伸法

局部封闭疗法　泼尼松龙 12.5～25mg 加 1% 普鲁卡因 4～6ml，作压痛点及其周围封闭。

第四节 旋前圆肌综合征

旋前圆肌综合征是指该肌劳损并刺激或压迫正中神经所出现的综合征。旋前圆肌起点有两处，其一起自肱骨内上髁，称为肱头，另一起自尺骨冠突，称为尺骨头，这两头之间有正中神经通过。两头于下行过程中于正中神经前面汇合，肌束斜向外下方，先在肱肌和肱二头肌的浅面，后于桡骨掌侧面形成扁腱，止于桡骨中 1/3 的背面和外侧面。此肌收缩时，使前臂旋前和屈肘。

【病因病机】

本病的损伤是由于肘部反复屈伸和前臂旋转而形成的一种慢性、劳累性损害,多见于长期紧握工具的操作者和常做旋转运动者。前臂掌侧部分肌肉因反复运动,而过度劳累,可造成旋前圆肌肥大和肱二头肌腱膜、指浅屈肌纤维弓增厚,使该肌所在的筋膜腔内压力增高。

正中神经穿经旋前圆肌的位置关系并不十分恒定,随肱动脉分叉的高低,尺骨头的缺如及联合腱板的有无而变化。正中神经通过旋前圆肌两头间者,为正常解剖位置。反之,能压迫正中神经的腱性结构,主要有三种形式,即联合腱板(见图3-7)、由腱束构成的旋前圆肌尺骨头腱(见图3-8)和指浅屈肌的纤维弓或腱束(见图3-9)。腱性组织远比肌组织坚韧,一旦压迫正中神经及其肌支,就会产生相应的症状和体征。

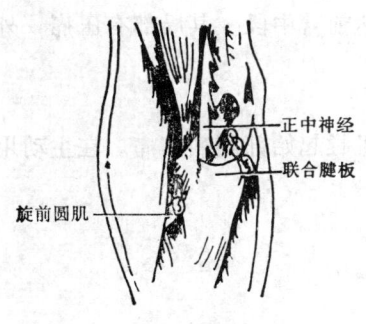
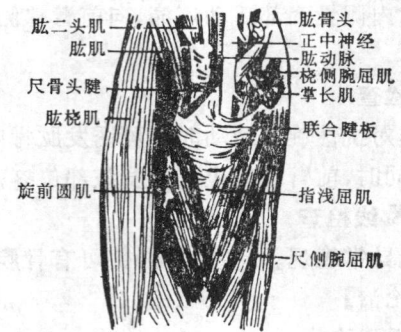

图 3-7 旋前圆肌联合腱板

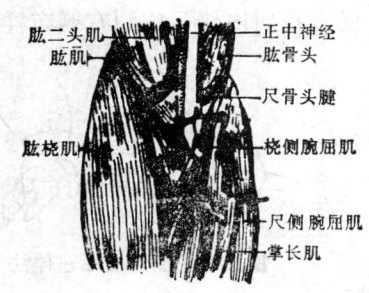
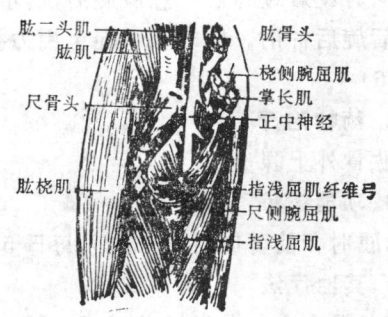

图 3-8 旋前圆肌尺骨头腱　　　　图 3-9 指浅屈肌纤维弓

总之,腱性结构的存在是产生旋前圆肌综合征的形态基础,腱性组织和肌肉的劳损、外伤或者囊肿压迫是致病因素。肌纤维和腱性纤维因炎症水肿而发生纤维化和粘连,压迫正中神经而产生旋前圆肌综合征。

【诊断】

(一)临床表现

临床症状多潜隐出现,有的局限在前臂、手部,易引起疲劳。旋前圆肌处疼痛,多因前臂和手部劳动或运动过度诱发,经休息和局部制动后缓解。病程久者,疼痛在夜间为甚,向正中神经分布区放射。局部可有感觉障碍,或有时出现指和腕抽搐。

(二) 检查

前臂旋前和屈腕抗阻力时,前臂近端疼痛加重,则为正中神经在旋前圆肌平面受压;前臂旋后和屈肘抗阻力时,前臂近端疼痛加重,则为正中神经在肱二头肌腱膜处受压。

(三) X 线检查

一般无异常表现,严重者局部有骨膜增生改变。

(四) 肌电图检查

旋前圆肌综合征患者肌电图出现局限性正中神经损害性电位。肌电图对区分其他周围神经功能障碍,或轻度旋前圆肌综合征具有诊断意义。

(五) 鉴别诊断

1. 骨间掌侧神经卡压综合征 骨间掌侧神经是正中神经穿过旋前圆肌两头之间时,自背侧发出的分支(见图3-10)。骨间掌侧神经损伤会引起手内肌不同程度瘫痪,典型症状是捏一握征阳性(见图3-11),即由于拇长屈肌和食指深屈肌瘫痪,拇指指骨间关节、食指远侧指骨间关节过伸引起。该病瘫痪发生前常感疼痛,疼痛部位多在前臂和肘前,但多无感觉障碍。检查时将上肢自然下垂,屈肘90°旋内可发现受累肌肌力减弱。

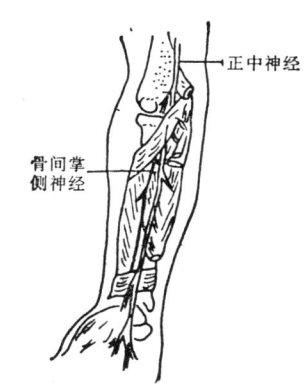

图 3-10 骨间掌侧神经

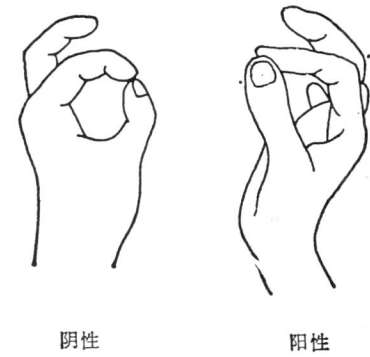

图 3-11 捏一握征

2. 腕管综合征 见第四章第四节。

【辨证论治】

症状较轻的早期患者置前臂于屈肘 90°、旋前 60°～90°位制动,休息 5～6 周,一般可痊愈。较重者采用如下方法。

(一) 手法治疗

对前臂上段特别是肌肉挫伤的患者,因局部气滞血瘀,在早期应预防粘连和挛缩。以点穴法配合揉捏和一指禅推法,顺旋前圆肌走行方向进行点按或弹拨,以疏通经络、气血。点压的力量应适当控制。

(二) 药物治疗

1. 内服药 常用内服方剂有麻桂温经汤、乌头汤、大活络丹、小活络丹等。
2. 外用药 可用散瘀和伤汤、海桐皮汤熏洗。

(三) 功能锻炼

急性损伤者早期患肢制动,但应避免长期外固定。主动练功可做双手托天法,以松解肘前软组织粘连。

预备姿势:两脚分开站立,距离与肩同宽,两手放在腹前,手指交叉,掌心向上。动作:反掌上举,掌心向上,同时抬头,眼看手指。重复以上动作数次。

(四) 其他疗法

1. **局部封闭疗法** 泼尼松龙12.5~25mg加1%普鲁卡因4~6ml,作痛点局部封闭。
2. **手术疗法** 对神经卡压症状明显或反复发作的患者,宜施行手术松解。

第五节 旋后肌综合征

旋后肌综合征是指桡神经在肘关节远侧被旋后肌卡压而产生的综合征,又称前臂骨间背侧神经卡压症、桡管综合征等,临床上较为多见。

正常人桡神经于肱骨外上髁近侧约10mm处穿过外侧肌间隔,到达前臂的前面,位于肱肌、肱二头肌腱、肱桡肌和桡侧腕长、短伸肌之间。在肱桡关节上、下3mm左右的范围内,桡神经分为浅支和深支(骨间背侧神经)。浅支主要为感觉纤维,分布在前臂远端桡侧及手背桡侧,支配桡侧腕短伸肌的肌支常由此支发出。深支进入旋后肌深、浅两层之间,并对其有支配作用,穿越此肌后,绕过桡骨头前外侧,至旋后肌下缘,进入前臂背侧伸肌群的浅层下。深支在进入旋后肌部有一弧形的纤维组织,称旋后肌腱弓(见图3-12),腱弓的厚度及容纳神经的间隙差别很大(见图3-13),骨间背侧神经在旋后肌腱弓只有很少的活动余地,容易受到压迫而麻痹。

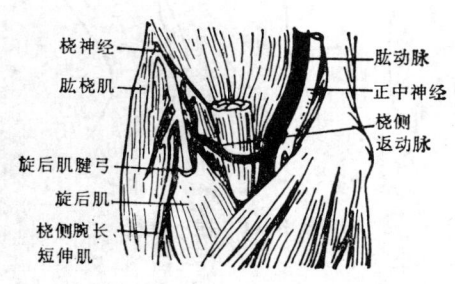 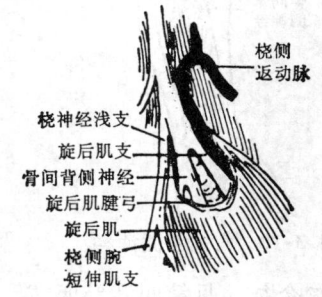

图 3-12 旋后肌腱弓　　图 3-13 骨间背侧神经进入旋后肌与旋后肌腱的关系

【病因病机】

(一) 职业影响

对运用前臂反复作旋转活动的职业,如举重、木工、理发等,因反复牵伸旋后肌而易出现旋后肌弛缓或痉挛。

(二) 外伤

旋后肌扭挫伤后,引起局部瘀血、肿胀,后期疤痕组织形成,局部粘连,常常不能完全恢复。此外,伸直型尺骨上1/3骨折合并桡骨头前脱位,可直接牵扯前臂桡神经深支。

(三) 占位性病变

旋后肌腱弓肥厚,或发生脂肪瘤、腱鞘囊肿、血管瘤,直接将骨间背侧神经压迫于腱弓上。

本病病机主要表现在前臂骨间背侧神经在增厚的旋后肌腱弓处受压,神经近端粗大,呈假性神经瘤变化。受压部位神经呈苍白、变扁、有压痕,久病者旋后肌腱弓相应处亦有压迹。早期发生于旋后肌腱弓弧以下的神经外膜水肿和纤维变性,轴索一般无变化,治疗及时,预后良好。若失治、误治,骨间背侧神经长期受压可造成神经的局部轴索变性,常常是不可逆的。

【诊断】

(一) 临床表现

症状突然出现,亦可逐渐出现。最常见症状为肘外侧及前臂近端伸肌群疼痛,劳累后加重,可向近端放射。握力减弱,有时桡神经支配区有麻木感。本病的特征是:垂指而不垂腕,肌肉瘫痪而感觉正常。

(二) 检查

检查时压痛最敏感部位在桡骨远侧通过旋后肌的骨间背侧部,伸肘时伸中指抗阻力阳性(见图3-14)。

(三) X 线检查

一般无异常表现,或有尺骨骨折伴桡骨头脱位征象。

图 3-14 中指试验

(四) 鉴别诊断

网球肘　网球肘的压痛点是在肱骨外上髁的上下,而旋后肌综合征的压痛点是在桡骨头的前外方,前臂旋后抗阻力试验阳性,网球肘则为阴性。肌电图检查有助于对旋后肌综合征的鉴别诊断。

【辨证论治】

(一) 手法治疗

1. 痛点分筋法　在旋后肌腱弓、疼痛部位,医者屈拇指置于筋结之上,深压着骨,稳健用力弹拨、分筋5～6次。可重复施术。

2. 屈肘旋转法　医者以手掌托患肘,手握患腕,使患肢被动屈肘旋前、旋后各10余次,局部配合弹拨或理筋手法。

(二) 药物治疗

1. 内服药　本病多由脉络损伤,瘀积不散,气血凝滞,经络受阻所致。治宜活血化瘀、消肿止痛。方用和营止痛汤,八厘散,活络丸等。

2. 外用药　局部外敷消炎止痛膏,同时选用中药熏蒸或湿热敷,方用海桐皮汤等。

(三) 功能锻炼

练功同"肘关节扭挫伤"。

(四) 其他疗法

1. 中药离子透入疗法　是临床有效的治疗方法之一。

2. 局部封闭疗法　早期以泼尼松龙12.5～25mg加1%普鲁卡因4～6ml作痛点封闭。

3. 手术疗法　反复发作,保守治疗无效者,可作手术治疗。

第六节　肘关节骨化性肌炎

肘关节骨化性肌炎是由于肘部创伤后产生异位(而非新生物的骨与软骨的局限性损

害),导致结缔组织骨化,是肘部损伤中最严重并发症之一。

【病因病机】

(一)急性外伤

肘关节损伤后局部形成血肿,由于血肿未被吸收而机化为纤维组织及软骨组织,是形成本病的关键因素之一。肘部损伤包括肌肉损伤,骨膜破损或撕脱,外骨膜及周围软组织出血。血肿引起无菌性炎症反应,新生的毛细血管和吞噬细胞以及外骨膜深层的成骨细胞在伤后短期内活跃,侵入附近的肌肉内发生骨化。

(二)与骨化性肌炎的形成有关因素

(1)外伤性骨化性肌炎不但在一次较大的外伤后可以引起,而且在慢性、积累性的扭挫伤后也可发生。一些外伤患者原始损伤并不严重,但由于进行不必要的局部按摩或不适当地提拿重物等,导致反复的损伤。

(2)争取早期准确复位及有效固定,可以减少血肿的形成并有利于损伤组织的修复。一般骨折与脱位损伤后2周内成骨活动最活跃,如在此期间进行多次反复的手法整复,会促使形成异位骨化。

(3)儿童发生骨化性肌炎的机会较青壮年明显增多。因为儿童骨膜较厚,损伤后生长较快。在肘部骨折、脱位损伤,骨膜被剥离,局部形成血肿后发生骨化;或受到被动牵拉,血肿一部分逐渐吸收,而一部分则在骨膜下产生骨化。

【诊断】

(一)临床表现

有明确的肘外伤史,如肘部骨折、脱位或严重的肘关节挫伤,或伤后曾反复被动屈伸关节或自行提拉重物而强迫伸直关节者。肘关节肿胀、疼痛经久不愈,局部温度升高。肘关节活动范围逐渐变小,最后固定在某一体位。临床可分为三期。

1. 外伤期　具有一般早期局部外伤体征,经数日后急性症状可以完全消失,但肘关节活动尚难完全恢复。

2. 进行期　伤后第2周,局部症状已缓解,复又出现肿胀、疼痛。

3. 静止期　肿胀消退,疼痛消失。但骨化块日渐增大,关节活动障碍程度不一。

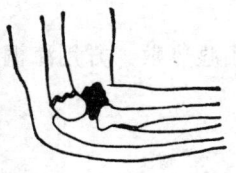
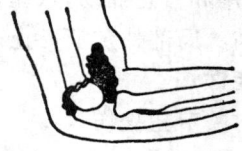

图 3-15　肘部显示骨化　　　　图 3-16　骨化性肌炎影响关节功能

(二)X线检查

早期除原始损伤外并无特殊表现,约在3~4周后,肘关节周围可发现有云雾状的骨化团块,第4周后X线摄片显示肌腱附着部位或骨折处有骨化现象(见图3-15),通常持续6~8周。晚期骨化范围缩小,密度增高,界限清楚。X线摄片显示骨化块形成,呈边缘整齐、密度均匀的肌腱骨及骨刺,如尺骨鹰嘴骨刺等(见图3-16)。此外,外伤性血肿出现在肿胀肌肉处,可显示出羽毛状钙化;血肿沿肌束夹层分布,囊壁出现不规则钙化阴影。

(三)鉴别诊断

根据病史、症状、体征和X线表现,一般不难诊断,但应与肘关节骨折骨痂鉴别。(见表3-1)

表 3-1 肘关节骨痂与骨化性肌炎的鉴别

	肘关节骨痂	肘关节骨化性肌炎
骨折	有	不一定有
部位	骨折附近	肌肉附近
与骨干关系	与骨干相连	不与骨干相连

【辨证论治】

一旦肘关节骨化性肌炎确诊后,早期治疗应根据不同病情而定。如局部仍有肿胀、压痛和发热,活动时及活动后疼痛加剧,则不宜过多活动。若上述症状不明显,即可进行适当手法治疗,禁用重手法。尽可能在骨化组织逐渐成熟及局限后,能保留有一定程度的肘关节功能活动。

(一)手法治疗

1. 舒筋法　选用揉、搓、推、捋等手法缓解肘部肌痉挛,松解肘关节周围软组织粘连。

2. 摇揉法　在肘关节周围寻找压痛点,多见于肱骨内上髁、外上髁和肱二头肌腱附着点、鹰嘴等。医者一手拿患者桡腕关节做摇肘动作,另一手分别在压痛点部位行揉、拨、弹等法。屈侧痛点在伸直位施行,伸侧痛点在屈曲位施行。在活动肘关节的同时进行痛点治疗,可解除肘关节周围软组织的粘连、挛缩,促进肘关节功能恢复。

3. 镇定法和搬法　适用于肘关节软组织挛缩为主的患者。患者仰卧位(以右侧为例),医者坐患侧床边,左腿屈曲置床边,将患肢放在医者大腿前外侧,医者左手垫在患肢肘尖下,同时以左肘压在患者肩前方,右手按压前臂下端,行三点挤压矫正肘关节伸直障碍(见图3-17)。在此位置持续30s,再轻轻用力一搬。屈肘困难的患者,医者站在患侧,将患肢屈肘固定床边,左手固定上臂,右手推前臂下端,令其被动屈肘,维持20s,尽可能增加屈曲度。(见图3-18)

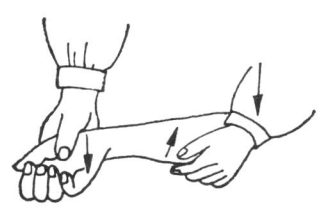

图 3-17　肘关节三点挤压法

图 3-18　肘关节屈曲镇定法

(二)药物治疗

1. 内服药　肘关节损伤后或骨化性肌炎进行期,用桃红四物汤加地鳖虫、蜈蚣、三七、威灵仙等以活血通络。

2. **外用药** 用海桐皮汤腾洗、熏洗患肘，以达化瘀散结的效果。

(三) **功能锻炼**

1. **屈肘环转法** 此法练习屈肘功能。屈肘位从健侧胸壁向上划圆，摸到肩、锁骨、胸骨和患侧锁骨远端。屈肘角度逐渐增加，直到最后恢复功能正常。练功要循序渐进，每日不少于3～5次，每次10min左右。

2. **伸肘撤"砖"法** 适于伸肘障碍者。以患侧肘尖为支撑，上臂贴紧桌面，前臂远端翘起，用书本或木块在前臂背侧加垫，然后患者自己用健手向下推压患侧前臂，使肘关节尽量伸直并记录衬垫高度。每日减低高度，直至使肘关节伸直功能恢复。

(四) **其他疗法**

手术治疗 手术切除骨化组织及行关节松解术，适应于骨化性肌炎急性期过后，肘关节已僵硬在某一体位或仅有轻微的活动度。这是由于增生骨块的影响，常见增生部位为鹰嘴窝或肘前方，可考虑手术切除。但广泛的骨化组织切除及关节松解术的效果尚欠满意，但对有严重功能障碍者，仍不失为一种治疗方法。

第七节　尺骨鹰嘴滑膜囊炎

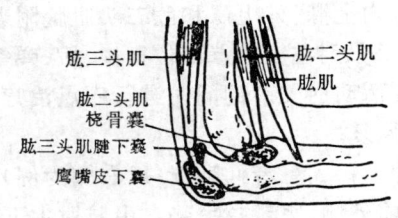

图 3-19　尺骨鹰嘴滑膜囊炎

尺骨鹰嘴滑膜囊炎系指鹰嘴与皮肤间的鹰嘴皮下囊和肱三头肌腱深浅两层间的肌腱下囊的炎性改变。常见于矿工、学生，故又称矿工肘。

【病因病机】

尺骨鹰嘴滑膜囊急性损伤后，滑膜囊出现充血、水肿，渗出增加。渗液积聚使滑膜囊膨胀隆起（见图3-19），且渗出液常为血性。

肱三头肌反复受暴力作用，久之发生腱止点末端纤维断裂，继发腱下及皮下慢性滑膜囊炎，或长期反复摩擦、压迫，引起该处滑膜囊慢性肥厚，囊腔内绒毛样形成，滑膜充血、水肿并增生、纤维化，滑液逐渐增多，充盈整个囊腔。积液可因活动、摩擦而不同程度减少，但难以完全吸收。有时活动多，反而使积液迅速增加。

【诊断】

(一) **临床表现**

急性尺骨鹰嘴滑膜囊炎有局部撞伤史，伤后有疼痛、肿胀、局部压痛及波动感。慢性尺骨鹰嘴滑膜囊炎在急性发作时可见肘后肿物增大、张力增高、压痛，皮温可稍高。

慢性尺骨鹰嘴滑膜囊炎可为反复劳损后偶然发现。局部肿胀不明显，有压痛。肱三头肌抗阻力疼痛，但伸直重力试验阴性（即有力）。囊壁有肥厚感。肘后部隆起高度常为1～2cm，穿刺可抽出无色清亮粘液。

尺骨鹰嘴滑膜囊炎对肘关节活动一般无明显影响，若合并感染，肘部则处于半屈曲位。

(二) **X线检查**

晚期X线侧位片可见尺骨鹰嘴结节变尖、成角样改变。

（三）鉴别诊断

单纯性皮下血肿、肱三头肌腱断裂后积血　一般单纯性皮下血肿范围较广。肱三头肌腱断裂后积血也可进入滑膜囊，引起滑膜囊积血，以致掩盖了肌腱部分断裂症状。

【辨证论治】

急性期采用颈腕带悬吊制动。

（一）手法治疗

弹拨法　深部滑膜囊炎可用单拇指弹拨法，先伸后屈数次。

（二）药物治疗

1. 内服药　正骨紫金丹或小活络丸。
2. 外用药　中药熏洗局部，外敷消炎止痛膏。

（三）功能锻炼

可进行前臂旋前屈伸与旋后屈伸，每日3次，每次10～20次。

（四）其他疗法

1. 局部封闭疗法　可作囊内穿刺抽尽积液，囊腔内局部封闭，封闭后局部加压包扎。每周1次，3次为1疗程。
2. 引流和手术疗法　若已并发感染，应予切开引流。感染后滑膜囊切开者，部分患者能粘合自愈，但有的仍需作刮除囊壁术。久治不愈而又影响日常生活者，可手术切除滑膜囊。

第四章 腕及手部筋伤

腕部是连接前臂与手的结构,是前臂肌腱、血管、神经分布到手的管道。腕前浅表面可以看到三条腕横纹,腕近侧横纹位于尺骨头的平面上;腕中间横纹相当于桡腕关节线的两端;腕远侧横纹微凸向手掌,通过桡腕关节中线的最高点,并相当于屈肌支持带的近侧缘。强力握拳屈腕时,腕前面的三条纵行肌腱明显突出。掌长肌腱居腕的正中部,正中神经由掌长肌腱的深面出现在掌长肌腱与桡侧腕屈肌腱之间。掌长肌腱的桡侧为桡侧腕屈肌腱,尺侧为尺侧腕屈肌腱。尺神经居指浅屈肌腱和尺侧腕屈肌腱之间。腕深层掌侧有腕、掌侧韧带和腕横韧带。腕横韧带与腕骨在屈侧所形成一个较深的凹陷,组成骨性纤维管道,即腕管。

腕背侧韧带与桡、尺骨远端形成的骨性纤维鞘管,容纳伸肌腱,由桡侧向尺侧依次为:拇长展肌腱、拇短伸肌腱、桡侧腕长伸肌腱、桡侧腕短伸肌腱、拇长伸肌腱、指伸总肌腱、示指固有伸肌腱、小指固有伸肌腱,以及尺侧腕伸肌腱。上述各间隔内均有滑膜鞘包绕肌腱,各滑膜鞘的长度均超过腕背侧韧带的宽度,故在韧带的近端和远端均有滑膜鞘延伸出来。(见图4-1)

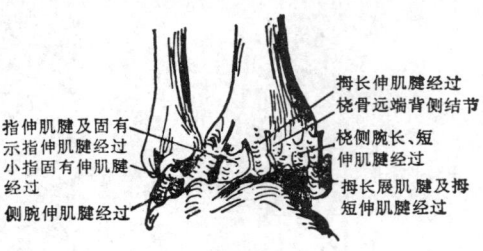

图 4-1　前臂远端肌腱间隔

手掌的中央凹窝,即手心。手心两侧的鱼腹状隆起,桡侧的为鱼际,尺侧的为小鱼际,中间的凹窝包含屈肌腱及深部手肌(蚓状肌及骨间肌)。在手背可以看到指总伸肌腱的投影,有时可看到该肌腱与邻近手指的腱结合。

手指借掌指关节与手掌相连。手指掌侧皮肤较厚,富有汗腺和指纹。指腹处神经末梢丰富,触觉灵敏,可辨别物体的质地和形态。指掌侧皮下组织聚积成球状,其间有纤维将皮肤连于指骨骨膜和腱鞘。

第一节　桡腕关节扭挫伤

桡腕关节又称腕关节,由桡骨下端的腕关节面与尺骨下端的关节盘形成关节窝,与手舟骨、月骨、三角骨的近侧面组成的关节头构成,属椭圆关节。损伤后如治疗不当,后期容易引起腕骨间彼此关系的改变,即所谓桡腕关节不稳。

【病因病机】

桡腕关节的扭挫伤是由外力造成的。桡腕关节处于背伸、尺侧偏斜位时,加上受到过猛的外力作用,使桡腕关节活动超出正常范围,会引起相应的腕部韧带、筋膜等组织损伤。同样,损伤也可发生在屈腕、桡侧偏斜位。由于桡腕关节活动依靠止于腕骨远侧的肌肉作用,远侧列腕骨因与掌骨紧密相连,故与掌一起活动。当腕背伸时,远侧列腕骨也随之背伸。**腕**掌屈时,远侧列腕骨也随之掌屈。桡腕关节桡、尺侧偏斜时,远侧列腕骨也随之运动。当外力超越一定范围,即可发生桡腕关节扭挫伤。

【诊断】

(一) 临床表现

根据受力的部位与方向的不同,在腕部相应或相反的部位发生肿胀,酸痛无力,局部有压痛,致使桡腕关节功能活动受限。一般挫伤较扭伤重,血肿较明显,超过6~8h后局部逐渐出现皮下瘀血斑。

(二) X 线检查

桡腕关节正侧位、斜位 X 线摄片一般无异常发现。如疑合并骨折,可在伤后 2 周再摄片复查。

【辨证论治】

桡腕关节扭挫伤后应适当休息,局部行简单外固定。软组织挫伤瘀血、肿胀广泛者,早期应用冷敷,待好转后改为湿热敷。

(一) 手法治疗

扭挫伤初期,腕部肿胀在特定的位置,压痛不明显时,可先作轻缓地按、摩、揉、捏等手法,再拿住拇指及第 1 掌骨左右摇晃 3~5 次,然后逐个拔伸第 2~5 指,使筋急、筋挛得以松弛。最后,屈伸腕部数次,理顺经筋。

(二) 药物治疗

1. 内服药 早期肿痛并见,治宜祛瘀活血、消肿止痛,方选仙复汤。后期肿胀消退,关节活动尚僵硬者,方选补筋丸或小活络丹。

2. 外用药 早期外敷消肿止痛膏或双柏散,后期用五加皮汤熏洗。

(三) 功能锻炼

由于腕部皮下组织结构松弛,伤后肿胀明显,手背皮肤张力增加,牵拉掌指关节及拇指使之过度背伸,有时很难一时将受伤腕部控制在功能位上。后期容易发生掌指关节侧副韧带挛缩,出现掌指关节僵硬,故桡腕关节扭挫伤后应以主动活动为主。如用一宽度适当的木板握于手掌内,以控制拇指及手指的掌指关节,也利于指骨间关节做屈曲位锻炼。或揉转金属球、核桃,以锻炼手腕部屈、伸和桡、尺侧偏斜及环转运动。

(四) 其他疗法

1. 理疗 桡腕关节扭挫伤后期可用超声波治疗,以缓解疼痛和肌痉挛,加强局部组织代谢。

2. 局部封闭疗法 泼尼松龙 12.5~25 mg 加 1% 普鲁卡因 4~6ml,作压痛点及其周围封闭。

第二节 腕关节盘损伤

桡腕关节的三角形纤维软骨盘因受直接暴力或间接暴力作用引起的损伤,称为腕关节盘损伤。

腕关节盘又称三角纤维软骨,是一块位于尺骨茎突与桡骨的尺切迹下端之间的纤维软骨,略呈三角形。其中央比周围薄,上下面呈双凹形。腕关节盘的中央厚约3～5mm,呈盘状,容易破裂。其较厚的尖端借纤维组织附着于尺骨茎突的桡侧及其基底小窝,一部分与尺侧副韧带相连;其较薄的底附于桡骨的尺切迹边缘,与桡骨远端关节面相移行,形成桡腕关节尺侧的一部分;其掌侧及背侧与桡腕关节的滑膜相连。

桡腕关节关节囊的下部与腕关节盘相融合,由于关节囊松弛无力,滑膜向上突出于桡、尺骨间,并越过远端骺形成隐窝,允许作旋前和旋后运动。腕关节盘除分隔桡尺远端关节与桡腕关节外,也是尺、桡骨下端相互拉紧与联系的主要结构。(见图4-2)

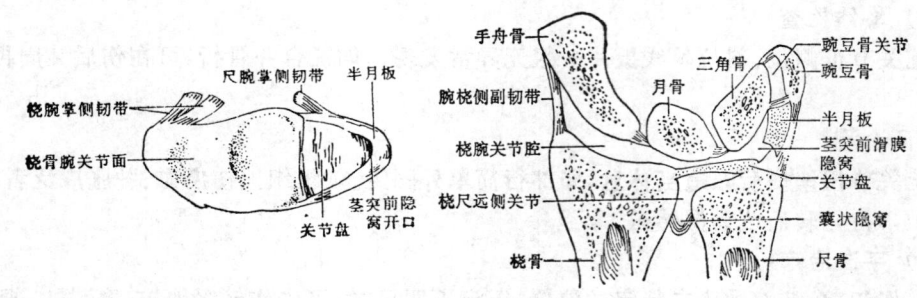

图 4-2 桡尺骨远端与近侧列腕骨间的解剖关系

腕关节盘是腕尺侧的缓冲垫,是桡尺远侧关节的主要稳定装置,正常时,腕关节盘在任何旋转角度均处于紧张状态。一般在前臂旋后位时,腕关节盘掌侧部分紧张度增大,而在旋前位时背侧部分紧张度增大。

【病因病机】

桡腕关节在工作时多呈旋前位,桡腕关节尺侧偏斜和背伸时,三角骨的近侧面紧压腕关节盘的腕侧关节面,并在一定程度上限制了它的活动;同时在关节盘的尺骨侧则因随同桡骨旋转,需要在尺骨头上滑动,如此在同一关节盘的上、下面出现了动与不动的矛盾。当前臂旋前、桡腕关节尺侧偏斜、背伸及手被固定时,可发生腕关节盘撕裂。

在手部固定并前臂旋转时,旋转应力以手部为杠杆而作用于桡骨,同时旋转中心不再是尺骨,这种情况可使桡尺远侧关节发生异常活动。如旋转力过大,则能引起腕关节盘破裂。此外,由于桡骨远端骨折等损伤,也可使腕关节盘破裂。

【诊断】

(一) 临床表现

腕部有明显的外伤史。初期肿胀、疼痛局限于桡腕关节之尺侧,桡腕关节功能受限,腕作伸屈、旋转动作时引起疼痛。后期尺骨头部分局部肿胀和压痛,酸楚乏力。将桡腕关节尺侧偏斜并作纵向挤压时,可引起局部疼痛。作桡腕关节被动旋转活动时,尺骨头向背侧移位,桡尺远端关节有异常活动,并发出弹响声。

(二) X线检查

桡腕关节X线摄片可见桡尺远侧关节间隙增宽,尺骨头向外背侧移位。应用碘剂作桡腕关节造影,穿刺部位在尺骨茎突内侧及局部皮下浅静脉的外侧,当针头穿过腕背侧韧带及关节囊进入关节腔时,可有明显的减压感。正常情况下造影剂仅充盈于关节盘远侧的桡腕关节腔中;但当腕关节盘发生破裂时,则造影剂即可通过破裂缝隙进入桡尺远侧关节及其囊状隐窝中,显示腕关节盘破损部位。

(三) 鉴别诊断

桡腕关节扭伤、腕尺侧副韧带损伤、急性或慢性创伤性滑膜炎 其桡腕关节关系属正常。

【辨证论治】

腕关节盘无直接的血液供应,仅在周围与关节囊和骨附着处有少量血液供应,大部分依赖关节腔内的滑液营养。若系边缘损伤,有可能自行修复。急性损伤者,手法后可进行外固定3~4周。

(一) 手法治疗

拔伸捻正法 患者坐位,臂伸位掌心向下。医者在患者前方,先行适当的相对牵引,在牵引下将腕部摇晃2~3次,再轻轻揉按、揉捏尺骨头与桡骨远端的尺侧缘,使其突出处复平,随之将分离的桡尺远侧关节捻正并保持稳定位置。(见图4-3)

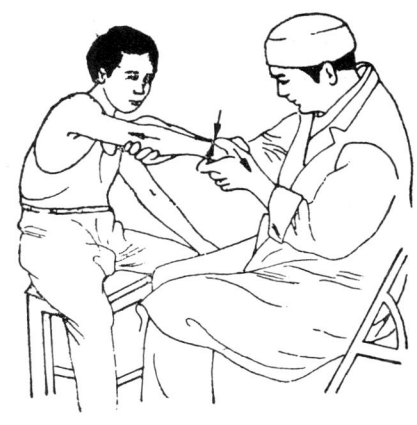

图 4-3 拔伸捻正手法

(二) 药物治疗

1. 内服药 初期治宜祛瘀消肿,方选七厘散等;后期治宜活络补筋,方选补筋丸或小活络丸。

2. 外用药 早期外敷消肿止痛膏,后期用海桐皮汤煎水熏洗。

(三) 功能锻炼

损伤早期尽量避免腕部旋转活动。在佩带护腕时逐渐加强桡腕关节正常活动,如握拳等。

(四) 其他疗法

1. 局部封闭疗法 用泼尼松龙12.5~25mg加1%普鲁卡因4~6ml作尺骨茎突与桡骨远端痛点间注射,每周1次,3次为1疗程。

2. 手术疗法 对严重影响工作和生活者,可作腕关节盘切除。

第三节 桡侧腕伸肌腱周围炎

由于腕部伸屈活动过频,引起桡侧腕伸肌群肌腱的劳损,造成周围腱膜、筋膜炎性改变,称为桡侧腕伸肌腱周围炎。

前臂桡侧伸肌群主要有桡侧腕长伸肌、桡侧腕短伸肌、拇长展肌和拇短伸肌。在前臂背侧中、下1/3处拇长展肌和拇短伸肌从桡侧腕长伸肌、桡侧腕短伸肌之上斜行跨过,该处没有腱鞘,仅有一层疏松的腱膜覆盖(见图4-4)。由于腕伸肌活动频繁,又无腱鞘保护,使肌腱间相互摩擦增多,故容易引起肌腱周围组织的劳损。

【病因病机】

频繁过量的桡腕关节伸屈活动,或跌仆时手掌撑地,或在桡侧腕长、短伸肌将桡腕关节固定于背伸位的情况下用力握物或提重物等因素,均可导致桡侧腕伸肌腱及其周围组织的创伤、劳损,产生炎性反应,充血、肿胀而发生本病。由于筋膜增厚形成皱褶,并有纤维素渗出,肌腱滑动时可触觉捻发音。

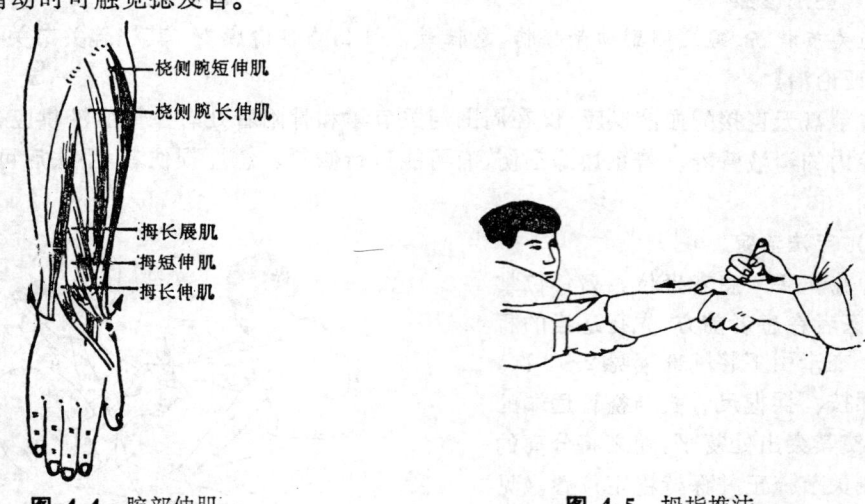

图 4-4 腕部伸肌　　　图 4-5 拇指推法

【诊断】

(一) 临床表现

多发于青壮年,多见于从事双杠、举重、木工等活动者,有明显的上肢及腕部劳损病史。腕桡侧部疼痛、乏力,前臂中、下 1/3 交界处桡骨背侧肿胀、疼痛明显,桡腕关节屈伸活动时疼痛加重。

(二) 检查

按压患处而屈伸桡腕关节时,可感到或闻及"吱吱"的捻发音。由于压痛点在腕伸肌腱与拇长展肌、拇短伸肌的交叉处,故本病又名创伤性肌腱膜炎、捻发音肌腱周围炎。

【辨证论治】

轻者局部热敷和减少活动后,症状可自行痊愈。发病急而稍活动即疼痛者,不宜立即行理筋手法,待病情缓解后再行手法治疗。

(一) 手法治疗

1. 按摩法　先点压合谷穴,再牵引舒腕,牵引捻肘及点压天窗、缺盆、中府等穴位。

2. 理筋法　一助手握患肢前臂上端,医者一手握拇指,与助手相对拔伸牵引,用另一手拇指沿桡骨腕伸肌腱自下而上反复用推法,直至桡腕关节活动时捻发音消失或减轻为止。(见图4-5)

(二) 药物治疗

1. 内服药　治宜祛瘀消肿、舒筋止痛,方选舒筋丸。

2. 外用药　局部外敷消炎止痛膏或贴宝珍膏,配合海桐皮汤熏洗。

(三) 功能锻炼

患者以健侧拇指对患肢桡侧腕伸肌腱自下而上,沿其肌腹反复用推法。

（四）其他疗法

1. **理疗** 适当局部固定，可结合物理疗法如透热疗法、蜡疗等。
2. **局部封闭疗法** 以泼尼松龙12.5～25mg加1%普鲁卡因4～6ml作封闭治疗。

第四节 腕管综合征

腕管综合征是指由于腕管内容积减少或压力增高，使正中神经在管内受压而形成的综合征。表现为桡侧3～4个手指麻木疼痛，鱼际肌萎缩，拇指外展、对掌无力，正中神经分布区感觉迟钝。

腕管有四壁：前壁为腕横韧带，后壁为一层覆盖桡腕关节及腕横关节光滑韧带的筋膜组织，桡侧壁为舟骨结节和大多头角骨结节，尺侧壁为腕豆骨、钩骨钩突及其韧带。在腕管内通过的有拇长屈肌腱、指浅屈肌腱、指深屈肌腱及正中神经。（见图4-6）

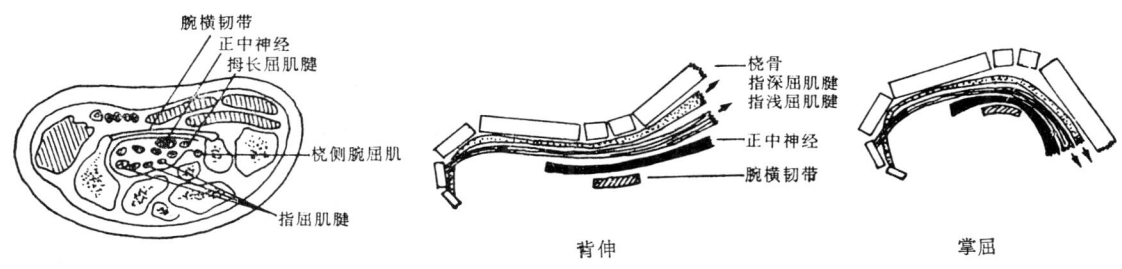

图 4-6 腕管横剖面　　图 4-7 桡腕关节背伸与掌屈对正中神经的影响

【病因病机】

（一）腕管内压力增大

长期反复用力进行手部活动可使手和腕发生慢性损伤，临床常见于木工、裁缝等。尤其是女性，腕部的活动范围较大。在掌指和腕部活动中，指屈肌腱和正中神经长期与腕横韧带来回摩擦，引起肌腱、滑膜和神经的慢性损伤。在握拳屈腕时，则更易受伤（见图4-7）。大量肌腱、滑膜水肿使管腔压力增高，正中神经受压。风湿和类风湿性疾病，产后或闭经期内分泌功能紊乱，以及胶原性疾病和掌长肌先天性肥大，均可诱发正中神经受卡压。

（二）腕管容积减小

如月骨脱位、桡骨下端骨折畸形愈合等都可使腕管内腔缩小，腕横韧带的增厚亦可使腕管缩小，压迫正中神经。

（三）腕管内容物的增多

如常见的腱鞘囊肿、脂肪瘤、钙质沉着等。

【诊断】

（一）临床表现

中年患者居多，女性多于男性，以单侧多见。主要症状为患手正中神经支配区疼痛、麻木、手指运动无力及血管、神经营养障碍等。轻者仅在夜间或持续用手劳动后出现手指感觉异常，但运动障碍不明显，仅少数患者用手指做精细动作时有不灵活的感觉。重者手指刺痛、麻木，且持续而明显，有时疼痛可向前臂乃至上臂、肩部放射，夜间或用手工作时加剧，甚至影响睡眠和劳动。

（二）检查

屈腕同时压迫正中神经1~2min，麻木感加重，疼痛可放射至中指、食指；用手指叩击腕掌部，中指等麻木为阳性；屈腕试验可进行两侧对比，更有助于明确诊断。（见图4-8）

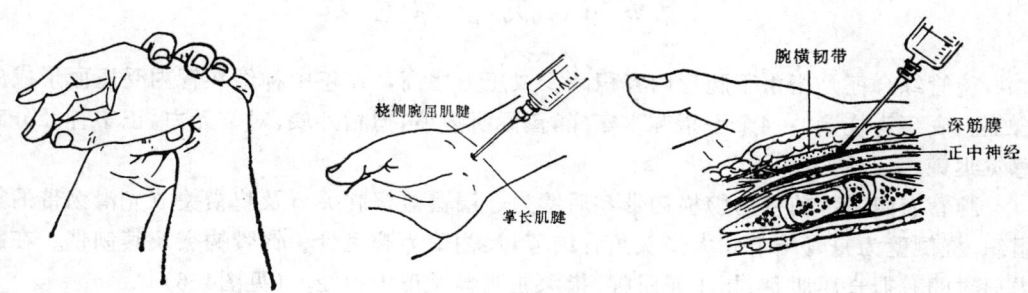

图 4-8　屈腕试验　　　　　图 4-9　腕管内封闭

（三）鉴别诊断

颈椎病、颈椎间盘突出症　两者麻木区不单在手指，往往前臂同时也有痛觉减退区，并且运动、腱反射也出现某一神经根受压的异常变化。同时，有颈部症状与体征等。

【辨证论治】

（一）手法治疗

理筋手法　按压、揉摩外关、阳溪、鱼际、合谷、劳宫等穴及痛点；然后将患手在轻度拔伸下，缓缓旋转、屈伸桡腕关节；再用左手握腕，右手拇、食两指捏住患手拇指远节，向远心端迅速拔伸，以发生弹响为佳；依次拔伸第2、第3、第4指。以上手法可每日1次，经1~2周后可望缓解。

（二）药物治疗

1. 内服药　治宜祛风通络，内服小活络丸。
2. 外用药　外贴消炎止痛膏或宝珍膏，并用海桐皮汤局部熏洗。

（三）功能锻炼

除练习各指屈伸活动外，逐步练习腕屈伸及前臂旋转活动，防止废用性肌萎缩和粘连。

（四）其他疗法

1. 针灸疗法　取阳溪、外关、合谷、劳宫等穴针刺。
2. 局部封闭疗法　可选用泼尼松龙12.5~25mg加1%普鲁卡因4~6ml，于腕横韧带近侧缘中点向腕管内注射。（见图4-9）
3. 手术疗法　经保守治疗无效者，可行手术切除腕横韧带以减压。

第五节　指伸、指屈肌腱断裂

外伤引起的手部指伸、指屈肌腱部分或完全断裂在临床中并不少见，早期而有效的治疗是恢复手指功能的关键。

【病因病机】

手部肌腱的断裂大多数由撕裂伤、切割伤、戳伤等引起。由于损伤部位不同，有指伸肌腱或指屈肌腱之分。肌腱断裂后，指屈肌腱回缩是非常明显的。

指伸肌腱从前臂起始，止于远节指骨的背侧，位于皮下，只在腕背横韧带下有一段包在腱鞘内。在正常情况下，手指充分屈伸时，肌腱滑动的范围较小。随着不同区域的肌腱断裂，其临床表现也不尽相同。如指伸肌腱远侧指间之抵止部肌腱断裂，远节指骨产生锤状指呈屈曲畸形。

指深屈肌腱从前臂起，经腕管、手掌、指屈腱鞘止于手指远节的掌侧。指屈肌腱断裂后，若失去早期修复机会，近端回缩较多。

【诊断】

(一) 临床表现

指伸肌腱断裂，近侧指骨间关节屈曲后而不能主动伸直。在中节指骨处，指伸肌腱的两侧腱束融合在一起，附着于远节指骨基底部背侧，若此处断裂则形成锤状指（见图4-10）。指伸肌腱较薄，肌腱断裂后指骨间关节不能伸直，日久可导致关节屈曲、挛缩。

(二) 检查

指深、浅屈肌腱均断裂时，指骨间关节即处于伸直位。作伸腕试验时，手指不能屈。固定近侧指骨间关节时，如不能主动屈曲远侧指骨间关节，则为指深屈肌腱断裂（见图4-11）。如指浅、深屈肌腱都断裂，固定掌指关节，则远侧和近侧指骨间关节都不能主动屈曲。

检查指浅屈肌腱时，要注意排除指深屈肌的影响。由于第2～5指的指深屈肌腱共一个肌腹，故可握住一指的两个邻指于完全伸直位，以固定指深屈肌腱并使之处于紧张状态，可使该指的指深屈肌不能发生屈指作用。这时如被检查指的指浅屈肌腱未断，则能主动屈曲近侧指骨间关节（见图4-12），否则不能。

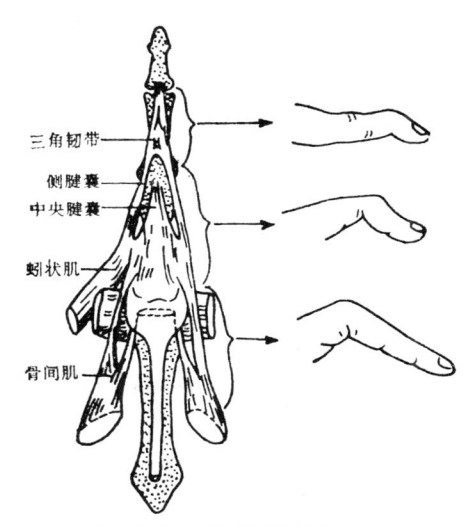

图 4-10 锤状指畸形

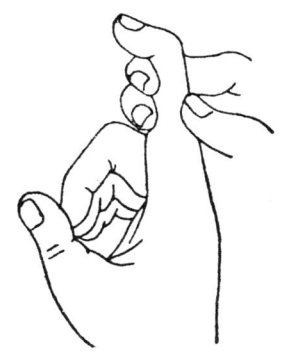

图 4-11 指深屈肌腱检查法

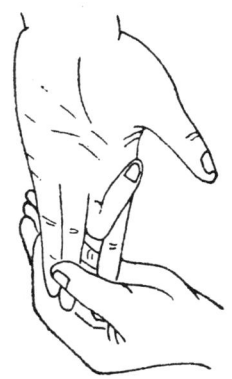

图 4-12 指浅屈肌腱检查法

固定拇指掌指关节,如不能屈曲拇指骨间关节,则为拇长屈肌腱断裂。

(二) X 线检查

指骨间关节正侧位片,除外指骨骨折、指骨间关节脱位。

【辨证论治】

(一) 手术治疗

新鲜的手指肌腱完全断裂时,应力争进行一期手术。晚期由于肌腱断端的粘连及断腱的回缩等,会给手术增加困难。

肌腱损伤的创口不整齐、断腱碎裂或有缺损者,不能直接缝合。肌腱断裂合并有明显的软组织血运障碍者,不宜做一期缝合。

某些损伤,如在肉食加工、皮毛加工、污水中作业等工作中受伤或被动物咬伤等,虽然伤口及肌腱断端比较整齐,但这类损伤术后容易感染。除非断腱两端均显露可以缝合外,一般不宜在伤口的远、近端去寻找断腱强求缝合。

如受技术条件限制,断裂的肌腱可以不强求一期缝合。特别是指屈肌腱,在手指纤维鞘管内断裂时,手术较复杂,操作要求较高(见图4-13)。如果处理不当,将会增加感染机会,或造成广泛粘连。此时可先缝合伤口,争取伤口一期愈合,再对损伤的肌腱作二期修复。

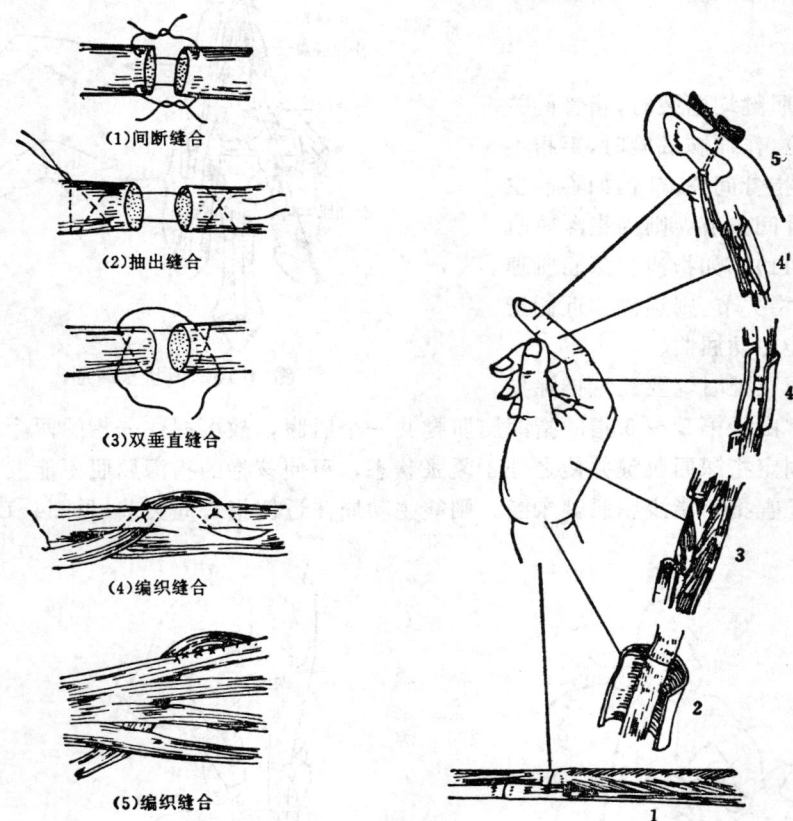

图 4-13 肌腱缝合法

1. 前臂区:一期缝合 2. 腕管区:指深屈肌及拇长屈肌缝合,腕横韧带切开减压 3. 手掌区:指深屈肌缝合后,蚓状肌覆盖吻合口 4. 近节指骨区:指深屈肌缝合,指浅屈肌及附近的腱鞘切除 4. 中节指骨区:指深屈肌缝合,附近的腱鞘切除 5. 指深屈肌止端附近断裂,作肌腱前移

（二）固定治疗

对闭合性手指远节伸肌腱全断者,术后可用铝板条或指骨小夹板,将患指近侧指骨间关节尽量屈曲,远侧指骨间关节过伸位固定 4～6 周。

手部指浅、深屈肌腱全断者,术后按上述固定夹板的要求,固定患指于指屈位 4～6 周。

对于手指肌腱部分断裂者,可仿上述方法作适当固定。

（三）药物治疗

1. **内服药** 损伤早期治宜清热解毒,内服五味消毒饮;后期因指节损伤,气血运行不畅,或气血凝滞,内服麻桂温经汤。

2. **外用药** 后期可配合中药热敷、熏洗,方如海桐皮汤等。

（四）功能锻炼

一般肌腱断裂后,需制动 3～5 周,以后可去除制动,开始练习活动,1 周后逐渐加大活动量。锤状指术后需制动 6 周,若活动过早,肌腱吻合处稍被拉长,都会影响治疗效果。

第六节 腱鞘囊肿

腱鞘囊肿是发生于关节附近或腱鞘内的囊性肿物,内含无色透明或微呈白色、淡黄色的粘稠液。

【病因病机】

本病多为劳损所致,或外伤诱发。它与关节囊、韧带、腱鞘中结缔组织营养不良,发生退行性变有关。

腱鞘囊肿与关节囊或腱鞘密切相连,但并不一定与关节腔或腱鞘的滑膜腔相通。囊腔多为单房,但也有多房者。囊壁为致密坚韧的纤维结缔组织,囊壁内无衬里细胞,囊内为无色透明胶冻样粘液。

【诊断】

临床表现

任何年龄都可发病,多见于青年及中年,女性多于男性。最常见于腕背(见图4-14),起自手舟骨及月骨关节的背侧,位于拇长伸肌腱及指伸肌腱之间;其次多见于腕掌面偏桡侧,在桡侧腕屈肌腱与拇长展肌腱之间;发生于腘窝内者,伸膝时可见如鸡蛋大的肿物,屈膝时则在深处,不易触摸清楚。此外,踝背部也是多发部位之一。

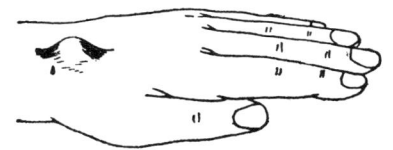

图 4-14 腕背部腱鞘囊肿

多数患者除出现肿物外,无其他不适,少数有局部胀痛。如发生在腕部,则腕力减弱,握物时有挤压痛。囊肿的大小与症状的轻重无直接关系,囊肿小而张力大者疼痛多较明显,囊肿大而柔软者多无明显症状。也有的囊肿坚如骨质,但仍存在一定弹性。

【辨证论治】

（一）手法治疗

对囊壁较薄者,可用指压法压破囊肿。如囊肿在腕部,将手腕尽量掌屈,使囊肿尽量高突和固定,医者用两拇指相对挤压囊肿,并加大压力压破之。再用按摩手法散肿活血,局部用绷带加压包扎1~2日。

对囊壁较厚、囊内张力不大、难以压破者,可先用三棱针刺入囊肿,起针后在囊肿四周加以手法挤压,使囊肿内容物散入皮下,然后外用消毒敷料加压包扎。

(二)药物治疗

外用药 囊壁已破,囊肿变小,局部仍较肥厚者,可外搽茴香酒,或外贴万应膏,使肿块进一步消散。

(三)其他疗法

1. 局部封闭疗法 腱鞘囊肿有的为多囊性,可于局部麻醉后,换用大号注射针头,尽可能抽尽囊内粘液,然后固定针头,更换注射器,以泼尼松龙12.5~25mg加1%普鲁卡因2~4ml作局封,并予加压包扎。

2. 手术疗法 反复发作者,可作手术切除。应将囊腔基底起源处的囊腔环绕肌腱,在肌腱周围全部切除。

第七节 桡骨茎突狭窄性腱鞘炎

桡骨茎突部位的肌腱在腱鞘内较长时间地过度摩擦或反复损伤后,滑膜呈现水肿、渗出增加、增厚等炎性变化,引起腱鞘管壁增厚、粘连或狭窄,称为桡骨茎突狭窄性腱鞘炎。

【病因病机】

拇长展肌及拇短伸肌的肌腱经过桡骨茎突部浅在骨沟,上有韧带覆盖,形成一纤维骨性鞘管。肌腱出鞘管后折成一定角度,分别止于拇指及第1掌骨。当拇指及腕活动时,此折角加大,从而更增加肌腱与腱鞘管壁的摩擦,久之可发生肌腱滑膜炎,肌腱局部变粗,腱鞘管壁变厚,逐渐产生症状(见图4-15)。从事包装工作或拧衣动作频繁者,更易患本病。

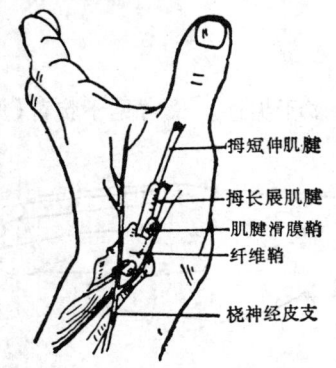

图 4-15 桡骨茎突部位的解剖

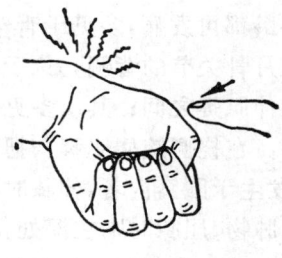

图 4-16 握拳试验

鞘管表面可有不同程度的充血和水肿。纤维鞘管壁正常厚度在0.1cm以内,腱鞘炎时可增加2~3倍。这使管腔变窄,肌腱在管内滑动困难而产生相应的症状。

【诊断】

(一)临床表现

多数缓慢发病。偶因手腕部过度用力活动,自觉腕部桡侧疼痛,提物乏力而发现患病。桡骨茎突部可微有肿胀,局部有压痛。疼痛严重者可放射到全手,甚至夜不能寐。有时于桡骨茎突部可触及有摩擦音。亦有因疼痛而拇指运动无力,以握拳时为甚。

(二) 检查

将患者拇指屈曲,然后握拳同时将腕向尺侧倾斜时,会引起局部剧痛。(见图4-16)

【辨证论治】

(一) 手法治疗

推按阳溪法 以右手为例。医者左手拇指置于阳溪穴部(相当于桡骨茎突部),右手食指及中指挟持患肢拇指,余指握住患者其他四指,并向下牵引(见图4-17A),同时向尺侧极度屈曲;然后,医者用左拇指捏紧桡骨茎突部,用力向掌侧推压挤按,同时右手用力将患者腕部掌屈(见图4-17B);最后伸展,反复3~4次。每日1次。

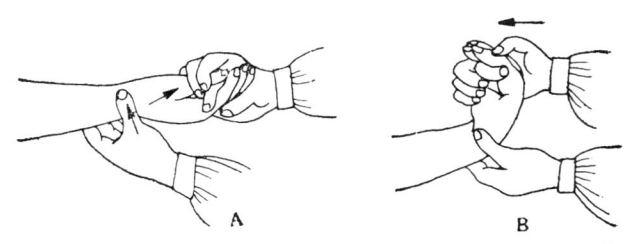

图 4-17 桡骨茎突腱鞘炎理筋手法

(二) 药物治疗

1. 内服药 治宜调养气血、舒筋活络为主,方用桂枝汤加当归、威灵仙、姜黄、桑枝等。

2. 外用药 一般手法治疗后在桡骨茎突处敷以消肿膏,以绷带包扎固定,并配合海桐皮汤熏洗。

(三) 其他疗法

1. 局部封闭疗法 以泼尼松龙12.5~25mg加1%普鲁卡因2~4ml鞘管内注射,每周1次,3次为1疗程。

2. 手术疗法 病程较长,鞘管壁较厚,局部隆起较高,反复发作者,应采用手术治疗。

第八节 指屈肌腱鞘炎

指屈肌腱鞘炎又称"弹响指"、"扳机指"。多发于拇指,病变发生在掌指关节部位籽骨与韧带所形成的环状鞘管内。亦有单发于中指、无名指,病变发生在与掌骨头相对应的指屈肌腱纤维鞘管的起始处。发生在儿童的拇指"扳机指",可能由于籽骨肥大或韧带肥厚所引起。

【病因病机】

每一掌骨和掌指关节掌侧的浅沟与鞘状韧带组成骨性纤维管,拇长屈肌腱和指深、浅屈肌腱分别从各相应的管内通过。手指经常屈曲,使指屈肌腱与骨性纤维管反复摩擦;或长期用手握持硬物,使骨性纤维管受硬物与掌骨头的挤压而发生局部充血、水肿,继之纤维管变性,使管腔狭窄,指屈肌腱受压而变细,两端膨大呈葫芦状(见图4-18A)。屈指时,肌腱膨大部分通过狭窄的纤维管,便出现手指的弹跳。(见图4-18B)

【诊断】

（一）临床表现

早期患指不能屈伸,用力屈伸时疼痛,并出现弹跳动作。晨起和手工劳动后症状较重,活动或经热敷后症状减轻。

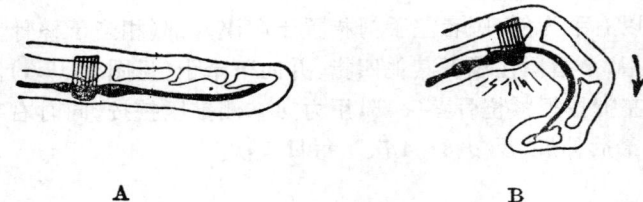

图 4-18 手指弹跳动作

小儿拇指屈肌腱鞘炎的病理变化与成人多有相似之处,但症状不同。发现小儿拇指一侧或两侧指骨间关节屈曲、运动困难时,扳动后方能被动伸直,并出现弹响声。

（二）检查

检查时压痛点在掌骨头的掌侧面,并可触摸到米粒大的结节。压住此结节,再嘱患者作充分屈伸活动时,有明显疼痛,并感到弹响由此发出。病情严重者,患指屈曲后因疼痛不能自行伸直,需健手帮助伸直。小儿拇指屈肌腱鞘炎扪诊掌指关节处有腱鞘肥厚感。

【辨证论治】

（一）手法治疗

舒指展筋法 医者左拇指及食指捏住患指掌骨基底部,右拇指及食指捏持其指骨间关节,向相反方向牵引(见图4-19)。此时医者以右中指尖向上顶推患部(见图4-20),即顶推拇指掌骨远端掌侧,并屈曲其掌指关节。每日1次,每次2~3回。这样可以减少和预防粘连,起到消肿、扩张狭窄部及撕裂狭窄部组织的作用。

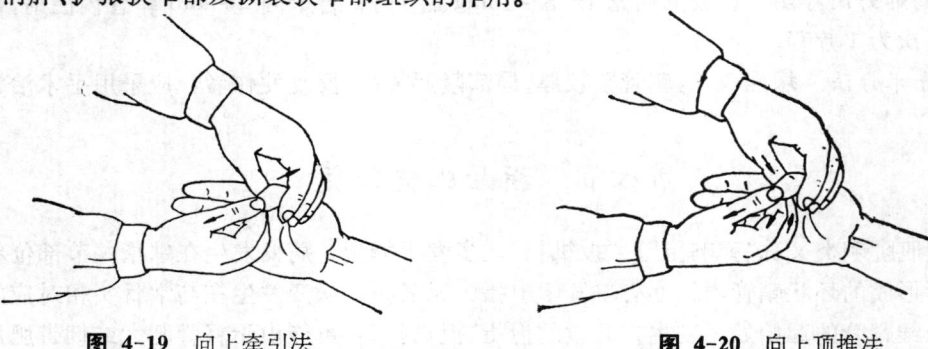

图 4-19 向上牵引法　　　　　图 4-20 向上顶推法

（二）其他疗法

1. **局部封闭疗法** 早期或症状较轻者,以曲安奈德0.5ml加利多卡因1ml鞘管内注射,一般症状可以缓解。

2. **小针刀疗法** 保守治疗无效者,用眼科小手术刀或小针刀作挑割治疗,行腱鞘松解术。即局麻后,用小针刀平行于肌腱方向刺入结节部,沿肌腱走行方向作上下挑割,不要向两侧偏斜,以免损伤指神经。如弹响已消失,手指活动恢复正常,则表示已切开腱鞘。若创口小者可不缝合,以无菌纱布加压包扎即可。

第五章 髋及大腿部筋伤

髋关节是全身最大的关节,能作屈曲、伸直、内收、外展、旋转和环转等活动。髋臼窝内富有移动性脂肪组织,随着关节内的压力改变而时出时入,以维持关节内压力的平衡。

髋关节囊 由坚韧致密的纤维组织所组成,其前部和上部较厚,最为坚韧;后部和下部较薄。近端附着于髋臼边缘及髋臼横韧带;远端前方附着于粗隆间线,后方附着点为股骨颈中、下1/3交界处。

髋关节韧带 关节囊的前方、下方及后方分别由髂股韧带、耻股韧带和坐骨韧带所加强。髂股韧带是全身最坚强的韧带,人体直立时,人的重心位于髋关节后方,此韧带能维持伸直而不需要肌肉的主动收缩,并有防止关节过伸和内收的作用。此外,股骨头韧带为一关节囊内滑膜外的三角形纤维束带。

肌肉 髋关节周围的肌肉很丰富,能产生很大的活动幅度。屈曲动作主要是由髂腰肌、股直肌和缝匠肌所控制,伸直动作主要由臀大肌控制,外展动作主要由臀中肌、臀小肌和阔筋膜张肌控制,内收动作则由内收肌群控制,旋外则由梨状肌、上孖肌、下孖肌、闭孔内肌和股方肌控制。

神经 髋关节的神经支配是来自坐骨神经和闭孔神经的前支,后者又有一分支支配膝关节,故髋部疾患往往会引起膝部疼痛。

大腿肌肉及筋膜 大腿的许多肌肉伸越过髋、膝两个关节。大腿深筋膜像一个紧身袜,包裹整个大腿肌肉,其远端与小腿深筋膜相延伸,近端附着于髂嵴和腹股沟韧带以及坐骨、耻骨支、骶结节韧带。大腿的肌肉可分为三组:前组,是缝匠肌、股四头肌和阔筋膜张肌,有屈髋和伸膝功能。内侧组,浅层是股薄肌、长收肌,深层是短收肌、大收肌、内收小肌和闭孔外肌,使大腿具有内收、屈曲和旋转功能。后组,是股二头肌、半腱肌和半膜肌,有伸髋和屈膝功能。前组的肌肉由股神经支配,内侧组由闭孔神经支配,而后组由坐骨神经支配。

综上所述,尽管髋关节周围的肌肉和韧带坚实牢固,但在髋部骨折、脱位损伤中常并发损伤。此外,由于人体中某些部位存在解剖弱点,局部超负荷的劳累亦是髋、大腿筋伤的原因。《医宗金鉴·正骨心法要旨》曰"胯骨,即髋骨也,又名髁骨。若素受风寒湿气,再遇跌打损伤,瘀血凝结,肿硬筋翻,足不能直行。"说明髋部损伤后再感受外邪,则会加重损伤后出现的症状。

第一节 股四头肌损伤

股四头肌覆盖在股骨前方,分为四部分。股直肌呈梭形,是股四头肌群中最前面的一条。它起于髂前下棘,而腱的弓状部起于髋臼上方的髂骨,是股四头肌群中唯一越过髋关节及具有屈髋功能的肌肉。其他三个头起点均始于股骨上端,以后与股直肌一起附着于髌骨上缘。股四头肌作为一个整体,主要具有伸膝功能,其损伤多为扭挫伤或肌纤维撕裂,严重时可致肌肉断裂。

【病因病机】

股四头肌遭受直接钝性打击可引起挫伤,轻者部分肌纤维损伤,重者肌肉断裂。由间接暴力引起的损伤系该肌急剧收缩所致,如超重的负重蹲起以及足球运动的后摆腿、正脚背大力踢球均可产生急性损伤。反复跪跳、牵拉可造成慢性劳损。特别是股直肌为双关节肌,肌肉扁窄,跨度长,易受损伤。

【诊断】

(一) 临床表现

有明显外伤史。股四头肌受直接暴力损伤后,疼痛剧烈,有肿胀和压痛,数小时后可出现瘀斑。重者明显跛行,或需扶拐行走,膝关节屈曲多不能达到90°。肌肉僵硬、血肿明显者,穿刺可抽出血液。血肿后期可被吸收,也可局限化而形成包囊。肌肉组织本身可机化为疼痛性疤痕,影响下肢功能。

间接暴力使股四头肌急剧收缩致肌肉自发性破裂者,破裂部位多发生在肌腹,有时发生在肌腱与骨附着部,很少在肌肉与肌腱的联合部。伤后局部肿痛,肌肉收缩无力。完全断裂时可触及断端,髌上部股四头肌腱损伤常累及膝关节。单纯股直肌断裂常因肿胀不易触及断端,易造成漏诊。

(二) 检查

股四头肌在全屈位伸膝抗阻力和膝伸直位抗阻力试验中,多呈阳性。少数肌纤维损伤时,肌张力正常,压痛点固定。若慢性劳损或陈旧性部分损伤者,大腿前侧压痛虽轻微,但跟臀试验(俯卧位将足跟压向臀部)时在大腿前部有不同程度的牵拉痛。

股四头肌慢性劳损或陈旧性、部分性损伤对一般活动无影响,但不能完成大强度跳跃活动。

(三) X线检查

股骨段正侧位X线摄片,显示软组织广泛肿胀阴影,并借以排除撕脱性骨折。如有骨化性肌炎,一般要在伤后5～6周始可在X线摄片中出现钙化阴影。

【辨证论治】

首先辨清股四头肌损伤的性质,如挫伤、断裂或牵拉伤以及损伤部位。挫伤引起股四头肌下血肿,血肿应力争一次抽出,并立即冰敷,加压包扎。挫伤区早期不宜直接按摩。肌肉部分断裂者,应将患膝置屈曲位拉长受伤肌肉,以小夹板固定。1周后拆除外固定,手法治疗。完全断裂者,应手术缝合断端。

(一) 手法治疗

患者仰卧床上。医者立于患侧,面向患侧髋关节,近侧手扶髂骨,远侧手握踝上,牵引下肢,并由下外向上内旋转、摇晃5～6次。然后改用上臂挟住小腿远端,手扶膝下后方,使其屈髋;同时移动近侧手,四指在外,拇指腹按在股直肌向近端推以顺筋,重点在肌腱处。每次屈髋关节可顺筋2～3次,每次治疗可施上法2～3次。(见图5-1)

(二) 药物治疗

1. 内服药　治宜消肿止痛、舒筋通络,方选活血舒筋汤或舒筋丸。
2. 外用药　可用海桐皮汤湿热敷或熏洗。

(三) 功能锻炼

早期以适当主动练功为主,预防股四头肌废用性萎缩,练功方式以主动收缩股四头肌活动为主。肌肉部分肌纤维断裂者,应将伤肢处于受损肌肉拉长位,练功方式以主动屈膝后伸为主,目的是使损伤肌纤维不致因瘢痕挛缩而变短,后期主动伸膝练功。肌肉完全**断裂**和肌**腱**附着完全断裂者,术后 6 周加强主动练功,防止股四头肌萎缩。

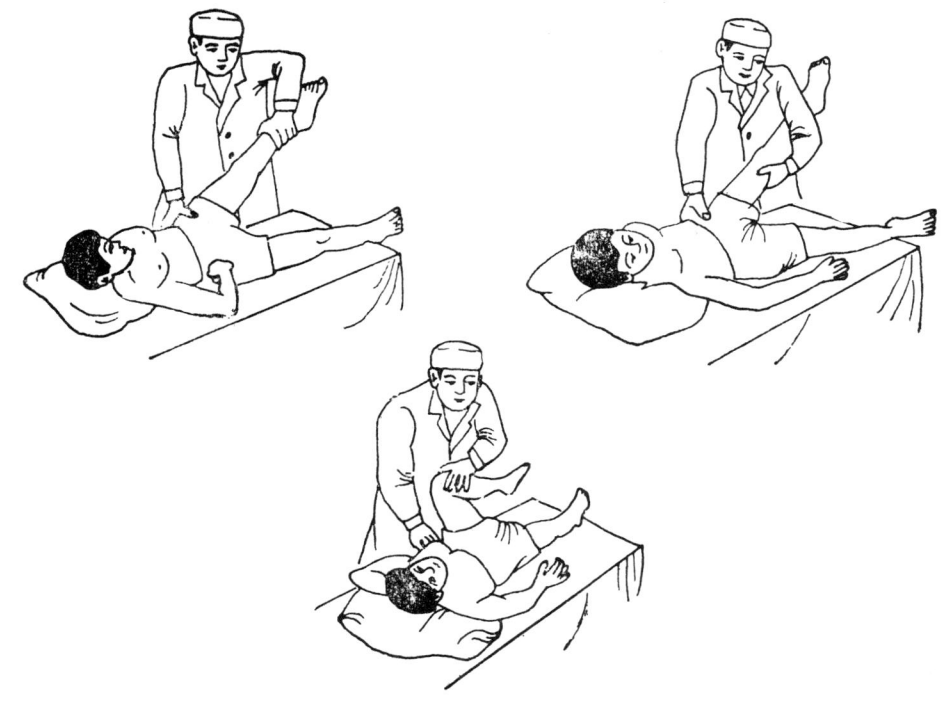

图 5-1 髋关节理伤顺筋法

(四)其他疗法

1. 局部封闭疗法　症状较轻的股四头肌损伤,除理疗、按摩外,可行局部封闭治疗,配合外固定。

2. 手术疗法　完全断裂者,应手术清除血肿,缝合断端,并用可拔钢丝牵拉、减张缝合。

第二节　股内收肌群损伤

股内收肌群损伤又称骑士损伤,可因一次过度牵拉或反复牵拉产生损伤,造成股内侧部疼痛、行走不便等症。

股内收肌群构成股内侧肌群(见图5-2),是髋关节内收、屈曲和旋转的主要肌。其最内侧是扁而长的股薄肌,内侧由上而下并列着耻骨肌、长收肌、大收肌。长收肌和耻骨肌的深面是短收肌,其间夹有闭孔神经。

闭孔神经属腰丛的分支,**通过闭膜管而分布于股内收肌群。**

两足站立时,股内收肌群的主要作用是稳定骨盆。"立正"姿势时,股内收肌群强力收缩使两腿紧贴。在某些运动如骑马、滑雪、攀登、蛙泳中,股内收肌群亦起重要作用。

【病因病机】

股内收肌群损伤可因一次过度牵拉或反复牵拉产生损伤,多在骑摩托车或骑马时两腿用力挟持时间过长，或用力过猛的情况下发生。尤其是骑马跳越障碍时，紧收着的两腿被马鞍暴力撑开时更易发生。足球运动员铲球、小儿攀登高处时，髋被动外展，可造成同样损伤。在打羽毛球和网球跨步救球时，或在滑冰运动中，高速滑行时绊倒，也可拉伤内收肌群。由于长收肌起自耻骨上支，在大收肌起点的前方，向下斜行止于股骨粗线，跨度较长，起止点集中，故首先受累。损伤程度根据暴力大小而不同，轻者仅少数肌纤维断裂，重者肌肉可完全断裂。损伤后局部出血，继而纤维化。慢性的反复损伤可引起耻骨部止点处的病理性改变。

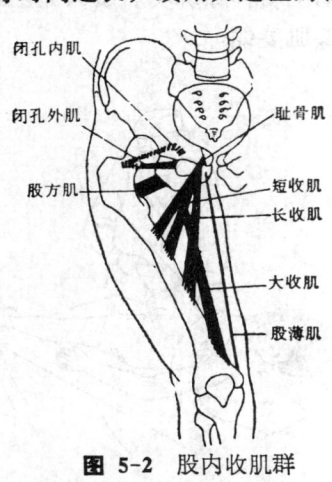

图 5-2　股内收肌群

【诊断】

(一) 临床表现

股内收肌群损伤表现为大腿内侧疼痛和抗阻力疼痛，大腿内收、外展受限。急性损伤后，局部可有明显肿胀和皮下瘀斑，在耻骨上支或肌腹上常有明显压痛。完全断裂者在肌肉抗阻收缩时有异常隆起，并可触及断裂的凹陷和肌张力降低。部分股内收肌群扭伤，大腿内侧疼痛，脚尖不敢着地，下肢呈半屈曲位，成人需搀扶，小儿需背抱。有时可在大腿内侧触到条索状隆起。

(二) X 线检查

早期多无异常表现。急性损伤后期或慢性反复劳损X线摄片可显示股内收肌群附着部位的钙化阴影。

【辨证论治】

(一) 手法

股内收肌群扭挫伤或不完全撕裂者，或恢复阶段可用手法理筋，理顺肌腹，疏通经脉。

1. 理筋法　患者仰卧位，伤肢屈膝屈髋，轻微旋外位。医者站在伤侧，一手拇指在股内收肌群处用分筋弹拨法，以解除粘连、痉挛(见图5-3)。再用一手托腘窝，另一手拇指沿股内收肌群向上顺之，同时将髋关节伸直(见图5-4)。如股内收肌群止点部位压痛，可用捻法。最后，用揉法使痉挛的股内收肌群放松。

图 5-3　分筋手法

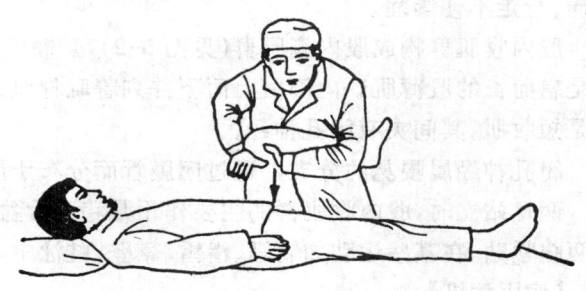

图 5-4　顺筋手法

2. 股内收肌群扭伤复位法　嘱患者站立，两足跟着地，两脚分开，或由旁人稍搀扶。医者蹲下，用两手拇指或单手四指按压疼痛的肌肉或隆起的肌束，用分筋法左右分拨，然后顺肌肉走行方向自上而下疏通2次（见图5-5）。以达顺筋归位，筋络舒展。

（二）药物治疗

1. 内服药　损伤初期，气滞血瘀，治宜行气止痛、活血化瘀，方选祛瘀止痛汤或内服三七伤药片。后期治宜舒筋通络、活血化瘀，方选舒筋活血汤、舒筋丸等。

2. 外用药　早期以消炎止痛膏外敷，加压包扎外固定；后期外用海桐皮汤熏洗或湿热敷。

图 5-5　大腿内收肌扭伤按压手法

（三）功能锻炼

部分肌肉断裂者，早期下肢外展位拉长受伤肌肉，主动练功，防止疼痛性疤痕挛缩形成，促进后期功能恢复。

（四）其他疗法

1. 局部封闭疗法　股内收肌群出现痉挛性疼痛，用泼尼松龙12.5～25mg加1％普鲁卡因4～6ml作闭孔神经封闭。

2. 手术疗法　肌肉完全断裂者，或有血肿形成时，应手术治疗，术后约6周后逐步作外展和内收活动。

第三节　髋关节一过性滑膜炎

髋关节因过度外展、旋外，将关节囊、关节内脂肪、股骨头韧带挤压在股骨头与髋臼之间，使股骨头暂时不能完全复位，是一种非特异性炎症所引起的髋关节短暂的急性肿痛及渗液的病症称为髋关节一过性滑膜炎。

本病多见于10岁以下儿童髋部扭伤，男孩较女孩多见。

有关本病名称较多，如髋掉环、环跳骨机枢错努、幼儿性髋关节半脱位、急性短暂性滑膜炎、小儿髋关节扭伤、应激髋综合征等。有的患者经手法治疗后症状很快缓解，有的患者经1～2周休息后自愈。

【病因病机】

本病病因尚未明了，有外伤、感染、过敏等学说，各家意见尚未统一。多数患儿发病前有轻度的髋部扭伤史，如跳橡皮筋、跳台阶游戏，滑倒时腿外展位扭伤髋部等，少数患儿有上呼吸道感染。儿童时期，股骨头发育未成熟，髋关节活动度比较大，关节囊比较松弛。当髋关节受到外展牵拉时，股骨头从髋臼内被拉出一部分。由于关节腔内负压的作用，可将髋关节内侧松弛的关节滑膜吸入关节腔内。当股骨头恢复原来位置时，由于部分滑膜嵌顿于关节腔内，使关节不能完全复原。此外，关节内脂肪、关节内韧带也可能被挤压或反皱折在髋臼与股骨头之间,影响股骨头恢复到原来位置,而造成髋关节一过性滑膜炎。为了减轻嵌顿滑膜或脂肪、韧带所受的压迫,骨盆出现代偿性倾斜,使伤肢呈假性变长,患儿不敢放开脚步行走。有时也会出现类似髋关节脱位样外观,但髋臼周围却未见异常。

【诊断】

(一) 临床表现

多数起病急骤。起病前10日至3周,可有上呼吸道感染或轻度外伤史。症状轻重不一,重者类似急性关节感染。早期疼痛多位于大腿及膝关节内侧,次日即局限于髋部,并出现躯干向患侧倾斜的跛行步态。可有低热,一般不超过38℃。

(二) 检查

髋关节囊前方及后方均可有压痛,被动活动尤其是旋内、外展及伸直受限,可有不同程度的股内收肌群屈曲挛缩。有的患肢比健肢长0.5～2cm。

(三) 实验室检查

多数病例白细胞计数和血沉均正常,结核菌素试验阴性,抗"O"在正常范围以内。关节穿刺可能有少许透明液体,细菌培养阴性。组织学检查显示非特异性炎症反应。

(四) X 线检查

主要表现为髋关节囊阴影膨隆,有时可见腰大肌及闭孔内肌肿胀阴影。关节腔积液严重时可见股骨头向外侧移位,关节间隙增宽。

(五) 鉴别诊断

髋关节结核、化脓性髋关节炎、风湿热合并髋关节炎　髋关节结核多为慢性起病,病史长,并表现出结核的全身症状。化脓性髋关节炎的全身及局部症状均较本病为重,白细胞计数及中性粒细胞增高明显,血沉加快。风湿热合并髋关节炎时,多表现为多发性、游走性关节炎,伴有高热,关节症状较重。X线摄片上没有骨骼变化以及临床自愈过程,有助于除外其他疾病。

【辨证论治】

(一) 手法治疗

手法宜轻柔。先用拇指弹拨,理顺股内收肌群的痉挛,避免髋关节突然伸展和旋内造成关节囊内压力增加,危及股骨头的血液供应。

复位手法　患儿平卧位。助手一手压住健侧髂前上棘部固定骨盆。医者立于患侧,一手握患肢踝上,另一手握膝关节。先轻轻屈髋屈膝,出现疼痛即不强屈,在无疼痛范围内作伸屈髋、膝关节运动,至患者肌肉放松并能主动配合活动时,突然将髋、膝两关节屈至最大限度,停留1min。待疼痛稍有缓解,再依次进行下面手法。若腿长者作屈髋、内收、旋内患肢(见图5-6),腿短者作屈髋、外展、旋外患肢(见图5-7),然后在有牵引力情况下伸直患肢,手法完毕。待患儿肌肉完全放松后,功能可立即恢复。少数患儿仍不能完全自动屈髋活动,如手法正确,不必重复进行。一般经卧床休息2～3日后,即可下地活动。

(二) 药物治疗

一般不必服药,可在腹股沟部外用活血止痛中药湿热敷。

(三) 功能锻炼

如手法治疗后下肢假性变长仍未消失,局部症状仍未减,可让患儿坐在小凳上,髋关节屈曲90°,在患肢足底蹬圆柱物(如瓶子)来回滚动,活动下肢,有助于症状减轻。锻炼后卧床休息,少走路,尤其患肢要避免做外展、旋外动作。

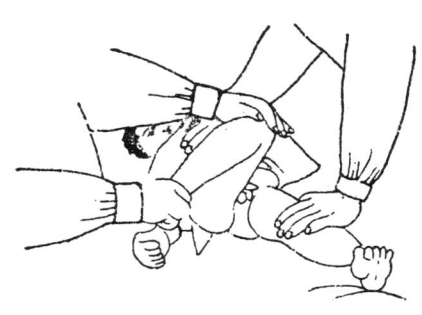
图 5-6 屈髋、内收、旋内复位法

图 5-7 屈髋、外展、旋外复位法

(四) 其他疗法

牵引 卧床休息并作下肢微屈位胶布牵引,一般2～3日后症状即可消失,7～10日即可下地活动。

第四节 弹 响 髋

弹响髋是指髋关节活动过程中出现弹响声而言,有关节内和关节外两种类型,但关节内型较少见。

【病因病机】

多因外伤、劳损或风寒湿邪影响,使关节软组织发生炎性改变所致,也有因先天性发育不良造成。患者在髋关节屈曲、内收或旋内时,紧张的筋膜带在大粗隆的隆凸上滑动,髋的外侧可听到甚至可触及到弹响。此外,髂腰肌腱在髂耻隆凸上滑动和粗隆粘液滑膜囊炎、大粗隆部的骨软骨瘤亦可为弹响产生的原因。

女性患者较多,因女性骨盆较大,两侧大转子间距离较宽,股骨向中线倾斜度加大,故两侧大转子显著突出,大转子易与髂胫束摩擦诱发弹响。

总之,不同的原因引起髋部筋肉气血凝滞,血不濡筋,导致筋肉挛缩,或肌筋肥厚、粘连,活动时发出弹响。

【诊断】

(一) 临床表现

一般多无症状,患者因出现响声而感不安。除筋膜带下的转子滑膜囊发生炎症或患者难以忍受弹响困扰外,通常很少引起不适。常发生于髋关节屈曲、内收,或旋内活动时。此束带在增厚的髂胫束后缘或靠近肌肉止部的臀大肌前缘,有时可用手触知或甚至可看到束带在大粗隆部前后滑动。有时在患髋大粗隆部位有压痛。

(二) X线检查

X线摄片可排除粗隆部骨软骨瘤、关节滑膜骨软骨瘤或其他游离体等。

(三) 鉴别诊断

1. 关节内游离体 髋关节活动时弹响,但伴有交锁现象,患者感到关节内发出响声和有异物感。X线摄片显示关节内有小的钙化阴影。

2. 增生性髋关节炎　髋关节疼痛明显，功能活动受限，多见于中老年人。X线摄片可见髋关节增生性改变。

【辨证论治】

（一）手法治疗

理筋法　先行点穴，取环跳、殷门、阴市等穴，再于臀部用滚法、捋顺法，股骨大转子部位增厚部分和纤维带用分筋手法、捻法。

（二）药物治疗

1. 内服药　可内服舒筋丸。
2. 外用药　外用舒筋活血的中药熏洗或湿热敷。

（三）其他疗法

1. 局部封闭疗法　泼尼松龙12.5～25mg加1％普鲁卡因4～6ml封闭。每7日1次，3次为1疗程。
2. 手术疗法　保守治疗无效，对筋膜束带所致之弹响确有症状者，可考虑手术切断引起弹响的髂胫束和臀大肌增厚部分，或已形成的纤维带。

第五节　股骨大转子滑膜囊炎

股骨大转子滑膜囊位于臀大肌肌腱与股骨大转子的后外侧骨面之间，有深、浅两个。浅者在皮下，称转子皮下囊；深者在臀大肌腱膜下，称臀大肌转子囊。由于此滑膜囊处于特殊位置，故容易发生炎症改变。

【病因病机】

由于臀大肌与股骨在大转子部长期持续地互相摩擦，而产生慢性无菌性炎症。如运动中受一次顶撞或慢性劳损均可损伤此滑膜囊，而髂胫束挛缩出现弹响髋时亦可引起滑膜囊炎。

【诊断】

（一）临床表现

伤后滑膜囊多迅速肿胀，出现疼痛和压痛。转子皮下囊发炎时肿胀尤为明显，可隆起呈丘状；臀大肌转子囊炎肿胀区多在大转子后方，致转子后凹陷消失。两者均可触到波动。一般经休息后肿胀多迅速消失，如处理不当或反复受伤，炎症可转为慢性。这时滑膜肥厚、肿胀，囊内可触到游离或条索状物。局部加压或髋关节屈曲与旋内时疼痛加剧，髋关节屈伸活动不受限。（见图5-8）

（二）鉴别诊断

髋关节为结核反应及结核性滑膜囊炎好发部位，应注意鉴别。

【辨证论治】

（一）手法治疗

用单侧手掌或指腹放置大转子处，轻轻地、慢慢地作来回直线或圆形的抚摩动作，以缓解肌肉疼痛及其局部紧张状态。

图5-8　股骨大转子滑膜囊炎痛点

（二）药物治疗

1. 内服药　可用舒筋丸。

2. **外用药** 可局部外敷消炎止痛膏,亦可用海桐皮汤煎水湿热敷。

（三）**功能锻炼**

急性期应卧床休息。避免髋关节被动屈曲和旋内活动刺激股骨大转子滑膜囊,患肢尽可能放置旋外位使臀大肌放松以减轻疼痛。

（四）**其他疗法**

1. **局部封闭疗法** 局部可用泼尼松龙 12.5～25mg 加 1％普鲁卡因 4～6ml 作滑膜囊囊内注射。

2. **手术疗法** 如保守治疗无效而滑膜壁增厚,成为慢性炎症时,宜手术切除滑膜囊。

第六章 膝关节及小腿部筋伤

膝关节为全身最大、最复杂的关节，由股骨内、外侧髁和胫骨内、外侧髁以及前方的髌骨构成，关节的稳定性由骨、韧带和肌肉来维持。关节在运动状态中始终处于不稳定和不平衡之中，而人体总是在其中求得相对稳定和相对平衡。因此，不能单从骨结构来认识关节的稳定性，更重要的是从关节的运动状态中，了解韧带和肌肉的稳定作用。

膝关节的胫、腓侧副韧带和前、后交叉韧带，在维持关节的稳定上起重要作用，关节囊也具有一定的维持作用。侧副韧带除具有防止膝内翻和膝外翻外，胫侧副韧带尚具有限制旋外的作用。前交叉韧带和后交叉韧带不仅可防止胫骨向前和向后滑动，而且还具有限制膝内翻、外翻和旋转的作用。这两组韧带在膝关节伸直和完全屈曲时，处于紧张状态，可防止膝关节过伸和过屈。（见图6-1，图6-2，图6-3，图6-4）

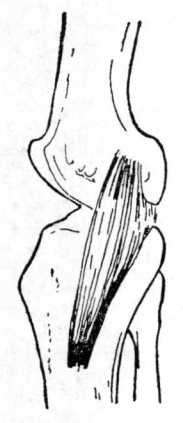

图 6-1 膝关节伸直时侧副韧带紧张

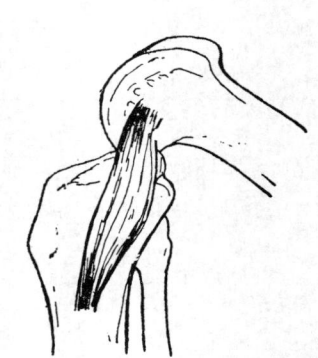

图 6-2 膝关节屈曲时侧副韧带松弛

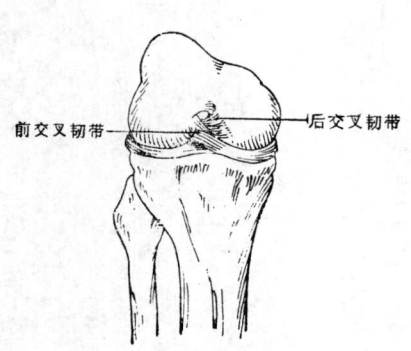

图 6-3 膝关节交叉韧带

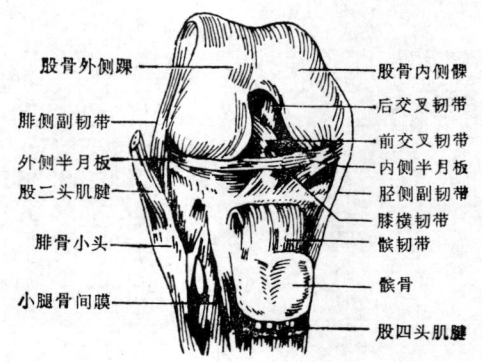

图 6-4 膝关节周围结构

膝关节的韧带坚强柔韧,不易断裂。在功能活动中,总有一条或一条以上的韧带保持紧张,以维持膝关节的稳定。因韧带受神经支配,保持一定紧张度时,可反射性地引起膝关节附近肌群紧张,从而控制关节发生非生理性的异常活动。

膝关节的关节囊内面有滑膜覆盖,为人体最大的滑膜腔;髌上方为滑膜的反折部,对维护膝关节的屈伸活动有重要作用。如将滑膜切除,势必影响关节功能。

内、外侧半月板位于膝关节关节间隙内,内侧半月板呈"C"形,其后半部连于胫侧副韧带,故前半部松弛,后半部固定,扭转外力易造成交界处损伤。内侧半月板前角附着于胫骨髁间隆起的前方,在前交叉韧带附着点之前,其后角附着于胫骨髁间隆起和后交叉韧带附着点之间的无关节面处。由于它的形状和附着点之间距离较大,故活动范围较小。反之,外侧半月板近似"O"形,其前角附着于胫骨髁间隆起的前方,在前交叉韧带附着的后方;其后角附着于髁间隆起的后方;前后二角的附着点比较接近,且外侧不与腓侧副韧带相连,因而外侧半月板比较活动。正常膝关节有轻度外翻,胫骨外侧髁负重较大,故外侧半月板承受压力也较大。当股骨外侧髁作前后滑动及旋转活动时,易致损伤。

髌下脂肪垫呈三角形,位于髌韧带及胫骨前上端所形成的三角区之间,有充填空隙、滑润关节的功能。当脂肪垫肥厚或与周围组织发生粘连时,可引起膝关节的功能紊乱。

膝部肌肉以股四头肌最为重要,主要有伸膝功能。其拮抗肌为腘绳肌,主要功能是屈膝。临床上若固定膝关节时间过长,常并发股四头肌粘连和废用性肌萎缩。

中医称膝关节为"膝骱",由于膝关节周围上筋肌结构甚多,故古人称"膝为筋之府",临床上膝关节筋伤最多见。对膝关节的损伤处理,应从全局观点出发,既要合理地处理原发性损伤,又要加强股四头肌功能的锻炼,只有这样才能使膝关节的功能得以恢复。

第一节 膝关节胫、腓侧副韧带损伤

关节韧带的稳定作用有两方面,一是机械地限制关节超生理范围的活动,以及通过韧带内的神经纤维,在韧带承受强力时产生韧带、肌肉反射,引起相应的肌肉收缩,以防止该关节超生理范围的活动;二是当肌肉不足以防止或克服关节超生理范围活动时,韧带则机械地起到限制作用,而当暴力超过韧带或其附着点所能承受的限度时,即会产生韧带损伤。

膝关节侧副韧带损伤有完全损伤和部分损伤之分,胫侧损伤较腓侧损伤常见。如当旋转暴力,即腿旋外、膝外翻时,胫侧副韧带完全断裂与膝前交叉韧带断裂、内侧半月板损伤同时发生,则称为膝关节损伤三联症,亦称"不幸"三联症或O'Donoghe损伤三联症。

【病因病机】

膝关节轻度屈曲时,膝或腿部外侧受到暴力打击或重物压迫,迫使膝关节作过度的旋外、外翻动作时,可使膝内侧间隙拉宽,胫侧副韧带发生扭伤或断裂。如为强大的旋转暴力,则易合并内侧半月板或前交叉韧带的损伤。其病理变化分为韧带扭伤,部分断裂或完全断裂。在外力迫使膝关节过度内翻,可发生腓侧副韧带的损伤或断裂。若暴力强大,损伤严重,可伴有关节囊的撕裂和腘绳肌及腓总神经的损伤。

【诊断】

(一)临床表现

膝关节侧副韧带损伤后,膝关节呈半屈曲位,主动、被动功能活动受限,局部肿胀,皮下瘀血,继而出现广泛性的膝及膝下部位的瘀斑,压痛明显。若合并半月板损伤,膝关节出现交锁痛。如膝部急性严重损伤合并半月板和前交叉韧带损伤或胫骨棘撕脱骨折,亦属于"膝关节损伤三联症"。一般腓侧副韧带损伤不合并外侧半月板损伤,而易合并腓总神经损伤,临床可见足下垂和小腿外下1/3及足背皮肤外侧感觉障碍。

（二）检查

1. 压痛　胫侧副韧带损伤时,压痛点在股骨内上髁；腓侧副韧带损伤时,压痛点在腓骨小头或股骨外上髁。

2. 膝关节分离试验　阳性。（见图6-5）

（三）X线检查

患膝内侧（或外侧）局麻后置两膝关节于外翻（或内翻）位作X线正位摄片,可发现韧带损伤处关节间隙增宽。若有骨折撕脱者,可在膝关节内见有骨碎片。

（四）鉴别诊断

半月板损伤、交叉韧带损伤　半月板损伤麦氏征阳性,交叉韧带损伤抽屉试验阳性,若侧副韧带破裂可在破裂处触及一裂隙。临床上还须鉴别有无合并损伤。

【辨证论治】

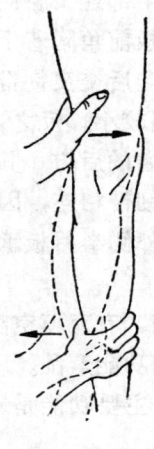

图6-5　膝关节分离试验

（一）手法治疗

侧副韧带部分撕裂者,初诊即应予屈伸膝关节1次,以纠正轻微之错位,并可以舒顺筋膜,但手法不可多做,以免加重损伤。晚期行手法,则可解除粘连、恢复关节功能。具体操作是：以胫侧副韧带损伤为例,患者仰卧,伤肢伸直并旋外。医者先点按血海、阳陵泉、三阴交等穴, 然后在损伤局部及其上、下施以揉、摩、擦等法。新鲜损伤肿痛明显者手法宜轻,日后随着肿胀的消退,手法可逐渐加重。若膝关节肿胀明显可先将膝关节内血肿抽吸干净,用弹力绷带包扎,再以石膏托固定膝关节于功能位4～5周。

（二）药物治疗

1. 内服药　早期治宜消肿祛瘀为主,可内服三七粉,每次3g,每日2次；或服舒筋丸,每次1丸,每日2次。后期治宜温经活血、壮筋活络为主,内服小活络丹,每次5g,每日2次；或服健步虎潜丸,每次5g,每日2次。

2. 外用药　早期局部外敷消瘀止痛膏或三色敷药；后期用四肢损伤洗方或海桐皮汤熏洗患处,洗后贴宝珍膏。

（三）功能锻炼

解除固定后进行膝关节屈伸锻炼。损伤轻者在第2、第3日后鼓励患者作股四头肌的功能锻炼,以防止肌肉萎缩和软组织粘连。膝关节的功能锻炼对于清除关节积液有好处。

损伤后期或手术后患者,膝关节功能未完全恢复者,可作膝关节屈伸运动及肌力锻炼,如体疗的蹬车或各种导引练功法。

（四）其他疗法

手术疗法　侧副韧带损伤,若出现韧带断裂或合并有交叉韧带损伤、半月板损伤,一般应进行手术治疗,对断裂韧带和破损关节囊进行修补,而半月板损伤者则应予以切除。若腓侧副韧带损伤合并有腓总神经损伤,应尽早行手术探查,如确定断裂,行神经端-端吻合术。

若合并有胫骨棘撕脱骨折,或韧带附着部的撕脱骨折,应作固定术。尤其是关节内骨折,骨折断端应达到解剖对位,才能避免韧带发生松弛现象。

对陈旧性胫侧副韧带断裂的治疗,应行重建手术。可选用股薄肌腱、半腱肌腱修补法。腓侧副韧带因有股二头肌和髂胫束的保护,损伤后不影响膝关节的稳定性,故不一定进行修补术。

第二节 膝交叉韧带损伤

膝交叉韧带位于膝关节之中,有前后两条,交叉如十字,常称十字韧带,相当于中医骨骼的"内连筋"。前交叉韧带起于股骨髁间窝的外后部,向前内止于胫骨髁间隆突的前部,能限制胫骨前移位。后交叉韧带起于股骨髁间窝的内前部,向后外止于胫骨髁间隆突的后部,能限制胫骨向后移位。因此,交叉韧带对稳定膝关节具有重要的作用。

【病因病机】

交叉韧带位置深在,非强大暴力不易引起交叉韧带的损伤或断裂。一般单纯的膝交叉韧带损伤少见,多伴有侧副韧带及半月板的损伤。

当暴力撞击小腿上端的后方时,可使胫骨向前移位,造成前交叉韧带损伤,有时伴有胫骨髁间隆突撕脱骨折;当暴力撞击小腿上端的前方时,使胫骨向后移位,造成后交叉韧带损伤,甚者可伴有后关节囊破裂、胫骨髁间隆突撕脱骨折和外侧半月板的损伤。

【诊断】

(一)临床表现

交叉韧带的损伤常是复合损伤的一部分。患者自觉受伤时关节内有撕裂感,关节即觉松弛并失去稳定性。由于组织撕裂,关节内积血,可见膝关节特别肿胀,关节疼痛,功能障碍,膝关节一般呈半屈曲状态。

(二)检查

膝关节抽屉试验 应先抽出关节腔内积血或积液,并在局麻下进行检查,呈阳性。(见图6-6)

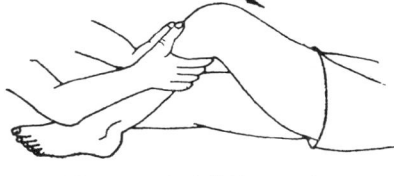

图6-6 膝关节抽屉试验

(三)X线检查

侧位片必须在膝屈曲90°,用手推拉下进行摄片,并与健侧作对照。膝正位片常发现胫骨髁间隆突撕脱骨折。侧位片由于交叉韧带松弛,而多见胫骨移位。

(四)鉴别诊断

单纯性膝关节血肿 同有肿胀、疼痛、活动受限,但无关节松动不稳现象。抽屉试验阴性,X线摄片无胫骨前后过度移动。

【辨证论治】

(一)手法治疗

膝关节交叉韧带损伤后期可适当进行膝部和股四头肌部的手法治疗,并可适当帮助作屈伸关节锻炼。

(二)药物治疗

1. 内服药 早期宜活血祛瘀、消肿止痛,如桃红四物汤、舒筋活血汤。后期治宜补养肝肾、舒筋活络,内服补筋丸、活血酒。肌力不足者,可服用健步虎潜丸或补肾壮筋汤。

2. **外用药** 早期外敷消瘀止痛或清营退肿膏,后期外贴宝珍膏。

(三) 功能锻炼

膝关节内血肿者,应早期穿刺抽吸,并用弹力绷带加压包扎后,石膏托固定膝关节于140°~160°位,使韧带处于松弛状态,以利修复。并指导患者早期行股四头肌功能锻炼,预防肌萎缩。去除外固定后,可练习膝关节屈曲,并逐步练习扶拐行走。

(四) 其他疗法

手术疗法 若交叉韧带完全断裂,关节不稳定,撕脱骨片移位较多或伴有侧副韧带和半月板损伤者,应考虑手术治疗。

第三节 膝关节半月板损伤

半月板是位于股骨髁与胫骨平台之间的纤维软骨,外缘附着于胫骨内、外侧髁的边缘。因其周边较厚而中央部软薄,故能加深胫骨髁的凹度,以适应股骨髁的凸度,使膝关节稳定。半月板可分为内侧半月板和外侧半月板。内侧较大,弯如新月形,前后长,左右窄,其后半部与胫侧副韧带相连,故后半部固定;外侧半月板稍小,似"O"形,前后角距离较近,不与腓侧副韧带相连,故外侧半月板的活动度较内侧大。外侧半月板常有先天性盘状畸形,称先天性盘状半月板。半月板具有缓冲作用和稳定膝关节的功能。

一般情况下半月板是紧粘在胫骨平台的关节面上,在膝关节的运动过程中是不移动的。只有在膝关节屈曲135°位时,关节作旋内或旋外运动,半月板才有轻微的移动,故在此体位时容易造成半月板的损伤。

【病因病机】

膝关节在屈曲135°位左右作强力外翻或内翻、旋内或旋外,半月板的上面因粘住股骨髁部而随之活动,下面与胫骨平台之间形成旋转摩擦剪力。若动作突然,力量很大,关节面之间对半月板的压力也加大。当旋转、碾挫力量超过了半月板所能承受的极限时,即可引起半月板的损伤。如篮球运动员的转身跳跃、铁饼运动员的旋转动作都是在瞬间完成,具有强大的暴发力易导致半月板损伤;而某些长期蹲位的工作,亦可劳损致伤,使半月板的后角破损。

半月板损伤一般分为:边缘型撕裂、前角撕裂、后角撕裂、横行撕裂、水平撕裂、桶柄式撕裂等类型。

半月板血运较差,除边缘性损伤部分可获愈合外,一般不易愈合。

【诊断】

(一) 临床表现

患者多有膝关节突然旋转、跳起落地时扭伤史,或有多次膝关节扭伤、肿痛史。

患者多见于青壮年。一般关节一侧或后方痛,位置较固定。股四头肌萎缩,肌力减弱,膝关节控制乏力。上、下楼梯时会发生关节交锁、不稳或滑落感,膝关节突然伸直障碍,经人或自己将患肢旋转、摇摆后才能恢复。

股四头肌萎缩常见于半月板损伤后期,关节间隙压痛,有时伴有响声,膝关节过伸、过屈试验可引起疼痛,回旋挤压试验阳性。

(二) 检查

1. 回旋挤压试验 阳性。(见图6-7)
2. 研磨试验 阳性。(见图6-8)

(三) X线检查

X线摄片虽对半月板损伤诊断意义不大,但可排除其他疾病,故仍不失为一种常规检查方法。

图 6-7 回旋挤压试验

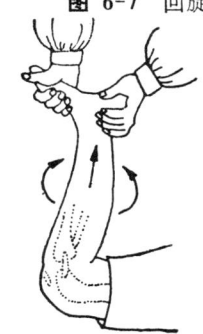

图 6-8 膝关节研磨试验

膝关节充气造影、碘造影或充气和碘剂结合造影具有一定诊断价值,可以确定半月板损伤部位。

(四) 膝关节镜检查

对关节内结构可提供直观形象,但不能以它来完全代替其他检查。对半月板损伤,只有在临床上高度怀疑而经体检、X线造影均无法肯定或排除,或体检与X线造影不相符,或不能肯定何侧半月板损伤以及半月板切除术后长期原因不明的疼痛或遗留其他症状时,才需做关节镜检查。

(五) 鉴别诊断

关节内游离体 其也能引起关节活动时突然交锁和响声,但由于游离体在关节内随意活动,故关节运动受阻的位置也会随之变动,而不像半月板损伤有固定的角度和体位发生交锁。X线摄片,游离体常常显示骨性,诊断比较明确。

【辨证论治】

(一) 手法治疗

嘱患者仰卧,放松患肢。医者左手拇指按摩痛点,右手握踝部,徐徐屈曲膝关节并内外旋转小腿,然后伸直患膝。初期可在膝关节周围和大腿前部施以㨰、揉方法以促进血液循环,加速血肿消散。

对膝关节交锁的患者,亦可用屈伸手法解除交锁。患者仰卧,屈膝、屈髋90°。一助手握持股骨下端,医者握持踝部,两人相对牵引。医者可内外旋转小腿几次,然后使小腿尽量最大屈曲,再伸直下肢,即可解除交锁。

(二) 药物治疗

1. 内服药 早期治宜消肿止痛,内服桃红四物汤或舒筋活血汤。后期治宜温经、通络、止痛,内服健步虎潜丸或补肾壮筋汤。
2. 外用药 早期局部外敷三色敷药,局部红肿较甚者可敷以清营退肿膏。后期可用四肢损伤洗方或海桐皮汤熏洗患膝。

（三）功能锻炼

急性损伤期可用夹板或石膏托固定膝关节于170°休息位3～4周，并进行股四头肌的主动收缩锻炼，防止肌肉萎缩。去除固定后，可指导进行膝关节的屈伸活动和步行锻炼。

（四）其他疗法

经保守治疗无效应尽量早期手术切除。

第四节 膝关节创伤性滑膜炎

膝关节囊的滑膜层是构成关节内的主要结构之一。膝关节的关节腔壁除股骨下端的内、外侧髁和胫骨上端的内、外侧髁及髌骨的关节软骨面之外，其余的大部分为关节囊滑膜所遮盖。滑膜富有血管，血运丰富。滑膜细胞分泌滑液，可保持关节软骨面滑润，增加关节活动范围。一旦滑膜病变，如不及时、有效地处理，滑膜则发生功能障碍，影响关节活动成为慢性滑膜炎，逐渐变成增生性关节炎。

膝关节创伤性滑膜炎是指膝关节损伤后引起的滑膜无菌性炎症反应，临床上分急性创伤性和慢性劳损性炎症两种，后者以肥胖女性多见，中医称之谓"痹证挟湿"或"湿气下注"。急性者多是损伤后关节内瘀滞积液，湿热相搏，使膝关节发热、肿痛，热灼筋肉而拘挛，致关节屈伸不利。

【病因病机】

由于暴力打击、创伤、扭伤、过度劳损、关节附近骨折或外科手术等，使滑膜受伤充血，产生大量积液，滑膜损伤破裂则大量血液渗出。积液、渗血可增加关节内压力，阻碍淋巴系统的循环。由于关节内酸性代谢产物的堆积，可使碱性关节液变成酸性。如不及时清除积液或积血，则关节滑膜在长期慢性刺激和炎性反应下逐渐增厚、纤维化，并引起关节粘连，影响关节功能活动。

慢性滑膜炎一般由急性创伤性滑膜炎失治转化而成，或其他慢性劳损导致滑膜产生炎症渗出、关节积液。多属中医的"痹证"范围。

【诊断】

（一）临床表现

临床表现可分为急性和慢性两种。急性者膝部肿胀、疼痛，一般呈膨胀性或隐痛，膝关节活动不利，尤以伸直及完全屈曲时胀痛难忍。压痛点不定，可在原发损伤处有压痛。肤温可增高，按之有波动感，膝关节活动受限程度随损伤情况而定。转为慢性滑膜炎者，常有膝关节粘连，影响关节活动，日久可出现股四头肌萎缩。关节穿刺抽出液为淡粉红色液体，表面无脂肪滴。

（二）检查

浮髌试验　阳性。（见图6-9）

（三）X线检查

X线摄片骨质无异常表现，可排除骨折以及其他膝关节疾患。

（四）辅助检查

在严格无菌条件下，可行膝关节抽液送检。其抽出液应为淡粉红色液，表面无脂肪滴，

白细胞计数小于 $0.5\times10^9/L$。

（五）鉴别诊断

创伤性关节内积血　其要点是创伤性关节内积血在受伤后立即发生，疼痛明显，而膝关节创伤性滑膜炎常在受伤后 6~7h 以后开始出现，多无明显疼痛。创伤性关节内积血常伴有局部和全身体温增高，膝关节创伤性滑膜炎多无此反应。关节穿刺液，膝关节创伤性滑膜炎呈粉红色液体，创伤性关节内积血常呈血性。

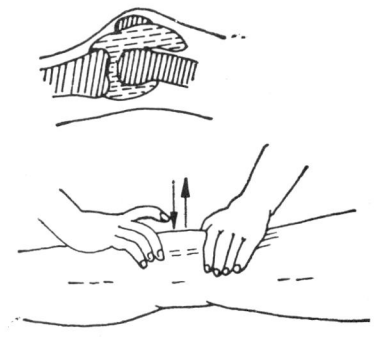

图 6-9　浮髌试验

【辨证论治】

（一）手法治疗

膝关节肿胀消退后可采用手法治疗，以活血化瘀，消肿止痛，预防粘连。患者仰卧位，医者先点按髀关、伏兔、双膝眼、足三里、阴陵泉、三阴交、解溪等穴；然后将患者髋、膝关节屈曲 90°，医者一手扶膝部，另一手握踝上，在牵引下摇晃膝关节 6~7 次；再将膝关节充分屈曲，再将其伸直。最后，在膝部周围施以滚法、揉捻法、散法、捋顺法等。动作要轻柔，以防再次损伤滑膜组织。

（二）药物治疗

1. 急性创伤性滑膜炎　瘀血积滞者，治宜散瘀生新为主，内服桃红四物汤加三七末 3g，外敷消瘀止痛膏。慢性期水湿潴留、肌筋弛弱，治宜祛风燥湿、强肌壮筋，内服羌活胜湿汤加减或服健步虎潜丸，外贴万应膏或用熨风散热敷、四肢外洗方外洗。

2. 慢性创伤性滑膜炎　若寒邪较盛，可用散寒、祛风、除湿之法，方选乌头汤。若风邪偏盛，则以祛风除湿、消除肿胀为法，用蠲痹汤。

（三）功能锻炼

本病的治疗应正确处理膝关节活动与固定的辨证关系，活动可能增加关节积液和继续出血，但适度活动亦可防止肌肉萎缩和关节粘连。功能锻炼主要进行股四头肌收缩锻炼，包括直腿抬高和距小腿关节用力背屈。每日数次，每次 5min。

（四）其他疗法

1. 关节穿刺　在局部麻醉和严格无菌操作下，于髌骨外缘行关节穿刺。穿刺针达到髌骨后侧，抽净积液和积血，并注入泼尼松龙 12.5~25mg 加 1% 普鲁卡因 3~5ml。穿刺点用消毒纱布覆盖，再用弹力绷带加压包扎。若积液反复发生，可重复穿刺数次。

2. 石膏托固定　用长腿石膏托把膝关节固定于伸直位 2 周，以减轻症状。但不能长期固定，以免肌肉萎缩。

第五节　髌腱断裂

髌腱断裂好发于 45 岁以上的中老年人，且膝关节有退行性改变或髌腱有赘生物者。髌腱属于股四头肌腱的延伸部分，是伸膝装置的主要组成部分，故髌腱断裂可使伸膝功能丧失。

【病因病机】

直接或间接暴力均可导致髌腱断裂,如刀、铲或机械的直接切割;或下肢负重时,突施暴力使膝关节伸直、股四头肌强力收缩;或暴力打击,加之股四头肌的间接收缩力复合力的作用,都可造成髌腱部分或完全断裂。

【诊断】

(一) 临床表现

在遭受暴力损伤后突发膝关节部疼痛、肿胀、伸膝无力。

(二) 检查

髌腱部有局限性压痛,髌骨因髌腱的断裂而向上移位,断裂部可扪及空虚感。伸膝抗阻力试验阳性。(在伸膝时给小腿部施加阻力,以对抗伸膝运动。若膝关节不能伸直或有剧烈的疼痛反应,即为伸膝抗阻力试验阳性)。

(二) X 线检查

X 线摄片可见髌骨上移。若在髌骨尖撕裂者,可见小骨片阴影;陈旧性者,伤处因血肿机化、钙化形成新骨影,且有股四头肌萎缩。

(三) 鉴别诊断

髌骨骨折　X 线摄片可确诊。

(一) 手法治疗

髌腱部分断裂可采用理筋手法,顺其撕裂方向按压,使其复位。

(二) 药物治疗

1. 内服药　早期,局部肿胀明显、瘀血严重、疼痛较甚者,应服用跌打丸或活血丸。亦可用大成汤和三妙丸合用,促进瘀肿消退,减轻疼痛。

恢复期可服用新伤续断汤或健步虎潜丸,以达到强壮筋肌,加速功能恢复的目的。

2. 外用药　可配合中药外洗、热烫等法。

(三) 功能锻炼

在医生的指导下进行循序渐进的运动训练,或进行膝关节的功能锻炼至肌力恢复,防止关节粘连。如早期进行股四头肌的收缩练习,直腿抬高,距小腿关节用力背屈。

(四) 其他疗法

1. 髌腱部分断裂　肿胀期可外敷消肿化瘀散,固定伤肢于伸膝170°位,禁止作股四头肌的功能锻炼4～6周。待肿胀消退后,再施以手法,将局部筋结推平,松解局部粘连,促进关节功能的早日恢复。

2. 髌腱完全断裂　应手术缝合,石膏固定6周。

3. 陈旧性髌腱断裂　由于股四头肌挛缩不易靠拢缝合,可用不锈钢丝横穿髌骨和胫骨结节,使两者靠拢,将钢丝扭紧后,再修补髌腱断端。术后用石膏托固定膝关节于伸直位,3周后行股四头肌锻炼,6周后去除外固定,并开始进行膝关节的屈伸锻炼。功能恢复后可用小切口拆除钢丝。

第六节　髌前、髌下滑膜囊炎

髌前、髌下滑膜囊炎是指外伤或慢性刺激作用于髌前、髌下滑膜囊而出现以滑液增多、滑膜囊肿大为主要表现的一种疾患。

髌骨前方滑膜囊有三个：一是髌前皮下囊（在髌前皮下与深筋膜之间），二是髌前筋膜下囊（在阔筋膜与股四头肌腱之间），三是髌前腱下囊（在股四头肌腱与髌的骨膜之间）。髌下囊又分深、浅两囊，髌下深囊位于髌韧带内面与胫骨之间；髌下皮下囊位于髌韧带与皮肤之间。滑膜囊的主要作用是减少肌腱之间、肌腱与骨骼之间的摩擦，以及散发热量等。

【病因病机】

本病分急性和慢性两类，一般急性滑膜囊炎常因外伤或感染所致，慢性滑膜囊炎多与职业性慢性劳损有关。主要病理改变是滑膜囊渗出液增多，滑膜囊肿大。

【诊断】

（一）临床表现

主要表现为髌前、髌下疼痛和肿胀，压痛轻微，波动征阳性。髌骨和膝关节活动受限不明显，多无全身症状。滑膜囊穿刺可得淡红色或棕黄色滑液，培养液无细菌生长。若为化脓性，则症状和体征加重，多有全身症状，表现极似急性化脓性膝关节炎。关节内肿胀多可因直腿抬高而减轻，反之则多为关节外肿胀。

（二）X线检查

X线摄片有助于判断髌骨及膝关节是结核性还是感染性病变。

（三）辅助检查

本病若出现感染病灶时，应作常规化验室检查，血象检查可有白细胞计数、中性粒细胞偏高。

【辨证论治】

（一）手法治疗

1. 晃法　患者仰卧，屈髋。医者一手扶患膝，另一手握踝部，按顺时针方向摇晃10～20次。

2. 点按法　患者体位同上。医者两手拇指在髌前肿胀处点按，力量由轻到重，约1min。

3. 推揉法　医者一手握小腿，另一手揉膝部10～20次。

（二）药物治疗

内服药　外伤性者，治宜消肿散瘀止痛，选用活血祛瘀汤；感染性者，局部红、肿、热、痛者，治宜清热解毒、活血止痛，选用仙方活命饮加桃仁、红花、三七等。慢性者，根据中医辨证论治的原则，挟湿或寒湿瘀结者，治宜健脾利湿、祛风散寒，可选用健脾除湿汤加减。

（三）其他疗法

1. 非感染性的急、慢性滑膜囊炎　均可穿刺抽吸加压包扎，并可向滑膜囊中注入泼尼松龙25mg加1%普鲁卡因2～4ml。

2. 感染性滑膜囊炎　肢体适当制动，局部外敷如意金黄散，肌注抗生素。如已化脓，则应尽早切开排脓，引流。切口应选在滑膜囊的两侧。

3. 对于慢性滑膜囊炎，久治无效者　可行手术切除，术后固定时间不宜过长。

第七节　髌骨软化症

髌骨软化症是髌骨软骨面及与其相对的股骨髌面的关节软骨由于损伤而引起的退行性

变。主要病理变化为髌骨关节面软骨有局限性的软骨软化原纤维形成，发生软骨裂隙等病变。

【病因病机】

本病多发生于运动员，常由慢性或急性损伤引起，如膝的长期猛烈屈伸活动，使髌股之间发生长期猛烈的摩擦；或长期的直接压迫（长腿石膏在髌骨部包扎过紧）；或高位或低位髌骨以及膝内、外翻畸形等因素，均使髌骨软骨粗糙、软化、纤维化、碎裂和脱落。损伤面积可逐渐扩大，同时股骨髁的髌面亦发生同样病变，还可以累及关节滑膜和脂肪垫，而发生充血、渗出和肥厚等改变。

【诊断】

(一) 临床表现

患者初为膝部不适，继而有髌骨后方疼痛，膝内侧隐痛，活动时或活动后疼痛加重，上、下楼梯尤为明显。随后，自觉髌股之间有摩擦感，压迫髌骨有疼痛，尤以膝外侧压痛明显，膝关节活动度正常，但有细小摩擦音。

(二) 检查

1. 髌骨压磨试验　挤压髌骨或左右、上下滑动髌骨时有粗糙感和摩擦音，并伴有疼痛不适；或一手尽量将髌骨推向一侧，另一手直接按压髌骨，若髌骨后出现疼痛者，均为阳性。

2. 单腿下蹲试验　患肢单腿站立，逐渐屈膝下蹲时出现膝软、膝痛即为阳性，髌下出现摩擦音亦为阳性。

(三) X 线检查

X 线摄片早期无病变可见，中、晚期在侧位片上可见关节间隙变窄，髌骨软骨面粗糙不平，软骨下骨硬化和髌骨边缘骨质增生。

(四) 鉴别诊断

本病须与半月板损伤、胫骨结节骨软骨病和髌下脂肪垫肥厚相鉴别。

【辨证论治】

(一) 手法治疗

患者仰卧，患肢伸直，股四头股放松。医者用手掌轻轻按压髌骨体作研磨动作，以不痛为度，每次 5~10min；然后用拇、食指扣住髌骨的两侧，作上下捋顺动作，约 5min，以松解髌骨周围组织，减轻髌、股之间超过生理限度的压力和刺激；再在膝关节周围施以㨰法、揉捻法、捋顺法、散法等舒筋手法。

(二) 药物治疗

1. 内服药　治宜补肝肾、温经通络止痛，可选用健步虎潜丸或补肾壮筋汤。
2. 外用药　可用海桐皮汤熏洗患部。

(三) 功能锻炼

早期宜用夹板或石膏托将膝关节固定于伸直位 3～4 周，同时进行股四头肌收缩锻炼。去除固定后，可进行膝关节屈伸活动和步行锻炼。

(四) 其他疗法

1. 症状较轻者　可用泼尼松龙 12.5mg 加 1% 普鲁卡因 2ml 作关节内注射。
2. 对症状较重　非手术治疗无效者，可作手术治疗，可选用软骨病灶切除术，或髌骨软骨面全切除术或髌骨切除术，或用胫骨结节垫高术。

第八节 髌下脂肪垫肥厚

髌下脂肪垫位于髌骨下面、髌韧带后面与关节囊之间。膝关节囊的滑膜在髌骨下方中线两侧向关节囊内突入,形成滑膜翼状皱襞,其内夹有脂肪组织,称为脂肪垫,主要作用是加强关节稳定和减少摩擦。所谓髌下脂肪垫肥厚是指脂肪垫受损后充血、肥厚甚或发生无菌性炎症并与周围组织粘连的疾患,属中医的"痹证"范畴。多发生于运动员及膝关节运动较多者,女性多于男性。

【病因病机】

髌下脂肪垫肥厚的病因目前尚不十分明了,有的继发于髌骨软化症,有的是反复的膝关节扭挫伤所致,时间长则使脂肪垫发生水肿、充血、肥厚、机化,继之出现退行性改变,逐渐引起疼痛,甚至膝关节功能障碍。

【诊断】

(一) 临床表现

患者自觉膝部疼痛,膝关节完全伸直时疼痛加重,并有酸痛、无力感。髌韧带及两侧肿胀、膨隆,并有压痛。劳累后症状加重,一般不影响关节活动,有时膝痛可向后放射至腘窝。若脂肪垫嵌顿于关节间隙内,会出现剧痛和跛行。

(二) 检查

1. 过伸试验　患者仰卧,膝关节伸直平放。医者一手握伤肢踝部,另一手按压膝部,使膝关节过伸,髌下脂肪处有疼痛,即为过伸试验阳性。

2. 髌腱松弛压痛试验　患者仰卧,膝伸直。医者一手拇指放在内膝眼或外膝眼处,另一手掌根放在前一拇指指背上,放松股四头肌(髌腱松弛),逐渐用力向下压拇指,压处有明显疼痛感。若令患者收缩股四头肌,重复以上动作,且压力相等,出现疼痛减轻者,为阳性。

(三) X 线检查

膝关节侧位片可见脂肪支架纹理增粗,并由髌骨下向膝关节放射排列。

(四) 鉴别诊断

髌骨软化症　膝关节过伸时有痛感,当对髌骨加以挤压则疼痛更明显。单腿下蹲试验阳性。

【辨证论治】

(一) 手法治疗

患者仰卧位,将膝关节屈曲90°。医者先点按梁丘、血海、膝眼、阳陵泉、足三里等穴,然后将患肢伸直,医者于膝关节处施一指禅推法或揉法5~10min,以舒筋活血。再以医者的手掌根部对髌韧带处作揉、捻、压、推等手法,力量由轻到重,务使局部有酸、胀、热感为度。再将膝屈至140°左右,用拇指捋散两膝眼处,由韧带向两侧捋散之,再将小腿及大腿的肌肉理顺。

(二) 药物治疗

1. 内服药　选用活血、散结、止痛的中药。

2. 外用药　选用消瘀止痛膏外敷患处,可配合中药外洗。

(三) 功能锻炼

适当进行膝关节的屈伸活动和股四头肌收缩锻炼,可预防关节粘连和肌肉萎缩。

(四) 其他疗法

1. 局部封闭疗法　局部注射泼尼松龙 12.5mg 加 1% 普鲁卡因 5～10ml。
2. 手术疗法　上述治疗无效者,可用手术切除肥厚的脂肪垫。

第九节　腘窝囊肿

腘窝囊肿又称膝关节囊后疝,是腘窝深部滑膜囊肿或膝关节囊滑膜向后膨出的统称,多为单发。

腘窝囊肿多见于腓肠肌内侧头腱下囊或半膜肌囊,约占腘窝囊肿 50% 以上。囊肿病变约有半数有孔与关节腔相通,有少数囊肿位于解剖较薄弱的部位,且缺孔较大,如腘肌腱陷窝处。

【病因病机】

本病发病原因仍不十分清楚,一般认为由慢性损伤,或由于膝关节内压力增高,致使关节囊在薄弱的地方突出,形成关节疝。发病隐袭,囊内为胶样粘液。

【诊断】

(一) 临床表现

初期仅有腘窝部不适或肿胀感,有时有下肢乏力感。当囊肿增大,则可出现肿块,呈圆形或椭圆形,囊性而有张力,表面光滑,无压痛或仅有轻压痛,可影响屈膝功能。伸膝时肿块较明显且表面变硬,屈膝时肿块不明显且较软。有些患者可伴有关节退行性变、损伤、积液和股四头肌萎缩,胫神经或腓神经放射性疼痛。穿刺肿物其内容物为淡黄色胶样粘液。

(二) X线检查

X 线检查可排除膝关节其他病变。

(三) 鉴别诊断

腘窝脂肪瘤　质地较软,小者不影响膝关节功能。穿刺肿物,一般抽不出内容物。

【辨证论治】

(一) 手法治疗

对滑膜囊不与关节腔相通者,可试行挤压法。患膝屈曲位,医者用手把囊肿推挤到一边,最好能压在骨性的壁上,然后,拇指用力把囊壁挤破,加压揉挤,使粘液分流,囊壁闭锁。再给予局部加压包扎。

(二) 药物治疗

1. 内服药　一般可服活血化瘀中药。
2. 外用药　外敷消肿祛瘀药膏。如囊壁已破,囊肿变小,为使肿块进一步消散,可外敷消瘀止痛膏、双柏膏。

(三) 其他

单纯腘窝囊肿可采用囊内注射醋酸氢化可的松。由关节内病变引起的腘窝囊肿,应先处理关节内病变。通常关节内病变治愈后,囊肿可自行消失。若不消失,再行手术切除。

第十节 腓肠肌损伤

腓肠肌是小腿肌的后群小腿三头肌的浅层之肌肉,分为内侧头和外侧头,分别起于股骨内、外侧髁的后面,向下的跟腱止于跟骨结节处。腓肠肌强大而有力,对人体的站立具有重要的作用。

【病因病机】

腓肠肌损伤,常由小腿肌肉强力收缩或拉伸所致,如网球运动员的强力弹腿,或从高处跳下前足着地,或负重行走、剧烈奔跑等,多见于运动员、搬运工、杂技演员等。若直接暴力伤,多为利刃、棍棒伤以及被冲撞、踢伤。慢性劳损多发生在肌肉与肌腱联合部,直接暴力多发生于肌腹及跟腱部分。

【诊断】

(一) 临床表现

暴力导致的急性损伤,伤后即出现局部肿胀、疼痛、压痛,并有广泛性皮下出血,行走困难,小腿屈曲受限。慢性损伤者肿胀不明显,局部疼痛,被动牵拉或主动收缩小腿后部肌肉均感局部疼痛。

(二) X 线检查

X线摄片检查可排除骨折损伤。

(三) 鉴别诊断

跟腱周围炎 多发生于春秋季节,尤其以体力劳动者多见,触诊时局部有捻发音。

【辨证论治】

(一) 手法治疗

1. 滚法 患者俯卧位,医者在小腿后侧、足跟部施用滚法,达到舒筋活血、改善局部新陈代谢、促进组织修复的目的。

2. 捋法 医者以拇指沿腓肠肌腱纤维方向进行捋顺,可达消肿、止痛、理顺挛缩、消散粘连的目的。

3. 侧击法 医者以两手小鱼际部对小腿腓肠肌进行由轻至重的叩击,使肌肉震动,加速局部血运,解除粘连,促进功能恢复。

(二) 药物治疗

1. 内服药 治宜活血化瘀、消肿止痛,选用活血祛瘀汤、活血止痛汤等。

2. 外用药 局部外敷驳骨散、伤湿止痛膏,并可配合中药外洗如骨科外洗一方。

(三) 功能锻炼

腓肠肌损伤应适当给予休息,减少活动,以利于损伤的修复。严重者可给予夹板或石膏固定,解除固定后在医生指导下,进行下肢关节的功能锻炼。

(四) 其他疗法

1. 局部封闭疗法 对慢性劳损性损伤,可在局部注射泼尼松龙 $12.5 \sim 25$ mg 加 1% 普鲁卡因 $2 \sim 4$ ml,每周1次。

2. 手术疗法 对急性损伤致肌肉大部分或全部断裂者,应及早行手术修补。

第七章 踝及足部筋伤

距小腿关节,又称踝关节,是由胫、腓骨的下端的踝关节面与距骨滑车组成的蜗状关节。胫骨下端内侧向下的骨突称为内踝,胫骨下端后缘向下突出者称为后踝,腓骨下端的突出部分称为外踝。外踝比内踝窄,但较长,其尖端在内踝尖端下0.5cm,且位于内踝后约1cm。内、外、后三踝构成踝穴,即距小腿关节窝。距骨是下肢唯一的一个没有肌肉附着的骨块,位于踝穴内,分体、颈、头三部,有6个关节面。距骨颈部覆有骨膜,为主要营养血管进出部。距骨体前宽后窄,其上面的鞍状关节面与胫骨下端的凹形下关节面相接,其两侧关节面分别与内、外踝的关节面嵌合。距骨体下部有三个关节面,与跟骨的相应关节面对合。距骨头的关节面和舟骨构成距舟关节。

胫腓两骨下端被坚韧而有弹性的骨间膜、胫腓前、后韧带及横韧带连结在一起。当距小腿关节背屈时,因较宽的距骨体前部进入踝穴,胫、腓两骨可稍稍分开;跖屈时,两骨又互相接近。

距小腿关节的关节囊前后松弛,两侧较紧;距小腿关节的前后韧带较薄,这样的解剖结构有利于距小腿关节的屈伸活动。距小腿关节的内、外侧副韧带比较坚强。内侧韧带又称三角韧带,分深浅两层。浅层为胫跟韧带,止于跟骨载距突的上部。深层呈三角形,尖朝上,基底朝下,止于距骨颈、体的非关节部分。外侧副韧带不如内侧韧带坚韧,分为三束,即跟腓韧带(外束)和距腓前、后韧带(前束、后束)。

除关节、韧带之外,肌腱也加强距小腿关节的稳定性,如后方有跟腱、前方有𧿹长伸肌和趾伸肌,前内方有胫骨前肌,后内方有胫骨后肌,外侧有腓骨长、短肌。

距小腿关节的活动范围因人而异,一般足背屈可达20°～30°,足跖屈可达40°～50°。当距小腿关节背屈时,腓骨旋外、上升并向后移动,踝穴增宽1.5～2mm,以容纳较宽的距骨体前部进入踝穴,同时胫腓韧带相应紧张,距骨内、外侧关节面与内、外踝关节面紧密相贴,距小腿关节稳定,故在足背屈位受伤时每易造成骨折。而足跖屈时,距骨体较宽部分滑出踝穴,其较窄部分进入踝穴,腓骨旋内、下降并向前移动,踝穴变窄,距骨呈与两踝关节面仍然接触,但胫腓韧带变松,距小腿关节相对不稳定,故容易发生韧带损伤。距小腿关节的功能主要是足背屈、足跖屈与负重,处理踝部损伤时,必须考虑到距小腿关节的这两种功能,既要保持其负重的稳定性,又须注意其活动的灵活性。

足骨共有7块跗骨、5块跖骨和14块趾骨,它们由骨间韧带、足底韧带和背侧韧带所约束。足的内缘形成一个平衡良好的机械弓形结构,依靠静止性支撑和动力性杠杆负重,并使人体向前移动。足背筋膜很薄,呈膜状,足底皮肤很厚,耐磨,并附有一层结实的纤维脂肪,其下层有强大的足底腱膜,中央较厚,两侧较薄。在足背,趾短伸肌起于跟骨上外方,向下分为四股,内侧者附于𧿹趾近节趾的基底,而其他三股则在第2、第3、第4趾的背侧,与趾长伸肌一起,伸至足趾。足底的趾短屈肌可分为三组。这些肌肉协助足的外展、内收和屈曲、伸直。

足部结构的排列足以持重，保持人体稳定，并能行使站立、行走和跑跳功能。人体的重量由距骨承担，然后分散到其他25块骨上。这些骨排列成两个足弓，即纵弓和横弓。

足弓不仅依靠不同形状的骨结构相互接合，同时还依靠韧带和足的内在肌和小腿长肌的肌力来维持，这样就能使足适应任何动作。

第一节　距小腿关节内、外侧韧带损伤

距小腿关节周围主要的韧带有内侧副韧带、外侧副韧带和胫腓韧带。内侧韧带又称三角韧带，上方起于内踝，向自下呈扇形附于足舟骨、距骨和跟骨，是一条坚韧的韧带，不易损伤；外侧副韧带起自外踝，止于距骨前外侧的为距腓前韧带，止于跟骨外侧的为跟腓韧带，止于距骨后突的为距腓后韧带；胫腓韧带又称下胫腓韧带，为胫骨与腓骨下端之间的骨间韧带，是保持距小腿关节稳定的重要韧带。

距小腿关节扭伤甚为常见，可发生于任何年龄，但以青壮年较多。临床上一般分为内翻扭伤和外翻扭伤两大类，以前者多见。

【病因病机】

多因行走或跑步时突然踏着不平的地面或上下楼梯、走坡路不慎踏空；或骑自行车、踢球等运动中不慎跌倒，使足过度内翻或外翻而产生踝部扭伤。

跖屈内翻损伤时，容易损伤前外侧的距腓前韧带；单纯内翻损伤时，则容易损伤外侧的跟腓韧带。外翻姿势损伤时，由于内侧韧带比较坚强，较少发生损伤，但可引起胫腓韧带撕裂。若为直接的外力打击，除韧带损伤外，多合并骨折和脱位。

【诊断】

（一）临床表现

有明显的距小腿关节扭伤史，伤后踝部疼痛、功能障碍。损伤轻者仅局部肿胀，损伤重者整个距小腿关节均可肿胀，并有明显的皮下瘀斑，皮肤呈青紫色，跛行步态，伤足不敢用力着地，活动时疼痛加剧。

内翻损伤者，外踝前下方压痛明显，若将足作内翻动作时则外踝前下方疼痛；外翻扭伤者，内踝前下方压痛明显，强力作踝外翻动作时则内踝前下方剧痛。严重损伤者，在韧带撕裂处可摸到有凹陷，甚至摸到移位的关节面。

（二）检查

足内、外翻试验　将足内翻及外翻时，如发生疼痛，说明内侧或外侧韧带损伤。

（三）X线检查

距小腿关节正侧位摄片，可以帮助排除内、外踝的撕脱性骨折。若损伤较严重者，应作强力内翻、外翻位的摄片，可见到距骨倾斜角度增大，甚者可见到移位现象。

（四）鉴别诊断

踝部骨折　局部压痛明显，可有骨畸形、骨擦音等，X线摄片检查有骨折征象。

【辨证论治】

（一）手法治疗

损伤严重、局部瘀肿较甚者，不宜行重手法。对单纯的踝部伤筋或部分撕裂者，可使用理筋手法。患者平卧，医者一手托住足跟，另一手握住足尖部，缓缓作距小腿关节的背屈、跖

屈及内翻、外翻动作(见图7-1),然后用两掌心对握内外踝,轻轻用力按压,理顺筋络,有消肿止痛作用。再在商丘、解溪、昆仑、丘墟、太溪、足三里等穴按摩,以通经活络。

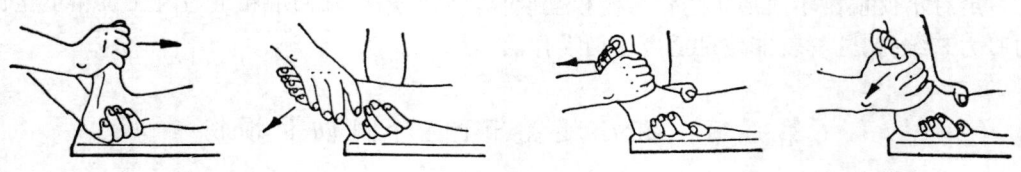

图 7-1 理筋手法

恢复期或陈旧性距小腿关节扭伤者,手法宜重。特别是血肿机化、产生粘连、距小腿关节功能受限者,则可施以牵引摇摆、摇晃屈伸等法,以解除粘连,恢复功能。

（二）药物治疗

1. 内服药　早期治宜活血化瘀、消肿止痛,内服七厘散及舒筋丸。后期治宜舒筋活络、温经止痛,内服活血酒或小活络丹。

2. 外用药　初期肿胀明显者,可外敷消肿化瘀散、七厘散、双柏散之类。中、后期肿胀较轻,可外贴狗皮膏、伤湿止痛膏。并可配合活血舒筋的中药外洗,如骨科外洗一方、骨科外洗二方。

（三）固定治疗

理筋手法之后,可将距小腿关节固定于受损韧带松弛的位置。若为韧带断裂者,可用管型石膏固定,内侧副韧带断裂固定于内翻位,外侧副韧带断裂固定于外翻位,6周后解除固定,下地活动。若为韧带撕裂伤可用胶布固定,外加绷带包扎,外翻损伤固定于内翻位,内翻损伤固定于外翻位,一般可固定2～3周。

（四）功能锻炼

外固定之后,应尽早练习跖趾关节屈伸活动,进而可作距小腿关节背屈、跖屈活动。肿胀消退后,可指导做距小腿关节内翻、外翻的功能活动,以防止韧带粘连,增强韧带的力量。

（五）其他疗法

1. 局部封闭疗法　对距小腿关节损伤的中、后期,关节仍疼痛、压痛较局限者,可选用泼尼松龙12.5～25mg加1%普鲁卡因2～4ml作痛点封闭,每周1～2次。

2. 手术疗法　陈旧性损伤外侧韧带断裂,致距小腿关节不稳或继发半脱位者,可坚持腓骨肌锻炼,垫高鞋底的外侧缘。功能明显障碍者,可行外侧韧带再造术,选用腓骨短肌代替断裂的外侧副韧带。

陈旧性损伤内侧韧带断裂者,可切开进行韧带修补术,术后均采用石膏外固定6周。

第二节　跗跖关节扭伤

跗跖关节是跗骨与跖骨之间的关节,是由第1、第2、第3楔骨和骰骨与第1～5跖骨组成的一组微动关节。关节的背面及足底面均有长短不一的韧带将足骨紧密地连接在一起,有的韧带构成关节囊的一部分。跗跖背侧韧带所受压力较小,较薄;跗跖足底韧带所受压力大,因而较坚韧;而维持足弓的重要韧带还有跟舟韧带、跖长短韧带、内侧韧带和足底腱膜。跗跖足底韧带的主要作用是拉紧跟骰和跟跖,防止关节脱位。内侧韧带一方面稳定胫距关节,不使其分离,同时亦向内上拉紧跟骨,使其不向外翻,间接地防止距骨下陷、内倾,限制足前部的外展。足底腱膜为一坚强腱膜,犹如弓弦维持足弓,同时保护足底的肌肉和血管、神经。由于足的内翻机会多,故外侧的跗跖关节损伤比较常见,而且常合并跗跖关节的错缝或脱位。

【病因病机】

多由道路不平时,行走不慎,或上、下楼梯时踏空、内翻致扭伤,亦可在运动中如跑、跳等情形下扭伤。在足内收、内翻时,可使跗跖关节韧带撕裂,以至部分或全部跗跖关节错缝及半脱位。由于关节的错缝及韧带撕裂,可出现局部疼痛剧烈,血肿较明显。

【诊断】

(一)临床表现

外伤后,局部明显肿胀、疼痛,足的活动功能受限,不敢着地走路。足内翻损伤时,第4、第5跖骨关节处压痛明显;足外翻损伤时,第1楔骨与第1跖骨组成的跗跖关节处疼痛明显。作足的内、外翻检查时,上述相应损伤位置处疼痛增加。

(二)X线检查

一般无骨、关节损害征象,轻微的骨错缝X线摄片亦难以显示。

(三)鉴别诊断

内翻损伤时,应注意是否合并有第5跖骨基底部骨折,其压痛部位主要在第5跖骨基底部。X线摄片显示骨折,可资鉴别。

【辨证论治】

(一)手法治疗

扭伤早期可采用理筋手法。患者平卧,伤足伸于床边。助手用两手固定踝部,医者两手握住足的跖骨部位,先作对抗拔伸,然后在拔伸下作轻微摇摆,再作足内翻跖屈,外翻背屈,最后再用理筋手法理顺筋肌。术后患足适当包扎固定,卧床休息2周,尽量少下地活动。

(二)药物治疗

1. 内服药　早期治宜活血化瘀、消肿止痛,服用活血丸,每次1丸,每日2~3次。中、后期治宜舒筋活络,服用舒筋活血汤。

2. 外用药　早期可外敷消肿止痛膏,每日1剂。中、后期外洗舒筋活血洗方,每日1剂。

(三)其他疗法

局部封闭疗法　中后期仍有疼痛者可采用泼尼松龙12.5mg加1%普鲁卡因2ml作痛点封闭。每周1~2次,2~3周为1疗程。

第三节　跟腱断裂

跟腱由腓肠肌与比目鱼肌的肌腱合成,是人体最强有力的肌腱之一,止于跟骨结节,能使距小腿关节作跖屈运动,承受负重步行、跳跃、奔跑等的强烈牵拉力量而不易被拉伤。一般地说,跟腱的完全性断裂临床并不多见,然而一旦损伤,则严重影响距小腿关节功能。多发生于20~40岁男性,临床上分为完全性断裂与不完全性断裂。

【病因病机】

直接暴力伤多为刀、铲、斧等锐器直接切割所致,造成跟腱开放性断裂。断裂口较整齐，腱膜也多同时受损伤。

间接暴力伤多由于跟腱本身存在的病理变化引起，如职业性运动损伤造成的小血管断裂、肌腱营养不良、发生退行性改变或跟腱钙化等，再受到骤然猛力牵拉，如从高处跳下前足着地或剧烈奔跑等，均可使跟腱受过度牵拉而产生部分甚至完全性的跟腱断裂。断端可参差不齐，一般损伤在跟腱的附着点以上2～3cm处，腱包膜可能完整。多见于演员及运动员。

直接与间接暴力所致的联合损伤多发生于跟腱处于紧张状态时，如足部受到垂直方向的重物砸伤，加之小腿三头肌的突然猛力收缩造成的跟腱断裂。局部皮肤挫伤较严重，周围血肿较大，或跟腱断端参差不齐。较常见于产业工人。

【诊断】

(一) 临床表现

开放性损伤，易于诊断，肉眼可见到跟腱部断裂。

闭合性损伤，局部有明显肿胀，疼痛，跖屈无力，不能踮脚站立，跛行，外观可见跟腱部失去原有形态而凹陷。

(二) 检查

1. 外观 局部有压痛，断裂处可摸到裂陷，肌腹上移。检查小腿腓肠肌，嘱患者跖屈距小腿关节时，看不到肌腹的收缩反应。

2. 提跟试验 患者不能提跟30°(距小腿关节跖屈60°)站立，仅能提跟60°(距小腿关节跖屈30°)站立，为试验阳性，说明跟腱断裂。因为提跟30°是跟腱的作用，而提跟60°站立是胫骨后肌和腓骨长、短肌的协同作用。

(三) X 线检查

X线摄片可排除距骨结节部的撕裂性骨折。

(四) 鉴别诊断

跟骨骨折 表现局部压痛、叩击痛，或有骨擦音、畸形等，X线检查有骨折征象。

【辨证论治】

(一) 手法治疗

对跟腱部分撕裂者，可将患足跖屈，在肿痛部位作轻轻地按压、揉摩，并在小腿三头肌肌腹处作按摩，使肌肉松弛以减轻近端跟腱回缩。

完全性或开放性跟腱断裂手术后期，可于解除外固定后在局部施用按压、揉摩，以及在小腿三头肌部作按压、揉摩，促进功能恢复。

(二) 药物治疗

1. 内服药 早期治宜活血祛瘀、消肿止痛，选用续骨活血汤、七厘散、活血丸、舒筋丸等，后期可选用六味地黄丸、壮筋续骨丹以补肾滋肝。

2. 外用药 后期可配合运用中药外擦、熏洗，如海桐皮汤外洗，跌打酒外擦等。

(三) 功能锻炼

早期应在医生指导下作股四头肌的收缩锻炼，外固定解除后在医生指导下作距小腿关节的屈伸活动及行走锻炼。

(四) 其他疗法

手术疗法 对新鲜的完全性断裂或开放损伤，宜早期手术治疗。术后膝关节屈曲、距小腿关节跖屈位，管型石膏固定4～6周。

第四节　跟腱滑膜囊炎

跟腱止点的前、后部和前下部各有微小的滑膜囊,跟腱滑膜囊炎是指上述滑膜囊积液、肿胀和炎性反应。40~60岁者多发,一般男性多于女性。

【病因病机】

外伤、慢性劳损、感染或骨刺的刺激均可引起本病,故从病理上可分为外伤性、感染性和慢性劳损性三种。

外伤性滑膜囊炎主要是由于外伤长期的刺激,如长途跋涉、奔跑、跳跃,使跟腱周围受到牵拉、摩擦,而引起滑膜囊炎。感染性滑膜囊炎主要由急、慢性炎症所引起。慢性劳损性是由于跟腱、滑膜囊的退行性改变,或穿鞋过窄,反复摩擦,导致滑膜囊的慢性炎症,囊壁增厚,囊腔积液。

【诊断】

(一) 临床表现

跟腱附着部肿胀、压痛,走路时因鞋的摩擦疼痛加重,跟骨后上方有软骨样隆起,表面皮肤增厚,皮色略红、肿胀,触之有囊样弹性感,局部压痛明显。

(二) X 线检查

X线摄片多无异常发现,部分患者距小腿关节侧位片上可见跟后方的透亮三角区模糊或消失。病程长而影响行走者,可见局部脱钙、骨质稀疏表现。

【辨证论治】

(一) 手法治疗

劈法　患者俯卧床上,患侧膝关节屈曲90°。医者一手拿住患足作背屈固定,使跟腱紧张,另一手的小鱼际部,对准滑膜囊用力劈之。以达促进局部气血流通,消肿止痛的目的;或击破滑膜囊,使液体消散吸收。

(二) 药物治疗

1. 内服药　治宜养血舒筋、温经止痛,内服当归鸡血藤汤。
2. 外用药　外用八仙逍遥汤熏洗患足,或外用熨风散作热熨。

(三) 固定疗法

一般不需外固定,但急性期宜相对静止休息,症状好转后仍宜减少活动。且可在患足鞋后帮内衬置海棉垫,以减少与跟腱部位的摩擦。

(四) 其他疗法

1. 局部封闭疗法　可在局部用**泼尼松龙**12.5mg加1%普鲁卡因3~5ml作囊内注射,每周1次,3~4次为1疗程。
2. 手术疗法　经保守治疗无效,病情严重者,可做滑膜囊切除术。手术时须将跟结节的后上角突起部切除,以防术后复发。

第五节　跟　腱　炎

跟腱是小腿三头肌的延伸组织,附着于跟结节,是人体最强大的肌腱之一。在小腿三头肌收缩时,有屈小腿、提足跟和固定距小腿关节及防止身体前倾等作用。跟腱炎是指跟腱及其周围组织(脂肪、筋膜、滑膜囊)因外伤或慢性劳损引起的炎症。

【病因病机】

引起本病的原因有直接暴力,如跟腱突然受到直接外力的撞击、挤压、钝挫,造成跟腱本身及周围的充血、水肿等;有间接暴力,如人体在弹跳、急跑中,由于小腿三头肌用力过猛,急剧收缩,造成跟腱的撕裂、捩伤,以致跟腱周围充血、水肿等;跟腱长期与周围组织摩擦也可造成慢性的局部炎症性改变等。

【诊断】

(一) 临床表现

急性损伤即见跟腱周围肿胀、压痛,距小腿关节屈伸可引起疼痛,作足跖屈抗阻力试验疼痛加剧。后期可见跟腱周围变硬,距小腿关节屈伸受限,此时疼痛可能减轻,但距小腿关节活动不便,上、下楼梯时更觉困难。

(二) 检查

小腿三头肌抗阻力试验　令距小腿关节背屈后加阻力于足掌,再让患足跖屈,患足跟腱部疼痛,即为小腿三头肌抗阻力试验阳性。

(三) X 线检查

晚期 X 线摄片或可见跟腱周围的钙化影。

(四) 鉴别诊断

闭合性跟腱断裂　跟腱断裂多发生于年轻人,一般在骤然运动或劳动时,因足用力跖屈所致,感觉跟腱部位骤然疼痛,有受沉重打击之感。此后走路时跖屈无力,检查时发现在跟腱止点上约 3cm 处有压痛,断裂处可摸到凹陷,足跖屈功能丧失,伤腿单站立时不能抬起足跟。

【辨证论治】

(一) 手法治疗

早期局部肿胀较甚,可用拇、食两指在跟腱两侧轻揉推擦,以通经活血,消肿止痛。可反复操作,每日 1～2 次。

中、后期肿胀消退,但跟腱局部变性硬化,则可使用提、推、拨、按等法。手法应轻柔,不能过重,因此时肌腱变性、钙化,手法过重可人为造成跟腱断裂。

(二) 药物治疗

1. 内服药　早期损伤可内服活血丸、跌打丸、七厘散,中、后期可服用舒筋汤。

2. 外用药　早期外敷双柏散膏、四黄膏,中、后期配合骨科外洗二方外洗。

(三) 其他疗法

1. 理疗　手法治疗后可配合理疗,如使用超短波、磁疗,以促进局部血液循环,加速组织的修复,恢复肢体功能。

2. 局部封闭疗法　后期患者,症状时轻时重,反复发作,可局部注射泼尼松龙 12.5mg 加 1% 普鲁卡因 3～5ml,每日 1～2 次。

第六节 踝管综合征

踝管综合征是指胫后神经通过距小腿关节内侧之纤维骨性隧道(踝管)受压时而产生的综合征。踝管系距小腿关节内侧之纤维骨性隧道,长约2~2.5cm。其顶部由屈肌支持带构成,两侧和底部由距骨和跟骨的内侧面构成。踝管内有胫骨后肌、趾长屈肌腱、胫后血管、胫后神经以及姆长屈肌腱,肌腱周围有腱鞘。在神经、血管和肌腱之间,有纤维间隔和少量脂肪、结缔组织。胫后动脉通过内踝后面,在屈肌支持带下面发出分支,供应足内侧皮肤。胫后神经通过踝管后发出的足底内侧神经,支配姆展肌、5个趾短屈肌、第1蚓状肌和内侧三个半脚趾的感觉;足底外侧神经则潜入姆展肌深面,通过姆长屈肌腱旁的纤维弓,然后经过足底面,支配跖方肌、小趾展肌和外侧的一个半足趾的感觉。从上述局部解剖情况来看,若胫后神经、血管在踝管内受压,可产生两个分支的相应症状。(见图7-2)

本病主要发生于青少年,年龄在15~30岁之间,男性多见,多数为从事体力劳动或体育运动者。

【病因病机】

产生本病的主要病因是踝部扭伤、骨折畸形愈合、局部慢性劳损或由于足的外翻畸形,致屈肌支持带紧张性增加,加重了对胫后神经、肌腱的压迫,造成腱鞘水肿、充血,鞘壁增厚,体积增大,以致挤压管内胫后神经而产生踝管综合征。

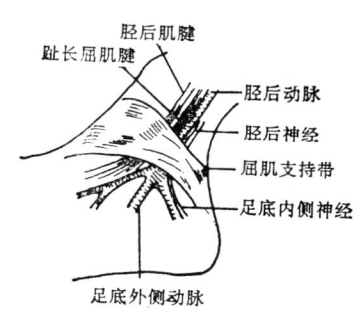

图7-2 踝管解剖

【诊断】

(一) 临床表现

轻者常在行走、久立或劳累后,内踝下方有不舒服的感觉,局部有压痛。较重者足跗部和跟骨内侧出现感觉异常或麻木,踝管部有梭形肿块,叩压可引起明显疼痛,并可向足底放射,足趾皮肤可有发亮、汗毛脱落、少汗等自主神经功能紊乱征象,甚或有足部内在肌萎缩现象。

(二) 检查

1. 神经干叩击试验 叩击或重压内踝后面胫后神经出现疼痛及麻木感觉即为阳性。

2. 止血带试验 在小腿双侧扎止血带,充气后使压力维持在收缩压以下,阻滞静脉回流,而动脉保持通畅。患肢足底如出现疼痛与麻木感觉为阳性。

(三) X线检查

晚期X线摄片可在距骨内侧显示有明显的骨刺形成。

(四) 鉴别诊断

本病应与如坐骨神经痛、周围血管病、跖间神经纤维瘤、跖底胼胝、急性纵弓扭伤或足底筋膜炎及局部风湿样病损相鉴别。

【辨证论治】

(一) 手法治疗

早期可在内踝后作推揉摩擦,并嘱患者自行推揉、摩擦,起到活血、通络、止痛作用。

（二）药物治疗

1. **内服药** 治宜活血化瘀通络、消肿止痛，方选舒筋活血汤、大活络丸。
2. **外用药** 外敷可用活血消肿药物如消肿化瘀散、金黄膏、五虎丹等。另可配合骨科外洗二方，进行熏洗、热敷。

（三）其他疗法

1. **局部封闭疗法** 可用当归红花注射液2ml，或泼尼松龙12.5mg加1%普鲁卡因3ml，作踝管内注射，每周1～2次，2～3周为1疗程。
2. **手术疗法** 经保守治疗1～2个月后仍无好转者，可考虑手术治疗。术后仍可酌用中药外洗。

此外，还可选用理疗、电疗、针灸、肢体抬高等方法治疗。

第七节 腓骨长、短肌腱滑脱

腓骨长、短肌腱滑脱是指腓骨长、短肌腱滑脱至外踝前方的一种疾病。

腓骨长肌起于腓骨小头及腓骨上2/3的外侧面和小腿深筋膜，肌束向下移行于长的肌腱，经腓骨短肌的后面，行于外踝的后方，经腓骨肌上支持带的深面、跟骨外侧面的滑车突下方和腓骨肌下支持带深面的骨性纤维管，弯至足底内侧。

腓骨短肌位于腓骨长肌的深面，起自腓骨外侧面下2/3和前后肌间隔，其肌腱与腓骨长肌腱一同下降，先居其内侧，后居其前方，然后行至外踝后方，经腓骨肌上支持带的深面，沿跟骨外侧面向前行，止于第5跖骨粗隆。

正常情况下，腓骨长、短肌腱一起通过外踝后侧的腓骨肌上、下支持带深面的骨性纤维管向前进入足部外侧。若支持带断裂，肌腱滑出浅沟，则产生滑脱。

【病因病机】

常见于运动损伤，如在滑雪、滑冰、踢足球等剧烈运动中，足处于轻度内翻位，当受到突然强大背屈的外力时，引起腓骨肌猛烈地反射性收缩，腓骨肌腱冲破其上支持带的限制，滑向外踝前方。或由于腓骨肌上、下支持带及骨性纤维管韧带发育不良，或慢性损伤产生退变，使韧带变脆，往往在足急剧内翻背屈而腓骨肌又紧张之下，可造成骨性纤维管韧带断裂，腓骨长、短肌腱向前滑脱。

急性损伤常易被漏诊或以踝部扭伤而误诊。至晚期，每当踝背屈时，腓骨肌腱滑向外踝前方，伴有弹响、疼痛，当踝跖屈时则可自行复位，临床上称为习惯性腓骨肌腱滑脱。

【诊断】

（一）临床表现

急性损伤时出现跛行步态，外踝处疼痛、肿胀，于外踝前方可触到移位的腓骨肌腱，并有明显的压痛。慢性期足部易发生疲劳，局部疼痛或有肿胀，轻度跛行，屈伸足时可听到肌腱滑动响声，并可触到滑脱的肌腱及压痛。

（二）X线检查

X线摄片一般无异常表现，但有时可以发现外踝后缘有小的撕脱骨片，对诊断有参考价值。

【辨证论治】

（一）手法治疗

对新鲜滑脱患者，可用手法复位。患者仰卧，一助手固定小腿中、下段。医者一手握住足跟，另一手握住足的跗跖关节部，先拔伸、摇晃距小腿关节，然后使足跖屈外翻，握足之手的拇指从外踝的前上向后下方推脱位的肌腱，使其复位。之后使足内翻背屈，按压肌腱之手再用力沿肌腱走向，向上方推按，使肌腱回纳复位。

（二）固定治疗

手法复位之后，可用海棉垫压住外踝后方，并以胶布贴紧，外加绷带包扎并用内、外侧超距小腿关节夹板固定，可固定于轻度外翻位、跖屈位4周。亦可用短腿管形石膏固定。

（三）药物治疗

1. 内服药　早期可内服七厘散、活血丸，中、后期可服用舒筋丸或壮筋续骨丹、八珍汤等。

2. 外用药　早期可外敷双柏散膏、接骨散等药物，后期可外贴狗皮膏、麝香关节止痛膏，亦可配合中药外洗如骨科外洗二方。

（四）功能锻炼

早期主要锻炼股四头肌和足的跖屈，去除外固定后可穿加高鞋跟的矫形鞋进行步行锻炼，逐渐恢复足的正常功能活动。

（五）其他疗法

手术疗法　对早期损伤手法治疗无效者，或早期因延误治疗转为慢性习惯性滑脱者，均可采用手术修补、复位治疗。术后距小腿关节固定于中立位4～6周，解除外固定后进行功能锻炼。

第八节　跟　痛　症

跟痛症是足跟部周围疼痛疾病的总称，好发于40～60岁的中、老年人。《诸病源候论》述："夫劳伤之人，肾气虚损，而肾主腰脚。"说明劳累过度、肾气不足可引起腰脚痛。

足跟部是人体负重的主要部分，从解剖上看，足跟下部皮肤是人体中最厚的皮肤，皮下脂肪致密而发达，又称脂肪垫。在脂肪垫与跟骨之间有滑膜囊存在，足底腱膜及趾短屈肌附着于跟骨内侧结节前方，而跟腱呈扇状附着在跟骨结节的后上方。此外，足的纵弓是由跟、距、舟骨及第1楔骨和第1跖骨组成，而维持纵弓的足底腱膜，起自跟骨结节，向前伸展沿跖骨底面附着于5个足趾的脂肪垫上，再止于趾骨骨膜上。它们的关系有如弓与弦，在正常步态中要承受跖趾关节背屈、趾短屈肌收缩、体重下压之力，且均将集中于跟骨结节上。上述的各种解剖结构和在人体中的重要作用，随着机体素质的下降，长期慢性的劳损，以及某些持久的站立、行走的刺激，均可发生跟骨周围的痛症。（见图7-3）

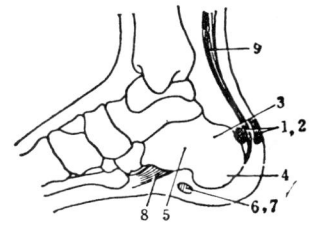

图7-3　发生在跟骨周围的痛症
1. 跟腱滑膜囊炎　2. 跟腱止点撕裂伤　3. 痹证后跟痛症　4. 跟骨骺炎　5. 足底腱膜炎　6. 跟骨滑膜囊炎　7. 跟骨下脂肪垫炎　8. 肾虚性跟痛症　9. 跟腱周围炎

跟痛症临床上一般可分为三类：①跟后痛，主要有跟腱滑膜囊炎（见第七章第四节）、跟腱止点撕裂伤、痹证性跟痛症。②跟下痛，主要有足底腱膜炎、跟骨下滑膜囊炎、跟骨下脂肪垫炎、肾虚性跟痛症。③跟骨病,如跟骨骨骺炎、跟骨骨髓炎、骨结核,偶尔也有良性肿瘤或恶性肿瘤所致,但跟骨病不属于筋伤学范围。

跟腱止点撕裂伤

跟腱即为小腿三头肌腱,约起始于小腿中、下 1/3 部,呈扇状牢固地止于跟骨结节的后上方,长约 15cm。主要功能是使足跖屈,并是人体行走、跑跳的主要肌力传导结构。腱的外周有一鞘膜包裹,增加了跟腱的滑动灵活性。

【病因病机】

跟腱止点的撕裂伤主要是间接暴力所致,多由于小腿三头肌的反复收缩,造成跟腱附着处过度疲劳而发生撕裂伤,致使局部充生充血、水肿、变性、组织增生等病理改变。

【诊断】

(一) 临床表现

有反复跟部损伤的病史,足后跟处疼痛、肿胀、压痛,足尖着地无力,足跖屈抗阻力减弱。

(二) X 线检查

X 线摄片常无异常表现。

【辨证论治】

(一) 手法治疗

早期可采用理顺肌筋的手法,以利于撕裂的跟腱生长,中、后期可采用按、捻、拍等手法,以解除粘连,恢复功能。

(二) 固定治疗

早期为利于损伤的修复可适当制动,如在手法理顺肌筋后采用夹板外固定 1～2 周,或卧床休息。后期可逐步加大活动量,以恢复肢体功能。

(三) 药物治疗

1. 内服药 早期治宜化瘀消肿止痛,服用桃红四物汤;中、后期治宜舒筋活络、行气止痛,服用肢伤二方。

2. 外用药 早期外敷定痛膏,中、后期外敷狗皮膏、伤湿止痛膏,并可配合海桐皮汤外洗。

(四) 其他疗法

1. 理疗 局部采用理疗,如红外线照射、氦氖激光、磁疗等。

2. 局部封闭疗法 可用泼尼松龙 12.5mg 加 1% 普鲁卡因 3～5ml 作痛点封闭,每周 1～2 次。

痹证性跟痛症

痹证性跟痛症是一种原因不十分明确的跟部疼痛性疾病,好发于青少年。

【病因病机】

无明显外伤史及其他器质性原因,有些患者可有关节痛或发热等病史。

【诊断】

(一) 临床表现

跟部肿胀、疼痛,皮肤色红,皮温稍高,跟骨部压痛,活动稍有跛行,跟部受力时疼痛加重。

(二) 实验室检查

可能有血沉增快,类风湿因子阳性。

(三) X 线检查

早期可无异常表现,后期可有跟部骨质增生征象。

【辨证论治】

(一) 药物治疗

1. 内服药 治宜祛风除湿、通络止痛,可选用独活寄生汤加减。若疼痛较重者,可加用制川乌、蜈蚣、红花,寒邪偏重者,可加用附子、干姜;湿邪偏重者,可加防己、苍术;正气未虚者,可酌减白芍、地黄、人参等药。

2. 外用药 偏于风寒者,可选用骨科外洗二方,以活血通络、祛风止痛;偏于热痹者,可选用骨科外洗一方,以活血通络、舒筋止痛。平常可用活血酒外擦患处,每日 3～5 次。外用药膏可选损伤风湿膏外敷,以祛风湿、行气血、消肿痛。

(二) 其他疗法

1. 红外线灯局部照射 一般以局部有舒适感、皮肤出现均匀的淡红色斑、皮温不超过 45℃ 为宜,每次照射时间为 15～30min,每日 1 次。

2. 短波热透疗法 剂量大小主要以人体的感觉为标准,辅以氖灯的亮度及仪表上读数大小来衡量。一般分为无温量(无温感)、微温量(微温感)、温热量(有温热感)和热量(有较明显的温热感),视伤情选用。每次 20～30min 为宜。

跟骨骨骺炎

跟骨骨骺炎又称跟骨粗隆骨骺无菌性坏死,或称跟骨骨凸炎,亦称塞维尔(Sever)病或 Haglund 病。好发于 8～13 岁儿童,男孩多见。因跟骨后方的二级骨化中心在 5～7 岁时出现,13～14 岁后逐渐闭合,故本病只发生在生长期的儿童。

【病因病机】

跟骨骨骺部既是跟腱、足底腱膜和足内在肌的附着处,又是负重点,同时承受着双向牵拉力和体重的直线压力,足弓过高和爱好运动的儿童易患本病。病理改变是跟骨骨骺骨化异常,骨突有缺血性坏死,骨化中心的大小、形态不规则,密度增高,有时可见碎裂。

【诊断】

(一) 临床表现

外伤史不明显。跟骨后下方疼痛及压痛,有轻度肿胀,常在长时间行走或站立后发生,休息后好转。有时晨起疼痛,行走后好转,而行走过多时疼痛反而加剧。跛行,足背屈时疼痛加重,并可沿跟腱区扩散,运动后症状加重。

(二) X 线检查

X 线摄片可显示跟骨骨骺小而扁平,外形不规则,骨化不全或有硬化、碎裂现象。

【辨证论治】

(一) 固定治疗

一经确诊,症状较轻者可卧床休息。症状较重但又不易保持安卧者,可用石膏托固定 2～4 周,解除固定后仍可配合其他治疗。

(二）药物治疗

1. 内服药　治宜强壮筋骨、和络止痛，服用补肾壮筋丸，每次 5g，每日 2 次。
2. 外用药　可用万应膏外贴或用骨科外洗二方外洗。

（三）其他疗法

1. 自疗　一般认为当患儿长到跟骨骨骺发育成熟时，症状多数可以自行消失。为了减轻跟腱紧张，可将鞋后跟部垫高行走，并避免跟骨后部受压。
2. 局部封闭疗法　当局部疼痛较剧时，可采用泼尼松龙 12.5mg 加 1% 普鲁卡因 3～5ml 作局部痛点封闭，每周 1～2 次，4～6 次为 1 疗程。

足底腱膜炎

足底腱膜起自跟骨结节，沿足底面向前伸展而附着于 5 个足趾的脂肪垫上，再止于趾骨骨膜，其作用是维持足纵弓的关系和参与跖屈肌腱的活动。足底腱膜炎多指发生于足底腱膜在跟骨结节起始部的无菌性炎症。

【病因病机】

大多由于长期站立工作或长期从事奔跑、跳跃等运动，或属扁平足，以致足底腱膜长期处于紧张状态，在跟骨附着处产生充血性渗出和钙化性改变。

【诊断】

（一）临床表现

站立或行走时，足跟下面疼痛，疼痛可沿跟骨内侧向前扩展到足底。尤其早晨起床以后或休息后开始行走时疼痛更明显，活动一段时间后疼痛反而减轻。压痛点在跟骨负重点稍前方的足底腱膜处。

（二）X 线检查

X 线摄片可见在足底腱膜跟骨附着处可有钙化现象，其形状类似跟骨棘，不过足底腱膜的钙化显得平而小，不如跟骨棘突向皮下。

【辨证论治】

（一）手法治疗

顶捻法　用拇指在压痛部位顶压，同时作捻法。

（二）药物治疗

外用药　可选用骨科外洗二方，每日熏洗局部，洗时尽量作踝部背屈、跖屈等动作。

（三）其他疗法

理疗　局部磁疗，可用静磁场法，将磁片用胶布贴在疼痛部位，3～5 日检查 1 次，或更换粘贴部位。

跟腱滑膜囊炎

跟腱滑膜囊位于跟下脂肪垫与跟骨之间。

【病因病机】

长期站立在较硬地面上工作，或跟部受过挫伤，可使滑膜囊渗出增加和充血，出现慢性无菌性炎症。

【诊断】

(一) 临床表现

行走或站立时跟下疼痛较明显,足跟骨结节下方可有肿胀,局部压痛,按之有囊性感。

(二) X 线检查

X线摄片无异常表现,但可协助排除骨性疾病。

【辨证论治】

(一) 药物治疗

1. 内服药　治宜活血、化瘀、舒筋,服用活血舒筋汤等。
2. 外用药　早期可选用骨科外洗二方,每日熏洗局部1～2次。

(二) 其他疗法

1. 局部封闭疗法　可用泼尼松龙12.5mg加1%普鲁卡因3～5ml,或用丹参注射液2ml作局部封闭,每周1～2次,2～3次为1疗程。
2. 手术疗法　经保守治疗无效而疼痛较甚者,可考虑作滑膜囊切除术。

跟骨下脂肪垫炎

跟骨下脂肪垫位于跟骨与跟部皮肤之间,脂肪致密而发达,当跟骨下脂肪垫受损伤,发生充血、水肿、增生等病理改变,出现足跟肿痛、不适,称为跟骨下脂肪垫炎。但因跟部皮肤较厚,故一般跟骨下脂肪垫较少损伤。

【病因病机】

多有足跟部外伤史,如足跟被石子硌伤,引起跟骨下脂肪垫损伤,产生充血、水肿、增生、肥厚性改变。

【诊断】

(一) 临床表现

站立或行走时足跟下方疼痛,按压时似有肿胀性硬块感,并有压痛。

(二) X 线检查

X线摄片无异常表现。

【辨证论治】

(一) 手法治疗

可每日按摩足跟部,以促进局部血液流通,起到活血通络的作用。

(二) 药物治疗

外用药　中药可选用海桐皮汤外洗,每日1剂,外洗1～2次。

(三) 其他疗法

1. 理疗　可选用超短波电疗法,每日1次,每次20～30min,亦可选用红外线疗法。
2. 局部封闭疗法　必要时可用泼尼松龙12.5mg加1%普鲁卡因2ml作局部封闭,每周1～2次,2～3周为1疗程。

肾虚性跟痛症

肾虚性跟痛症多由肾气亏损,骨失滋养而致的足跟疼痛、不适之症。《素问·六节藏象论篇》载有"肾者……其充在骨。"《素问·阴阳应象大论篇》则述"肾生骨髓","在体为骨"。说明肾对骨的生长、发育、修复均有重要作用。

【病因病机】

年老体弱或久病长期卧床不起者,由于肝肾不足,骨痿筋弛,足不能负重,而发跟痛。现代医学则认为久病卧床,足跟部因不经常负重而发生退行性变,皮肤变薄,跟下脂肪垫部分萎缩,骨骼发生脱钙变化,骨质疏松而致跟痛。

【诊断】

(一)临床表现

行走、站立时感两腿酸软无力,两足跟部酸痛,行走时间越长,酸痛越明显。

(二)X线检查

X线摄片可见跟骨有脱钙、皮质变薄的表现。

【辨证论治】

(一)药物治疗

内服药 首先应针对病者的原发病进行治疗,其次在原发病未根除之前,可选用六味地黄丸、金匮肾气丸等滋补肝肾之品进行调理,以助强筋壮骨之效。

(二)功能锻炼

适当指导患者进行床上的功能锻炼,如膝、距小腿关节的屈伸锻炼,以增强下肢的肌力。继之可鼓励患者步行,逐渐增加运动时间,使之恢复人体的正常功能,减少跟骨骨质疏松。

第九节 跖 痛 症

跖骨头挤压足底神经所引起的足底部疼痛称跖痛症,多发生于横弓处。本症好发于中、老年体弱的妇女,非体力工作的男性,或某些消耗性疾病之后。

【病因病机】

常因足部骨性结构异常(足横弓扁平等)、韧带缺乏弹性或人体承重时产生横弓塌陷,第2、第3、第4跖骨头下垂,挤压足底神经,或由于慢性劳损或跖骨头部遭受外力挤压的刺激等,产生损伤性神经疼痛。

【诊断】

(一)临床表现

患者多在步行时觉足跖骨头处有持续性灼痛,或阵发性放射痛,待休息疼痛缓解后才能继续步行。严重者疼痛可向上波及小腿,足背可有微肿。若因韧带松弛而患本病者,侧方挤压跖骨头可以减轻疼痛。若是压迫性者,则可加重或引起疼痛,上下方向挤压跖间隙亦感疼痛。松弛性者可合并骨间肌萎缩,足趾可呈爪形,跖骨头之足底部可见胼胝形成。

(二)X线检查

X线摄片显示第1、第2跖骨头之间间隙增宽,第1跖骨头内翻。

(三)鉴别诊断

跖骨头无菌性坏死引起的跖痛症 此病好发于第2跖骨头,X线摄片显示跖骨头变平、硬化变形等。

【辨证论治】

(一)手法治疗

患者仰卧,下肢伸直。医者先点按阴谷、阴陵泉、三阴交、太溪、照海、然谷等穴,然后以拇指点按、揉捻痛点,再以擦法使足底发热。

(二)药物治疗

外用药 可选用活血止痛中药煎洗,如海桐皮汤、骨科外洗二方,每日2次。或外敷消肿止痛膏、外擦伤筋药水。

(三)其他疗法

1. 矫形疗法 穿合适的矫形鞋,垫高跖骨头近端,减轻其对神经的压迫。并训练跖趾关节运动,作跖趾关节跖屈、背屈活动以增强肌力。

2. 局部封闭疗法 选用泼尼松龙12.5mg加1%普鲁卡因2ml封闭痛点,每周1~2次,2~3次为1疗程。

3. 手术疗法 经非手术方法治疗无效,或症状严重者,可手术切除该处的神经,并矫正足部畸形。

第十节 踇趾滑膜囊炎

踇趾滑膜囊炎是踇外翻畸形的并发病症,为成人的足部常见病之一。

【病因病机】

踇外翻畸形大多发生在有扁平足的患者,或由于长期穿紧小尖头鞋者。由于内侧楔骨、第1跖骨与其他楔骨、跖骨连结的松弛,在长期或不适当的负重下,内侧楔骨和第1跖骨向内移位,引起纵弓和横弓的塌陷,踇趾因受踇收肌和踇长伸肌的牵拉向外移位。踇趾的跖趾关节呈半脱位,关节囊的内侧部附着处因受长期牵拉,可产生骨赘。该跖趾关节突出部因长期受鞋的摩擦而产生滑膜囊炎,局部出现红肿热痛,囊内积液,囊壁增厚。

踇外翻一般无症状,只有少数患者有疼痛及功能障碍。但患踇趾滑膜囊炎则大多数会出现临床症状,甚者可因感染而造成化脓性踇趾滑膜囊炎。

【诊断】

(一)临床表现

早期症状常不明显,仅觉局部微红或稍肿,穿尖头紧鞋时有受压感,活动时稍有疼痛,行走多时则疼痛较甚。

检查时可见患足的第1跖趾关节外突,皮肤发红、肿胀、压痛,并可触到一壁厚的滑膜囊。(见图7-4)

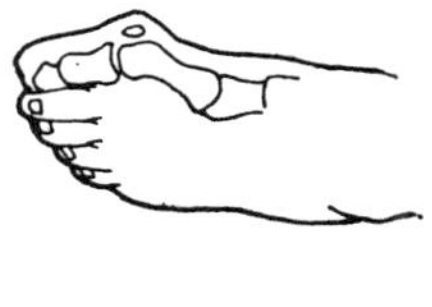

(二)X线检查

X线摄片可见第1跖趾关节半脱位,骨质无异常改变。

【辨证论治】

(一)手法治疗

图 7-4 踇外翻畸形

可为局部作揉按手法,并将踇趾向远端牵拉及内收,对症状有缓解作用。

(二)药物治疗

外用药 外敷双柏散膏,每日1次,以消肿止痛。并可每晚用中药熏洗患足,如选用八仙逍遥汤熏洗。

(三) 其他疗法

1. 局部封闭疗法 可用泼尼松龙 12.5mg 加 1% 普鲁卡因 1~2ml 作囊内注射,每周 1~2 次,2 周为 1 疗程。

2. 理疗 可选用超短波、磁疗、蜡疗等方法。

3. 手术疗法 经上述保守治疗,症状无改变者,可选用手术治疗。畸形较轻者可选用骨赘切除,踇内收肌腱切断术。畸形较重者,可切除第 1 跖骨的骨赘和近端趾骨的基底部,造成无痛性假关节。

第八章 颌颈部筋伤

第一节 颞下颌关节紊乱症

颞下颌关节紊乱症是指颞下颌关节受到超常外力作用及劳损、寒冷刺激或周围炎症波及引起的下颌骨离位、伤筋,而随之产生的一系列临床症状与体征,亦称为颞下颌关节错缝。本病为颞下颌关节常见的疾病,多发于20~40岁青壮年。

【病因病机】

颞下颌关节由下颌骨的下颌头与颞骨的下颌窝和关节结节构成,发病原因较为复杂,目前还不甚明了,一般认为与下列因素有关:

(一) **情绪不稳定和身体虚弱**

患者多伴有情绪急躁,易怒,精神紧张,容易激动,失眠和身体虚弱等,引起人体生理功能紊乱而导致颞下颌关节紊乱症。患者每当神经衰弱或情绪波动时,易复发或加重。有人将此解释为关节周围组织的兴奋和抑制。中医认为颞下颌关节部位属肾,肾气不足则筋弱而易变性;而过度劳累,使虚弱之筋更易受损。

(二) **咬合关节紊乱**

牙齿咬合有早接触点、创伤牙合、错合等异常,两侧后牙缺失过多或过久,不良假牙的修复和过度磨耗常致上、下颌间距离改变以及夜间磨牙等,这些都可以破坏颞下颌关节内部组织之间的平衡关系。

(三) **外伤**

某些患者发病前常有受暴力打击史和开口过大致颞下颌关节扭伤史,如打呵欠、施行过口腔或咽部手术等可导致关节内软骨盘的破裂,关节囊周围韧带的撕裂伤,使颞下颌关节的平衡失调而发病。

(四) **其他因素**

如颞下颌关节和牙齿的生长、发育异常或牙齿充填不良等。此外,中医认为因气血虚弱遭受风寒侵袭也可能引起本症。

【诊断】

(一) **临床表现**

颞下颌关节区疼痛,关节强直,活动时发出弹响声。多为一侧,两侧较少。下颌运动异常,张口时下颌骨向健侧歪斜;闭口时,牙缝不能并齐。有时张口受限,咀嚼肌酸痛和咀嚼无力。少数患者还有头昏、耳鸣和听觉障碍等。

注意颞下颌关节两侧是否对称,有单侧咀嚼习惯者常咀嚼的一侧面部较丰满,而另一侧较塌陷。下颌运动受限,颞下颌关节处压痛,张口度减小。张口、闭口时下颌出现弹跳现象,同时伴有弹响。可用手指按压左、右侧髁突位置上,以辨明髁突的滑动情况。

(二) 特殊检查

颞下颌关节造影　在造影片上，关节盘往往不能自由向前滑动。

(三) X线检查

X线摄片两侧颞下颌关节相对比，可排除骨性疾患。如髁突顶白线明显消失或缺损，表示创伤性关节炎症；关节间隙变狭和比例失调，表示关节盘或髁突移位。

(四) 鉴别诊断

颞下颌关节脱位　颞颌关节脱位有张口不能闭上、关节处空虚等表现。

【辨证论治】

(一) 手法治疗

1. 摇法　以左侧颞下颌关节紊乱为例。医者以左手食指（包裹纱布）伸入口腔内向下扣住下颌骨，右手拇指压在髁突部位，余下四指拿住下颌骨。助手双手固定住患者头顶部，左手带住下颌骨作摇晃手法，使两侧关节活动。（见图8-1）

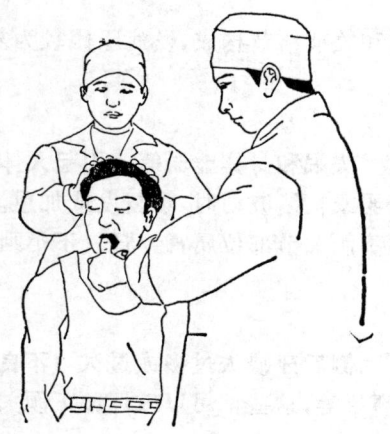
图 8-1　摇法

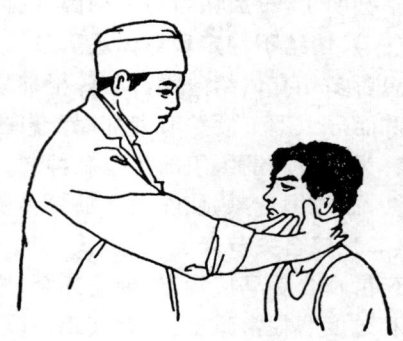
图 8-2　按法

2. 捻法　在摇晃的同时左手拇指在髁突部位作揉捻动作。

3. 按法　摇晃、揉捻数次后，从口腔内拿出食指，用左手掌托住下颌部向上推按。（见图8-2）

4. 挤按法　如有下颌骨向健侧偏歪者，医者站在患者身后，右手按住患者颞部，左手按在下颌部令患者张口，在闭口的同时，医者双手相对挤按。

(二) 药物治疗

内服药　给予镇静、消炎镇痛等药物，如中药舒筋活血片、小活络丸等，西药口服消炎镇痛类的吲哚美新等。

(三) 功能锻炼

嘱患者每日用拇指点按上关、下关、听宫等穴，作轻松地张口与闭口活动，使颞下颌关节放松。

(四) 其他疗法

1. 局部封闭疗法　2%普鲁卡因0.5ml加泼尼松龙12.5～25mg作颞下颌关节后区封闭注射。

2. 理疗 如红外线、超短波和超声波照射。

第二节 颈部急性扭挫伤

颈部急性扭挫伤是常见的颈部筋伤。

【病因病机】

当颈部突然扭动，或扛重物或攀高等用力过猛，可使颈部肌肉受到过度牵拉而发生扭挫伤。快速行驶中的车辆骤然刹车，会使乘客头颈猛然前屈，尔后又后伸、后仰，轻者造成肌肉、筋膜、韧带的拉伤；严重者超过颈生理活动极限可引起颈部韧带断裂，颈椎间盘向后突出，形成脊髓受压(见图 8-3)。X 线摄片可能看不到颈椎的损伤患者，有时合并颈椎骨折、脱位，进一步可引起脊髓神经损伤，一般多为中央型。

【诊断】

(一) 临床表现

有外伤史。可出现颈部疼痛，有负重感，转动不灵。疼痛常在 24～48h 后加剧，可向肩背部放射。如有咽后壁血肿，可以有吞咽困难，出现交感神经症状，如头重、头痛、嗳气、雾视、耳鸣。脊髓功能障碍表现为脊髓中央综合征，上肢肌肉受累重于下肢，有些可以在晚期出现。

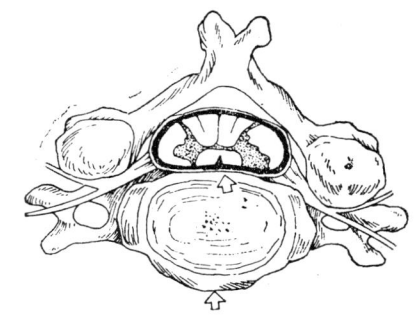

图 8-3 颈椎间盘向后突出可压迫脊髓

(二) 检查

检查时要注意有无手臂麻痛等神经根刺激症状，在痛处可摸到肌肉痉挛，甚至有局部轻度肿胀与压痛，颈部活动明显受限。

(三) X 线检查

脊柱颈段生理弧度可有改变，严重者可见椎体撕脱骨折、棘突骨折等。

(四) 鉴别诊断

本病与落枕的颈部疼痛症状有时相似，但落枕一般无明显的外伤史，症状也较轻。

【辨证论治】

(一) 手法治疗

患者正坐，医者立于其背后，一手扶住患者头部，另一手以中指点按风池、天柱等穴。再由上而下推揉，反复数次。随后，轻轻捏拿颈项部肌肉数次。点按、理筋、弹筋后再施以颈部拔伸、推拿。

(二) 固定治疗

若损伤较严重，疼痛剧烈，有神经症状，应配带颈托，卧床休息 1 周，也可配合牵引，以减轻肌肉痉挛。

(三) 药物治疗

1. 内服药 早期治宜祛瘀活血为主，可用羌活灵仙汤加减。如受伤时间较久，则治宜舒筋活络止痛为主，可用大活络丹、小活络丸等。

2. 外用药 治宜祛瘀消肿止痛为主，可用正红花油等外擦。

（四）功能锻炼

陈旧性损伤常有颈部不适感，应配合颈部功能锻炼。做到有意识地放松颈部肌肉，尽量保持头部正常位置，并练习颈部的屈伸旋转活动。

（五）其他疗法

可配合药熨、理疗。严重损伤经保守治疗无效、确有脊髓和神经根压迫症状者，可以作前路减压，椎间盘切除加植骨融合术。

第三节 落　枕

落枕是颈部常见的筋伤之一，又称为失枕。多于无防备的情况下，颈部肌肉突然收缩，引起肌纤维部分撕裂；或睡觉时枕头过高或姿势不正，颈部肌肉持续受过度牵拉；或者因风寒侵袭，气血瘀滞，经络闭塞所致。多见于青壮年，男多于女，冬春两季发病较高。

【病因病机】

落枕多因睡眠时枕头过高、过低或过硬，或睡姿不良，头颈过度偏转，使颈部肌肉长时间受到牵拉，处于过度紧张状态而发生静力性损伤。常因平素缺乏锻炼，身体虚弱，气血循行不畅，舒缩活动失调，复遭受风寒侵袭，致经络不舒，气血凝滞而痹阻不通，不通则痛。常见受累的肌肉有胸锁乳突肌、颈前斜角肌、颈长肌或肩胛提肌、斜方肌等，并可出现颈肩部或一侧上肢的反射性疼痛。

【诊断】

（一）临床表现

常在醒后出现颈部疼痛，活动时加剧。主要表现为头部被迫固定于强制体位，颈部歪斜，头歪向患侧，活动受限。颈项不能自由旋转后仰，旋头时常需与上身同时转动，以腰部代偿颈部的旋转活动。疼痛可向肩背部反射。颈部肌肉痉挛压痛，触之如条索状。受损肌肉可因痉挛而紧张，有明显压痛，亦可出现肌肉起止点压痛，颈部前屈或向健侧旋转时，因牵拉受损肌肉而疼痛加重。

（二）X线检查

由于肌肉痉挛、头颈部歪斜，颈椎 X 线侧位片可见脊柱颈段生理弧度变直，甚或反张成角。

（三）鉴别诊断

儿童发现有头颈部突然歪斜，不能轻易诊断为落枕，应考虑是否有特发性环枢关节半脱位或颈部其他疾患。

【辨证论治】

（一）手法治疗

1. 按摩　患者坐位，医者立于其后，一手扶患者头部，另一手用拇指揉捏颈部痉挛肌肉数次。然后，按压风池、风府、天柱、肩井等穴。医者用鱼际或掌根推揉患侧肩部肌肉，提捏斜方肌，被动运动肩关节，松弛肌肉。再按摩两侧颈部肌肉使其放松，并逐渐按压头部使其屈曲。（见图 8-4）

2. 旋转　医者两手托住患者头部作颈项牵引，慢慢旋转、屈伸，使颈部肌肉放松；然后旋转至肌肉感到最紧张时，乘其不备，稍稍加速摇转，增加旋转度约为 10°～15°，可松弛被牵

拉紧张的肌肉。但动作要轻柔、正确,绝不能使用暴力硬搬,以免加重损伤,引起不良后果。(见图8-5)

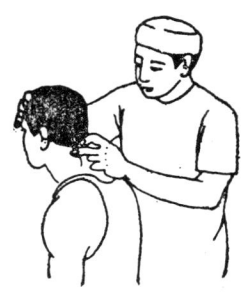 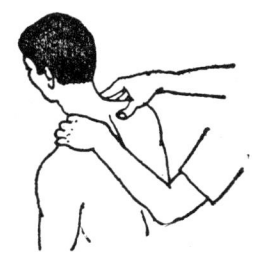

图 8-4 按摩手法

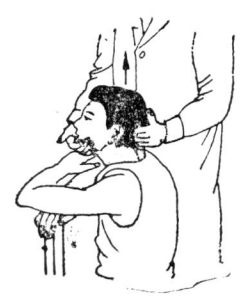 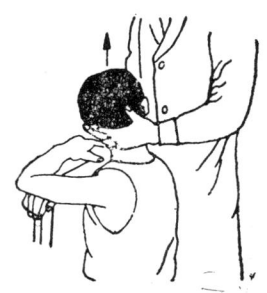

图 8-5 旋转手法

3. 点穴弹筋法
(1) 点穴按摩:用拇指按压痛点,达到分筋拨络作用。
(2) 弹筋:用两手挟持颈部肌肉,向上提起后迅速松脱,使气血通畅,肌肉松弛。
(3) 理筋:用拇指理顺项韧带及棘上韧带,顺肌肉起止方向平稳施压。

(二) 药物治疗
1. 内服药 治宜疏风散寒、舒筋活血,可用羌活胜湿汤、蠲痹汤、葛根汤,也可配合口服消炎镇痛西药如吲哚美辛、布洛芬等。
2. 外用药 外用伤湿止痛膏、风湿跌打膏等。

(三) 功能锻炼
作头颈部的俯仰旋转活动,以舒筋活络,增强颈部肌肉力量。

(四) 其他疗法
针灸、中药熨烫、理疗或颈托牵引等。

第四节 颈 椎 病

颈椎病是一种常见的中老年疾病。随着年龄的增长,颈椎间盘发生退行性变、脱水,纤维环弹力减退,椎间隙变窄,周围韧带松弛,椎体失稳而位移,椎体边缘骨质增生,黄韧带肥厚、变性,钩椎关节增生及关节突关节的继发性改变等。这些结构变化,均可使颈椎椎管或椎间孔变形狭窄,直接刺激、压迫脊神经根、脊髓、椎动脉及交感神经等,从而引起相应的临床症状,临床上称之为颈椎病或颈椎综合征。

【病因病机】

颈椎位于活动度较小的胸椎和头骨之间,其活动度较大,又需保持头颈部平衡,故颈椎和腰椎一样容易发生劳损,尤以下部颈椎更易发生。由于颈部外伤、劳损或风寒湿邪侵袭,使颈椎间盘组织以及骨与关节逐渐发生退行性变,影响附近的神经、脊髓及椎动脉而出现各种临床症状。其病变机制主要有以下几点:

(一)椎间盘变性

由于急性创伤或慢性劳损,而致颈椎间盘发生退行性变。

1. 髓核脱水　颈椎间盘纤维网和粘液样基质逐渐为纤维组织和软骨细胞所代替,最后成为一个纤维软骨性实体而导致椎间盘变薄。这种病理性变化,开始的年龄(或时间)并不一致,大体上从30岁以后开始变化,50岁以后则更为明显。

2. 纤维环变性　纤维环20岁以后停止发育,开始发生纤维变粗和透明变性,纤维弹性减弱,而易于破裂。裂缝一般发生在纤维环的后外侧,髓核内容物可从裂缝向外突出。(见图8-6)

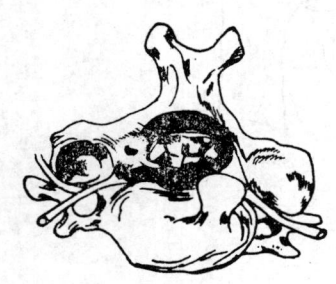

图 8-6　纤维环变性

3. 软骨板变性、变薄　由于劳损、软骨板损伤或缺损使体液营养物质的交换减少,促使纤维环及髓核的变性。随年龄增大,变性扩展,破裂广泛出现,修复也同时进行。椎间盘缓慢地纤维化,亦相对增加了颈椎的稳定性。

(二)椎体骨刺形成

由于颈椎间盘变性和颈椎间隙变窄,使颈椎体周围韧带松弛,椎体间活动度增大,颈椎的稳定性降低,而增加了创伤的机会。四周膨隆的椎间盘组织推挤周围的骨膜与韧带(前纵韧带、后纵韧带),使之受到张力的牵拉即可形成骨刺,加之病变间隙稳定性差,韧带、骨膜所受到的张力必然加大,骨刺更容易形成。

(三)关节突及其他附件的改变

由于椎间盘脱水变薄,附近的组织如小关节囊、棘上韧带(项韧带)、前后纵韧带、黄韧带均有相应改变。特别是黄韧带肥厚,临床上经常可见。

(四)脊神经根或脊髓受压

脊神经根或脊髓由于受到颈椎及椎间盘向后、外侧突出物的挤压,可发生炎症、变性以及血运障碍而引起不同程度的病理变化。颈段脊髓侧柱接近前角灰质处有交感神经细胞,这种交感神经细胞可与前角细胞混处,若颈椎病理改变刺激脊神经,可以产生与刺激交感神经相同的症状和体征。

(五)血液循环改变

椎动脉从颈后动脉的后上方上升,经颈椎横突孔向上进入颅腔,组成基底动脉。常受颈椎病病理改变如骨刺、椎间盘病变、动脉硬化,特别是骨刺的影响而引起同侧椎-基底动脉的供血不足。此外,当颈椎间盘发生变性后,颈椎长度缩短而椎动脉则相对地变长。当椎动脉本身畸形或有动脉硬化时,无论是颈部活动对它的牵拉,还是血流冲击作用,均可使之变长,产生折叠或扭曲而影响血液循环（见图 8-7）。正常情况下，转头时虽可使一侧椎动脉的血运减少，但另一侧椎动脉可以代偿，故不出现症状。在病理改变的情况下，因转头过猛或颈部挥鞭样损伤，或因拔牙、全身麻醉插管等均可使椎动脉血液循环受到影响而产生椎动脉型颈椎病症状。

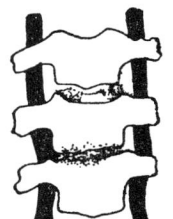
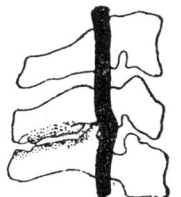

图 8-7 椎动脉产生折叠或扭曲

【诊断】

根据临床症状可大致分为神经根型、脊髓型、椎动脉型和交感神经型。

（一）神经根型颈椎病

多见于 30～40 岁，一般有颈部外伤史，无明显外伤史而起病缓慢者多与长期低头或伏案工作有关。其发病率较高，在各型中约占 60%。

1. 临床表现　颈肩背疼痛，并向一侧或两侧上肢放射。疼痛为酸痛、钝痛或灼痛，伴有针刺或电击样痛。重者为阵发性剧痛，影响工作和睡眠。颈部后伸或咳嗽，打喷嚏，大便时疼痛可加剧。部分患者伴有头晕、头痛、耳鸣，劳累或受寒后易诱发疼痛。上肢沉重，酸软无力，握力减退或持物易坠落。麻木和疼痛部位往往相同，多出现在手指和前臂。

2. 检查　颈部活动明显受限，病变颈椎棘突、横突下方和患侧肩胛骨内上角肌、胸大肌区常有压痛、放射痛。上肢及手指的感觉减退，可有肌肉萎缩。

(1) 臂丛神经牵拉试验　阳性。（见图 8-8）

(2) 椎间孔压缩试验：阳性。（见图 8-9）

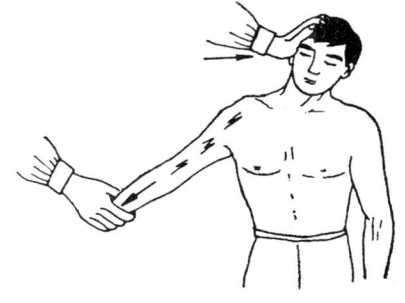

图 8-8 臂丛牵拉试验

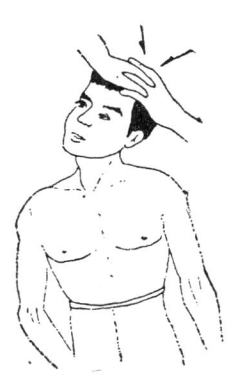
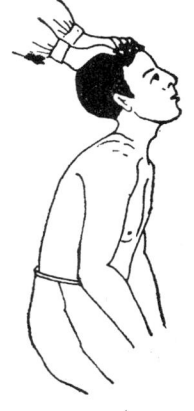

图 8-9 椎间孔压缩试验

(3) 头顶叩击试验：阳性。

(4) 腱反射：肱二头肌和肱三头肌腱反射活跃，或者反射减退甚至消失。均宜双侧对比。

3. X线检查　X线侧位片可见有颈椎生理曲度改变，如生理前突减小、消失或反角，椎间隙狭窄，骨刺增生，轻度滑脱和项韧带钙化。斜位片可见钩椎关节骨刺突向椎间孔，椎间孔变小。

4. 鉴别诊断　凡属有颈、肩、上肢痛并有颈脊神经体征者均应进行鉴别诊断，如有无颈部扭伤、颈肩肌筋膜炎、肩周炎、网球肘、膈肌刺激症、腕管综合征等。有些疾病通过X线摄片检查即可鉴别，如颈椎结核、颈椎骨髓炎、颈椎肿瘤、肩周炎和颈椎骨折、脱臼等。此外，还应与风湿痛、胸廓出口综合征、锁骨上肿瘤、进行性脊髓性肌萎缩、心绞痛等鉴别。

(二) 脊髓型颈椎病

脊髓型颈椎病是由于外伤性颈脊髓损伤，或颈椎退行性变、颈椎间盘突向椎管压迫脊髓（见图8-10），或因椎体后方的骨刺，关节突关节增生、黄韧带肥厚或钙化，甚至椎板增厚等，致使椎管狭窄压迫脊髓或影响脊髓的血液循环而发病。本病约占颈椎病的10%～15%。

1. 临床表现　有感觉、运动、颈脊神经或脊髓神经束等症状，主要表现为慢性、进行性四肢感觉及运动功能障碍。上肢可出现一侧或两侧单纯运动功能障碍或单纯感觉障碍或感觉障碍与运动障碍同时出现，如无力、颤抖、打软腿、易绊倒，或有麻木、疼痛、烧灼感，甚至四肢瘫痪、小便潴留或失禁。常伴头颈部疼痛、面部发热、出汗异常等。

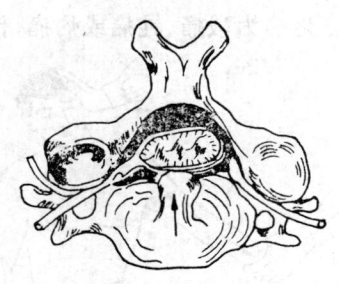

图8-10　髓核突出向椎管压迫脊髓

2. 检查　颈部活动受限不明显，上肢活动欠灵活，肌张力可能增高，腱反射（肱二头肌和肱三头肌、髌韧带、跟腱反射）可亢进。常可引出病理反射，如霍夫曼征(Hoffmann征)、巴彬斯基征(Babinski征)阳性，甚至踝阵挛或髌阵挛等。部分患者出现偏侧症状、交叉症状，如脊髓单侧受压可出现典型或非典型的Brown-Sequard综合征。

3. X线检查　颈椎生理曲度改变，颈椎骨质增生，椎间隙狭窄，椎间孔缩小。

4. CT检查　可见颈椎椎间盘变性或骨质增生，脊髓明显受压。此外，肌电图检查对诊断也有帮助。

5. 鉴别诊断　由于CT，MRI的临床使用，更有利于脊髓型颈椎病的诊断。X线检查亦有利于与颈椎骨折、脱臼、先天性畸形和颈椎慢性感染或肿瘤的鉴别。与本病相鉴别的病有脊髓肿瘤、脊髓空洞症、原发性侧索硬化症、肌萎缩性侧索硬化症、合并硬化症、后纵韧带骨化症等。

(三) 椎动脉型颈椎病

椎动脉型颈椎病是由于颈椎骨刺和颈椎间盘萎缩、变性或动脉硬化、椎动脉变形等引起椎-基底动脉供血不足而发病。

1. 临床表现　主要为眩晕、耳鸣、耳聋、恶心、呕吐、持物落地、猝倒等，常因头部转动或侧弯至某一位置时易诱发或加重。颈肩痛、颈枕痛与神经根型颈椎病相似。

2. 检查　椎动脉造影可辨别椎动脉是否正常，有无压迫、迂曲、变细或者阻滞。脑血流图可见基底动脉两侧不对称。

3. X线检查 正位片可见椎体钩椎关节侧方有骨赘；斜位片可见钩椎关节骨质增生，椎间孔变小。

4. 鉴别诊断 应与美尼尔综合征(Meniere综合征)、体位性眩晕、位置性低血压和小脑肿瘤、内耳动脉栓塞等疾病相鉴别。

(四) 交感神经型颈椎病

颈椎病可使病变局部出现创伤性反应，刺激分布于关节囊和项韧带上交感神经末梢，以及造成椎管内脑膜返支的病理性刺激，而引起一系列的神经反射症状，即脊髓反射和脑-脊髓反射症状。

1. 临床表现 出现交感神经兴奋症状如头晕，头痛，枕部痛，视物模糊，眼窝胀痛，心跳加快，心律紊乱，血压升高，肢体发凉，畏寒，多汗。或交感神经抑制症状如头晕，眼花，眼睑下垂，流泪，心动过缓，血压偏低，胃肠蠕动增加或嗳气等。

2. 诊断 若出现交感神经症状，同时合并有神经根型或脊髓型颈椎病的临床表现，或者颈椎X线摄片有典型的颈椎病改变即可考虑为本病。但对单纯交感神经型颈椎病而不伴有颈脊神经根刺激或脊髓束症状的患者，诊断较为困难。

3. 鉴别诊断 要注意与冠状动脉供血不全、神经官能症或自主神经系统功能紊乱等疾患相鉴别。

【辨证论治】

(一) 手法治疗

推拿是治疗颈椎病的重要方法之一，常用的手法有：

1. 舒筋法 医者用两手掌根部，从头部开始，沿斜方肌、背阔肌、竖脊肌的纤维方向，分别向项外侧沟及背部分筋。手法由轻到重，再由重到轻，反复8～10次。

2. 提拿法 医者用双手或单手提拿颈后、颈两侧及肩部的肌肉，反复3～5次。

3. 揉捏法 医者立于患者后侧，以双手拇指或掌侧小鱼际置于颈后两侧，着力均匀，上下来回揉捏10～20次。

4. 点穴拨筋法 医者用中指或拇指点按天宗、合谷、阳溪、曲池和阿是穴等，以有麻窜、酸胀感为宜。继之拨腋下的臂丛神经、桡神经和尺神经，以麻胀传感至手指端为宜。在背部拨脊柱两侧的竖脊肌，沿该肌垂直方向从外向内拨3～5次。(见图8-11)

5. 端提运摇法 医者立于患者后侧，双手置于其颈项部，用力向上端提，并慢慢用力使头部向左右两侧各旋转30°～40°，重复2～3次。

6. 旋转法 手法操作与"落枕"端顶旋转法同。(见图8-12)

7. 拍打叩击法 医者分别在项背部及肩胛部用手掌或双拳进行拍打、叩击，反复3～5次，使筋骨、肌肉舒展或缓解。

通过手法治疗可疏通经络，缓痉止痛，加宽椎间隙，扩大椎间孔，整复椎体移位，解除神经压迫，松解肌肉紧张及痉挛，恢复颈椎活动。此外，对瘫痪肢体进行推拿，可以减少肌肉萎缩，防止关节僵硬和关节畸形。手法操作时，要注意动作宜轻柔和缓，力度适中，不宜粗暴、猛烈地旋转头部，以免发生环枢椎骨折、脱位或椎动脉在环椎上面被枕骨压伤等；更不宜作颈侧方用力的推扳手法，以免引起脊髓损伤、四肢瘫痪，这对有动脉硬化的老年患者尤应注意。此外，在麻醉下进行颈椎按摩、推拿是非常危险的，必须禁止。

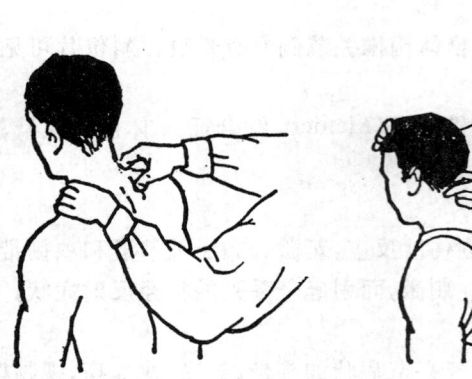

图 8-11 点穴拨筋法

(二) 牵引治疗

颈椎牵引是治疗颈椎病的有效方法,常同手法治疗配合进行。此法适用于各型颈椎病。

1. 作用机制 ①限制颈椎活动,有利于充血、水肿的消退。②缓解颈部肌肉痉挛,减轻对椎间盘的压力。③扩大椎间隙和椎间孔,缓解神经根所受的刺激和压迫,松解神经根与周围组织粘连。④缓冲椎间盘组织对周围的压力,并有利于向外突出的髓核组织回纳。⑤使皱折于横突孔间的椎动脉得以复原。⑥牵开被嵌顿的关节突关节滑膜。

2. 牵引方法 轻症患者可采用坐位间断牵引,每日 1~3 次,每次 0.5~1h,重量从 3~4kg 开始渐加至 5~6kg。重症者采用卧位牵引,根据患者性别、年龄、体质强弱、颈部肌肉情况和临床症状酌情

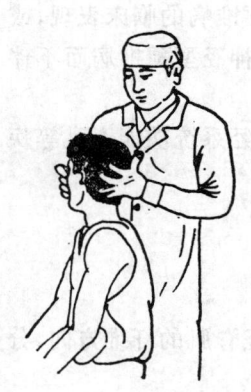

图 8-12 旋转法

处理。(见图 8-13)

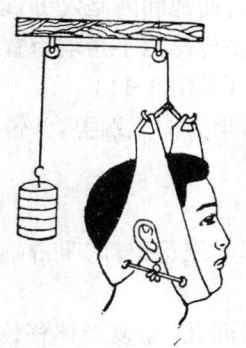
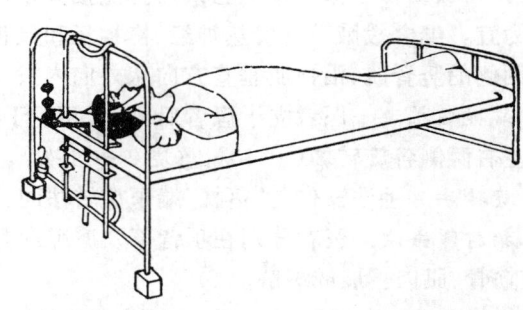

图 8-13 枕颌带牵引

(三) 药物治疗

中医根据颈椎病的临床不同特点,一般将其分为痹证型、眩晕型和瘫痪型进行辨证论治。治疗多采用祛风除湿,活血化瘀和舒筋止痛等法。

1. 痹证型　以肩颈、上肢的疼痛、麻木为主。治宜温经活血，用桂枝加葛根汤或蠲痹汤加减。

2. 眩晕型　以发作性眩晕、头痛或猝倒为主。若属中气虚损者，治宜补中益气，用补中益气汤加减。属痰瘀交阻者，治宜祛湿化痰、散瘀通络，用温胆汤加减。属肝肾不足、风阳上亢者，治宜滋水涵木、调和气血，用六味地黄汤或芍药甘草汤加减。

3. 瘫痪型　以下肢运动障碍、颤抖、间歇性发作为主，起病缓慢。治宜活血化瘀、疏通经络，用补阳还五汤加减。

（四）功能锻炼

颈椎病患者需要适当休息。急性发作期应以静为主，以动为辅。慢性期以动为主，特别是长期伏案工作者应注意工间休息，作颈项活动锻炼，如前屈、后伸、左右旋转及左右侧屈等，各作3～5次。此外，还可以作体操、太极拳、健美操等运动。

（五）其他疗法

1. 局部封闭疗法　痛点局部封闭，可用泼尼松龙12.5～25mg加1%普鲁卡因4～6ml作局部封闭。

2. 外用止痛搽剂、外敷药、药熨、理疗等　均有一定疗效，可互相配合运用。急性发作期，也可用颈围或颈托固定1～2周。

第五节　肌性斜颈

肌性斜颈也称先天性斜颈，是一侧胸锁乳突肌纤维性挛缩导致头和颈的不对称畸形。临床以头斜向患侧前倾、旋向健侧和面部畸形为特点，是小儿较常见的一种先天性疾患。

【病因病机】

肌性斜颈的发病原因很多，一般认为主要有以下两种：

（一）产伤

多见于难产。有人统计先天性肌性斜颈患儿中5%为臀位，其余也多为不正常分娩；也有人认为由于分娩时婴儿一侧胸锁乳突肌受产道或产钳挤压或牵引而受伤出血，血肿机化后产生肌肉挛缩；还有人认为是产程过长，胸锁乳突肌缺血、营养动脉栓塞或静脉回流受阻，导致肌纤维变性而造成斜颈。畸形多在出生后1周或数周内发生。

（二）胎位不正

由于胎位不正，胎儿在子宫内头部位置不变，头颈倾向一侧；或受到不正常某一部分（如手）对颈部的特殊压力，可使颈部肌肉的血液循环改变，致胸锁乳突肌缺血、萎缩、发育不良、挛缩引起斜颈。

【诊断】

（一）临床表现

常在出生后2周左右发现头颈歪斜，斜颈常随患儿发育而发展，逐渐出现头向患侧倾斜而颜面转向健侧。当头颈部主动或被动转向健侧或仰头时，则患侧胸锁乳突肌紧张而突出于皮下如条索状。畸形严重者患肩部耸起，头颅的前后径变小，枕部歪斜，面部两侧不对称，患侧面部窄小，眉眼与口角之间距离较健侧缩小，五官均倾斜。若长期不治，则继发颈椎甚至上胸椎段脊柱侧弯，斜颈及继发畸形往往不能自行纠正。

（二）检查

患儿胸锁乳突肌处可扪及一柱形或梭形肿块,触摸时患儿因疼痛而啼哭。胸锁乳突肌紧张,肿块可在1年内缩小或消失,但也有形成永久性者。

（三）鉴别诊断

常借助颈椎正、侧位X线摄片以排除颈椎骨质异常,或与其他原因所致的斜颈相鉴别。

1. **骨性斜颈**　系颈椎先天性发育异常所致,X线摄片示颈椎骨先天性畸形。

2. **颈椎结核**　因结核病变致颈部疼痛和肌肉痉挛,但无胸锁乳突肌挛缩。颈项活动使疼痛加剧,X线摄片示椎体骨性破坏和椎前脓肿。

3. **颈椎自发性半脱位**　有咽部或颈部软组织感染病史,其后发生斜颈,儿童、成人均可发病。颈部活动受限,疼痛。X线正位张口摄片显示环枢椎半脱位。

4. **眼肌异常、斜视**　患儿视物时必须采取斜颈姿势以避免复视,胸锁乳突肌无挛缩,斜颈可自动或被动矫正。

5. **听力障碍**　由于一侧听力障碍,患儿在注意倾听时常表现为斜颈姿势,但无固定性斜颈畸形,亦无胸锁乳突肌挛缩,X线摄片显示颈椎无异常表现。

【辨证论治】

早期发现,早期治疗,越早效果越好。年龄越大,面部畸形,颈胸段脊柱侧弯则越难治愈。

（一）手法治疗

适用于1岁以内的患儿。

1. **牵引矫正法**　可由母亲操作,出生2周出现斜颈即可开始牵引。患儿置于母亲腿部,头在腿外,颈部稍后伸。其母一手扶住患儿肩锁部,另一手扶住其头部。一面牵引,一面将面部扭向患侧,颈部转向健侧肩峰。每日4～5次,持续数月至1年左右。若一人不能单独进行,可由另一人适当协助。

2. **扳动矫正法**　先在患侧胸锁乳突肌做热敷或按摩,然后医者以一手托住患儿枕部,另一手托住下颌,将患儿头部向畸形相反方向轻柔地进行扳动矫正,并按摩挛缩的胸锁乳突肌,每日1～2次。如坚持数日,可获满意疗效。

（二）固定治疗

患儿仰卧,面部扭向患侧,枕部转向健侧肩峰,周围用小砂袋固定,可在患儿睡眠时进行。

（三）其他疗法

年龄超过1岁以上者经保守治疗无效,或就诊较晚,可行手术矫正。对12岁以上者,虽然面部和颈部畸形难以矫正,但手术疗法仍使面部畸形有所改善。术后用头胸石膏固定3～4周。

第六节　颈椎关节突关节错缝

颈椎关节突关节错缝,是指颈椎关节突关节发生超过正常范围的侧向微小移动,不能自行复位而产生的颈椎功能障碍,亦称颈椎关节突关节紊乱。《医宗金鉴·正骨心法要旨》也有颈骨外伤错缝的论述:"旋台骨,又名玉柱骨,即头后颈骨三节也,一名天柱骨……一曰打伤,头低不起,用端法治之;一曰坠伤,左右歪邪,用整法治之;一曰仆伤,面仰不能垂,或筋长骨错,或筋聚,或筋强骨随头低,用推、端、续、整四法治之。"基本描述了颈椎关节突关节错缝的病因、症状和治疗方法。

【病因病机】

颈椎的关节突较短,上关节面朝上偏于后方,下关节面朝下偏于前方,关节囊较松弛,可以滑动,横突之间往往缺乏横突韧带。因此,颈椎的稳定性较小。若颈部肌肉扭伤、撞伤或受风寒侵袭发生痉挛;或乘车时头颈部前后摆动,汽车急刹车时,颈部尤如"挥鞭"而致伤,或睡眠时枕头过高,或在肌肉放松的情况下于梦中突然翻身,或工作中姿势不良,颈部呈慢性劳损;或舞台表演或游泳时头部作快速转动等特技动作时,均可使颈椎关节突关节超出正常活动范围而发生侧向滑移。一侧椎间关节的滑膜嵌顿在关节突前后,左右略微移位,使关节突关节面的排列失去正常的关系。棘间和棘上韧带紧张,周围有关肌肉失去平衡协调,将移位的错缝关节突关节交锁在移位后的不正常位置上。但颈部肌肉、黄韧带等具有回弹作用,关节突关节错缝后可自行复位。上述的各种病理改变难在普通的X线摄片中被发现,临床上易误诊为颈部扭伤。

【诊断】

(一) 临床表现

一般起病较急,颈部疼痛,转动不便,活动时疼痛加剧,可出现斜颈样外观。可伴有两侧上肢麻木、无力,感觉与肌力减退。严重病例还有头昏、视物模糊、复视等,系由颈椎病变局部的自主神经末梢受刺激后产生的症状。

(二) 检查

颈部肌肉稍痉挛、僵硬,活动受限,头歪向一侧略前倾。病变颈椎关节突关节、棘突有压痛,棘突向一侧隆起或呈现明显偏歪。此外,风池穴或肩胛内缘有压痛。

(三) X 线检查

正位片可有侧弯畸形,有时有局部棘突偏歪。侧位片可见关节突与椎体后缘有双影现象,脊柱颈段生理性前凸变小或消失。斜位片可见椎间关节间隙相对增宽或变窄。

(四) 鉴别诊断

应与下列疾病鉴别:①心血管疾患,如原发性高血压、冠心病等。②神经官能症或自主神经功能紊乱。③眩晕症,如美尼尔综合征。

【辨证论治】

治疗目的是使关节突关节复位,以解除疼痛、恢复颈部正常功能。

(一) 手法治疗

手法复位是主要的治疗方法,有以下两种:

1. 对抗复位法 患者俯卧位,头伸至床沿。医者立于患者头前,一手托住下颌角,另一手握枕部,作缓慢的对抗牵引,在牵引下使患者颈部伸直即可复位。或在对抗牵引下,医者用两手拇指分别放在偏歪棘突左右两侧,用力向中间顶压使其复位。

2. 旋转复位法 患者取坐位(以患椎棘突向右偏歪为例),头部前屈35°,再向左偏45°。医者左手拇指顶住偏歪棘突的右侧,右手掌托住患者左面颊及颏部。助手站在患者左侧,左手掌压住患者右颞顶部,据复位的需要按头部。然后,医者右手掌向上用力使患者头颈沿矢状轴旋转45°,同时左手拇指向左侧水平方向推顶偏歪棘突,可听到一响声,并且感到指下棘突向左移动。让患者头部处中立位,顺压棘突和项韧带,松动两侧颈肌,手法结束。或者患者取坐位,颈部自然放松,向旋转活动受限制方向主动旋至最大角度。医者一手拇指顶住患椎高起的棘突,其余四指挟持颈部。另一手掌心对准下颌,握住下颌骨(或用前臂掌侧紧贴下颌体,手掌抱住后枕部)。然后,医者抱住患者头部的手向上牵提和向受限侧旋转头部,同时另一手拇指向颈前方轻顶棘突高隆处,可听到一响声,感指下棘突轻轻移位,让患者头处中立位,用拇指触摸检查无异常,手法结束。(见图8-14)

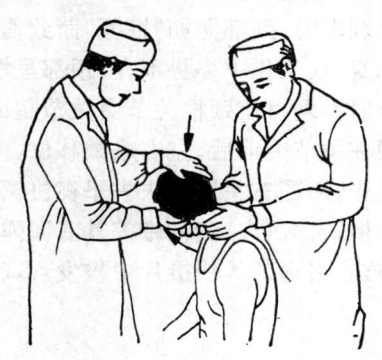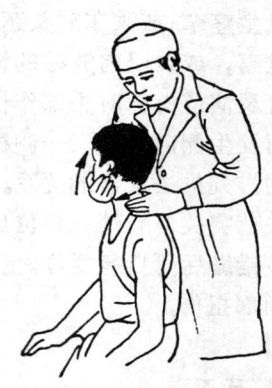

图 8-14 旋转复位法

(二) 固定治疗

颈椎关节突关节错缝复位后,颈部以环形围领进行固定制动。症状严重者以石膏领固定 2～3 周。

(三) 药物治疗

内服药 伤气为主者治宜理气止痛,用柴胡疏肝散、金铃子散等加减。伤血为主者治宜活血化瘀、理气止痛,用复元活血汤加减。气血两伤者宜活血化瘀、理气止痛并重,用顺气活血汤加减。此外,西药可用消炎镇痛类药物口服。

(四) 功能锻炼

去掉固定后应积极锻炼颈部肌肉,使颈部保持在伸直位。睡眠时颈下或肩下垫枕头,使颈处于轻度伸直位。

(五) 其他疗法

1. 局部封闭疗法 压痛处可用泼尼松龙 12.5mg 加 1% 普鲁卡因 4～6ml 局部封闭。
2. 理疗、药熨 可配合使用。

第九章 胸背部筋伤

胸背部位于颈以下、腰以上的躯干部位,清代吴谦在《医宗金鉴·正骨心法要旨》中述:"背者,自身后大椎以下,腰以上通称也。"

胸背损伤在临床上常见,损伤程度不一。轻者常伤及胸廓部的软组织、骨骼,重者伤及胸腔内的呼吸、循环系统等重要脏器,甚至有生命危险。骨折及胸腔内脏器损伤的内容在其他教材中讨论,本章讨论胸背部筋伤,即该部的软组织损伤。但临床上出现胸背部软组织损伤时,一定应注意是否合并有骨折或胸腔内脏器的损伤。

骨性胸廓是由 12 对肋、12 个胸椎和胸骨借关节、韧带连结而构成。上 7 对肋骨通过肋软骨直接附着于胸骨,为真肋。下 5 对为假肋,第 8~10 肋借助第 7 肋软骨形成肋弓后再连接于胸骨,第 11~12 对肋骨前缘游离,为浮肋。肋间神经、血管位于肋骨的下缘。胸骨由上而下,分为柄部、体部和剑突部。脊柱骨背部正中段为胸椎,构成略向背侧的生理弯曲。各椎骨之间由上、下关节突相互构成胸椎关节突关节。胸椎体两侧接近上缘和下缘处各有一个半圆形的肋凹,与肋骨头互相构成胸肋关节。横突末端有横突肋凹与肋骨的肋结节形成肋横突关节。

肋骨间软组织有两种肌束方向互为相反的肋间内、外肌。胸椎间有软薄的椎间盘位于两椎体之间,前后有前纵韧带和后纵韧带;椎管内容纳胸段脊髓。背部肌肉分三层:浅层上部为斜方肌,下部为背阔肌;中层为大、小菱形肌及肩胛提肌,上、下后锯肌;深层为竖脊肌。胸背部筋伤,就是指以上关节、肌肉、筋膜和韧带的损伤。

第一节 胸部扭挫伤

胸部扭挫伤或受自身扭转、牵拉所致,或因外来暴力直接作用于胸壁导致局部筋伤和气血、经络功能紊乱,胸部疼痛为其主要症状。

【病因病机】

胸壁扭挫伤常见于因屏气搬抬重物、用力举重等致胸部肌肉过度牵拉、扭转而产生损伤,导致气机运行失常,经络阻滞,不通则痛。扭伤可以伤气为主,亦可由气及血造成气血两伤。暴力直接损伤,如胸部被打、踢、碰撞、挤压及跌仆等,而致胸部皮肤、筋肉受挫,经脉受损,血溢于外,瘀血停滞,产生伤血的证候,此较为多见。故胸壁直接挫伤以伤血为主,但瘀血亦可导致气滞,血伤及气而成气血两伤。

【诊断】

(一) 临床表现

有明显胸部外伤史。有时受伤后数小时或一二日后才出现症状。胸肋部疼痛可牵涉肩背部,以直接暴力伤的损伤局部疼痛较明显。伤气为主者呈闷痛,且走窜不定,深呼吸或大声说话可使疼痛加剧,甚至不能平卧,转侧困难。如果由气及血,可出现咳血、咯血。直接伤血者,则疼痛固定不移,呈刺痛;由血伤气者伴有窜痛、胸闷等。

(二) 检查

伤气者可无明显肿胀、瘀斑，局部无压痛点。伤血者可见肿胀、瘀斑，压痛明显。无骨折者，胸廓挤压试验阳性，有骨擦音。

(三) 鉴别诊断

严重损伤者应注意鉴别有无骨折、气胸、血胸等并发症出现，X线摄片对诊断或排除并发症具有重要意义。

【辨证论治】

(一) 手法治疗

患者坐位，医者一手自患者腋下插入，上提患者肩臂、展胸，另一手沿肋间隙反复按摩，捋揉舒筋。然后，在患者背部以空掌适度拍击，同时令患者行深呼气，反复数次。再用两手掌在疼痛部位前后侧旋转按摩。手法之后多能使患者疼痛减轻，甚至消失。

(二) 药物治疗

1. 伤气型　治宜调理气机、行气止痛，用金铃子散、柴胡疏肝饮加减。
2. 伤血型　治宜活血化瘀、理气止痛，用血府逐瘀汤、复元活血汤加减。
3. 气血型　治宜调理气血、行气活血，用顺气活血汤加减。

(三) 功能锻炼

嘱患者尽量下地行走活动，可作扩胸、肢体伸展运动，加强深呼吸，鼓励患者咳嗽等。

(四) 其他疗法

敷贴或理疗　可用狗皮膏、麝香止痛膏外贴，亦可用跌打膏外敷。陈伤可用热敷或理疗等。

第二节　项背筋膜炎

项背筋膜炎又称项背纤维织炎。由于项背部软组织的病变，常致局部疼痛、僵硬、运动障碍或软弱无力等，常累及斜方肌、胸锁乳突肌和肩胛提肌等。

【病因病机】

确切病因尚不明了，临床观察可能与外伤、劳损、受寒湿等因素有关。

急性外伤或慢性劳损致项背部经络气血损伤，气血运行不畅而致疼痛。久处湿地，贪凉受冷或劳累汗出复感风寒，项背部之经脉凝滞阻遏，久之则血脉不通，气机受阻，肌肉酸痛，故阴雨天常使疼痛加剧或诱发疼痛。本病属慢性疾病。

此外，可因感冒、麻疹等邪毒感染，邪毒入经络，侵至肌筋膜，亦可至项背部疼痛。

【诊断】

(一) 临床表现

本病可能有外伤史，也可无明显诱因。多发于中年女性，多见于伏案工作者。表现为颈后基底部疼痛、酸胀，或向一侧或两侧肩背部放射。疼痛并非经常性，其严重程度常随气候的变化而改变。晨起或受凉后加重，逢阴雨天气则感项背部明显不适，而活动或遇暖后则疼痛可缓解。

局部无红肿现象，用力压迫或用手指提捏、挤压受累肌肉时，可出现触痛。胸锁乳突肌、斜方肌和肩胛提肌最常受累。严重者局部肌肉紧张，有广泛性压痛，项背部功能受限，有时累及交感神经而出现相应症状。

(二) 检查

化验检查多正常，有时血沉或抗"O"偏高。X线摄片一般无异常表现，如病变影响到胸椎关节突关节时，可见局部密度增高。

(三) 鉴别诊断

本病应注意与项部扭挫伤、前斜角肌综合征、颈椎病等相鉴别。

【辨证论治】

(一) 手法治疗

在局部行按揉、搓擦、滚法、提捏、叩击法为主，痛点可用一指禅手法。目的在于舒筋活络，活血通经，缓解肌肉痉挛而减轻疼痛，捋顺肌纤维，防止炎症粘连。每日1次，症状缓解后逐渐减少按摩次数。有关节突关节移位者，可用推按法或旋转法。

(二) 药物治疗

1. 内服药　痹痛为主者，治宜祛风散寒、通络止痛，方用羌活胜湿汤、葛根汤、独活寄生汤加减；瘀血停滞为主者，治宜活血化瘀、行气止痛，方用复元活血汤加减。

2. 外用药　外用狗皮膏、伤湿止痛膏或代温灸膏等。

(三) 功能锻炼

主要是加强项背部锻炼活动，如做体操、五禽戏、太极拳等，以增强项背肌力量，但锻炼时要注意避免受凉或感冒。

(四) 其他疗法

1. 针灸疗法　可选风池、大椎、肩髃、肩井、阿是穴等，拔火罐治疗效果亦佳。

2. 热敷　选用寒痛乐、热水袋或坎离砂局部热敷。

此外，还可用其他理疗器械治疗，痛点封闭也有一定疗效。

第三节　胸廓出口综合征

本病是指臂丛神经、第1肋间神经和锁骨下动、静脉在胸廓出口处和胸小肌喙突附着处位长期受压所引起的一系列症状的总称，包括颈肋综合征、前斜角肌综合征、过度外展综合征、胸小肌综合征和肋骨-锁骨压迫综合征等。

胸廓出口也称为胸廓上口，上界为锁骨，下界为第1肋，前方为肋锁韧带，后方为中斜角肌。以上肋锁间隙被前斜角肌分为前、后两部分。锁骨下静脉穿入前斜角肌的前方支和锁骨下肌之间；臂丛神经，尤以臂丛下干的颈8胸1段神经根和锁骨下动脉位于前斜角肌和中斜角肌之间(见图9-1)。正常状态下，该胸廓出口足以容纳以上神经、血管；病理状态下，神经、血管可出现因单个受压或同时受压的现象而产生相应症状。

【病因病机】

产生胸廓出口综合征的原因，有先天畸形、外伤、肩部下垂或前斜角肌痉挛等。

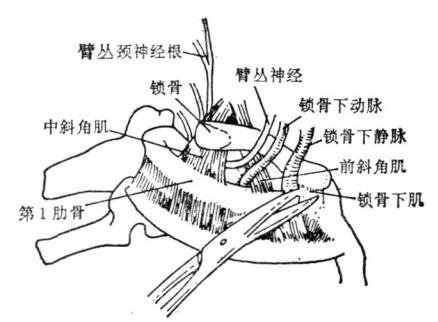

图 9-1　胸廓出口解剖示意图

(一) 先天畸形

由于先天发育异常,造成先天性胸廓出口狭窄。如前斜角肌附着部先天性肥大,中、前斜角肌先天性分离不全,第7颈椎出现颈肋,锁骨发育畸形等,这些先天异常导致血管、神经受压,如颈肋综合征。

(二) 外伤

因外伤导致锁骨骨折移位明显,大量骨痂形成,造成胸廓出口狭窄,压迫神经、血管而产生一系列症状。

(三) 肩部下垂

年老体弱或因慢性疾病致肩部肌肉萎缩无力,肩胛带下垂(或经常提携重物),使锁骨间隙变小,神经、血管在第1肋上受到牵拉、挤压而出现症状。

(四) 前斜角肌痉挛

因前斜角肌的支配神经根受到刺激(如颈椎病)而发生痉挛、肥厚,可牵拉第1肋使之抬高,致锁骨肋骨间隙进一步变小,血管、神经受压,如前斜角肌综合征。

(五) 其他

上肢过度外展,胸小肌紧张,锁骨旋转后压,亦可使第1肋上移、锁肋间隙缩小。常因职业性特点,如油漆工工作时常处于颈后伸、举手过头姿势,易患过度外展综合征。

以上因素均可致胸廓出口处狭窄、神经和血管受压,而出现臂丛神经损伤及上肢血液循环障碍的临床表现。

【诊断】

本病多见于30岁以上的瘦弱女性,症状因受压组织不同而异。应详细询问病史,包括工作性质、工作姿势和症状发生规律等。有些患者有外伤史,但多数无明显损伤经历。

(一) 临床表现

患者一般主诉单侧上肢疼痛,感觉异常。臂丛下干神经受压时,症状多发生于手及手指的尺神经分布区,晚期出现感觉丧失、肌力减弱和小鱼际萎缩,间断发作手凉、出汗。动脉受压时,上肢有套状感觉异常,肢体上举困难,稍一活动即感觉上肢发凉和肌肉无力,并可因神经的血液供应不足而产生缺血性神经痛。静脉受压时,则可出现患肢远端水肿、发绀。严重者可有锁骨下动脉或静脉的血栓形成,造成更为严重的肢体远端血液循环障碍症状。

(二) 检查

应着重检查上肢神经系统和血液循环的体征,包括患肢感觉、肌力、反射、温度、脉搏、远端皮肤颜色和甲床毛细血管的反应等。各种体位姿势的变化,对诊断该病亦有重要意义。检查时可取坐位、卧位和立位,并将患肢置于不同位置,以观察不同体位的体征变化。卧位时症状、体征减轻或消失,立位时可加剧。特殊检查有:

1. 阿德森试验(Adsons test)　摸及患肢的桡动脉,嘱患者尽量将头后伸,同时深吸气,并将下颌先转向患侧后转向健侧,任何位置出现桡动脉的搏动减弱或消失即为阳性。手部发凉、苍白,表示前斜角肌压迫锁骨下动脉;若在下颌转动前即有脉搏改变,应怀疑有颈肋存在。

2. 挺胸试验　摸及桡动脉时,嘱患者尽量将肩部转向后下方。在立正位时,锁骨随之向下移动,动、静脉可被挤压在锁骨、肋骨间隙之间,桡动脉搏动减弱或消失者为阳性。有时在锁骨下窝部可同时听到血管杂音。

3. 上肢过度外展试验　摸到桡动脉时将患肢被动充分外展,桡动脉搏动减弱或消失者为阳性。表示动脉被胸小肌腱在喙突下挤压。

4. 上肢外展握拳试验　嘱患者将两侧上肢外展90°并旋外,双手作连续快速握拳、展开动作。如患侧上肢迅速自远端向近侧出现疼痛、无力、自动下落而健侧不会出现症状,维持1min以上,即为阳性。

5. 上肢过度下牵试验　用患肢提携重物或下牵患肢,将肩胛带压向后下方,如出现肢体神经、血管症状者为阳性。

(三) X线检查

上胸部正位及颈椎正、侧位X线的摄片,有助于发现有无颈肋,第7颈椎横突是否过长,锁骨或第1肋有无畸形,及排除颈椎病或肺癌。

(四) 肌电图检查

有助于鉴别肌源或神经源性病变和测量受压神经的传导速度,以判断损伤程度。

(五) 鉴别诊断

1. 颈椎病　有明显的颈部症状,伴神经根或脊髓症状。X线摄片可显示颈椎的退行性改变、颈椎曲度或椎间隙的异常。

2. 腕管综合征　疼痛夜间明显,或感觉异常发生在正中神经支配区域。在腕掌侧中部腕管处有明显压痛。

3. 冈上肌腱疾患　常有上肢反射性疼痛,以肩部疼痛、压痛及活动受限为突出。无血管受压异常表现。

4. 脊髓空洞症　可有手部肌肉萎缩,冷热分辨不清,痛温觉消失,触觉存在。CT,MRI检查能明确诊断。

5. 肺癌　肺尖部发生的肺癌,可能浸润颈部神经血管,从而引起上肢感觉异常、疼痛和血管受压表现。锁骨上窝可扪及包块。肺部X线摄片可明确诊断。

6. 雷诺病　本病虽有阵发性上肢疼痛、麻木及皮肤苍白、发绀、潮红等改变,但发作与体位无关,且双侧对称性肢端表现异常,桡动脉搏动正常。

【辨证论治】

本病应采用综合治疗,包括改善姿势,尽量减少上肢过度外展动作,避免提拿重物,加强肩部的肌力锻炼及手法等。必要时应采取手术治疗。

(一) 手法治疗

一手扶托住患者头部,另一手以小鱼际揉颈椎两侧肌肉,往返进行3～5min。点按风池、风府、天鼎、缺盆、肩井等穴。在前斜角肌、斜方肌、胸锁乳突肌、冈上肌和上臂,施以滚法、弹拨法及上臂搓法,反复数分钟。端提摇转头部及用摇法环旋肩关节,适当牵抖上臂。每日1次,手法后用三角巾悬吊患肢。手法有利于解痉止痛,理顺筋脉,改善局部血液循环,减轻或消除胸廓出口处的神经血管受压状况。

(二) 药物治疗

1. 内服药　以疼痛为主者,治宜舒经通络、温经止痛,用蠲痹汤加减;肢体发绀、发凉、无力、汗出为主属气血亏损、气滞血瘀者,治宜补气养血、活血行气,用补阳还五汤、桂枝加葛根汤、桃红四物汤或当归四逆汤加减。

2. 外用药　有时可用温经活血药熏洗及湿热敷。

(三) 功能锻炼

在避免前面提及的损伤体位状态下,加强颈肩部肌肉的功能锻炼,以增强肌力,避免肩下垂,而恢复正常锁骨-肋骨间隙,减少或消除其对血管神经的压迫。

(四) 其他疗法

1. 理疗或局部封闭疗法　可采用肩颈部理疗、热敷,局部封闭可用1%普鲁卡因5～10ml注射。

2. 手术疗法　症状严重影响工作生活,且经保守治疗无效者,可考虑手术切除颈肋,或对畸形、挛缩的前斜角肌附着处切除1cm,必要时可行第1肋大部分切除,手术一般有良好效果。

第四节　胸椎关节突关节错缝

胸椎关节突关节由上位胸椎的下关节突与下位胸椎的上关节突构成,当身体扭转姿势不当或受到暴力作用时,使关节突关节发生错位,导致背部疼痛和功能障碍,称为胸椎关节突关节错缝或胸椎后关节紊乱症。《医宗金鉴　正骨心法要旨》中述:"若脊筋陇起,骨缝必错,则成伛偻之状。"就是描述胸椎关节突关节错缝、疼痛,导致局部肌肉痉挛,进一步造成功能活动障碍之状。

【病因病机】

胸椎位于背部中央,与肋骨、胸骨构成躯干上部骨骼框架,其主要功能为保护作用。胸椎的活动度很小,一般情况下不易引起损伤。当遇到比较强大的暴力时,可能造成胸椎关节突关节的损伤、错位。若暴力巨大,势必造成骨折、脱位,严重者可致胸段脊髓损伤而致截瘫。

根据暴力的形式和躯体姿势,大致可分为三种形式的损伤:

(一) 过屈位损伤

自高处坠落时,头或臀部着地,或者含胸工作时被重物打击背部,而致胸椎过度屈曲发生胸椎过屈位关节突关节错位。

(二) 过伸位损伤

胸部伸直位时,背部被暴力打击使背部过伸,造成胸椎关节突关节过伸位错位。

(三) 旋转型损伤

暴力可使脊椎过屈或过伸,同时又向一侧旋转。如摔跤时,肩部一侧着地,使胸椎旋转,造成胸椎关节突关节旋转位错位。

有时关节错位后可导致关节滑膜嵌入关节间隙内,阻碍关节复位。

【诊断】

(一) 临床表现

多有过屈、过伸肩背运动和受伤史。伤后症状当时较轻,数小时后或次日加重。背部感觉明显不适,如负重物,疼痛,有时痛引前胸,坐则需经常变换体位,严重时行走或咳嗽、打喷嚏等,均可引起疼痛加剧。

(二) 检查

患椎及相邻数个椎体有深压痛,压痛点位于棘突上或棘间处。有时可见一侧背部肌肉痉挛隆起。仔细触摸棘突或棘间隙进行比较,可发现患椎棘突略高或有轻微偏移,上、下棘突间隙的距离发生改变。

（三）**X 线检查及鉴别诊断**

X 线检查多无异常发现，但可以排除胸椎结核、强直性脊椎炎等骨病损伤。

【辨证论治】

本病应以手法治疗为主，辅以药物及其他疗法。

（一）**手法治疗**

手法应分为两步，先行局部放松手法，然后采取复位手法。

1. **放松手法** 以按揉、搓擦、滚捋等手法施于胸椎两侧软组织，以缓解肌肉痉挛，疏通经脉，减轻疼痛，有利于下一步手法实施。

2. **复位手法** 应针对病因病理所提及的不同损伤形式，采用与暴力方向相反的力，使错位的关节突关节复位。

（1）掌推复位法：患者俯卧位，胸部下置一薄枕，双手紧抓床头。一助手握住患者双踝进行对抗性牵引。对过屈型损伤者，医者双掌相叠，掌根部按压于患椎略后凸的棘突上，另一手掌叠于前掌之上；当助手牵引时，两手轻巧施力向下按压。闻及一声脆响或感棘突移动时，复位成功。（见图 9-2）

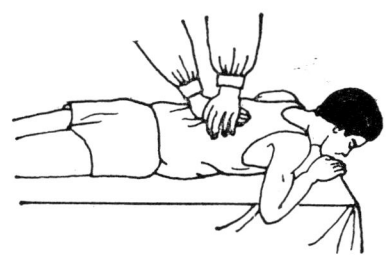
图 9-2 掌推复位法（按压法）

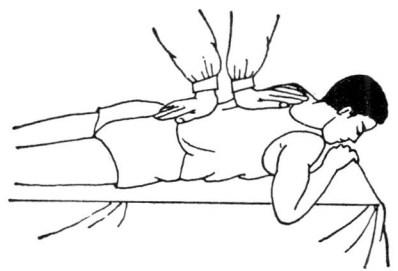
图 9-3 掌推复位法（斜推法）

对过伸位损伤者，患者体位同前。同样在助手牵引下，医者两手分别向头、臀方向斜推，闻及或感到弹响，即示错移之关节突关节已复位。（见图 9-3）

（2）膝顶后扳法：患者取坐位，两手指相互交叉，置于颈项部，两肘向外展开。医者立于患者背侧，一足踩住凳子后侧，同时膝部顶住患处，双手把持患者双肘。膝顶向前，双手顺势后扳，三点轻微用力，常可闻及一声弹响，则错缝关节得以复位。本法适用于屈曲位损伤者。

（3）旋转复位手法：患者坐于方凳上，双足分开与肩部等宽。以棘突向右侧偏为例，助手面对患者站立，两腿挟持住患者左大腿，双手压住左大腿根部。医者立于患者身后，以右手从患者胸前向左伸扳握患者左肩，右肘部卡住患者右肩。左手拇指用力顶推偏向右侧棘突。然后让患者作前屈、右侧屈及旋转动作，医者拇指顺势用力将棘突向左上方顶推，可感到拇指下椎体棘突有轻微移动，并伴有"喀达"的响声。检查偏歪棘突是否已纠正，上下棘突间隙是否等距。（见图 9-4）

（二）**药物治疗**

1. **内服药** 治宜舒筋活血、理气止痛为主，可选用血府逐瘀汤、和营止痛汤等加减，亦可用三七伤药片、骨折挫伤散。

2. 外用药　外用可贴消炎止痛膏、狗皮膏、风湿跌打膏等。

（三）功能锻炼

患者不必做特殊的功能锻炼，可任患者自主活动。但卧床时应使用硬板床，以利于复位后关节的稳定。

（四）其他疗法

1. 理疗　可选用热敷、红外线、超短波或中药离子导入等物理疗法。

2. 局部封闭疗法　压痛明显处，可行局部封闭疗法。

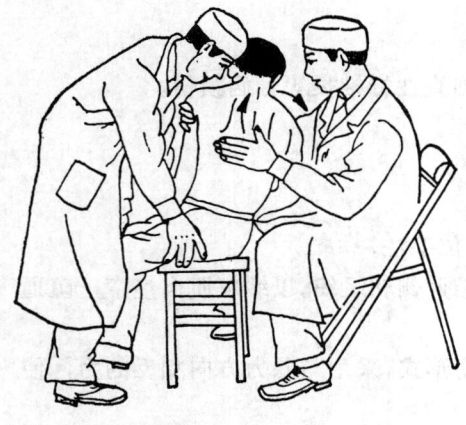

图 9-4　旋转复位法

第十章 腰骶部筋伤

腰骶部筋伤又称为脊柱性腰痛,是临床上常见的疾患。引起腰骶部筋伤的原因很多,如腰骶局部的骨、关节及周围软组织损伤、各种病理性损伤、先天及后天结构异常等。

腰骶部是指躯干背部的下部,是由5个腰椎、1块融合的骶骨和1块尾骨及两侧的髂骨形成的骨性支架。腰椎位于活动度很小的胸椎和固定于骨盆中的骶骨之间,承担着上半身的重量,而且还是躯干部最重要的运动枢纽,可作前屈、后伸、侧屈和旋转等各个方向的运动。这种承载和复杂的运动,极易导致局部的损伤。

腰椎是由1个椎体、2个椎弓根、2个椎板、2个横突、2个上关节突、2个下关节突和1个棘突构成的(见图10-1)。腰椎的椎体粗壮,横断面呈肾型,横径大于前后径,前缘长于后缘。椎孔较大,呈三角形。上、下关节突的关节面呈矢状位,上关节突的关节面朝内,下关节突的关节面朝外。横突粗大,朝向后外方。上关节突的背面有一大而不规则的突起,称为乳突,为肌肉的附着处。棘突呈垂直的板状,几乎呈水平突向后方。

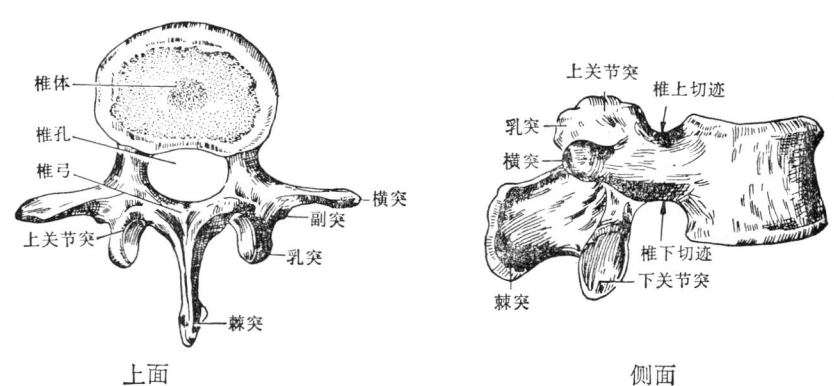

图 10-1 腰椎骨

椎间盘为连接相邻两个腰椎体的软骨盘。盘中央部分是柔软而富有弹性的胶状物质,称为髓核。盘周围部分是按同心圆排列的纤维软骨层构成的纤维环,它能牢固地连接上、下椎体,并限制髓核向外突出(见图10-2)。椎间盘在承受压力时被压缩,除去压力后能立刻复原,具有"弹簧垫"样的缓冲作用(见图10-3)。椎间盘还允许脊柱作一定范围的各方向运动,当脊柱前屈时,椎间盘前部被挤压变薄,后部增厚,伸直时立刻恢复原状。

此外,在椎间盘的上、下各有1块附于椎体的透明软骨,称为软骨板。其与椎体和纤维环紧密相连,可防

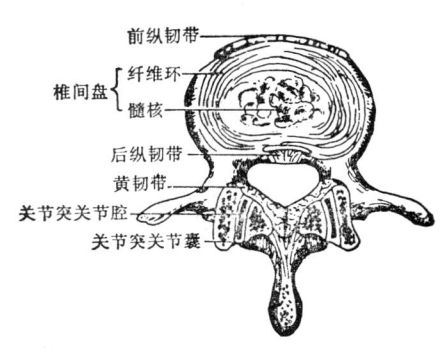

图 10-2 椎间盘

止纵向受力时髓核突入椎体内。

腰椎的关节突关节由胶原组织和黄色的弹性组织构成的关节囊包绕。因腰椎为躯干的运动枢纽，活动范围较大，故关节囊较松弛，当腰部扭伤时易造成关节囊滑膜嵌顿。第5腰椎与骶椎构成的关节称为腰骶关节，此关节负重最大，较容易发生局部损伤。沿骶骨底上面作一直线，其与水平线形成的夹角，称为腰骶角，正常为34°（见图10-4）。骶骨与髂骨之间形成骶髂关节，骶骨在内，髂骨在外，关节面扁平呈"耳状"。此关节活动范围微小，仅女性在妊娠期时，骶髂关节活动范围增大。

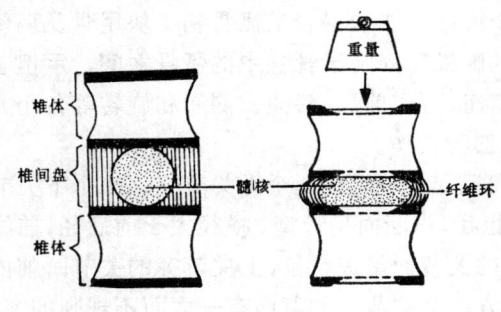

图 10-3 椎间盘的缓冲作用

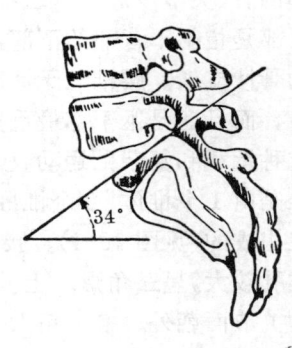

图 10-4 腰骶角

腰椎的稳定性主要依靠周围的韧带。椎体前缘有前纵韧带，非常坚韧，紧贴于椎体前面，与椎间盘及椎体牢固相连，前纵韧带可防止脊柱过伸和椎间盘向前突出。椎体后面有后纵韧带，其较前纵韧带细而薄弱，可限制脊柱过分前屈和防止椎间盘向后突出。相邻的椎弓板之间有黄韧带相连，黄韧带由弹力纤维构成，坚韧而富有弹性，起于上个椎板前面，止于下个椎板后面，连于相邻的椎弓板之间，参与围成椎管，能限制脊柱过分前屈。此外，还有棘上韧带、棘间韧带和横突间韧带，对维持脊柱的稳定具有一定作用。（见图10-5）

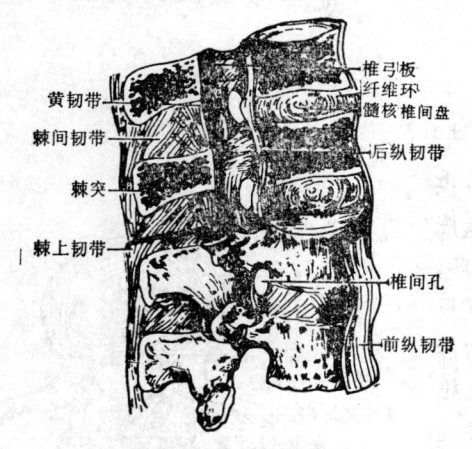

图 10-5 腰椎的连结

下背部及腰部的主要肌肉，按其解剖位置和作用可分为背侧组、前侧组和外侧组。背侧组有三层：浅层为背阔肌的下部，中层为竖脊肌，深层为多裂肌、回旋肌。竖脊肌位于棘突和横突间，具有伸直腰部的作用，当一侧竖脊肌收缩时可使脊柱侧屈或旋转。前侧组有腹内斜肌、腹外斜肌和腹直肌，具有伸腰作用。外侧组有腰大肌和腰方肌，主要作用为侧屈脊柱。

胸腰筋膜由前、中、后三层组成。前层覆盖于腰方肌的前面，亦称为腰方肌筋膜，起于腰椎横突前面和椎体的基底部。中层附于腰椎横突，向上附于第12肋，向下附于髂嵴。后层最厚，向上与胸部的深筋膜相连，内侧附于棘突和棘上韧带，在竖脊肌的外侧缘前、中、后三层相连于腹筋膜。胸腰筋膜具有保护肌肉和加强腰部支持力的作用。

脊髓位于椎管内。由于脊柱发育速度较脊髓慢，故成年人脊髓末端的圆锥，仅达到第1

腰椎的下缘,以下为马尾神经。脊神经从两侧椎间孔穿出,即分为前、后两支,后支又进一步分为内、外侧支。外侧支有大部分运动纤维,支配竖脊肌的运动。腰1～腰3外侧支感觉神经组成臀上皮神经,分布于臀部皮肤。内侧支大部分为感觉纤维,分布于椎间关节突关节、椎板、棘突及其邻近的肌肉、筋膜和皮肤。腰2～腰4脊神经前支构成股神经和闭孔神经,支配该神经控制的肌肉和皮肤感觉区域(大腿前内侧、小腿和足内侧皮肤)。腰4、腰5和骶1～骶3脊神经前支构成坐骨神经,控制该神经支配的肌肉运动和皮肤感觉区域(大腿后侧、小腿和足外侧皮肤)。在前、后支分出前有一小分支与交感神经分支组成返神经,当脊神经后支或返神经受刺激时可反射到前支,称为反射痛。当前支受刺激时,其疼痛感觉可向该神经所支配的区域放射,称之为放射痛。腰部疼痛常伴有放射痛和反射痛,两种疼痛可能出现在同一个区域,但因病变部位不同,故应仔细检查,加以鉴别。

第一节 急性腰扭伤

急性腰扭伤是临床上常见病,易发生于下腰部,以青壮年和体力劳动者多见。但平素缺乏劳动锻炼者,偶然参加劳动也易发生急性腰扭伤。本病多见于男性患者。

腰扭伤可涉及肌肉、筋膜、韧带和关节(包括椎间关节突关节、腰骶关节和骶髂关节等),急性损伤后可立刻出现剧烈疼痛,腰部肌肉刺激性紧张,腰部活动功能受限。受损肌肉、韧带、关节可单独发生,亦可合并损伤。但不同部位和组织损伤,其临床表现不尽相同。急性腰扭伤发生后,早期如得到正确的治疗,一般多能痊愈。若失治、误治,可致腰痛迁延,转成慢性。

急性腰肌及胸腰筋膜扭伤

本病多由腰部突然闪扭所致,受损组织以腰部肌群及筋膜为主,是一种较常见的损伤,属中医"闪腰"、"岔气"范畴,损伤多发生在竖脊肌和胸腰筋膜的附着部。如果损伤后又感风寒湿之邪,可导致腰部的慢性痹痛。

【病因病机】

本病是在某种状态下,腰部肌肉强烈收缩,使肌肉和筋膜受到过度牵拉、扭曲,甚至撕裂,而致剧烈腰痛。损伤因受力的大小不同,组织损伤的程度也不一样。骶骨是胸腰筋膜及竖脊肌起点,局部组织损伤,血脉离经,血瘀于内,气机受阻,不通则痛。致病原因很多,最常见的有以下几种。

(一) 动作失调

数人抬物动作不协调,或其中一人突然失足。患者瞬间处于姿势不当且毫无思想准备的状态下,身体为了保持平衡,反射性引起腰肌强烈收缩,导致腰肌及胸腰筋膜损伤。

(二) 姿势不良

猛然搬提过重物体或搬物时姿势不正确,所提物体的重心离躯干的中轴线过远,使腰部肌肉负荷过大,或腰肌收缩运动不协调,常可使腰骶部肌肉、筋膜受到过度的牵拉或撕裂。(见图10-6)

(三) 重心失衡

不慎摔倒时,身体重心突然失去平衡,腰肌骤然收缩;或跌倒时腰部屈曲,下肢伸展,造成腰骶部肌肉及筋膜损伤。

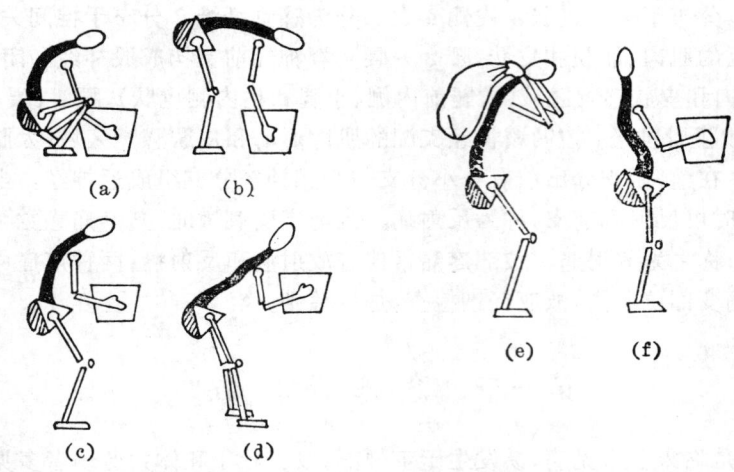

图 10-6 姿势不良引起筋膜撕裂

（四）腰部活动准备不足

日常生活中,如泼水、弯腰、起立,甚至挂手巾、打喷嚏、打哈欠等,由于准备不足,可造成腰肌及筋膜扭伤,即"闪腰"。

【诊断】

（一）临床表现

多有腰部扭伤史。腰部一侧或两侧疼痛剧烈,腰部活动、咳嗽、打喷嚏,甚至深呼吸时疼痛加剧。轻者伤时疼痛不明显,数小时后或次日症状加重。严重者腰部当即呈撕裂样疼痛,不能坐立、行走,疼痛有时可牵涉至一侧或两侧臀部及大腿后侧。腰肌呈紧张状态,常见一侧肌肉高于另一侧。有时可见脊柱腰段生理性前曲消失,甚至出现侧曲。

（二）检查

1. 压痛点 损伤早期,绝大多数患者有明显的局限性压痛,多位于腰骶关节、髂嵴后部或第3腰椎横突处,同时可扪及腰部肌肉明显紧张。

2. 腰部功能观察 腰部活动受限,特别是前屈受限,行走时常用手支撑腰部,卧位时难以翻身等。

3. 特殊检查 直腿抬高试验、拾物试验可呈阳性,但加强试验为阴性。

（三）X线检查

一般无明显病理性改变,有时可有脊柱腰段生理性前曲消失或有轻度侧曲。

【辨证论治】

可用手法治疗以舒筋活血、解除痉挛、缓解疼痛,同时配合服药及其他方法综合治疗,多可治愈。

（一）手法治疗

1. 按揉法 患者俯卧位,尽量使肢体放松。医者用两手拇指指腹或掌根,先自大杼穴开始由上而下按揉。再点按环跳、承扶、委中、承山、昆仑等穴,以膀胱经腧穴为主,目的在于舒通经脉。（见图10-7）

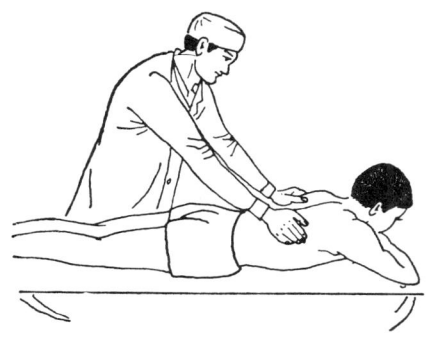 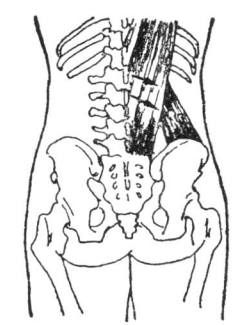

图 10-7 按揉法　　　　　　　　　图 10-8 调理腰肌

2. **调理腰肌**　患者俯卧位,滚推两侧腰肌,着重于痉挛一侧。由周围逐步向痛点推理,再在痛点上方,将竖脊肌向外下方推理直至髂骨后上棘,反复操作3～4次。(见图 10-8)

3. **捏拿腰肌**　医者以两手拇指和其余四指对合用力,捏拿腰肌。捏拿方向与肌腹垂直,从腰1起至骶部臀肌。重点是两侧竖脊肌和压痛点处,反复2～5min。(见图 10-9)

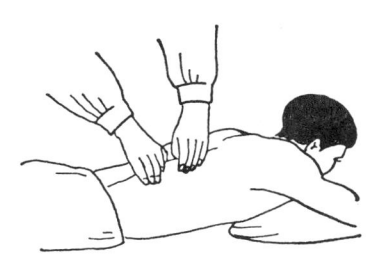

图 10-9 捏拿腰肌

4. **按腰扳腿**　医者一手按住患者腰部,另一手前臂及肘部托住患者一侧小腿上段,并手反扣大腿下段。双手配合,下按腰部及托提大腿相对用力,有节奏地使下肢起落数次,随后摇晃、拔伸,有时可闻及响声。两侧均做。(见图 10-10)

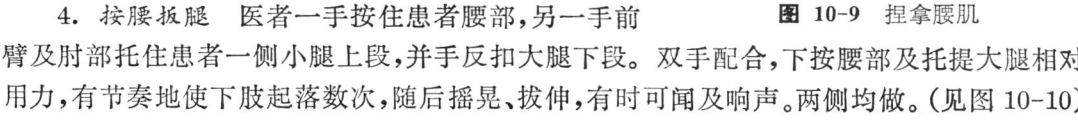

图 10-10 按腰扳腿　　　　　　　　图 10-11 揉摸舒筋

5. **揉摸舒筋**　医者以掌根或小鱼际着力,在患者腰骶部行揉摸手法。以患侧及痛点处为主,边揉摸边滑动,使局部感到微热为宜。(见图 10-11)

（二）药物治疗

1. **内服药**　本病多以血瘀气滞为主,故治宜活血散瘀、行气止痛,可用复元活血汤、血府逐瘀汤加减。气滞明显者用泽兰汤加独活、乳香、没药;血瘀为主者,用地龙散加减。伴有便秘者可加用桃仁承气汤和大成汤;若伴有气血虚弱者,不宜攻之过猛,可加补气行气、补血活血之药，或适当加服六味地黄丸。还可用跌打丸、云南白药、三七伤药片、活血止痛散、伤科七厘散等中成药治疗。

2. **外用药** 局部有瘀肿发热者，可用双柏散、消炎散外敷，也可用狗皮膏、伤湿止痛膏外贴于患处。

(三) 功能锻炼

损伤早期不宜强行锻炼，应卧硬板床休息，防止进一步损伤，并有利于组织修复。疼痛缓解后宜做背伸锻炼。后期宜加强腰部的各种功能练习，以防止粘连，并增强肌力。

(四) 其他疗法

1. **针灸疗法** 局部取穴或循经取穴，常用穴位有肾俞、命门、志室、腰阳关、委中、承山、昆仑、阿是穴，多用强刺激的泻法。
2. **局部封闭疗法** 局部痛点封闭，5～7日行1次。此法还可作为诊断性治疗。
3. **理疗** 疼痛缓解后，可用理疗、磁疗、中药离子导入等方法进一步治疗。

急性腰部韧带损伤

腰部韧带具有限制腰椎过度活动，维持腰部稳定的作用。正常情况下有肌肉的保护作用，可使韧带免遭外力过度牵拉。当韧带处于紧张状态而肌肉收缩力不足时，韧带因受强大外力牵拉，造成损伤，甚至断裂。

临床上腰部韧带损伤多见于棘上韧带、棘间韧带和髂腰韧带。棘上韧带为索状纤维组织，比较坚韧，但在腰骶部较为薄弱。棘间韧带位于相邻的两棘突之间，呈长方形，其腹侧与横韧带相连，背侧与背部长肌的筋膜和棘上韧带融合在一起，棘间韧带纤维较短。下腰部活动度大，韧带所受压力也最大，故棘间韧带于腰4～骶1之间的部分损伤机会也最多。髂腰韧带比较坚韧，自髂嵴后部的内侧面至第5腰椎横突，呈向内、向下的斜行走向。该韧带有限制第5腰椎前屈功能的作用，当腰部完全屈曲时，竖脊肌完全放松，该韧带将承受巨大的牵拉力。故弯腰工作时，易致髂腰韧带损伤。

腰部韧带损伤，常见于青壮年体力劳动者。损伤之后，若失治或误治，可转为慢性韧带损伤。

【病因病机】

腰部韧带损伤与腰部肌肉、筋膜损伤有密切联系。当腰部肌肉、筋膜损伤后，韧带失去保护，受力增加，易导致韧带损伤。反之，腰部韧带受损后，腰部支持、稳定能力降低，腰部肌肉、筋膜为之代偿，易产生腰肌、筋膜的损伤。

(一) 弯腰搬物

腰部有一系列韧带限制脊柱过度前屈，这些韧带在正常情况下，都能得到竖脊肌的保护。当人体过度弯腰、搬移重物时，竖脊肌处于松弛状态，臀、大腿部肌肉收缩，以腰椎为杠杆将重物搬起，支点位于腰骶部。此时韧带无竖脊肌的保护，如搬物体过重，且重心距躯干支点过远时，极易造成棘间韧带、棘上韧带损伤，以腰骶部位多见。(见图10-12)

(二) 突然摔倒

突然摔倒时，两腿伸直，臀部着地，躯干过伸，此时股后肌群紧张，两髂骨及骶骨相对固定，腰骶部的棘上韧带或棘间韧带可发生部分或全部撕裂。若暴力强大时，在骶骨相对固定的情况下，髂骨亦可同时向前屈曲旋转，引起骶髂关节的韧带损伤。(见图10-13)

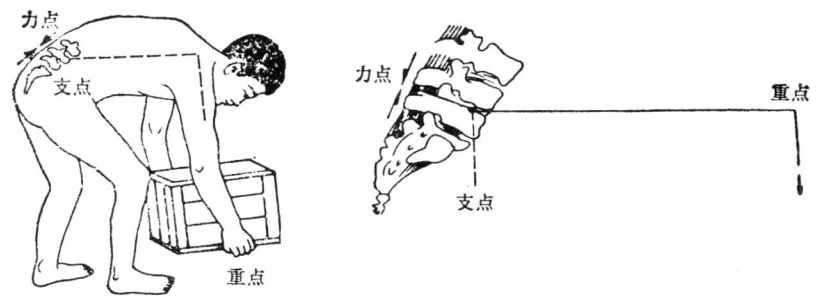

图 10-12 弯腰搬物时腰部的杠杆力学作用

（三）暴力撞击

暴力直接作用于腰背部，使腰背过度前屈，可造成腰部韧带损伤。这种损伤有时很重，可能合并骨折、脱位，甚至神经损伤。

【诊断】

（一）临床表现

有明显外伤史。常发生于弯腰工作或暴力突然迫使腰部前屈，伤时可自觉腰部有一清脆响声或撕裂样感觉，常呈断裂样、刀割样或针刺样锐痛。有时可伴有下肢反射性疼痛，腰部活动时疼痛加剧。

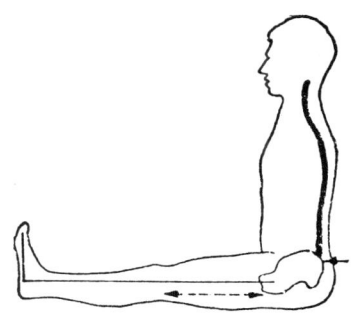

图 10-13 腰骶部韧带损伤的力学

（二）检查

局部可出现肿胀、瘀斑，腰肌痉挛，棘突间有明显压痛，腰部活动明显受限，前屈受限尤为明显。直腿抬高和屈膝屈髋试验均可呈阳性。

合并棘上韧带、棘间韧带断裂时，棘突间距离可加宽。如髂腰韧带损伤，其压痛点在**髂**嵴后部与第 5 腰椎间三角区有深压痛，屈腰旋转脊柱致腰痛加剧。

（三）X 线检查

一般无异常表现。若棘上、棘间韧带断裂者，可有棘突间距增大。X 线摄片对诊断或排除骨折、脱位有十分重要的意义。

（四）鉴别诊断

急性腰肌及胸腰筋膜扭伤　发病机制可以一样，两病常合并存在。但腰肌及筋膜扭伤时压痛点多位于椎旁竖脊肌起止点或髂嵴后部，腰部韧带损伤后压痛点位于棘突上或棘突间韧带处。前者腰部活动各方向均受限，后者主要为腰部屈曲时明显受限。

【辨证论治】

（一）手法治疗

手法治疗的目的，在于使撕裂分离后的韧带理顺归位，且可舒筋活络，改善局部血液循环，使韧带易于修复。

1. **理筋复位**　适用于棘上韧带撕裂或从棘突上剥离者。患者站立或端坐位，医者坐于患者身后，以两手拇指触摸棘突，手摸心会，找到棘上韧带剥离处。嘱患者略弯腰，医者一手拇指按于被剥离的棘上韧带上端，向上推按牵引；另一手拇指左右拨动已剥离的韧带，找到剥离面，然后顺脊柱纵轴方向由上而下顺势按压，使其复位。（见图 10-14）

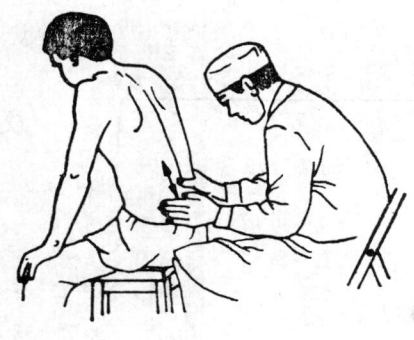

图 10-14 理筋复位

2. **理筋通络** 适用于韧带扭伤而未发生断裂者。患者俯卧位，医者先在脊柱两侧以按揉法调理，然后用拇指在棘上韧带方向垂直做弹拨治疗，并沿棘上韧带方向作上抹法，再于腰背部督脉上作直擦，以透热为度。

（二）药物治疗

同"腰肌及胸腰筋膜损伤"。

（三）功能锻炼

本病损伤早期经治疗复位后，应卧硬板床休息，一般1～2周。若棘上韧带或棘间韧带断裂者，应给予固定，可采用皮腰围保护。腰部疼痛不明显时，应进行积极的腰背肌锻炼，但应避免过度前屈活动。

（四）其他疗法

参见腰肌及胸腰筋膜损伤。痛点封闭，对缓解疼痛和改善局部微循环有较好作用。

急性腰椎关节突关节扭伤

在过度的屈曲、过伸、牵拉或旋转外力的作用下，可导致腰椎关节突关节损伤，称为腰椎关节突关节紊乱症、腰椎间关节突关节综合征或急性腰椎关节突关节滑膜嵌顿、关节突关节错缝，属中医"闪腰"或"弹背"范畴，本病还包括腰骶关节和骶髂关节的损伤。本病常被误诊为急性腰肌筋膜扭伤或急性腰肌纤维组织炎等而延误治疗，转为慢性腰痛。

【病因病机】

本病是因腰椎间关节周围的韧带、关节囊及滑膜的扭伤或撕裂，或滑膜嵌顿于关节突关节内而发生的一种疾病，常伴有关节错缝移位。

（一）腰椎关节突关节扭伤

人体站立时，腰椎两侧关节突关节与椎间盘呈三角负重状态。脊柱前屈时椎间盘负重力增大，关节突关节略为张开；后伸时两侧关节突关节负重力增大。脊柱旋转、侧屈时，一侧关节突关节受压，关节间隙变窄，另一侧关节突关节张开。当运动姿势不正确、肌肉平衡失调时，易引起急性关节突关节扭伤。若腰椎前屈或旋转过度，关节突关节张开，使关节腔内负压增大，而吸入滑膜。此时，如腰椎又突然后伸，滑膜可能来不及退出而被嵌顿于关节面之间，形成腰椎关节突关节滑膜嵌顿，引起腰部剧烈疼痛。

（二）急性腰骶关节扭伤

腰骶关节位于腰椎最下部分，与骨盆间构成关节，负重量大、活动多，为躯干活动枢纽，经常处于运动状态，故易受损伤。如有第1骶椎隐裂或腰骶角过大等先天畸形等解剖上的弱点，极易造成腰骶关节损伤。当局部软组织肿胀刺激腰骶部神经根时，可引起反射性下肢疼痛。

【诊断】

（一）临床表现

均有闪腰、屈腰、旋转等外伤史。疼痛突发，较为剧烈。关节损伤后，组织的炎症、水肿可影响神经根，故时伴有不同程度的下肢放射性疼痛。腰部活动或打喷嚏、咳嗽等腹腔压力增高时,腰部疼痛加剧。

(二) 检查

腰部肌肉紧张,有时局部肿胀,腰椎向一侧偏歪,腰部活动功能明显受限。压痛明显,确定压痛部位,对诊断关节扭伤有十分重要的意义。

1. **急性椎间关节突关节扭伤** 压痛点位于棘突两侧或一侧稍下方,一般无放射痛。患者拒绝作腰部试验,直腿抬高试验为阳性,但加强试验为阴性。

2. **急性腰骶关节扭伤** 多有腰骶部负重扭伤史。伤后感腰骶部剧痛,不敢直腰。直腰时多以一手或两手叉腰,或以手支撑膝部,以减少腰骶关节活动,步行迟缓,表情痛苦,腰5与骶骨底之间有明显压痛和叩击痛(见图10-15)。屈膝屈髋试验阳性。

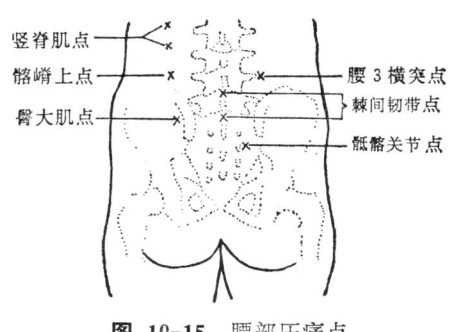

图 10-15 腰部压痛点　　图 10-16 斜扳法

(三) X 线检查

一般无异常改变,有的呈脊柱侧弯,或椎间隙变窄或宽或模糊等。

【辨证论治】

(一) 手法治疗

急性腰部及腰骶关节扭伤,若能明确诊断,施行手法治疗后,往往能取得较为理想的效果。手法可分为两步,首先采用一般的活血止痛、理筋解痉按摩松解手法,如点按穴位和揉、滚、擦等法;第二步为复位手法,纠正关节紊乱,解除滑膜嵌顿,以迅速消除疼痛,恢复正常功能。常用复位手法有下列几种:

1. **斜扳法** 患者侧卧位,患侧在上,髋、膝关节屈曲,健侧髋、膝关节伸直。医者可立于患者前侧或背侧,一手置于肩部,另一手置于臀部,两手相对用力,使上身和臀部作反向旋转(肩部旋后,臀部旋前,同时令患者腰部尽量放松),活动到最大程度时,用力作一稳定推扳动作。此刻往往可听到清脆的弹响声,腰痛一般可随之缓解。(见图10-16)

2. **牵拉法** 患者俯卧位,一助手抱拉住患者的腋下,或嘱患者两手拉住头侧床沿。医者握住患者两距小腿关节或一侧距小腿关节,作对抗牵引,持续1~2min,再慢慢松开,重复数次。最后用力将下肢快速的上下牵拉数次,使牵拉力传递至腰部关节,使其复位。

亦可选用背法、坐位旋转复位法等,具体运用应根据具体条件,选用患者易于接受的方法。合适的体位可使患者腰部肌肉放松,消除恐惧心理。

(二) 药物治疗

1. **内服药** 早期治宜活血化瘀、行气止痛为主,用顺气活血汤或和营止痛汤加减,也可用跌打丸、三七伤药片、伤科七厘散等中成药。后期治宜补益肝肾、活血强筋为主,用补肾健筋汤、补肾壮筋汤加减。

2. 外用药　手法调治后,可选用活血行气、消瘀止痛的外用药,如消瘀膏、双柏散、消肿散、消瘀止痛膏等敷贴,或外擦红花油、正骨水、治伤水等。

(三) 功能锻炼

早期应适当卧床休息,避免过度腰部活动或负重,必要时可佩带腰围站立行走。腰痛症状缓解后,应注意逐步加强腰背肌的功能锻炼,以增强腰部抵抗力。

(四) 其他疗法

参见急性腰肌及胸腰筋膜扭伤部分,可采用针灸、拔火罐、理疗、局部封闭等方法。

第二节　慢性腰肌劳损

慢性腰肌劳损是引起慢性腰痛的常见原因之一,系指腰部肌肉、韧带等积累性、机械性、慢性损伤,或急性腰扭伤后未获得及时有效的治疗而转为慢性者。

本病往往无明显的外伤史,常在不知不觉中出现腰痛,发病无明显职业区别。

【病因病机】

常见原因为腰部长期过度负重或长期腰部姿势不良,使腰部肌肉、韧带持久地处于紧张状态。如搬运工腰背部经常过度负重、过度疲劳,长期伏案工作者姿势不良,弯腰持续工作时间太长等。这种长期积累性劳损,导致了肌肉、韧带(常见于棘上韧带)慢性撕裂,出现炎症反应,以致腰痛持久难愈。

腰部急性扭伤后,局部肌肉、韧带等组织受损,若失治或误治,损伤未能恢复,迁延成为慢性。反复多次腰肌轻微损伤亦可导致慢性腰肌劳损。

腰椎先天畸形的解剖缺陷,如腰椎骶化、骶椎腰化、椎弓根裂等,以及后天性损伤,如腰椎压缩性骨折、脱位和腰椎间盘突出、腰椎滑脱等,这些都可造成腰部肌肉、韧带的平衡失调,而引起慢性腰肌劳损。

【诊断】

(一) 临床表现

患者可无明显外伤史,腰部隐痛反复发作,劳累后加重,休息后缓解。弯腰困难,持久弯腰时疼痛加剧,适当活动或经常变换体位后腰痛可减轻。睡觉时用小枕垫于腰部能减轻症状,常喜用两手捶腰,可使腰部感觉舒服并减轻疼痛。

(二) 检查

腰部外观多无异常,有时可见生理性前曲变浅。单纯性腰肌劳损的压痛点,常位于棘突两旁的竖脊肌处,或髂嵴后部或骶骨后面的竖脊肌附着点处。若伴有棘间、棘上韧带损伤,压痛点则位于棘间、棘突上。腰部活动功能多无障碍,严重者可稍有受限。直腿抬高试验阴性,神经系统检查无异常。

(三) X 线检查

多无异常,可有脊柱腰段的生理性弯曲改变,或有轻度侧弯。有时可发现先天性异常,如第5腰椎骶化、第1骶椎腰化、骶椎隐裂,或见有骨质增生现象等。

(四) 鉴别诊断

应与第5腰椎骶化、第1骶椎腰化、骶椎隐裂、腰椎骨质增生症、第3腰椎横突综合征相鉴别。

【辨证论治】

(一) 手法治疗

手法治疗的目的在于促进血液循环,理顺肌纤维,剥离粘连,加速炎症消退,缓解肌肉痉挛。先按揉腰腿部腧穴,如肾俞、腰阳关、八髎穴、阿是穴、委中、承山等。再捻揉两侧竖脊肌,推理腰部肌肉,推拿或弹拨腰肌或韧带,必要时施以过度屈、伸腰部或扳腰手法。手法应轻快、柔和、灵活、稳妥,忌用强劲暴力,以免加重损伤。

(二) 药物治疗

1. 内服药

(1) 肾虚型:肾阳虚者,治宜温补肾阳,用补肾活血汤加减;肾阴虚者,治宜滋补肾阴,用知柏地黄丸、大补阴丸加减。

(2) 气滞血瘀型:治宜活血化瘀、行气止痛,用地龙散加杜仲、续断、桑寄生、狗脊等。

(3) 风寒湿型:治宜祛风散寒胜湿,方用羌活胜湿汤或独活寄生汤加减。

(4) 湿热型:治宜清化湿热,用二妙汤加木瓜、薏苡仁、生地黄、黄柏、豨莶草之类。

2. 外用药 可用外擦药,如万花油、正骨水、骨友灵等。或外贴伤湿止痛膏、狗皮膏等伤科膏药。

(三) 功能锻炼

应避免长时间过度弯腰工作,同时增强腰背肌的功能锻炼,如行仰卧五点、三点或拱桥式练习,亦可采用俯卧位的飞燕式锻炼。

(四) 其他疗法

1. 针灸、拔火罐疗法 取肾俞、腰阳关、委中、承山、昆仑等穴位针灸,痛点拔火罐。
2. 局部封闭疗法 于劳损组织部位行局部封闭,每周1次,一般2~4次。
3. 理疗 可采用红外线、超短波、频谱仪或中药离子导入等法。

第三节 第 3 腰椎横突综合征

由于第 3 腰椎横突周围组织的损伤,造成慢性腰痛,出现以第 3 腰椎横突处压痛为主要特征的疾病称为第 3 腰椎横突炎,也称为第 3 腰椎横突滑膜囊炎,或第 3 腰椎横突周围炎。因其可影响邻近的神经纤维,常伴有下肢疼痛,故又称为第 3 腰椎横突综合征。本病多见于青壮年,尤以体力劳动者常见。

【病因病机】

第 3 腰椎位于各腰椎的中点,处于脊柱腰曲前凸顶点,为 5 个腰椎体的活动中心,其活动度较大。其两侧的横突最长,横突是腰肌和腰方肌的起点,并有腹横肌、背阔肌的深部筋膜附着其上,故腰腹部肌肉弹力收缩时,此处受力最大,易使附着点处撕裂致伤。伤后局部发生炎性肿胀、充血、液体渗出等病理变化,以后可产生骨膜、纤维组织、纤维软骨等增生。臀上皮神经发自腰 1~腰 3 脊神经后支的外侧支,穿横突间隙向后,再经过附着于腰 1~腰 4 横突的腰背筋膜深层,分布于臀部及大腿后侧皮肤。故腰 3 横突处周围组织损伤可刺激该神经纤维,日久神经纤维可发生变性,导致臀部及腿部疼痛。

腰 3 横突部的组织损伤,缘于急性损伤处理不当或慢性劳损,而引起横突周围瘢痕粘连、筋膜增厚、肌腱挛缩等病理改变,风寒湿邪侵袭可加剧局部炎症反应。

腰部一侧的腰3横突损伤可使同侧肌紧张或痉挛,日久继发对侧腰肌紧张,导致对侧腰3横突受累、牵拉,而发生损伤,故临床上常见双侧出现症状。

【诊断】

(一) 临床表现

常有腰部扭伤史,也可无任何明显诱因。腰部疼痛多表现为腰部及臀部弥散性疼痛,有时可向大腿后侧乃至腘窝处扩散,一般不超过膝关节。腰部活动时或活动后疼痛加重,有时患者翻身及行走均感困难,晨起或弯腰时疼痛加重。

(二) 检查

早期可见患侧腰部及臀部肌肉痉挛,表现为局部隆起、紧张,晚期则病侧肌肉萎缩。竖脊肌外缘腰3横突尖端处有局限性压痛(有的可在腰2或腰4横突尖端处),有时压迫该处可引起同侧下肢反射痛,反射痛的范围多不过膝。腰部功能多无明显受限。直腿抬高试验可呈阳性,但多超过50°,加强试验阴性。

(三) X线检查

一般无异常表现,有时可见脊柱腰部生理前曲变浅或稍侧曲。

(四) 鉴别诊断

应注意与腰椎间盘突出症、急性腰骶关节扭伤及臀上皮神经损伤等进行鉴别,从压痛点位置上的差异具有鉴别诊断意义。

【辨证论治】

(一) 手法治疗

1. 放松手法　患者俯卧位,双下肢伸直。医者以推、揉、按、擦等手法作用于脊柱两侧的竖脊肌,直至骶骨或臀及大腿后侧,并按揉腰腿部的膀胱经腧穴,施术以患部为主。达到理顺腰、臀、腿部肌肉,解除痉挛,缓解疼痛的目的。

2. 双指封腰法　用拇指及中指分别挤压、弹拨腰3横突尖端两侧,以剥离粘连、活血散瘀、消肿止痛。手法应由浅入深,由轻到重。

3. 肘揉环跳法　患者侧卧,患侧在上,患肢屈曲,健肢伸直。医者以肘尖压揉环跳及臀部条索状结节。

4. 扳法　必要时可扳腿使腰部反复后伸或斜扳腰部,或采用晃腰手法使腰部肌肉进一步放松。

(二) 药物治疗

参见"慢性腰肌劳损"及"腰臀部筋膜炎"。

(三) 功能锻炼

患者应配合进行适当的功能锻炼。患者身体直立,两足分开,与肩同宽,两手叉腰,两手拇指向后挺按腰3横突,揉按局部,然后旋转、后伸和前屈腰部,以利于舒通筋脉、放松腰肌、解除粘连、消除炎症。但应避免过度或过久的腰部活动,以免加重损伤。

(四) 其他疗法

1. 针灸疗法　取阿是穴,进针深度4~8cm,留针10~15min。每日1次,10次为1疗程。也可用小针刀疗法,以拨离粘连。

2. 局部封闭疗法　用泼尼松龙25mg加1%普鲁卡因4ml,于压痛点明显的腰3横突处作骨膜及周围组织的浸润注射。每5～7日行1次,可做2～3次。

3. 理疗　可采用热敷、熏洗、蜡疗等。

4. 手术疗法　非手术疗法反复治疗无效,且腰部长期疼痛无法正常工作和生活者,可考虑行手术治疗。在局麻或连续硬膜外麻醉下,行胸腰筋膜松解加横突部软组织剥离术。必要时,可行腰3横突切除术。

第四节　腰椎间盘突出症

腰椎间盘突出症又称腰椎纤维环破裂症。腰椎间盘发生退行性变,或外力作用引起腰椎间盘内、外力平衡失调,均可使纤维环突然破裂,导致腰椎间盘的髓核突出,而发生本病。

腰椎间盘突出症最常见的症状是腰腿痛,是由于突出的椎间盘压迫了神经根、血管、脊髓、马尾神经所致。本病好发于20～40岁青壮年,占腰椎间盘突出症总发病人数的80%,男性多于女性。下腰部椎间盘为本病的好发部位,其发病约占总发病的98%。其中第4、第5腰椎之间的椎间盘约占60%,第5腰椎与骶骨部之间的椎间盘次之。

【病因病机】

腰部的椎间盘比颈胸部的椎间盘厚,牢固地连结两个相邻的椎体。椎间盘外周有坚韧、有弹性的纤维软骨组织构成的纤维环,内有乳白色透明胶状体,富有弹性的髓核。其上、下面各有一薄层软骨板,为透明软骨构成,紧密附着于坚强的前纵韧带。纤维环的后部最薄弱,较疏松地附着于薄弱的后纵韧带,在椎管腔前壁后纵韧带尤为薄弱。髓核组织在幼年时呈半液体状态或胶冻样,随着年龄增大,其水分逐渐减少,纤维细胞、软骨细胞和无定型物质逐渐增加。以后髓核变成颗粒状和脆弱易碎的退行性组织,除在胎儿时期外,椎间盘无血管供应,其营养主要依赖椎体血管和组织液渗透,故当椎体病变时,椎间盘不易被吸收消失。椎间盘相当于一个微动关节,是实现椎骨之间活动的重要组成部分,其弹性很大,具有与气垫相仿的压缩、伸展作用,可吸收由各种原因产生的震荡力,亦可因压缩力不匀而向前、后、左、右倾斜。腰前屈时椎间盘前方承重,髓核后移;腰后伸时椎间盘后方负重,髓核前移。因此,在日常生活工作中,椎间盘不断地承受着脊柱纵轴的挤压力和牵拉力。

腰椎间盘具有很大的弹性,随着年龄增长椎间盘发生退行性变。当腰椎间盘突然或连续受到不平衡外力作用时,可能发生突出。椎间盘因年龄增长,组织水分减少,失去弹性,椎间隙变窄、周围韧带松弛等一系列退行性改变,是造成椎间盘容易破裂的内因。急性或慢性损伤为发生椎间盘突出的外因,最常见的原因是在姿势不当或准备欠充分的情况下搬动或抬举重物,或长时间弯腰后猛然伸腰,猝倒时臀部着地也是较常见的损伤方式,但腰部直接外伤而引起本病则比较少见。在某些情况下,甚至由于腰部的轻微扭动,也可导致腰椎间盘突出的发生,如弯腰洗脸时、打喷嚏或咳嗽后,也能引起本病。由于椎间盘退变内因是发病的重要因素,有些患者在无明显诱因而发病,可能是由于肌肉痉挛所致。

纤维环破裂时,突出的髓核挤压神经根,为造成腰腿痛的根本原因。髓核处于半液体状态时,突出的组织可以消散、吸收,神经痛也随之减轻或消失。如果髓核已变性,成为透明软骨或纤维软骨碎片或钙化等,则会长期压迫神经根,引起明显、持久的神经痛,这种病理组织易与神经根、硬膜粘连。在吸收过程中,局部留有血管的结缔组织增多,侵入椎间隙,以修复缺损的纤维环和吸收变性的髓核。髓核损坏后,除椎间隙逐渐变窄和椎体的相对边缘发生反应硬化外,还可发生椎体间失稳、关节突关节交错移位,出现椎体轻度前移或后移,椎体缘唇样增生,关节突关节变性、肥大及其周围黄韧带变性、增厚。这些病理性改变严重时可挤压神经根,引起与椎间盘突出同样的症状。髓核所受的压力还可使软骨板向椎体内膨胀,如在老年性椎体骨质疏松情况下,由于受髓核压迫而形成双凹形椎体,经过吸收和在周围形成反应性骨而成半环形凹影,即许茂(schmorl)结节。

椎间盘突出后,压迫硬脊膜及神经根,而引起一系列临床症状(见图 10-17)。初起神经根受到激惹,出现该神经支配区的放射痛、感觉过敏、腱反射亢进等征象。日久突出的椎间盘与神经根、硬膜发生粘连,长期压迫神经根,引致部分神经功能障碍,故除了反射痛外,尚有支配区放射痛、感觉减退、腱反射减弱甚至消失等现象。疼痛呈持续性,夜间加重,休息后亦不缓解。

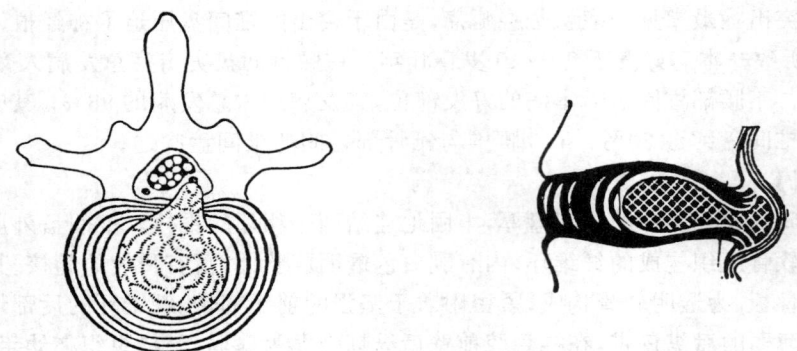

图 10-17 腰椎间盘突出症

多数腰椎间盘突出为单侧发病,产生同侧症状。有时髓核自后纵韧带两侧突出,这种类型出现双下肢症状,多为一先一后,一轻一重,似有交替现象。亦有髓核突出于椎管前方中部而出现中央型突出或偏左或偏右;或压迫马尾,而出现马鞍区麻痹及两下肢神经根压迫症状。

【诊断】

(一) 临床表现

腰腿痛是腰椎间盘突出症最主要的症状。患者常有腰部扭伤病史,损伤后出现严重腰痛,轻者尚可耐受,重者卧床不起,翻身极感困难。卧床后急性腰痛逐渐减轻,数日或数周后感到腿部不适或疼痛,以下腰椎间盘突出常见,腰4、腰5和骶1神经根受压而出现坐骨神经支配区域痛,表现为沿患侧臀、大腿后侧、小腿外侧和足外侧部麻木或放射痛。当椎间盘突出较大或中央型突出,可为两侧下肢疼痛。上腰部椎间盘突出可为股神经区痛,股神经由腰2~腰4三条神经根的前支组成。腰腿痛可因咳嗽、打喷嚏、用力排便等腹腔内压升高时加剧,步行、弯腰、伸膝起坐等牵拉神经根的动作也使疼痛加剧,屈髋屈膝、卧床休息可使疼痛减轻。本病经保守治疗后,症状可缓解或完全消退,以后可因轻微腰部损伤而复发,许多病例可屡次复发。每次复发后症状都可加剧,并持续较久,发作的间隔期可逐渐缩短。少数病例的起始症状是腿痛,从未感腰痛。也有只感腰痛而体检时才发现有坐骨神经受压。严重的椎间盘突出可使马鞍区麻痹,大小便困难和双足麻痹。

(二) 检查

1. 腰部畸形 腰椎间盘突出先有脊柱腰段生理性前曲减少或消失,甚至变为反向性后曲。由于髓核向后突出,腰部被动前屈可缓解神经根所受的压迫。腰椎侧曲发生较晚,多数出现在腰腿痛持续时间较久的病例。脊柱侧曲可以屈向患侧,亦可屈向健侧,均为保护性体位(见图10-18)。当椎间盘突出压迫神经根内下方时(腋下型),脊柱向患侧弯曲;当椎间盘突出压迫神经根外上方(肩上型),则脊柱弯向健侧,均可一定程度减少神经根的受压。临床上以后者多见,检查可见腰肌紧张明显,以患侧为甚。

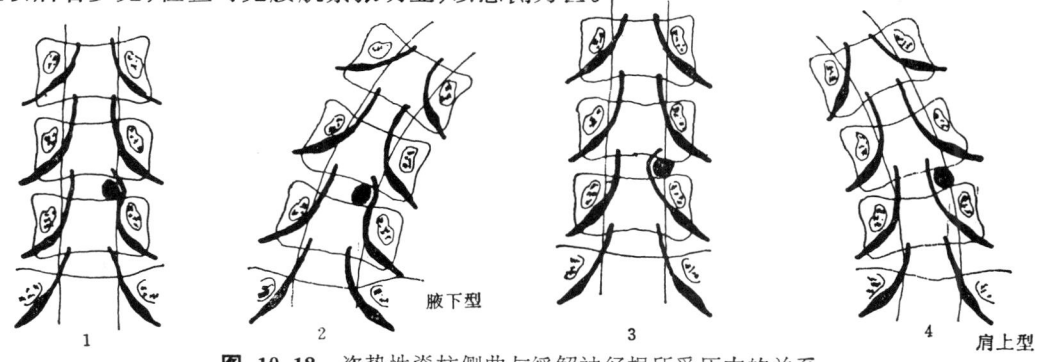

图 10-18 姿势性脊柱侧曲与缓解神经根所受压力的关系

2. **腰椎功能受限** 急性期因保护性腰肌紧张,腰椎各方向活动均受限。慢性期主要以腰部前屈和向患侧侧屈受限较明显,强制弯曲时加重放射痛。

3. **压叩痛伴放射痛** 腰椎间隙棘突旁有深压痛,压痛点对诊断定位有重要意义。急性期可出现广泛性压痛,但总有一个压痛点最为明显。按及压痛点或叩击腰椎可产生腰部剧痛,并向患侧下肢放射,直至足跟。沿坐骨神经体表投影通路有压痛,如环跳、承扶、委中、承山等穴。若俯卧位检查局部压痛不明显时,患者可取站立后伸位,并向一侧弯屈,使腰肌松弛,再压棘突旁。若为椎间盘突出,可产生明显压痛及放射痛。

4. **直腿抬高试验及直腿抬高加强试验** 阳性。而直腿抬高30°以下为强阳性,40°~50°为中等,60°以上为弱阳性。(见图10-19)

5. **健侧直腿抬高试验** 若健侧抬高诱发患侧坐骨神经痛,表明椎间盘较大的中央型突出或为腋下型突出(见图10-20),称为Fajerztain征或Lewen征阳性。肩上型突出呈阴性。

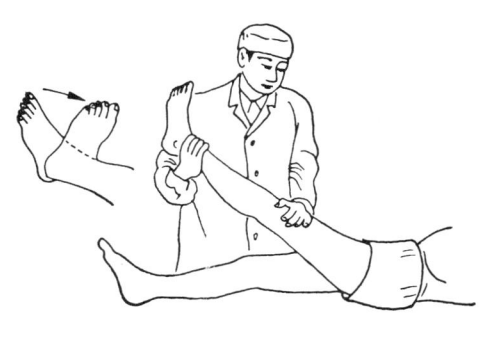

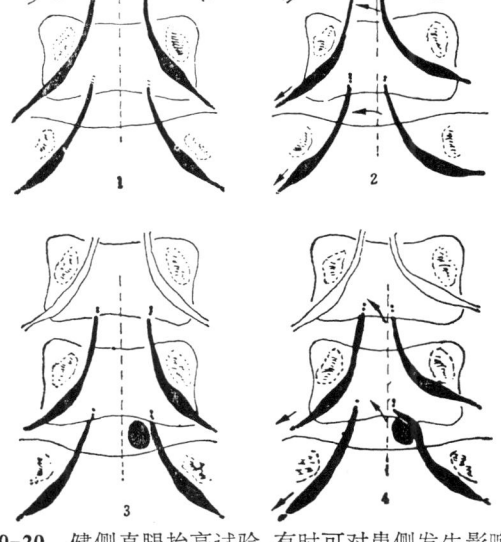

图 10-19 直腿抬高试验和直腿抬高加强试验 　**图 10-20** 健侧直腿抬高试验,有时可对患侧发生影响

6. **股神经牵拉试验** 为上腰部椎间盘突出的阳性体征。患者俯卧,膝关节完全屈曲,足

跟接近臀部。后伸髋关节,则腰2～腰4神经根张力增加,股神经受牵拉,患者感到腹股沟及大腿前方疼痛者为阳性。

7. 屈颈试验　头颈部被动前屈,使硬脊膜囊向头侧移动,牵张作用使神经根受压加剧,而引起受累的神经痛者为阳性。

8. 颈静脉压迫试验　压迫患者的颈内静脉,使其脑脊液回流暂时受阻,硬脊膜膨胀,神经根与突出的椎间盘产生挤压,而引起腰腿痛者为阳性。

9. 腱反射改变　患者跟腱反射减弱说明腰5、骶1神经根受压,膝腱反射减弱说明腰2、腰3神经根受压,两种反射均减弱说明腰4神经根受压。神经根受压严重或压迫过久,其相应的腱反射消失。

10. 皮肤感觉异常　突出的椎间盘压迫神经根会出现相应的神经所支配区域皮肤感觉减退或麻木。上腰部脊神经根受压引起的障碍主要出现于大腿前面、小腿内侧,腰上部脊神经根受压引起的障碍则出现于大腿后面及小腿上外侧、𧿹趾根部,骶1神经根受压表现在足外侧及外踝部(见图10-21)。中央型椎间盘突出压迫马尾神经,可出现马鞍区麻木,膀胱、肛门括约肌功能障碍。

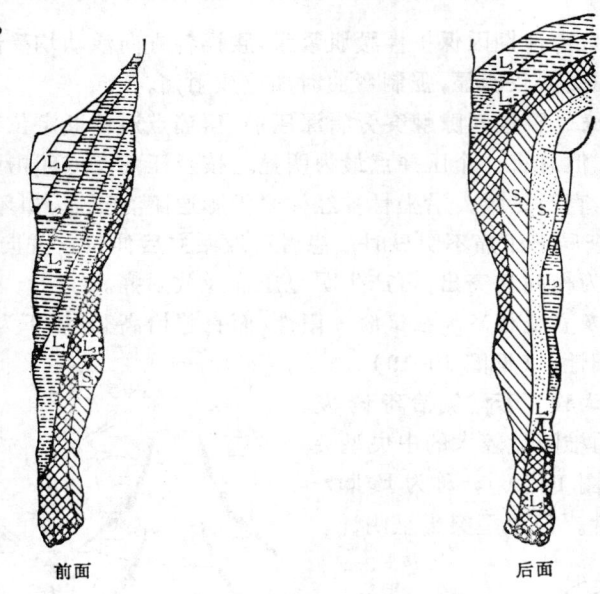

图 10-21　腰骶神经节段分布图

11. 肌力检查　股神经受累时,股四头肌肌力减弱,肌肉萎缩;坐骨神经受累时,腓肠肌张力减弱,𧿹伸肌肌力减弱,病程久者常有足背伸肌群萎缩,胫骨前嵴突出征象。

(三) 实验室检查

本病血、尿、大便三大常规无异常表现。脑脊液检查在少数患者表现为细胞数高于正常,蛋白定性弱阳性,定量略高,可达40%,此变化只发生于急性椎间盘突出症发后局部炎症期或已发生蛛网膜粘连者。

(四) X 线检查

在确诊为腰椎间盘突出症之前,应作X线检查,以排除骨病引起腰骶神经痛,如结核、肿瘤等。正位片可显示腰椎侧凸,椎间隙变窄或左右不等,患侧间隙较宽;侧位片显示脊柱腰曲前凸消失,甚至反张后凸,发生椎间盘突出的椎间隙后方宽于前方。后期,椎体相对边缘有硬化和隐窝不整表现,椎体边缘有骨赘形成,关节突关节也可随之退变,上、下关节突交错,下关节突变尖插入椎间孔,使之变小,有时可见假性脊椎滑脱。

必要时可行脊髓造影检查,可提高本病诊断率。①髓核造影:显示椎间盘突出的具体情况,但难度较大。②蛛网膜下腔造影:为较为常用的造影术,可观察蛛网膜下腔充盈情况,能较准确地反映硬膜脊受压程度和受压部位,以及椎间盘突出部位和程度。③硬膜外造影:造影剂注入硬膜外腔,可描绘硬脊膜外腔轮廓和神经根的走向,反映神经根受压的状况。④上行腰静脉造影:经股静脉插管至腰静脉,注入造影剂,显示局部静脉形态,分析椎间孔附近的占位性病变。

(五) 其他检查

1. 肌电图检查　根据异常肌电图的分布范围可判定受损的神经根及其对肌肉的影响程度。

2. CT、MRI 检查　可清晰地显示椎间盘突出的影象,通过断层反映出硬脊膜囊及神经根受压的状态。必要时可加以造影。

(六) 鉴别诊断

腰痛伴坐骨神经痛这一主要症状,需要与一些疾病鉴别。身体健壮的患者,绝大多数是患机械性损伤的腰椎间盘突出症。本病与体位改变有重要关系,尤其是间隔性复发者。若腰痛持续性存在或进行性加重,应认真与其他类似疾病进行鉴别。

1. 急性腰扭伤　有明显外伤史,病程短,局部压痛明显,痛点进行局部封闭后可使疼痛明显减轻或消除。一般无放射性坐骨神经痛症状。CT 检查无腰椎间盘突出现象显示。

2. 腰椎结核　可有腰腿痛征象,病程长,常伴有全身症状,如低热、盗汗、消瘦、乏力、血沉加快,下腹部有时可触及冷性脓肿。X 线摄片显示椎间隙模糊、变窄,椎体相对边缘有骨质破坏。

3. 马尾神经瘤　腰腿痛呈持续性,无间歇性缓解。白天稍活动可减轻,夜间卧床时感疼痛加剧。脊柱无侧曲,腰部功能尚好。下肢运动及感觉均有不同程度障碍,以及括约肌功能紊乱。脑脊液检查示总蛋白量增高,脊髓造影有占位性病变。

4. 腰椎椎管狭窄症　多见于中老年人,腰腿痛并有典型间歇性跛行。卧床休息后症状可明显减轻或消失,脊柱后伸体位疼痛加重。本病多因黄韧带肥厚和中央型腰椎间盘突出压迫硬膜囊引起,CT、椎管造影可明确诊断。

5. 强直性脊柱炎　病变为进行性,早期腰痛伴坐骨神经痛,开始在骶髂关节发病,病变逐步向上发展,血沉加快。晚期椎体呈竹节样变,关节融合,血沉增快。

6. 梨状肌综合征　本病特点为臀腿痛,压痛点位于环跳穴处,腰部无明显压痛点。梨状肌紧张试验可呈阳性。腰部功能正常,直腿抬高试验阴性。

7. 其他疾病　如腰椎转移癌、骨性关节病、骨髓炎、骨折及脱位等各有其特征,应注意鉴别。

【辨证论治】

(一) 手法治疗

手法能缓解腰臀部肌肉痉挛,消肿祛瘀,松解神经根粘连,促进局部炎症消退,或使突出的椎间盘回纳。

1. 常规手法

(1) 准备手法

① 按摩法：患者俯卧。医者用两手拇指或掌部自肩向下按摩脊柱两侧膀胱经，至患肢承扶处改用揉捏，下抵殷门、委中、承山，反复数次。

② 推压法：医者两手交叉，右手在上，左手在下，手掌向下用力推压脊柱，从胸椎至骶椎，反复数次。

③ 滚法：医者以滚法作用于背、腰及臀腿部，着重于患者腰侧，调理、松解肌肉。

(2) 调理关节回纳法

① 俯卧扳腿法：医者一手按患者腰部，另一手托住患者两腿或单腿，使其下肢尽量后伸。两手相对用力，可听到一声弹响。可做1～2次。

② 斜扳法：患者侧卧，在上的下肢屈曲，贴床的下肢伸直。医者一手扶患者肩部，另一手同时推髂部向前，两手反向用力使腰部扭转，可闻及或感觉到"咔嗒"响声。

③ 牵引按压法：患者俯卧。一助手于床头抱住患者肩部，另一助手拉患者两踝，对抗牵引数分钟。术后用拇指或掌根按压痛点部位，按压时由轻到重，使腰后伸，椎间隙进一步增宽，回纳突出的椎间盘。

图 10-22 腰椎旋转复位法

④ 旋转复位法：患者端坐于方凳上，两足分开与肩等宽。以患侧是右侧为例。助手面对患者，两腿挟持固定患者左腿。医者立于患者身后，右手经患者腋下绕至颈部，左拇指顶推偏歪的腰椎棘突右侧，右手压患者颈部，使其腰部前屈60°～90°，再向右旋转。左拇指同时发力向左顶推，可闻及或感觉椎体轻微错动弹响。（见图10-22）

(3) 结束手法

① 牵抖法：患者俯卧，两手抓住床头。医者双手握住患者两踝，用力牵抖并上下抖动下肢，带动腰部，再行按摩下腰部。（见图10-23）

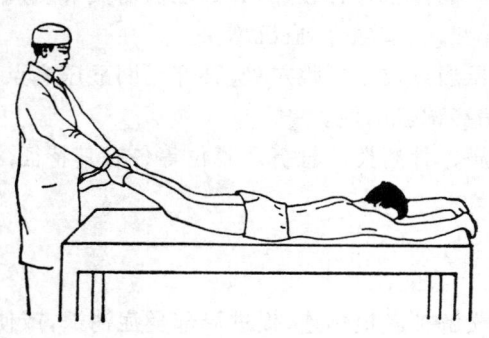

图 10-23 牵抖法

② 滚摇法：患者仰卧，双髋双膝屈曲。医者一手扶患者两踝，另一手扶患者双膝，将腰部旋转滚动，持续 1～2min。（见图 10-24）

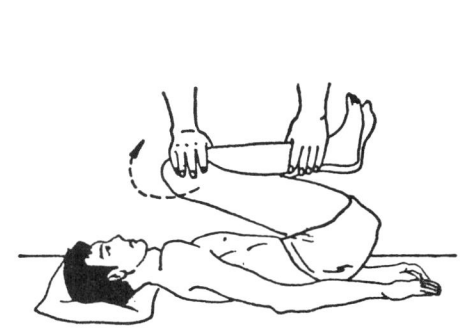
图 10-24　滚摇法

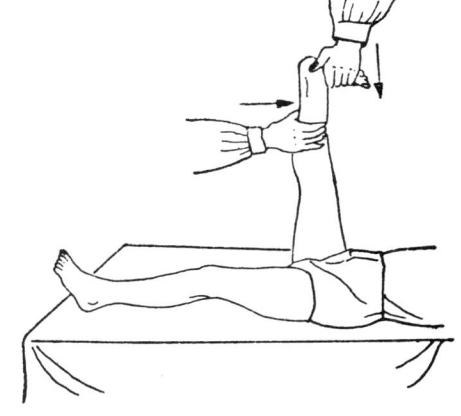
图 10-25　直腿抬高法

2．麻醉推拿手法　麻醉状态下患者痛觉消失，肌肉充分松弛。推拿时腰及下肢关节活动度增大，有利于推拿力量施于病灶，施术一次多可见效。麻醉方法可采用全麻、腰麻或硬膜外麻醉，麻醉后具体手法：

（1）患者仰卧位，两助手分别拉住患者两腋部和两踝，行对抗牵引 1min 左右。然后将患肢屈髋屈膝、旋转髋关节 3～4 圈后，再将患肢最大限度抬高，并将距小腿关节充分背屈 3次，健侧同法也作 3 次。（见图10-25）

（2）患者侧卧位，患侧在上。医者立于患者身后，以一侧手臂托起患侧大腿，另一手压住患侧腰部，先转动髋关节 2～3 圈，然后在髋关节外展 30°位置下作过伸动作 3 次，同时将患者腰部顺势推向前，再转体 180°。同法作另一侧。（见图10-26）

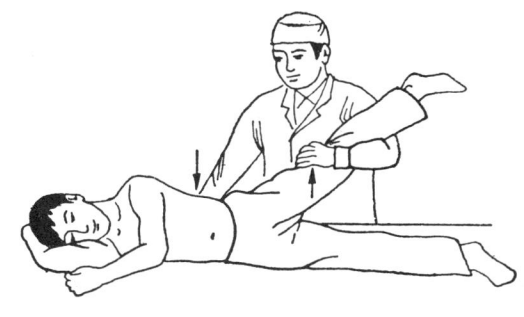
图 10-26　俯卧抬单腿法

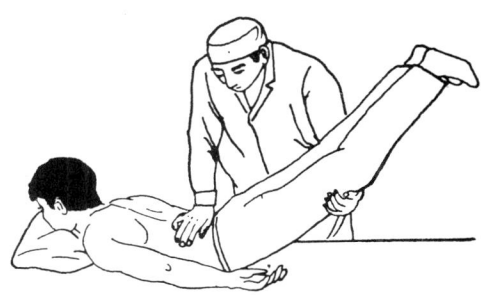
图 10-27　俯卧摇双腿法

（3）患者俯卧位，医者一手臂托住患者两腿，另一手压住患腰，将两下肢摇动数次，然后过伸腰部 2～3 次。（见图10-27）

（4）患者俯卧，两助手再次对抗牵引，同时医者以掌根部按压病变椎体棘突部，共作 3次，每次约 1min。（见图 10-28）

在麻醉下行手法治疗应密切观察患者的麻醉反应，手法结束后严格按麻醉术后护理。患者术后仰卧，腰部可垫一薄枕以保持脊柱腰段的生理前曲。麻醉效果消失后部分患者可能仍有腰痛、腹胀反应，但以后腰痛可逐渐减轻。一般患者应卧硬板床2～3周。

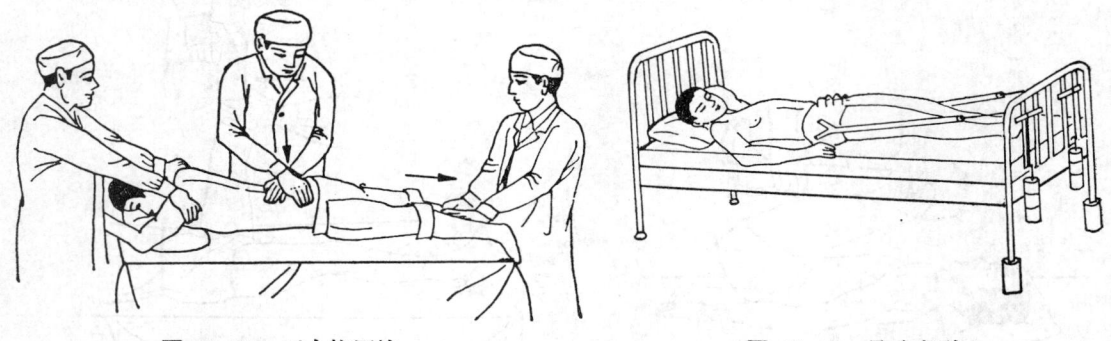

图10-28 三人按压法　　　　图10-29 骨盆牵引

（二）药物治疗

内服药　急性期或初期治宜活血止痛为主，可用舒筋活血汤加减。疼痛剧烈者可加用消炎痛、瑞培林、布洛芬等。慢性期或晚期治宜补益肝肾、温经通络，可用大小活络丸、健步虎潜丸，喜饮酒者可服木瓜追风酒。

（三）功能锻炼

急性期应完全卧床休息。症状缓解后应积极进行增强腰背肌的功能锻炼，可采用飞燕式、拱桥式，经常后伸、旋转腰部，悬吊或压腿等，以增强腰腿部肌力，有利于腰椎的平衡稳定。久坐、站立时可佩戴腰围保护腰部，避免腰部过度屈曲或劳累。

（四）其他疗法

1. 牵引疗法　主要采用骨盆牵引法，适用于早期患者或反复发作的急性患者。患者仰卧于病床，缚骨盆牵引带，有时为增加胸胁部力量可用固定带拴于床头以增加抗牵引能力。牵引重量可根据患者感受进行调节，一般在20kg左右，每日牵引1次，每次约30min。（见图10-29）

2. 针灸疗法　常用穴位有肾俞、环跳、委中、承山等穴位，也可作穴位注射，慢性期可配合灸法。

3. 局部封闭疗法　可行椎间孔内封闭或硬膜外封闭，对慢性期疗效尚可。

4. 手术疗法　经非手术治疗无效、症状严重者及中央型突出压迫马尾神经者，可行椎板切除及髓核摘除术或经皮穿刺髓核透出术。

第五节　腰椎椎管狭窄症

凡造成腰椎椎管、神经根通道及椎间孔隧道的变形或狭窄而引起马尾神经或神经根受压，并产生相应的临床症状者称之为腰椎椎管狭窄症。本病又称腰椎椎管狭窄综合征，多见于中老年人，约80%发生于40～60岁之间，男性较女性多见，体力劳动者多见。

【病因病机】

本病病因主要分为原发性和继发性两种，原发性多为先天性所致，继发性多为后天性所致。其中退行性变是本病的主要发病原因，先天性发育性原因较少见。

先天性腰椎椎管狭窄是指椎管本身由于先天性或发育性因素而致的腰椎椎管狭窄，表现为腰椎管的前后径和横径均匀一致性狭窄,可见于侏儒症、椎弓根短缩等患者。此类型临床较为少见。

后天性腰椎椎管狭窄主要由于椎间盘退变,腰椎椎体间失稳,椎间关节突关节松动,导致腰椎退行性变。腰椎骨质增生,黄韧带松弛、肥厚或内陷,关节突关节松动、增生或肥大,椎板肥厚等均可使腰椎椎管内径缩小,椎管内有效容量减少,达到一定程度后可引起脊神经根或马尾神经受挤压而发病。

原发性和继发性两种因素常常相互联系,相互影响。临床上常可见到两种因素相结合,即在先天发育不良基础上再发生各种退变性因素而导致本病。这种混合型腰椎椎管狭窄症比较多见。

此外,还有其他因素导致的椎管狭窄,如外伤致椎体粉碎性骨折后碎片后移、脊椎骨融合后椎管骨质增生和 Paget 化病等。

腰椎椎管狭窄症属中医"腰腿痛"范畴。中医认为本病发生的主要内因是先天肾气不足,后天肾气虚衰,以及劳役伤肾等。而反复外伤、慢性劳损和风寒湿邪的侵袭则为其常见外因。其主要病理机制是肾虚不固,邪阻经络,气滞血瘀,营卫不和,以致腰腿筋脉痹阻而产生疼痛。

【诊断】

(一) 临床表现

主要症状是长期腰痛,腿痛,间歇性跛行。腰痛仅表现为下腰及骶部痛,多于站立或行走过久时发生,若躺下、蹲下或骑自行车时疼痛多可自行消失。局部有明显酸胀痛感,无固定压痛点。常处于强迫前屈位,后伸时因腰骶神经根受压使腰痛加剧。腿痛常累及两侧,亦可单侧或左右交替出现。间歇性跛行是本病的主要特征,80%以上的患者多有间歇性跛行,常在行走和锻炼以后出现单侧或两下肢麻木、沉重、疼痛、无力,越走症状越严重,常被迫停下休息。下蹲后症状马上缓解,若继续行走则出现同样症状。病情严重者可引起尿急或排尿困难,两下肢不完全瘫痪,马鞍区麻木,肢体感觉减退及二便障碍。

(二) 检查

腰椎椎管狭窄症状和体征的不一致是本病的特点之一,在患者伸腰运动或活动后立即检查,体征可明显些。有的表现类似椎间盘突出症,有脊柱腰段生理性前曲减弱或侧屈,但多较轻。直腿抬高试验阳性者少,常为两侧性或一侧轻一侧重,部分患者可出现下肢肌肉萎缩,以胫前肌和趾长伸肌最明显,小腿外侧痛觉减退或消失为常见,跟腱反射消失,膝反射无变化。如有马尾神经受压者可出现马鞍区麻木,肛门括约肌松弛、无力或男性阳痿。

(三) X 线检查

1. 腰椎正侧位片

(1) 正位片:椎体骨质增生。两侧关节突关节突增生、肥大,关节面的方向接近矢状位。椎弓根增粗,椎弓根间距变窄,椎板增厚,密度增高。

(2) 侧位片:椎间隙狭窄,椎弓根变短,椎弓及关节突关节骨质增生,密度增高,椎体滑脱。

2. 椎管造影

(1) 正位片:碘柱呈节段性腰椎狭窄,甚至部分或全部受阻。完全梗阻时,断面呈梳齿状。

(2) 侧位片:碘柱较细。当前后径小于或等于 8mm 时即可诊断为腰椎椎管狭窄。

(四) 其他检查

CT检查可显示椎体后缘骨质增生呈骨唇或骨嵴,椎管矢径变小;关节突关节可增生肥大向椎管内突出,椎管呈三叶形,中央椎管、侧隐窝部狭窄,黄韧带肥厚等征象。

(五) 鉴别诊断

本病应与血栓闭塞性脉管炎、腰椎间盘突出症相鉴别。

1. **血栓闭塞性脉管炎** 此病是属于缓慢性进行性动脉、静脉同时受累的全身性疾病,表现为下肢麻木、酸胀、疼痛和间歇性跛行,足背动脉和胫后动脉搏动减弱或消失,后期可产生肢体的远端溃疡或坏死。腰椎椎管狭窄症的患者,其足背、胫后动脉搏动是良好的,不会发生坏死。

2. **腰椎间盘突出症** 腰椎间盘突出症多见于青壮年,起病较急,有反复发作病史,腰痛合并有放射性腿痛。体征上多有脊柱侧屈,脊柱腰段生理性前曲减弱或消失。在下腰部棘突旁1～2cm处有压痛,并向一侧下肢放射,直腿抬高试验和加强试验阳性。腰椎椎管狭窄症多见于40岁以上中年人,起病缓慢,与中央型椎间盘突出症的常为突然发病不同。主要症状是腰痛、腿痛和间歇性跛行。腰痛主要在下腰部及骶部,站立、行走时加重,坐位及侧卧位屈髋时减轻。腿痛主要因骶神经根受压所致,常累及两侧,咳嗽时不加重,但步行时加重,或伴有下肢感觉异常、运动乏力,特称为马尾性间歇性跛行。

【辨证论治】

(一) 手法治疗

手法治疗腰椎椎管狭窄症可以舒筋活络,疏散瘀血,松解粘连,使症状得以缓解或消失。

1. **掌按揉法**

(1) 患者俯卧位。医者立于患者一侧,在腰骶部采用掌根按、揉法,沿督脉、膀胱经向下,经臀部、大腿后部、腘窝部直至小腿后部上下往返2～3次;然后点按腰阳关、肾俞、大肠俞、次髎、环跳、承扶、殷门、委中、承山等穴。弹拨腰骶部两侧的竖脊肌及揉拿腰腿部。

(2) 患者仰卧位。医者用掌揉法自大腿前、小腿外侧直至足背上下往返2～3次,再点按髀关、伏兔、血海、风市、阳陵泉、足三里、绝骨、解溪等穴,拿委中、昆仑。

2. **腰部按抖法** 一助手握住患者腋下,一助手握住患者两踝部,两人对抗牵引。医者两手交叠在一起置于第4、第5腰椎处行按压抖动。一般要求抖动20～30次。(见图10-30)

3. **直腿屈腰法** 患者仰卧或两腿伸直端坐于床,两足朝向床头端。医者面对患者站立于床头一端,尽量用两大腿前侧抵住患者两足底部,然后以两手握住患者的两手或前臂,用力将患者拉向自己面前,再放松回到原位。一拉一松,迅速操作,重复8～12次(见图10-31)。最后屈伸和搓动下肢,结束手法。

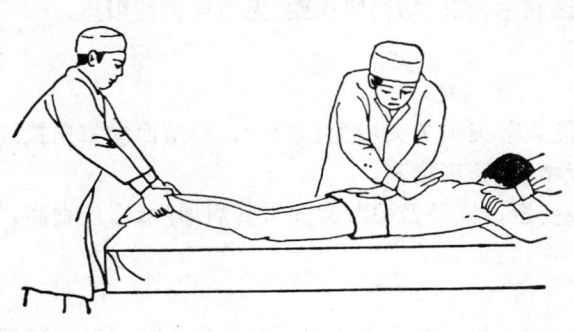

图 10-30 腰部按抖法

（二）固定治疗

急性期应卧床休息，一般2～3周。症状严重者可采用屈曲型石膏背心或支架固定，减少腰骶后伸。

（三）功能锻炼

病情缓解后应加强腹肌锻炼，还可练习行走、下坐、蹬空、侧卧外摆等动作以增强腿部肌力。

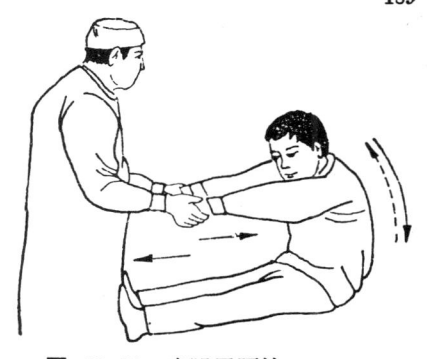

图10-31 直腿屈腰法

（四）药物治疗

本病主要由于肾气亏虚，真阴不足，劳损久伤；或外邪侵袭，以致风寒湿邪瘀积不散所致。肾气亏虚者治宜补肾益精，复感风寒湿三邪者治宜祛邪通络，但两者均治宜兼益肾养血。

1. **肾气亏虚型** 偏于肾阳虚者治宜温补肾阳，可用青娥丸、右归丸或补肾壮阳汤加减；偏于肾阴虚者治宜滋补肾阴，可用左归丸、大补阴丸。

2. **外邪侵袭型** 属寒湿腰痛者治宜祛寒除湿，温经通络。风湿盛者以独活寄生汤为主，寒邪重者以麻桂温经汤为主，湿邪偏重者以加味术附汤为主。属湿热腰痛者治宜清热化湿，用加味二妙汤为主。

（五）其他疗法

1. **局部封闭疗法** 可进行硬脊膜外封闭，能松解粘连，缓解症状。常用波尼松龙12.5mg加1%普鲁卡因10～20ml，每周1次，3次为1疗程。

2. **针灸疗法** 取肾俞、志室、气海俞、命门、腰阳关等，每日或隔日1次，10次为1疗程。

3. **理疗** 采用超短波或中药离子局部透入。

4. **手术疗法** 手术的目的是解除椎管内、神经根管内或椎间孔内的神经组织和血管所受的压迫。手术适应征是疼痛剧烈，影响日常生活，行走或站立时间不断缩短，有明显的神经根传导功能障碍，尤其是某些肌肉无力和萎缩者。常用的手术方式为椎板切除、神经根减压术。根据临床表现、脊髓造影、X线征象和CT检查，确定术中探查减压范围。一般应切除2～3个椎板，直至被压迫的脊髓完全膨起或见到硬脊膜搏动时为止。

第六节 骶髂关节损伤

由于外力而造成骶髂关节损伤，临床上比较常见，多见于中年以上患者，常发生腰部疼痛，甚至坐骨神经痛。

【病因病机】

骶髂关节是一相对稳定的关节，其关节面略呈耳状，在骶骨的两侧。关节面后方粗糙，供韧带附着。在骶髂关节面位于坐骨大切迹后缘的后上方，髂粗隆前方，骶骨深陷两侧髂骨之间。骶髂关节具有滑膜关节的软骨面(为玻璃软骨)，也有关节囊及滑液，但关节面凹凸相嵌，使关节的活动性大为减少而稳定性增加。骶髂关节有少许旋转度，可作上下、前后移位运动，故又称微动关节。此外，在骶髂间、骶骨坐骨间有强大的韧带以增强其牢固性。人体站立时体重由躯干上部向下传递到骶骨，有使两髂骨相互分开或使骶骨向后下方移位的趋势。骶骨的这种作用可牵引韧带，促使形成强大的骨间韧带，使骶髂关节更紧密地连结在一起，以进一步增加了关节的稳定性。因此,人体虽经常负重,但造成骶髂关节挫伤或移位者较少。只有在较大暴力冲击下,才能推动骶髂关节超越生理活动度而引起关节周围的肌腱、韧带损伤,甚至使骶髂关节发生错缝。

骶髂关节损伤的原因多种多样。如弯腰拾取重物时,下肢股后肌群紧张,牵拉坐骨旋向下、向前,髂骨被旋向后,而引起骶髂关节扭伤。或者突然跌倒、单侧臀部着地,这时地面的作用力通过坐骨结节向上传递,而身体的冲击力又通过骶髂关节向下传递,引起骶髂关节关节囊、周围韧带和肌肉损伤。若暴力过大,还可导致骶髂关节一侧或两侧错缝现象。人体单侧下肢突然负重如跳跃、坠落,也可引起骶髂关节损伤或关节错缝。

妇女妊娠期和产后,因内分泌作用,使骶髂关节松弛,此时受到扭转、牵拉、碰撞或滑跌等,则易引起骶髂关节损伤或错缝。

严重的骶髂关节错缝可使关节周围的肌肉、韧带等产生撕裂,造成关节的稳定性降低,而负重或活动时有加重错缝的程度,但轻微的错缝有自行恢复的可能。若骶髂关节反复损伤或关节错缝未得到及时治疗,局部出血机化,瘢痕形成充填关节空隙,造成关节内粘连或关节不稳,久之引起顽固性持续下腰部疼痛。

【诊断】

(一) 临床表现

多有外伤史。患侧骶髂关节疼痛,常放射到臀部和股外侧,有的甚至放射到小腿外侧,并且通常有患侧竖脊肌痉挛。躯干向患侧倾斜,患肢不敢负重,跛行,甚至不能独自直立行走,需在扶持或支撑下侧身用手掌保护患侧骶髂关节部方可勉强行动,上、下阶梯时需健侧先移动。平卧不适,翻身困难。站立位弯腰时疼痛加剧并活动受限。患者常以健侧臀部坐櫈,疼痛严重者需用双手分别撑住櫈子两侧以减轻疼痛。但坐位弯腰时疼痛不甚,这是因为股后肌群松弛之故。

(二) 检查

患者脊柱腰段可有侧曲,且凸向健侧,腰肌紧张。患侧骶髂关节周围有广泛压痛,髂后上、下棘有明显压痛,骶髂部叩击痛。临床检查的常用方法有:

1. 骶髂关节分离试验　阳性。

2. 分腿试验　阳性。

3. 骨盆挤压分离试验　患者仰卧。医者两手分别放于两侧髂前上棘处,将骨盆向外分离或向内挤压,引起骶髂关节疼痛者为阳性。

4. 俯卧提腿试验(伸髋试验 Yeoman 征)　患者俯卧。医者两手按压骶部,助手握患侧踝部上提,使髋关节后伸,引起骶髂关节疼痛者为阳性。

(三) X 线检查

急性骶髂关节扭伤 X 线摄片常无异常表现。慢性扭伤或劳损者可有骨性关节炎改变,关节边缘骨质密度增加。

(四) 鉴别诊断

1. 腰椎间盘突出症　腰椎间盘突出症者腰痛伴有一侧下肢麻木、胀痛,脊柱两侧肌肉紧张,椎旁有明显压痛及向患肢放射痛。骶髂关节损伤较重或有错缝者,局部疼痛较剧,可向股外侧放射,局部肌肉痉挛,腰骶部有侧屈和前屈畸形,可误诊为腰椎间盘突出症。

2. 骶髂关节结核　无外伤史,或仅有轻微外伤史。有全身症状,如低热、盗汗、消瘦等。

X线摄片显示有骨质破坏。

【辨证论治】

以手法治疗为主,辅以药物治疗和理疗等。

(一) **手法治疗**

推拿治疗常能收到良好效果。基本手法是先点委中、大肠俞、关元俞、阿是穴等,然后行局部按压、滚摩、搓擦、揉捏、提拿等手法。若有关节错缝者可采用下列方法复位。

1. 足蹬手拉复位法　患者仰卧于床上,医者立于患侧。右侧骶髂关节错缝者,医者用右足跟蹬在患者坐骨结节上,两手握住患足踝部;然后用力向上蹬患者的坐骨结节,同时用力牵拉患者的下肢,使错缝的骶髂关节复位。(见图10-32)

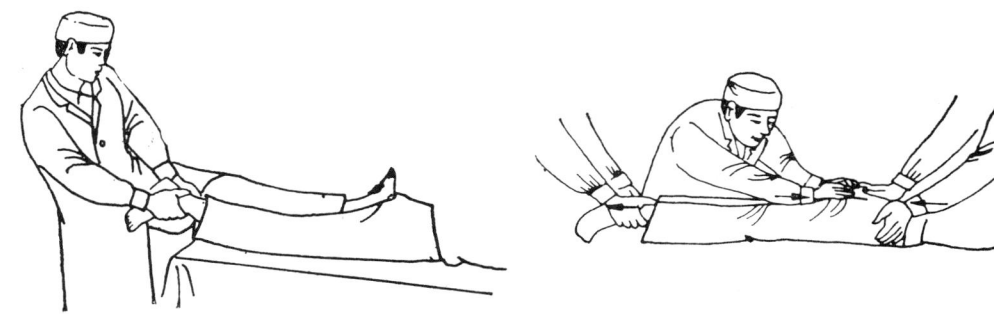

图 10-32 足蹬手拉复位法　　图 10-33 推送复位法

2. 推送复位法　患者俯卧位。一助手双手重叠压住患者坐骨结节,准备向上顶推。医者立于助手对面,两手压住患侧髂后上棘,准备向下推送。两人同时用力相对推送使错缝的骶髂关节复位;也可在推送的同时让一助手握住患侧下肢踝部向下牵引。(见图10-33)

3. 过伸压推复位法　患者侧卧位,患侧向上。医者立于患者背侧,一手压住骶骨,另一手握住患肢踝部,先使其膝关节屈曲90°,然后一手推骶骨向前,另一手拉患肢向后使之呈过伸位,先轻轻推拉数下,再重力向后一拉,使髂骨向后旋转而复位。(见图10-34)

4. 牵抖法　患者俯卧位,两手抓住床头。医者立于床尾,两手分别握住患者两踝,逐渐向下牵引身体。在牵引的同时,抬高下肢使小腹部略离床面,然后左右摆动下肢数次。在摆动下肢的过程中,上下抖动数次,使其复位。

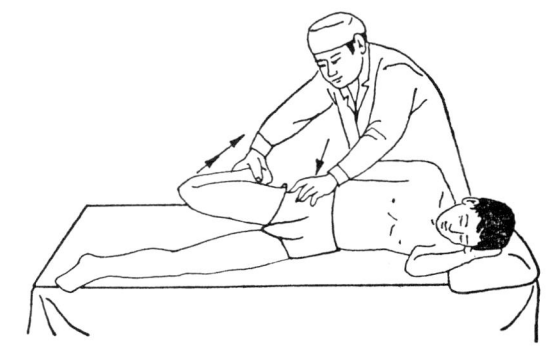

图 10-34 过伸压推复位法

(二) **固定治疗**

损伤轻微者不需固定。损伤较重或伴有骨错缝者经复位后应卧硬板床休息1～2周,然后方可逐渐进行活动。

(三) **功能锻炼**

加强腰骶部肌肉功能活动以增强肌力,增加腰骶部稳定性,减少损伤的发生,同时还可防止形成慢性劳损。

（四）药物治疗

1. 内服药　治宜舒筋活血、散瘀止痛为主，可选用复元活血汤、和营止痛汤等加减。
2. 外用药　外贴跌打损伤膏等。

（五）其他疗法

理疗、热敷、局部痛点封闭等均有一定疗效，可酌情选用。

第七节　腰椎退行性滑脱

腰椎滑脱系指腰椎自发性移位，又称腰椎假性滑脱。本病因退行性骨关节病而造成一个椎体或数个椎体向前或向后移位，移位距离一般不超过椎体的4/5，多发生于45岁以上的女性，病程可长达数年至数十年。

【病因病机】

腰椎退行性滑脱好发于腰4～腰5水平，其他腰椎亦可发生。腰椎的关节突关节退变后其关节软骨剥离，软骨下骨质裸露。有人认为腰4是腰椎中最为活动的椎骨，腰5有粗壮的横突和坚强的腰骶韧带，又有两侧髂嵴保护，而腰4则无，若腰5骶化并由于腰5上关节突后面磨损、退变、吸收和前面增厚，如腰4下关节突前面磨损较多，易致腰4前滑脱。关节突关节的相互磨损，也可导致腰5向后滑脱。腰椎的滑脱使椎管扭曲，管径变小，黄韧带增生肥厚，造成椎管狭窄。再加上关节周围组织增厚和骨赘形成，卡压神经根，易造成腰部疼痛，并牵涉至臀、腿部，出现感觉障碍或肌肉无力，亦可能出现椎管狭窄压迫马尾神经的症状。(见图10-35)

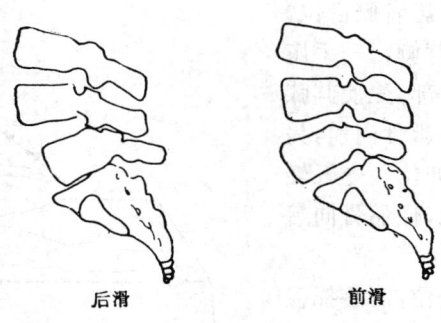

图 10-35　腰椎滑脱

本病与怀孕、生产或月经期韧带松弛有关，绝经期后骨质疏松也可使关节突关节损伤退变。此外，退变滑脱者常伴有髋关节骨关节炎，髋关节活动受限。

【诊断】

（一）临床表现

主要症状为腰痛，有时伴有臀和腿部疼痛。疼痛呈酸痛、牵拉痛，有麻木或烧灼感，与天气变化无关，可有缓解期。约25%的患者疼痛可波及小腿和足部。并伴行走无力，少数可有会阴部麻木感，小便潴留或失禁。间歇性跛行少见，发生后坐卧片刻可缓解。

(二) 检查

局部压痛,股后肌群松弛,患者弯腰时不需将腰弯至 90°即可手尖触地,但行走时不能用足跟着地。坐骨神经受压者直腿抬高试验阳性,小腿外侧触、痛觉减退。

(三) X 线检查

可发现椎体向前或向后移位,伴有骨质硬化及骨赘形成,无椎弓根的峡部裂。

【辨证论治】

(一) 手法治疗

1. **推理竖脊肌** 患者俯卧,两下肢伸直。医者用两手或鱼际自上而下地反复推理椎旁竖脊肌,直至骶骨背面或股骨大转子附近,并以两拇指分别点按两侧志室和腰眼穴。

2. **拔伸牵引** 患者体位同上。助手拉住患者腋下,医者握住患者两踝,沿纵轴方向进行对抗牵引,约 2~5min。

3. **侧扳旋转手法** 参见"腰椎间盘突出症"手法。

4. **腰部屈曲滚摇** 患者仰卧,两髋膝屈曲。医者一手扶膝,一手持踝部,使患者腰部滚摇数分钟。再将其膝部尽量贴近腹部,然后将两下肢用力牵拉伸直。

手法宜刚柔相济,和缓轻快,稳妥适度,切忌强力按压以免扭伤腰部,造成严重损害。

(二) 药物治疗

内服药 治宜活血通络、补益肝肾为主,用复元活血汤合四物汤加减,或用十全大补汤、六味地黄汤加减。

(三) 功能锻炼

适当进行腰腹肌练功活动可减轻骨质疏松,减慢退变进程。同时应注意休息,使用腰围以控制进一步滑脱。

(四) 其他疗法

针灸、理疗等都可采用。保守治疗无效者可行手术治疗,如椎管减压术和脊椎融合术。

第八节 腰臀部筋膜炎

腰臀部筋膜炎又称腰肌纤维组织炎,或肌肉风湿病。因腰部有丰富的白色纤维组织,如筋膜、肌膜、韧带、肌腱、骨膜和皮下组织等,故易患本病,而腰背部、骶髂部和髂嵴部更是好发部位。本病属中医"痹证"范畴。

【病因病机】

本病病因较复杂,中医认为多因风寒湿邪侵袭人体所致。如久居潮湿之地,涉水冒雨;气候冷热交错,造成人体腠理开合不利,卫外不固,风寒湿邪乘虚而入,袭入腰部经络,留于筋膜,局部气血瘀阻而为痹痛。由于感邪偏盛不同,临床表现各有特点。风邪偏盛者痹痛呈游走性,寒邪偏盛者疼痛剧烈,湿邪偏盛者多麻木重着。

现代医学认为本病与损伤、微生物或寄生虫感染等有关,风寒湿邪与这些因素常常互相交织在一起,不易分清主次。

【诊断】

(一) 临床表现

一般无外伤史。腰部皮肤麻木,疼痛呈酸胀感,与天气变化有关,每逢阴雨天气加重。局部畏寒,受凉后腰痛加重,得暖缓解。有时疼痛部位走窜不定。

(二) 检查

腰部无畸形,腰肌轻度萎缩。压痛点较多,重压有酸痛感,臀部痛点可反射到坐骨神经区域,有时可触及肌肉和筋膜内有条索或结节状物。腰部功能活动范围多属正常,直腿抬高试验小于70°。

化验检查多正常,有时抗"O"或血沉增高。

(三) X 线检查

多无异常表现。

(四) 鉴别诊断

用普鲁卡因作压痛点局部封闭后疼痛减轻或消失者,表示腰臀部肌筋膜炎为原发病变。若腰臀部疼痛减轻或消失而腿痛无改变者则为神经根病变所致,常为腰椎间盘突出症的症状之一。

【辨证论治】

(一) 手法治疗

患者俯卧位,胸部垫枕,两手置身体两侧,腹部肌肉放松。医者以两拇指指腹按揉背部膀胱经的主要腧穴,在阿是穴处稍用力,时间稍长些。然后用滚、推手法作用于腰部两侧肌肉,自上而下,反复数次。再以两拇指相对,按于条索状结节上,稍按压,作左右拨动。如突起明显,可用手指将筋捏住提起放下,反复数次。最后,再行推摩数遍。必要时,可加用斜扳、牵抖手法。

(二) 药物治疗

1. **内服药** 根据痹痛特点辨证施治。行痹者治宜祛风通络为主,用防风汤加减,佐以散寒除湿之药;痛痹者治宜温经散寒为主,用乌头汤加减,佐以祛风散寒之药;着痹者治宜除湿通脉为主,用薏苡仁汤加减,佐以祛风散寒之药。若痹证日久,出现气血不足及肝肾亏虚者治宜扶正祛邪、攻补兼施,用独活寄生汤加减。

西药可用抗风湿类药物,如保泰松、吲哚美辛、布洛芬等。选患者适用的一种,1周后换另一种,避免引起不良反应如胃痛、皮疹或白细胞降低等。应严格控制使用激素类药物。

2. **外治法** 可用麝香风湿膏、狗皮膏、万应膏或用骨科熏洗药熏洗腰部。

(三) 功能锻炼

本病重在预防,应加强腰背肌的功能锻炼。

(四) 其他疗法

针灸、理疗、蜡疗、电疗、离子导入或局部封闭等,均可选择采用。

第九节 臀肌挛缩症

臀肌挛缩症是由于臀部肌肉及其筋膜纤维变性引起该部组织挛缩,导致髋关节外展、旋外畸形,屈曲障碍,表现为坐、蹲和行走姿势异常的一种筋伤疾患。臀大肌主要功能为后伸、旋外髋关节,伸直位时可辅助内收,屈曲位时又可辅助外展。故当臀大肌收缩时,髋关节于中立位时屈曲受到限制,而只有旋外、外展位放松挛缩的肌纤维后才能完成屈髋动作,而表现为坐位和下蹲时的下肢外展、旋外的"蛙式位"。臀中、小肌的功能主要为外展髋关节,还能使髋后伸和旋外，当肌纤维紧张挛缩，同样导致髋旋外、外展畸形和中立位屈曲障碍。本病好发于儿童，多见于臀部肌内注射后，病因尚未完全清楚。本病又称臀肌纤维化、注射性臀大肌挛缩症、儿童髋关节外展挛缩症、小儿臀肌挛缩症等。

【病因病机】

多见于注射后导致臀大肌纤维变性、挛缩，关于本病是否与臀中、小肌的挛缩有关尚存在争议。本病亦可见于未经臀肌注的患儿，原因不明。

【诊断】

（一）临床表现

多有臀肌反复注射药物史，常见于儿童，亦可见于青少年。可双侧或单侧发病。

（二）检查

1. 异常姿势和特殊步态　两侧病变者立位或行走时呈"外八字"步态，跑步、上楼时更为明显。坐位时两腿分开不能并拢，下蹲过程中双膝必须分开向外作"划圈"动作，呈典型"蛙式位"（见图10-36）。中立位屈髋小于40°，只有外展、旋外才能完成屈髋动作。

2. 摸压法　臀部皮下可摸到坚韧的条索物，向下外延至股骨大转子。屈伸髋关节时，该条索物在大转子表面滑动并有弹响声，有时伴有疼痛。

3. 坐位交腿试验　患者坐位，交叉双腿，不能完成者为阳性。

4. 并腿屈髋试验　患者平卧，双下肢并拢，直腿屈髋小于60°者为阳性，强行屈髋时可见患者臀部离床。

（三）X线检查

多无异常发现，有时可见有骨盆倾斜，严重者可发现患侧股骨头无菌性坏死。

图10-36　"蛙式位"蹲位

【辨证论治】

（一）手法治疗

患者俯卧，两腿伸直、旋外位。于条索状物处行分筋、理筋和适度弹拨手法，力度宜适中，持续约5min，以牵抖患肢结束手法。适用于病变早期，若无效应及早手术治疗。

（二）手术治疗

本症一旦确诊宜及早手术，以避免继发骨关节病变。手术可将变性粘连的组织彻底松解，并把条索物完全切除。术后两膝并拢，屈髋60°，屈膝30°，固定3～5日后再行走，逐步增加功能锻炼。

第十节　梨状肌综合征

梨状肌损伤为临床上腰腿痛常见病证之一。本病由梨状肌损伤引起，以臀后及大腿后外侧疼痛、麻痹为特征。

梨状肌起于骶骨前面，经坐骨大孔向外，止于股骨大转子内上方，是髋关节的旋外肌。坐骨神经一般从梨状肌下缘出骨盆，于臀大肌下面降至大腿后面，在该处分支成为胫神经和腓总神经，支配小腿、足部的感觉和运动，但坐骨神经在与梨状肌相交时经常可出现变异。

【病因病机】

常见病因有先天变异和后天急慢性损伤等。

坐骨神经发生先天变异者约占61.6%；坐骨神经和腓总神经从梨状肌中间穿出，胫神经从梨状肌下缘走出占34.9%；其他类型(见图10-37)约占3.5%。由于神经走行的变异，当梨状肌稍有损伤时便易导致梨状肌综合征。

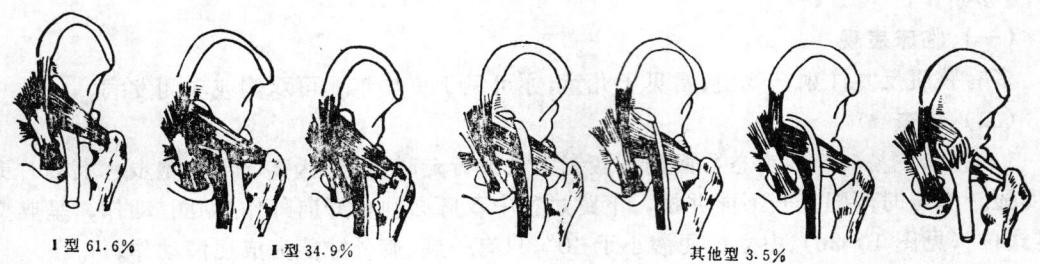

图 10-37 梨状肌与坐骨神经的关系类型

梨状肌损伤多由间接外力所致，如闪、扭、跨越、反复下蹲等；或由于某些动作，尤其是下肢外展、旋外或蹲位变直立时，使梨状肌被牵拉过长而导致损伤；臀腰部感染或外邪侵袭亦可造成梨状肌炎症性损伤。梨状肌的损伤可能为肌膜破裂或部分肌束断裂，致局部充血、水肿，肌肉痉挛，若再加上坐骨神经与梨状肌关系的变异，常可压迫、刺激坐骨神经而引起臀部及大腿后外侧疼痛、麻痹。一侧下肢疼痛、活动减少，久之可引起臀大肌、臀中肌的萎缩。

某些妇女由于盆腔炎、卵巢或附件炎等波及梨状肌，也可引起梨状肌综合征。

【诊断】

(一) 临床表现

大多数患者有过度旋转、外展大腿的病史，有些患者有夜间受凉病史。疼痛多发生于一侧臀腿部，呈"刀割样"或"烧灼样"性质，大、小便或大声咳嗽等引起腹内压增高时可使疼痛加剧。偶有会阴部不适，小腿外侧麻木。有时需两膝跪卧，夜不能眠。略跛行，呈保护性身体半屈体位。

(二) 检查

腰部一般无压痛点，患侧臀肌可有轻度萎缩。梨状肌部位可触及条索状肌束或痉挛的肌肉，局部肌紧张者深压痛明显，并可出现反射痛。髋旋内、内收受限，疼痛加剧。直腿抬高60°以内可致疼痛加重，超过60°疼痛反而减轻，此与梨状肌的先拉紧后松弛有关。

(三) X线检查

多无异常表现，可帮助排除髋部骨性病变。

(四) 鉴别诊断

应与腰椎间盘突出症、椎管狭窄症等出现腰、臀、腿部疼痛等鉴别。

【辨证论治】

(一) 手法治疗

患者俯卧位，两下肢伸直，放松腰臀部肌肉。医者先两手重叠，着重于痛点上，用力揉推梨状肌以缓解其痉挛，使局部出现略有发热的舒适感。再用两拇指相叠，触摸钝厚变硬的梨状肌,用力深压并来回拨动梨状肌,弹拨方向应与肌纤维方向垂直,一般 10~20 次即可。对较肥胖患者,力度不够时可用肘尖部深压弹拨,再按揉局部约 1min,最后两手握住患肢踝部牵抖下肢而结束手法。

(二) 药物治疗

内服药　根据臀腿痹证的风、寒、湿、热、瘀血的偏重,可选用祛风胜湿汤、宣痹汤、独活寄生汤或桃红四物汤等加减,临床上常配以全蝎、蜈蚣、地龙、僵蚕等药物。

(三) 功能锻炼

急性期疼痛严重者应卧床休息,疼痛缓解后应加强髋关节及腰部活动和功能锻炼,以减少肌肉萎缩,促进血液循环。

(四) 其他疗法

1. **局部封闭疗法**　痛点局部封闭可缓解疼痛,阻断疼痛与局部循环障碍的恶性循环,并可作为诊断性治疗以排除其他疾病。一般 5~7 日行 1 次,共 3~4 次。

2. **理疗、针灸疗法**　有一定疗效。

3. **手术疗法**　保守治疗无效而诊断确切者可考虑进行探查性手术,观察坐骨神经与梨状肌的解剖关系有无变异、粘连,如有则加以妥善处理,着重于缓解神经压迫、肌肉粘连。

第十一节　坐骨结节滑膜囊炎

坐骨结节滑膜囊又称坐骨-臀肌滑膜囊,位于坐骨结节与臀大肌之间。因该滑膜囊损伤产生炎症引起的疼痛称为坐骨结节滑膜囊炎,是临床上的常见疾病。

【病因病机】

多见于臀部瘦弱和脂肪、软组织较少,长期坐位工作的中、老年人。因经常坐硬板凳,局部反复受慢性刺激,滑膜囊被长期压迫、摩擦,囊壁渐渐增厚纤维化。少数可见于臀部蹾伤患者。

【诊断】

(一) 临床表现

有长期坐位工作史。常感臀部不适或疼痛,坐位尤其是臀部接触硬物时立即发生疼痛,站起疼痛即缓解。坐骨结节处压痛明显,无放射痛。有时在局部可触及一大小不等的扁圆形肿块。

(二) X 线检查

X 线摄片无异常表现。

(三) 鉴别诊断

本病应与周围组织损伤相鉴别,如梨状肌综合征、骶髂关节损伤等。

【辨证论治】

(一) 手法治疗

患者俯卧。医者在坐骨结节疼痛处深按压揉,适当用力点拨肿块数分钟,最后用理筋手法结束治疗。

(二) 药物治疗

内服药　治宜行气活血、祛瘀止痛为主,可选用如桃红四物汤加减。

（三）功能锻炼

本病应注意减少坐位时间，或在坐具上加一软垫，适当增加髋部功能活动。

（四）其他疗法

1. 局部封闭疗法　坐骨结节滑膜囊处局部封闭效果良好，并可作为诊断性治疗。
2. 手术疗法　经保守治疗无效者可行手术切除增厚的滑膜囊。

第十二节　骶尾部挫伤

尾骨挫伤

尾骨由4～5块尾椎构成，当跌倒时臀部着地易造成尾骨的挫伤，预后一般良好。

【病因病机】

本病多为直接暴力所致，如高处坠落、滑倒或坐空致臀部着地，造成骶尾部的软组织挫伤或尾骨骨膜损伤（主要为尾骨周围韧带损伤）。

【诊断】

（一）临床表现

多有明显外伤史。受伤后立即感到骶尾部疼痛，坐凳时疼痛加剧，由坐位站起时疼痛明显。患者常采取半侧臀部坐位，行走时疼痛不会加剧。

（二）检查

检查时局部多无明显肿胀，尾椎尖部压痛明显。肛门指检可触及疼痛部位。

（三）X线检查

X线摄片检查可排除骨折、脱位或其他骨病。

【辨证论治】

（一）手法治疗

患者侧卧位，髋、膝关节屈曲。医者右手戴手套，食指伸入肛门，按摩尾骨两侧，以缓解两侧肌肉痉挛，改善局部血液循环。按摩手法宜轻柔，逐步加重按摩力量。

（二）药物治疗

1. 内服药　治宜行气活血、祛瘀止痛为主，用桃红四物汤加减，或用三七伤药片、跌打丸等。
2. 外用药　可用伤科洗方煎水熏洗臀尾部或进行坐浴。

（三）功能锻炼

加强臀部肌肉锻炼，作提肛练习。

（四）其他疗法

采用理疗、局部封闭等。

尾骨疼痛

从广义来讲，尾骨疼痛是多种疾病所引起的，其包括骶骨下部、尾骨周围任何疼痛性疾患。《医宗金鉴·正骨心法要旨》中描述："尾骶骨，即尻骨也。……若蹲垫壅肿，必连腰胯。"说明骶尾部疼痛可涉及腰髋部。临床上本病较为多见，好发于女性，疼痛可持续数周或数月，多能自愈。

第十二节 骶尾部挫伤

【病因病机】

外伤是造成尾骨疼痛的常见病因，尾骨骨折、脱位或挫伤后往往遗留有尾骨疼痛症。也有无明显外伤史者，常见于长期坐位，压迫尾骨过久，造成尾部韧带劳损或关节退行性改变，炎症水肿压迫尾骨附近的神经，导致疼痛。侧卧时疼痛可缓解。

尾骨疼痛可与解剖结构上的改变有关。尾椎骨呈锐角向前弯曲时，常被干硬的粪块冲撞，反复牵拉周围韧带、肌肉而发生疼痛；亦可能为精神因素所致；而尾骨结核、感染或肿瘤引起者极为少见，不在此论述。

【诊断】

（一）临床表现

疼痛常局限于脊椎尾部，以坐位时明显，偶有下腰骶及沿坐骨神经分布区疼痛。严重者大便时疼痛，便秘时尤为明显，卧床休息时可缓解。为减少疼痛，患者喜用枕头或海绵坐垫。

（二）检查

按压骶骨连接处有明显压痛，肛门指诊和捏住尾骨前后摇动时疼痛加剧。

（三）X线检查

X线检查观察尾椎骨是否有骨折、脱位或其他尾骨骨病。

【辨证论治】

（一）手法治疗

参见"尾骨挫伤"。

（二）药物治疗

1. 内服药　治宜舒筋活血、祛瘀止痛，用舒筋活血汤加减。
2. 外用药　可用伤科外洗方熏洗或坐浴。

（三）功能锻炼

主要增强臀部肌肉锻炼以增加尾骨的稳定性，并改善血液循环。

（四）其他疗法

热敷、理疗、局部封闭疗法都可采用，异常严重而顽固性疼痛者可行尾骨切除术。

第十一章　周围神经损伤

周围神经系统是分布于全身的神经和神经节的总称,包括12对脑神经、31对脊神经和自主神经。周围神经把全身各部与中枢神经系统联系起来,保证各种生理活动的正常进行。

周围神经支配肢体的正常功能活动。如周围神经损伤不能恢复,可使四肢功能活动部分或完全丧失。如没有正中神经、尺神经和桡神经支配的手,没有坐骨神经支配的足,其功能活动将完全丧失。

神经损伤后应通过采集病史、体检和作电生理检查等以判定损伤的性质及程度,治疗方法的选择应是争取神经功能最大限度的恢复。同时,也要注意关节与肌肉的功能恢复。

四肢神经损伤无论平时或战时都较常见,损伤多发生于尺神经、正中神经、桡神经、坐骨神经和腓总神经等。上肢损伤较下肢损伤为多,约占四肢神经损伤之60%~70%,常合并骨关节、血管、肌腱等损伤。四肢神经损伤只要早期处理得当,多数可获得较好疗效;晚期修复神经也可取得一定疗效。

周围神经损伤属中医"痿证"范畴,可归于"肉痿"类,又名"肢瘫",多因外伤引起。唐代蔺道人《仙授理伤续断秘方·乌丸子》载:"打扑伤损,骨碎筋断,瘀血不散,……筋痿力乏,左瘫右痪,手足缓弱。"指出四肢瘫痪与打扑伤损的关系。

第一节　周围神经的解剖、生理、病理、损伤原因及分类

一、解剖、生理

周围神经由躯体神经和自主神经组成,这两种神经均有感觉和运动纤维。其中自主神经,含有交感和副交感神经纤维。交感神经出脊髓后经白交通支至交感神经节,部分节后纤维再经灰交通支至脊神经,支配汗腺分泌、血管舒缩和立毛肌收缩等;而脊神经是由躯体、自主神经纤维组成的混合神经。

周围神经纤维由神经元胞体发出。运动和感觉神经纤维均为有髓纤维,外面还有一层称为神经内膜的薄膜。许多神经纤维组成一神经束,外有神经束膜。许多神经束集合成一支周围神经,外有神经外膜。(见图11-1)

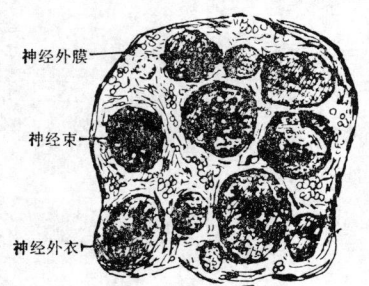

图 11-1　神经干横断面

自主神经的节后神经纤维随感觉支走行,故与感觉神经分布相同。

神经的血液供应较丰富,对缺血的耐受力比肌肉强,故在缺血挛缩时其比肌肉损伤程度轻。

因神经的供血血管由邻近组织通过神经系带到达神经,故广泛游离神经系带时可致该

神经缺血坏死,游离近端过多有可能发生神经缺血。神经缺血后,神经束间瘢痕形成,使神经产生功能障碍。

周围神经有两套互相结合而功能上又互相独立的微血管系统,即内在与外在血管系统。

手术时部分神经系膜受到破坏,该部分血管被切断,可通过侧支循环使该神经的血运得到代偿。一般游离长度不超过6～8mm,可不受影响。如超过14cm,供血代谢将无法保障。

二、周围神经损伤的病理过程

周围神经断裂后即失去传导冲动的功能。一般认为神经元细胞损伤后不能再生,而神经纤维在一定条件下是可以再生的。

周围神经被切断后远段的神经轴突即坏死,不能传导冲动,数日内完全破碎消失。髓鞘的破坏较慢,逐渐变为脂肪颗粒后消失。切断处的神经鞘膜与许旺细胞均可增生。而近段神经轴突则只有小段坏死,神经鞘膜亦增生。

神经断裂7～10日后,近段神经轴突开始以每日长1～2mm的速度向远侧生长。如两段距离太远,则在断端形成假性神经瘤。

周围神经损伤后,支配的肌肉即刻瘫痪,肌细胞逐渐萎缩,细胞间纤维细胞增生,运动终板变形,以致消失,故应早期修复神经。

周围神经损伤后,其感觉神经分布区的各种感觉均丧失,还可出现肌营养不良性退变。如能及时吻合断离的神经,可获良效,但一般不能完全恢复其功能。混合神经吻合效果较单纯运动或感觉神经吻合为差。

如神经缺损可行神经移植,但效果远不如吻合。

三、损伤原因及分类

(一) 损伤原因

一般多为闭合性损伤,但开放性损伤亦不少见。战时多为火器伤。

1. 开放性损伤

(1) 锐器伤:如刀、玻璃等割伤,多发于手部、腕部或肘部等,损伤多发于指神经、尺神经、正中神经等。

(2) 撕裂伤:为钝器损伤,如挫伤、机器轧伤等。由于牵拉、挤压造成局部神经断裂,甚至一段神经缺如。

(3) 火器伤:如枪弹或弹片伤等,多合并骨折和肌肉、血管损伤。

2. 闭合性损伤

(1) 牵拉伤:神经弹性有一定限度,过度牵拉可引起损伤。如肩关节、肘关节、髋关节脱位和长骨骨折,可并发神经牵拉伤。

(2) 神经挫伤:由钝性暴力引起,神经纤维及其鞘膜多完整,可自行恢复。

(3) 挤压伤:如止血带缚扎过久和小夹板、石膏压迫等,造成缺血性挛缩或骨折、脱位而压迫神经。损伤多发于正中神经、尺神经和腓总神经等。

(4) 神经断裂:由于锐利的骨折断端刺伤神经而造成神经断裂。如肱骨中、下段骨折和肱骨髁上骨折,其锐利的骨折断端常会刺伤桡神经和正中神经。

(二) 周围神经损伤的分类

1. **神经断裂** 神经发生完全或不全断裂，多见于开放性损伤。完全断裂表现为感觉、运动完全丧失，并伴肌神经营养不良性退变。不全断裂表现为不完全瘫痪。

2. **轴突断裂** 轴突断裂但鞘膜完整，多发生于挤压伤或较轻的牵拉伤，如止血带压迫损伤。多在数月内完全恢复。

3. **神经失调** 神经轴突和鞘膜完整，但功能丧失。表现为有关肌群运动障碍及分布区皮肤感觉减退，而电生理反应正常，肌营养正常。因为神经受压或挫伤引起，大多可恢复。但如挫伤过重或压迫过久，可造成永久性瘫痪。

4. **神经刺激** 为四肢神经受到不完全损伤所引起的疼痛，多发生于正中神经和胫神经，可出现烧灼样神经痛、四肢血管舒缩功能紊乱和肌营养改变等。

第二节 周围神经损伤的检查

对周围神经损伤患者应了解损伤的原因、受伤部位、麻痹发生时间和伤后是否有恢复的情况等。

一、运动功能检查

神经损伤后所支配的肌肉不能再做随意动作，神经部分损伤可保存部分运动功能。一般用6级法区分肌力来判定神经损伤情况，但应注意某一动作的完成亦可由其他肌肉代替。

二、感觉功能检查

神经的感觉纤维在皮肤上有一定分布区，检查感觉减退或消失的范围可判断是何神经损伤，一般检查痛觉及触觉即可。各感觉神经分布区的边界有互相重叠现象，因此在受伤后短时间内感觉消失应出现的区域略缩小，这是附近神经的代替作用，而非损伤神经的再生现象。深感觉为肌肉和骨关节的感觉，可检查手指或足趾的位置觉及用音叉检查骨突出部的震颤感。

三、出汗试验

交感神经损伤后其支配区域的皮肤会出现少汗或无汗现象，据此可以推断出损伤神经。方法：伤肢先涂以2%碘溶液，干后涂抹一层淀粉，然后用灯烤，嘱患者饮热水并适当运动，使患者出汗。未出汗区表面未变为蓝色者，则表明该处交感神经受损伤。

四、神经干叩击试验(Tinel 征)

神经损伤后，测定其有无恢复现象，可用手指在受伤神经的远侧段向近侧段轻轻敲击的方法。如神经分布区有蚁行感或麻刺感，提示神经有恢复现象。

五、肌电图检查

是通过记录肌肉静止及不同程度自主收缩时所产生的动作电位及声响变化，而分析肌肉、运动终板及其所支配神经的生理和病理情况。

第三节 周围神经损伤的治疗

周围神经损伤后及时治疗对于恢复肢体功能至关重要，但不同类型的损伤其治疗不尽相同。如开放性火器伤，若损伤后污染严重者应及早清创，不宜一期缝合伤口及神经。对闭合性牵拉伤初期宜采取非手术治疗，根据恢复情况再决定探查时机。对于横断型神经断裂伤应及时吻合神经断端，而轴突断裂伤则宜观察一段时间后再考虑探查手术等。周围神经损伤的治疗主要包括非手术疗法和手术疗法两大类。

一、非手术疗法

非手术疗法的目的是为神经和肢体功能的恢复创造条件，防止肌肉萎缩和关节僵硬。伤后和术后均可采用。

1. 药物治疗　肢体损伤后经络阻隔，气滞血瘀，筋脉失养。症见肢体瘫痪，张力减弱，感觉麻木，皮肤湿冷，肤色苍白、发亮，汗毛脱落，指甲松脆，舌紫暗或有瘀斑，脉涩。治宜活血化瘀，益气通络。用补阳还五汤或圣愈汤加味。后期可采用化瘀通络洗剂或舒筋活血洗剂熏洗，正骨水外擦。

2. 针灸治疗　可循经取穴或沿神经干取穴，采用强刺激手法或电针。多在损伤中、后期应用。

（1）正中神经损伤：取手厥阴心包经穴，如天泉、曲泽、郄门、间使、内关、大陵、劳宫、中冲等。

（2）桡神经损伤：取手太阴肺经穴，如中府、侠白、尺泽、孔最、列缺、鱼际、少商等。

（3）尺神经损伤：取足少阳胆经穴和足阳明胃经穴，如阳陵泉、外丘、光明、悬钟、丘墟、足窍阴，以及足三里、丰隆、上巨虚、下巨虚、解溪、冲阳、内庭等。

（4）胫神经损伤：取足太阳膀胱经穴和足太阴脾经穴，如委中、合阳、承筋、承山，以及阴陵泉、地机、三阴交、商丘、公孙、太白、隐白等。

3. 手法治疗　患者伤在上肢取坐位，患者伤在下肢取卧位。患肢涂上少量伤油膏或风湿药水，用捏法和揉法，由肢体近端到远端，反复数遍，强度以肌肉有酸胀感为宜。如瘫痪较重可用弹筋法，并可根据肢体不同部位取穴推拿。上肢取肩井、肩髃、曲池、尺泽、手三里、内关、合谷等穴，下肢取环跳、承扶、殷门、血海、足三里、阳陵泉、阴陵泉、承山、三阴交、解溪、丘墟等穴；用指尖推或掐，强刺激以得气为度。最后，在患肢来回揉、搓1～2遍后结束。

4. 功能锻炼　肢体瘫痪患者应练习瘫痪肢体各个关节的各方向运动，如肌力较弱，可帮助患者进行各关节被动屈伸运动。肌力逐步恢复后，可练习抗阻力活动。

5. 解除骨折端的压迫　肢体骨折引起的神经损伤，首先应将骨折复位固定，解除骨折端对神经的压迫。如神经未断，可望在1～3个月后恢复功能，否则应及早手术探查处理。有的神经嵌入骨折断端之间，如肱骨中、下段骨折合并桡神经损伤，此时应及早手术探查，以免复位时挫断神经。

6. 外固定　如神经损伤后合并肌肉瘫痪，与之拮抗的肌肉因失去拮抗而将关节牵向一侧，引起关节僵直，此时可用夹板、石膏等将患肢固定于功能位。如桡神经损伤引起的腕下垂，可用掌侧板固定患腕于背伸位。

二、手术疗法

神经损伤后,选择修复的时机十分重要。原则上愈早愈好,但时间不是绝对的因素,晚期修复也可以取得一定的疗效。

锐器伤在早期清创时即可进行一期神经吻合术;火器伤早期清创时对神经不作一期修复,待伤口愈合后 1～3 个月再行手术吻合神经。

1. **神经松解术**　又分为神经外松解术和神经内松解术。前者是解除骨端压迫,游离和切除神经周围的瘢痕组织。后者除对神经外围进行松解外,尚须切开或切除病变段神经外膜,分离神经束之间的瘢痕粘连。

游离神经时应分别从切口的远近两端神经的正常部位开始,逐渐游离至损伤部位,避免一开始就在损伤部位瘢痕中盲目分离、切割而误伤神经。在切口的两端正常部位游离出神经后,用橡皮套套住神经轻轻牵引,用尖刀或小剪刀将神经仔细地从瘢痕中分离出来。要注意保护神经分支,切勿损伤,并尽量保护神经干上的营养血管,且神经周围的瘢痕组织要彻底切除。将松解后的神经放置在有健康组织的神经床内,不要再放回瘢痕组织中,以免再发生瘢痕粘连和压迫。如游离出神经后发现神经病变部位较粗大,触之较硬或有硬结,说明神经内亦有瘢痕粘连和压迫,应进一步作神经内松解术,宜在手术显微镜或放大镜下进行。用尖刀沿神经纵轴切开病变部位的神经外膜,予以分离并向两旁牵开,仔细分离神经束间的瘢痕粘连。行神经束松解后,宜切除病变段的神经外膜。

2. **神经吻合术**　应首先找出两神经断端,将近端假性神经瘤和远端瘢痕组织切除,直至正常组织。如此时神经的两断端仍不能接近,可用以下方法解决:①神经游离法,适用于距离不超过 2cm 者。②关节屈曲法,屈曲关节以减少张力,适用于分离约 5～6cm 者。③神

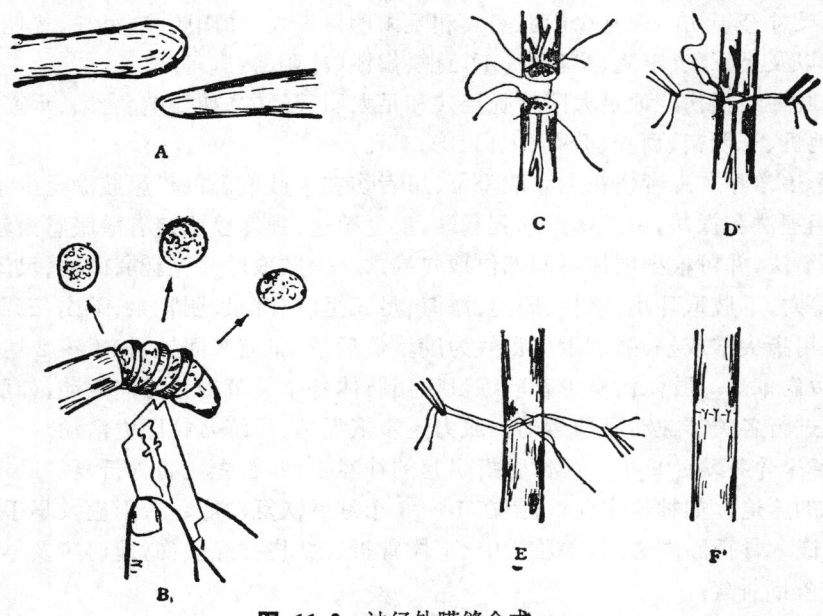

图 11-2　神经外膜缝合术
A. 显露近远侧神经断端　B. 切除假性神经瘤至正常组织
C. 缝合神经两侧定点线　D. 牵引定点线,缝合前面
E. 翻转神经,缝合后面　F. 神经缝合完毕

经移位法,将神经从原来比较弯曲的途径转移到一个比较顺直的途径,结合关节屈曲,可使神经互相靠近,适用于神经缺损、皮肤疤痕组织与深部组织粘连者。

缝合方法分为神经外膜缝合和神经束膜缝合两种。一般采用外膜缝合法,因其简便易行且效果较好。(见图 11-2)

术后用石膏固定并保持关节于屈曲位,减少神经缝合部位的张力。一般在6周后去除石膏,逐渐练习伸直关节。

3. 神经转移及移植术 当神经缺损过大,用游离神经和屈曲关节等方法仍无法达到无张力吻合时,应考虑神经转移和神经移植术。神经移植是取自体次要的皮神经修复指神经或其他较大神经,常用的有腓肠神经、隐神经、前臂内侧皮神经、股外侧皮神经和桡神经浅支等。在上肢,如正中神经和尺神经同时在不同平面损伤或缺损且缺损过大,无法同时修复两条神经时,可转移较长的尺神经近段与正中神经远段缝合,以恢复正中神经的功能。

4. 肌腱转移术和关节融合术 神经损伤严重、广泛,不能缝合,或手术缝合1～2年后功能仍无恢复者,在上肢应考虑作肌腱转移术,在下肢应考虑作关节融合术,以改善肢体运动功能。

第四节 上肢神经损伤

上肢神经发自臂丛,起自颈5至胸1脊神经。颈5～颈6脊神经合成上干,颈7脊神经为中干,颈8～胸1脊神经合成下干。三支神经干伸向外下方,在进入锁骨后方之前,各神经干又分为前、后支。上、中干之前支合成外侧束,下干前支构成内侧束,各干之后支合成后束。

外侧束和内侧束汇合构成正中神经,并自内侧束发出尺神经等,自外侧束发出肌皮神经;后束主要构成桡神经、腋神经。(见图 11-3)

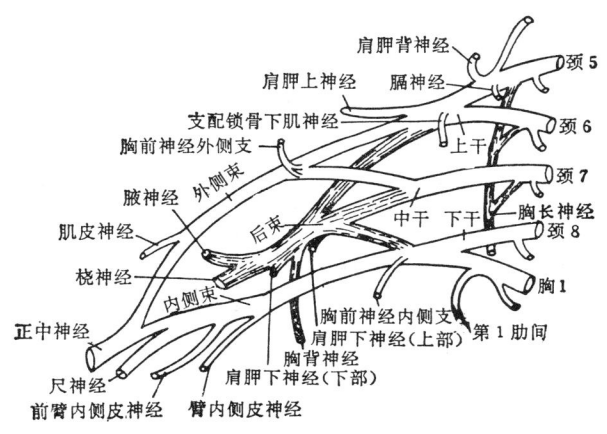

图 11-3 臂丛神经

臂丛神经损伤

臂丛神经损伤在临床上并不少见,其发病率远超过颈、腰、骶等神经丛损伤。本病之所以比较常见,是因为上肢与躯干之间仅依靠锁骨与肌肉相联系。上肢活动度甚大,而臂丛神经比较固定,易遭受牵扯性损伤。同时,臂丛神经位置较为表浅,易受直接暴力损伤。

【病因病机】

直接外伤如刺伤、挫伤及锁骨和第1肋骨骨折,均可引起臂丛损伤。间接外伤见于强力牵拉上肢,头颈过度弯向对侧或强力将肩部下压时,如重物打击或产伤等。此外,尚有局部挤压损伤,如附近的肿瘤压迫或肩关节前脱位等。

【诊断】

(一)临床表现

1. **臂丛神经完全损伤** 运动障碍表现为手、前臂和上臂肌肉全瘫。感觉改变为手、前臂和上臂的一部分感觉消失。颈8、胸1神经根近椎间孔处损伤可出现霍纳综合征。

2. **臂丛上部损伤** 此型较多见,为颈5、颈6神经根损伤所致。多因外伤使头肩过度分离,肩部下压或产伤所引起。

运动障碍表现为若三角肌、小圆肌、冈上肌、冈下肌和胸大肌锁骨头瘫痪,此时上肢由于背阔肌和胸大肌胸骨头的牵拉作用呈旋内位。若肱二头肌和肱桡肌瘫痪,肱前肌肌力减弱,肘关节因肱三头肌作用而伸直。若旋后肌和旋前圆肌瘫痪,前臂因旋前方肌作用而旋前。若桡侧腕伸肌群瘫痪,手向尺侧偏斜。感觉障碍表现为颈神经前支损伤时感觉不受明显影响。如颈6神经受累则出现前臂外侧麻木,无霍纳综合征。

3. **臂丛下部损伤** 主要是颈8、胸1神经根损伤,多因上肢过度上举或伸展及臀位产时牵拉躯干过重等引起,主要症状为手内肌瘫痪,出现"爪形手"畸形。在臂丛神经下干损伤时,手指屈肌和伸肌瘫痪,手和前臂尺侧麻木,上臂内侧有一小带状麻木区,可出现霍纳综合征。

(二)检查

X线摄片检查和肌电图检查有助于臂丛神经损伤的定位诊断。神经损伤一般3周后显著变性,故肌电图检查一般应在损伤3周后进行。隔3个月复查,观察有无神经功能恢复现象。

【辨证论治】

上臂型神经损伤采用外展支架保护患肢以松弛神经,有利于神经功能恢复。对于利器伤应争取一期进行神经修复术。火器伤争取伤口一期愈合,3周后进行神经修复术或移植术。对于局部挤压性损伤应及早解除外在压迫。对于牵拉性损伤,除椎间孔内损伤外,均可进行手术探查,但应结合病情详细考虑。适当配合中药、理筋、针灸等治疗。

只有少数患者在3个月内可获得满意恢复,一般在1~2年内逐渐恢复。臂丛神经上部损伤时,因手的功能尚好,故治疗恢复效果较好。臂丛神经下部损伤时,手的功能受累较重,恢复较差。臂丛神经完全损伤则恢复不佳。

桡神经损伤

桡神经在臀部发生分支支配肱三头肌、肱桡肌和桡侧腕长伸肌。该神经在肱骨外上髁前方分出骨间背侧支及桡神经深支和桡神经浅支。深支为运动支,在前臂支配旋后肌、肘后肌、桡侧腕短伸肌、尺侧腕伸肌、指总伸肌、示指固有伸肌、小指固有伸肌、拇长展肌、拇长伸肌和拇短伸肌。桡神经浅支为感觉支,分布于腕背和手背外侧部以及二个半手指背侧皮肤。

【病因病机】

桡神经在肱骨中、下1/3处贴近肱骨骨干的骨面,此处肱骨骨折时桡神经易受损伤。骨痂生长过多或桡骨头前脱位可压迫桡神经；或肘关节处被利器损伤时可伤及桡神经深支。

【诊断】

桡神经上臂主干损伤后其所支配的上肢所有伸肌均瘫痪，主要出现腕下垂。桡神经浅支损伤后手背及虎口处皮肤感觉消失。桡神经深支损伤后则出现患肢所有指伸肌及拇长展肌功能丧失，而肱桡肌和桡侧腕长伸肌不受影响。（见图 11-4）

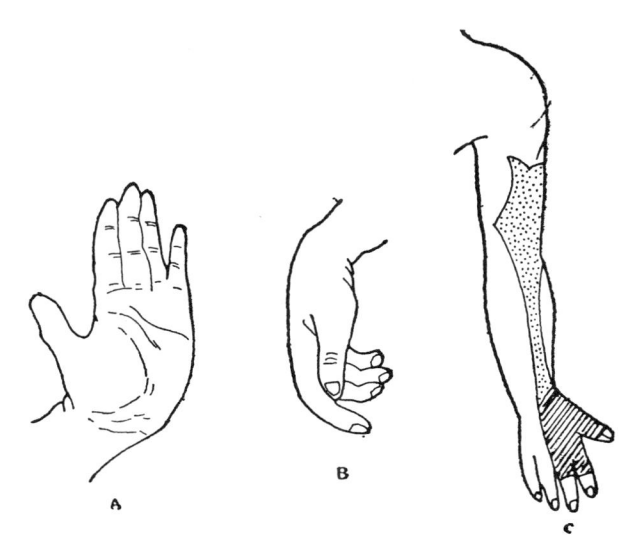

图 11-4 桡神经的检查及损伤的表现

A．伸腕及伸指（拇）正常　　B．桡神经损伤后腕下垂　　C．感觉减退或消失区

【辨证论治】

根据需要采用神经减压、松解或缝合术。如不能修复神经，可采用前臂屈肌群肌腱转移术以改善功能。腕下垂应给予腕背伸 30°夹板或功能位短臂石膏托，保护桡腕关节于功能位，并练习掌指关节及指骨间关节活动，避免关节僵直。配合中药、针灸、理筋等治疗。

正中神经损伤

正中神经在肱二头肌内侧沟内与肱动脉伴行。该神经在上臂无分支，进入前臂后，即分出运动支，支配前臂的旋前圆肌、桡侧腕屈肌、掌长肌、指浅屈肌、指深屈肌桡侧半（食、中指）、指长屈肌及旋前方肌；至腕部以下又分出返支，支配鱼际肌群（拇内收肌除外）及第 1、第 2 蚓状肌。感觉支（皮支）分布于桡侧三个半指及背侧三个半指远节的皮肤。

【病因病机】

正中神经在腕部较表浅，易被锐器伤及。肱骨髁上骨折与月骨脱位常合并正中神经损伤，多为挫伤或挤压伤。继发于肩关节脱位者为牵拉伤。此外，正中神经可因腕部骨质增生、腕横韧带肥厚或旋前圆肌肥大而产生慢性神经压迫症状。

【诊断】

正中神经损伤位于肘关节以上则出现患肢屈腕、屈拇和屈示、中指等深层肌肉功能丧失，鱼际肌群（拇内收肌除外）萎缩，拇指对掌功能丧失，桡侧三个半指感觉消失。（见图 11-5）

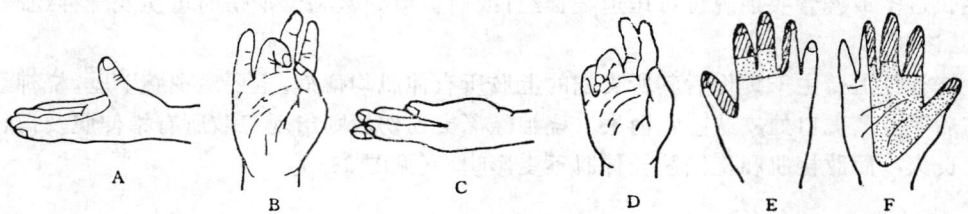

图 11-5 正中神经的检查及损伤的表现
A、B. 拇指外展、对掌正常　　C、D. 正中神经损伤后拇指不能对掌和拇、示、中指不能屈曲　　E、F. 感觉减退或消失

【辨证论治】

神经断裂者应及早缝合。神经缝合后功能恢复时间，在肘部损伤者平均约需8～9个月，在腕部者约需4～5个月。骨折造成的损伤多非切割伤，可行非手术疗法，并用石膏托或夹板固定，拇指于对掌位。如3个月无恢复现象或有骨痂压迫者应行手术探查，可配合中药内服外洗、针灸、理筋等治疗。如神经恢复不佳，可采用对掌肌成形术及其他肌腱转移术，以改善屈拇、屈指、拇对掌功能。

尺神经损伤

尺神经进入上臂后在腋后皱襞平面位于腋动脉的内侧，往下位于喙肱肌和肱三头肌之间，下至内上髁与鹰嘴之间；在肘部尺神经位于内上髁背侧的尺神经沟中；过肘部后，在尺侧腕屈肌的两头间进入前臂，位于指深屈肌的表面。尺神经在肘部以下出肌支，支配尺侧腕屈肌、指深屈肌（环、小指），至腕部在腕横韧带的前面，在豌豆骨的外侧和尺动脉的内背侧进入掌部，又分成深浅两末梢支。浅支为感觉支，支配掌短肌和小指及环指尺侧半；深支为运动支，支配小指外展肌、小指屈肌、小指对掌肌、第3和第4蚓状肌、拇内收肌、拇短屈肌深层及所有骨间肌。

【病因病机】

尺神经在腕部易受切割伤，在手指及掌部尺神经易被割伤或挫伤。在肘部尺神经常受直接外伤或骨折脱臼时合并损伤，严重肘外翻畸形所引起的尺神经损伤又称慢性尺神经炎。全身麻醉时如不注意保护，使手悬垂于手术台边，可因压迫过久而引起瘫痪。患颈肋或前斜角肌综合征时，以尺神经受损为最多见。

【诊断】

尺神经低位（腕部）损伤主要表现小指及环指尺侧半感觉消失，小鱼际肌、骨间肌萎缩，以第1背侧骨间肌为显著，各指不能作内收、外展动作。因环、小指的骨间肌与蚓状肌丧失功能，失去与其他肌肉的平衡作用，因此出现掌指关节过伸、指骨间关节屈曲的典型爪状畸形。尺神经高位（肘部）损伤，除出现上述症状外，尺侧腕屈肌和环、小指的指深屈肌的功能亦丧失。检查可见夹纸试验阳性，此为手内在肌的广泛瘫痪，使手指内收、外展功能障碍所致。（见图11-6）

【辨证论治】

根据损伤情况可作神经松解、减压或吻合术。为了获得足够的长度，可将尺神经移向肘前，尺神经吻合术的效果不如桡神经和正中神经好。在尺神经远侧单纯缝合感觉支或运动支,效果良好。如无恢复,可转移示指、小指固有伸肌及指浅屈肌代替手内在肌,改善手的功能。治疗中配合中药内服外洗、针灸、理筋等治疗,可促进恢复。

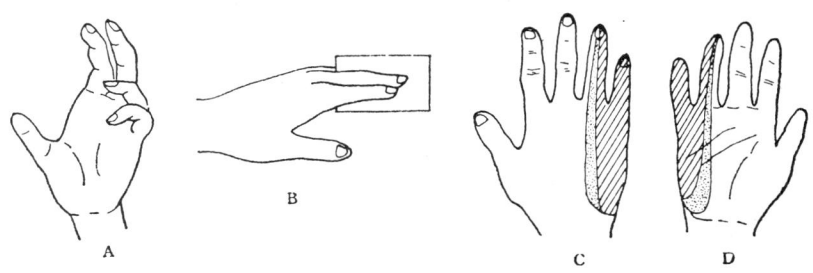

图 11-6 尺神经的检查及损伤的表现
A. 爪状畸形   B. 夹纸试验   C、D. 感觉减退或消失区

第五节 下肢神经损伤

下肢神经发自腰丛和骶丛。腰丛由胸 12 神经前支一部分、腰 1~3 神经前支和腰 4 神经前支一部分共同构成,主要的分支有股神经和闭孔神经。骶丛由腰 4 神经前支一部分、腰 5 神经前支和全部骶、尾神经前支共同构成,主要的分支有坐骨神经,坐骨神经再分为腓总神经和胫神经。腓总神经又分为腓深(胫前)和腓浅神经。(见图(11-7)

坐骨神经损伤

坐骨神经由腰 4 神经前支的一部分、腰 5 神经和骶 1~2 神经前支及骶 3 神经前支的一部分共同构成。在坐骨大孔的下部梨状肌下方穿出骨盆,进入臀部,位于闭孔内肌、上下孖肌和股方肌的表面,为臀大肌覆盖。在股骨粗隆和坐骨结节之间进入股后部,垂直而下,至股骨下 1/3 分成胫神经和腓总神经。

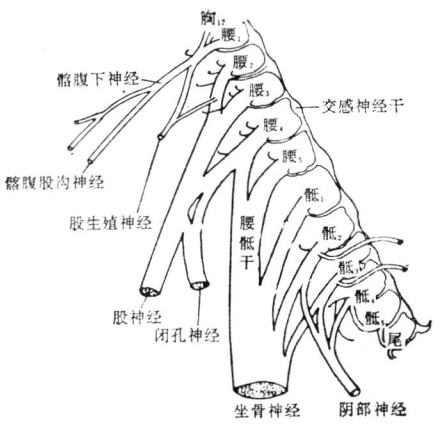

图 11-7 腰骶丛神经

【病因病机】
多由股部或臀部火器伤引起,有时髋关节脱位和骨盆骨折亦可合并坐骨神经损伤。
【诊断】
运动障碍:坐骨神经完全断裂时膝以下肌肉全部瘫痪,但腘绳肌一般受影响不大。其分支损伤如腓总神经损伤引起的瘫痪程度轻,而胫神经损伤引起的瘫痪程度重。感觉障碍:膝以下除小腿内侧及内踝处隐神经分布区外,感觉均消失。营养障碍:有严重营养改变,足底常有较深的溃疡。坐骨神经损伤引起灼性神经痛者较多。
【辨证论治】
坐骨神经断裂后神经缺损往往较大。手术应充分显露,常须广泛游离神经,并使膝关节屈曲或使髋关节过伸,使神经缝合处不受过大张力影响。大腿肌恢复时间平均约需 1 年,小

腿肌约需 2～3 年；神经感觉功能恢复亦需 1～2 年。恢复期可配合中药内服外洗、针灸、理筋等治疗。

神经损伤缺损太多不能缝合或缝合后功能长期不能恢复者，可考虑行足三关节融合术及距小腿关节融合术。

胫神经损伤

胫神经自坐骨神经分出后垂直下行，自股二头肌内侧缘穿出，沿腘窝中线下行至腘肌下缘，进入比目鱼肌的深面。胫神经在此行程中有肌支至腓肠肌、比目鱼肌、跖肌、腘肌、胫骨后肌、趾长屈肌和跛长屈肌。下行至跟腱与内踝之间，通过屈肌支持带深面，进入足底分成足底内、外侧神经。

【病因病机】

胫神经位于股部及小腿深部，发生损伤的机会较少。胫骨上端骨折有时会伤及，但少见。贯通伤时可伤及胫神经及其主要分支，受损伤部位常在内踝与跟腱之间。

【诊断】

胫神经损伤后小腿后部及足底肌肉瘫痪，足不能跖屈和内翻，出现仰趾外翻畸形，行走时足跟离地困难，不能快行。足内肌瘫痪引起弓状足和爪状趾畸形。感觉丧失区为小腿后外侧、足外侧缘、足跟及各趾的足底面和背侧，故称拖鞋式麻痹区，足底常有溃疡。

【辨证论治】

根据损伤情况，作神经松解、减压或缝合术，一般效果较好。足底感觉很重要，即使部分恢复亦有助于改进足的功能和防治溃疡。恢复期可配合理筋、中药、针灸等治疗。

腓总神经损伤

腓总神经自坐骨神经分出后，沿股二头肌内侧缘斜向穿过腘窝外上方，达股二头肌腱与腓肠肌外侧头之间，经腓骨长肌深面绕过腓骨颈，分为腓深神经和腓浅神经两终支，支配腓骨长短肌、胫前肌、跛长伸肌和趾长伸肌等。

【病因病机】

腓总神经在绕过腓骨颈处易受损伤，如夹板、石膏压伤、手术损伤。重症患者长期卧床，下肢在旋外位时，该神经也可能受压。膝关节外脱位、腓骨头骨折时，亦可伤及该神经。

【诊断】

腓总神经损伤后由于小腿及足的伸肌群的胫骨前肌、跛长伸肌、趾长短伸肌和腓骨长短肌瘫痪，出现足下垂。且由于感觉支分布于小腿外侧和足背，故该区感觉消失。

【辨证论治】

神经挤压伤应及时解除外在原因，神经断裂应及早缝合，多数效果好。如无恢复，可用转移胫后肌或短腿支架纠正足下垂。恢复期可配合中药、针灸、理筋等治疗。

注意预防，如上夹板或石膏时腓骨头处要加衬垫保护，腘窝或腓骨头处手术时要防止损伤腓总神经。

第十二章 周围血管损伤

四肢血管损伤无论在平时或战时都较常见，常与四肢骨折和神经损伤同时发生，多为动、静脉同时损伤，四肢血管损伤常易导致致命的大出血和肢体缺血坏疽或功能障碍。过去，四肢血管损伤常采用结扎止血法以挽救生命，截肢率极高。近30年来，随着血管修复技术的发展，其治疗已变为以修复为主；并因休克和多发伤诊疗技术的提高，使四肢血管损伤的死亡率和截肢率明显下降。四肢的血管分布见图12-1至图12-4。

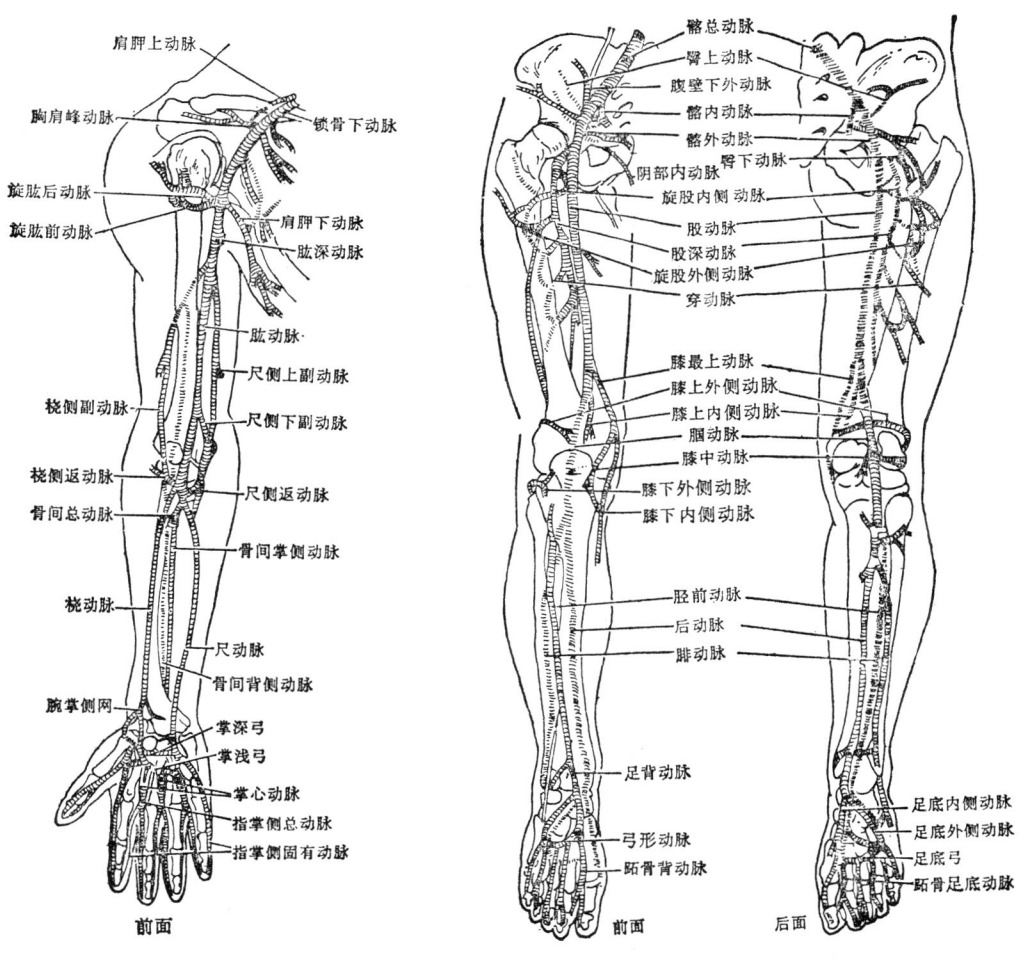

图 12-1 上肢动脉　　　　图 12-2 下肢动脉

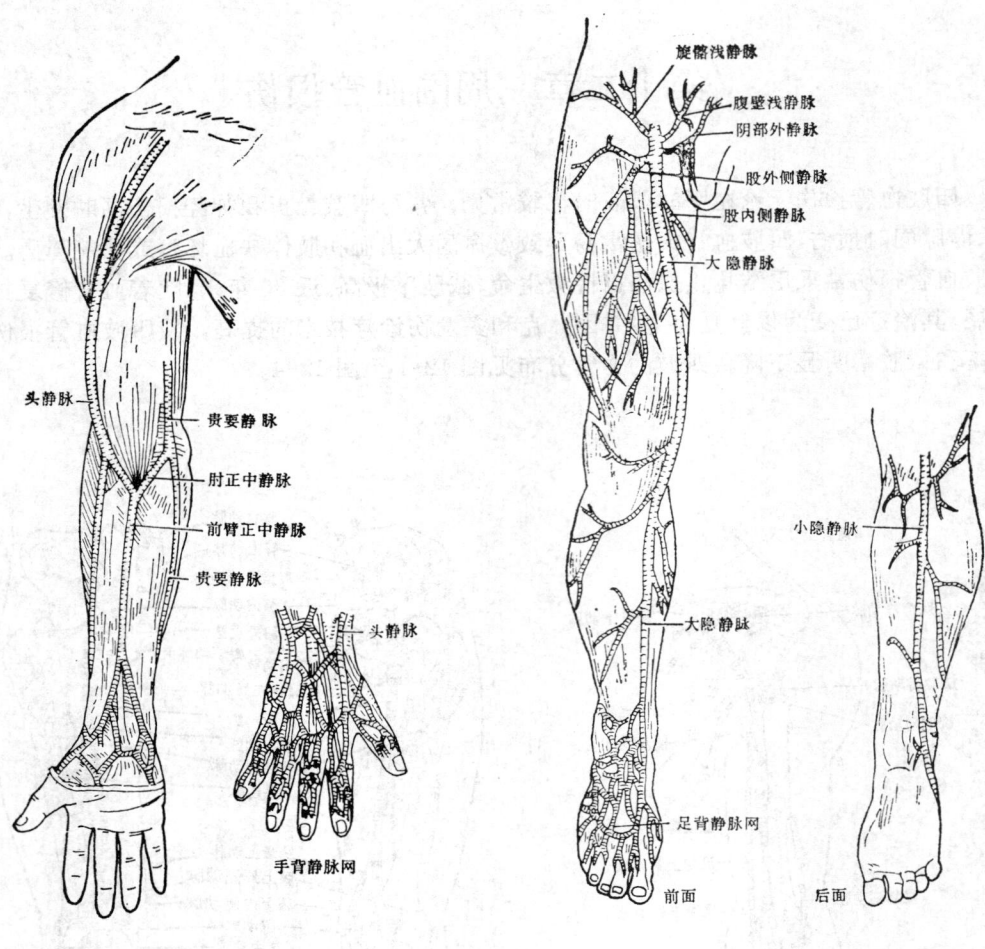

图 12-3 上肢静脉　　　　图 12-4 下肢静脉

第一节　四肢血管损伤的病理类型

血管损伤有不同类型，大多数为开放性损伤，闭合性损伤较少见。

一、血管断裂

(一) 完全断裂

四肢主要血管完全性断裂，多有大出血，可合并休克或肢体缺血坏死。往往因血管裂口收缩促使血栓形成，从而可减少出血或使出血自行停止。

(二) 部分断裂

可有纵形、横形或斜形的部分断裂，动脉收缩使裂口扩大，不能自行闭合，常发生大出血，因此有时比完全断裂出血更多。部分可形成假性动脉瘤或动静脉瘘。

二、血管痉挛

血管因拉伤或受骨折端、异物(如弹头、弹片等)的压迫、寒冷刺激或手术骚扰均可引起痉挛。此时,血管呈细条索状,血流受阻,多发生于动脉。长时间血管痉挛常导致血栓形成,血流中断,可造成肢体远端缺血甚至肢体坏死。

三、血管壁损伤

可引起血管痉挛或血栓形成,还可因血管壁变薄弱而发生假性动脉瘤,动脉内血栓脱落成栓子,堵塞末梢血管。

四、血管受压

因骨折、脱位、血肿、异物、夹板、包扎或止血带止血等引起。动脉严重受压可使血流完全中断,血管壁也因此受损伤,引起血栓形成致肢体远端坏死。

第二节 四肢血管损伤的诊断

四肢血管损伤的诊断,主要根据受伤史和临床检查,应做到诊断及时准确,防止漏诊,力争早期处理。

一、临床表现

均有较明显的外伤史。如骨折、脱位、挫伤、火器伤或切割伤时,均应考虑是否合并血管损伤。

肢体主要血管断裂或破裂均有较大量出血。开放性动脉出血呈鲜红色,多为喷射性或搏动性出血;如位置深,可见大量鲜血涌出。闭合性的主要动脉损伤,损伤部位肢体因内出血而显著肿胀,时间稍长者有广泛皮下瘀血,有时形成张力性或搏动性大血肿。

主要动脉损伤、栓塞或受压的远端血流不通者,应注意与健侧肢体对比。出血较多者因血容量减少,可出现低血压及休克。肢体远端由于供血障碍,主要表现为:

1. 肢体远端动脉搏动 消失或甚微弱。
2. 远段肢体完全缺血或血供严重不足 表现为皮肤苍白。
3. 皮肤温度下降 亦因肢体缺血所致,应在同样条件下与健侧对比。
4. 毛细血管充盈时间 延长。
5. 疼痛 是神经对缺血的早期反应。远端肢体疼痛严重时,应考虑缺血的可能性。
6. 感觉障碍 随着缺血时间延长,肢体由疼痛转入感觉减退、麻木,最后感觉可完全丧失。感觉障碍多呈手套或袜套式,而神经损伤所致的感觉障碍与神经分布相一致,应注意鉴别。
7. 运动障碍 肌肉对缺血很敏感,缺血时间稍长,肌肉运动力即减退以至完全消失。
8. 远端无活跃性充血 在肢体末端(手指或足趾)用粗针或小针刀刺一小创口,无出血或仅有少量出血随即中止者,均为血运丧失的表现。

闭合性动脉伤或伤口小而深的开放性血管伤,在伤口被血块或肿胀的软组织堵塞时,可因内出血而形成搏动性血肿。

二、特殊检查

1. **动脉造影术** 血管损伤依靠分析受伤史和细致检查，一般即可明确诊断和准确定位。在诊断和定位困难时，有条件的可作动脉造影。动脉造影可显示动脉多处伤、晚期动脉伤、假性动脉瘤或动、静脉瘘等。但动脉造影可引起严重并发症，应谨慎进行。

2. **其他** 如多普勒血流检测仪、超声波血流探测器等，对血管损伤诊断有一定帮助。

第三节 四肢血管损伤的处理

四肢血管损伤的处理首先重在及时止血，纠正休克，挽救患者生命；其次是做好伤口的清创，妥善处理损伤血管，力争尽早恢复肢体循环，保全肢体，减少致残机会。同时，应认真处理好骨关节及神经等合并伤，以改善肢体功能。

一、急救止血

（一）加压包扎法

四肢血管损伤大多可用加压包扎法止血。用无菌纱布或洁净布类填塞及覆盖伤口，并以绷带加压包扎。包扎不宜过紧，应以既能止血又不影响肢体远侧循环为原则。包扎后应抬高患肢，注意观察远端血运，并及时转送，作进一步处理。

（二）指压法

为短暂的应急止血措施。出现血管断裂后，立即用手指或手掌压迫出血动脉的近侧端，并立即用包扎法或其他方法止血。

（三）止血带止血法

止血带为有效的四肢止血工具，使用得当，可起到良好的止血作用，挽救大出血患者的生命。如使用不当，则可带来严重并发症，以致引起肢体坏死、肾衰，甚至死亡。

充气止血带压力均匀，压力大小可以调节，是理想的止血带。宽橡胶带式止血带接触面大，弹性好。橡胶管止血带使用方便，止血效果好，但接触面小，易损伤组织。较宽的帆布带也可应用。布带、绳索等代用止血带压力不易掌握，对组织损伤大，一般不宜使用。

止血带止血适用于股动脉、腘动脉和肱动脉损伤引起的大出血，而又不能用加压包扎法止血者。一般缚在上臂的上1/3或大腿中部。缚止血带处应加衬垫，以免压坏皮肤。上止血带的时间应尽可能短，应争取在1.5～2h内采取进一步止血措施。

（四）钳夹止血法

如有可能，在伤口内用止血钳夹住出血的大血管断端，连止血钳一起包扎在伤口内，迅速转移，以作进一步处理。但要小心钳伤血管邻近的神经和正常血管。

（五）血管结扎法

对无修复条件而需长途运送者，可作初步清创，结扎血管断端。不用止血带，迅速运送。

二、休克和多发性损伤的处理

处理四肢血管损伤应遵循先整体后局部的原则。四肢血管损伤后因严重出血常伴有休克,应及时输血、补液,恢复血容量及血压,纠正脱水和电解质失调。

在急救止血和纠正休克的同时,应迅速处理多发伤和危及生命的脏器伤。

三、清创术

及时而完善的清创术是预防感染和成功修复组织的基础,应争取在 6~8h 内尽快做好清创。清创应在充气止血带下进行,清创要求细致、彻底,由浅入深,切除挫伤皮肤边缘及失去活力的皮肤、皮下组织、肌肉和游离碎骨,清除血肿及异物,保护重要组织。做好损伤血管的清创,是取得血管修复成功的重要环节。

四、血管结扎术

以下情况应进行血管结扎术:
(1) 肢体组织损伤广泛而严重,不能修复血管或修复后也不能保全肢体。
(2) 病情危重,有多处重要脏器伤,不能耐受血管修复术。
(3) 缺乏必要的血管修复技术或输血血源,应暂时清创和缝合血管,然后送有条件的医院作进一步处理。
(4) 次要动脉损伤,如尺、桡动脉之一断裂,可先试行结扎损伤血管,如血运通畅可予以结扎。

五、血管痉挛的处理

预防为主,如用温热盐水湿纱布覆盖创面,减少创伤、寒冷、干燥及暴露的刺激,及时解除骨折端及异物的压迫等。

无伤口而疑有动脉痉挛者,可试行普鲁卡因交感神经阻滞,也可口服或肌注盐酸罂粟碱。如经以上处理仍无效,应及早探查动脉。

在手术探查或开放伤血管已显露时,发现一段动脉或动脉吻合后痉挛,常用的有效方法是血管内液压扩张法,即用等渗盐水注入痉挛段血管内以扩张血管。

如血管扩张栓塞,并有血管痉挛,需切除伤段血管作对端吻合或行静脉自体移植修复。

六、血管损伤的修复

(一) 一般的手术处理原则

(1) 对血管损伤诊断明确者应即行手术;对诊断有怀疑或难以肯定的血管损伤,可行有限时间的动态观察,必要时也应早期探查,以明确诊断,采用确切有效的治疗方法。
(2) 在切入血肿或假性动脉瘤以前应钳夹血管远近断端,防止出血。
(3) 应该修复所有大的或主要的血管,根据动脉的重要程度可将其分为三类:
① 第 1 类动脉:结扎后必会引起严重并发症的血管,如主动脉、头臂干、颈总动脉、肾动脉、髂总动脉、股动脉、腘动脉等损伤后绝对不能结扎,一定要给予修复。
② 第 2 类动脉:结扎后有时也会产生严重后果的动脉,应力争给予修复而不要轻易结

扎,如锁骨下动脉、腋动脉、肱动脉及大部分腹腔内的动脉等。

③ 第3类动脉:除上述各类动脉以外的动脉损伤,如单纯的尺或桡动脉、胫前或胫后动脉等损伤时,因条件所限可以行单纯结扎术。

(4) 大静脉损伤如股静脉和腘静脉,宜行修复,尤其是有严重软组织损伤和浅静脉损伤者,应同时修复动脉和静脉,以免因血液回流不足,肢体肿胀,血肿形成,肌肉坏死而最后导致肢体坏死。

(5) 对血管损伤后的动、静脉瘘或假性动脉瘤应切除,并行血管移植修复。

(6) 对于血管以外的组织损伤应同期恰当处理,如骨折复位内固定、肌肉或肌腱断裂的缝合、神经断裂的缝合以及伤口闭合等。

(7) 对血管损伤肢体的筋膜肌间隔内压力应有正确的估计,早期辨认给予筋膜或(和)肌膜的切开减压。

(二) 血管部分损伤修复术

适用于锐器所致之血管整齐切割伤不超过血管周径1/2,血管不需清创者。对于火器伤以及血管需清创的锐器伤或挫伤,则不宜使用。

修复方法 先用无创性血管夹分别将受损血管两端夹住,再用肝素溶液冲洗血管腔,去除凝血块,剪除少许不整齐边缘,用6~8根"0"号尼龙单丝或人发根据伤情作纵行或横行连续缝合(见图12-5)。注意尽量不缩小管径。

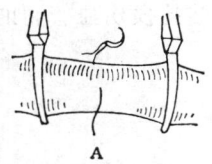 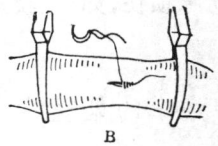

图 12-5 血管部分损伤缝合法
A. 横行缝合法,不致引起管腔狭窄　B. 纵行缝合法,应注意防止管腔狭窄

(三) 血管对端吻合术

重要的血管断裂,有条件的均应争取作对端吻合术。行对端吻合,要求吻合处无张力。如血管缺损不多(2cm左右),一般游离血管上下各一段即可。如长度仍不足,可屈曲关节以克服缺损,使吻合处无张力。

修复方法 用无创性动脉夹夹住断裂血管两端,剪除血管两端的外膜。用肝素溶液(肝素125mg加入等渗盐水200ml)冲洗断端血管腔以去除血栓,并在术中不断冲洗,防止血栓形成,保持血管组织湿润。吻合处不可有张力。

腕、踝部以上直径大于2.5mm的动脉可采用三褥式定点连续缝合法(见图12-6)。缝合间距及边距均为1mm,缝合血管全层,松紧适度,不可过松以免漏血,也不可过紧以免吻合处狭窄。结扎时打3个结,以免松脱。

较小血管可采用两定点法,然后连续缝合。缝合时要将血管内膜相对,防止血管扭曲和缝到对侧血管壁。

直径1.5mm以下的血管应用间断缝合法,如修复手部掌浅弓、掌深弓、指掌侧总动脉和指掌侧固有动、静脉等。根据血管大小,选用8~11根"0"号尼龙丝线,两头连接无创性血管针，由管腔内穿过血管全层进行缝合。先作两定点固定，再用同法简单间断缝合 6～8 针（见 图 12-7）。对微小血管应在手术显微镜下放大 6～10 倍进行操作。

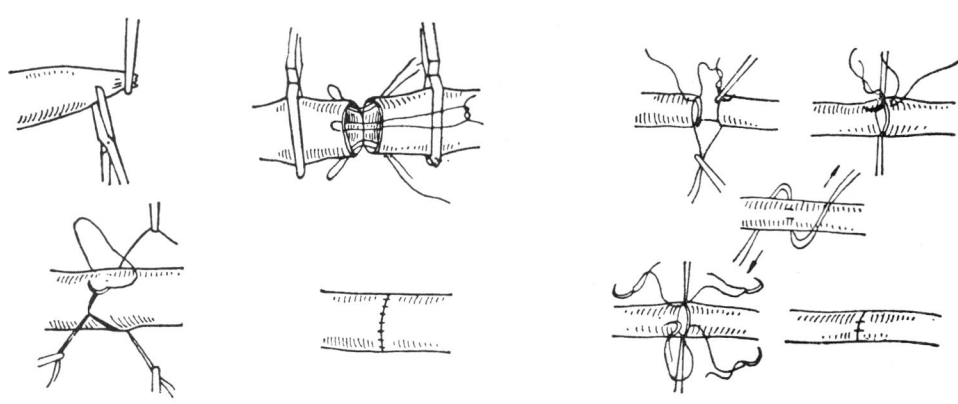

图 12-6 血管对端吻合法　　　　图 12-7 血管间断缝合法

血管缝合完毕后，用等渗盐水冲洗伤口，先放松远端无创性动脉夹，使回血驱除空气，再放松近端无创性动脉夹。用湿热盐水纱布轻按血管吻合处数分钟，吻合处漏血即自行停止。如漏血过多，可加缝 1～2 针。应做到一次吻合完善，防止补针，以免出血过多或补针过多而导致缝合失败。

如为主要的动、静脉同时损伤，可先修复静脉，或在动、静脉修复后同时放松小动脉夹。不可在修复动脉后即放松动脉夹，然后才着手修复静脉，否则将因缺乏静脉回流而造成失血，且动脉吻合处短时间内即发生栓塞。

血管吻合及止血后，应以健康组织（最好用邻近肌肉）覆盖，不可使血管裸露或直接位于皮肤缝线下。对于易发生感染的伤口，在血管缝合及用肌肉妥善覆盖后，不缝皮肤，**保持引流**，伤口留待延期缝合、二期缝合或用植皮闭合创面。

（四）自体静脉移植术

吻合断裂血管时，如有缺损或估计对端吻合处会有张力，即应采用自体静脉移植术（见图 12-8），而不应勉强缝合使吻合部产生张力。采用静脉的长度应较缺损部长 1cm，应取健侧的大隐静脉近段，而不应采取伤侧静脉，以免影响伤侧静脉回流。

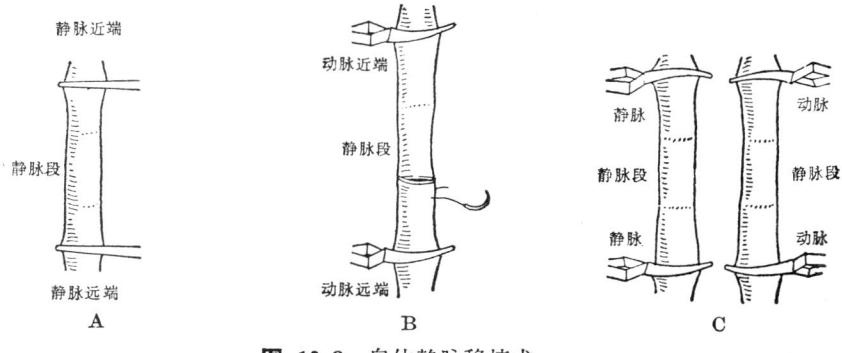

图 12-8 自体静脉移植术

A. 大隐静脉的静脉段采取法　　B. 将静脉段倒转与动脉的两端吻合　　C. 静脉段移植术完成

浅静脉用于移植的有大隐静脉和头静脉等，移植静脉的直径应尽量接近损伤血管的直径。移植静脉修复动脉时，应将移植段静脉倒置缝合，因静脉有血管瓣。而修复静脉时则应顺置缝合。取下移植段静脉时要作好其远近段的标记，以免移植时弄错。

吻合方法与对端吻合术相同，注意防止血管扭转。

四肢血管移植，目前公认只能采用自体静脉移植术。

七、血管损伤的术后处理

（一）固定

用石膏托或管形石膏固定关节于半屈曲位 4～5 周，使缝合处无张力。以后逐渐伸直关节，但不可操之过急，以免缝线绷开引起出血或假性动脉瘤等合并症。

（二）体位

保持伤肢稍高于心脏平面，不可过高或过低，如静脉回流不足，可稍抬高。

（三）密切观察伤肢血液循环

观察脉搏、颜色、温度等是否正常。如肢体远侧温度骤降而肿胀不明显，多为动脉栓塞或局部血肿压迫，应立即手术探查。发现血管栓塞，须切开缝合处重新吻合或作自体静脉移植。如肢体肿胀，紫绀明显，血液回流不良，而抬高患肢不能改善者，多系静脉栓塞，亦应立即手术探查。上述循环危象如处理及时常获成功，拖延日久，可导致修复失败。

（四）预防感染

术后使用抗生素，适当处理伤口，保持良好引流，是防止感染的必要措施。如能及时发现伤口感染，早期充分引流，适当使用抗生素，仍可保持血管修复效果。

（五）继发性大出血

是一种严重并发症。

1. *出血原因*　初期处理止血不良，感染，吻合张力过大致血管破裂，修复血管裸露无健康组织覆盖，受引流物压迫坏死，或动脉伤漏诊和使用抗凝药物不当等。出血时间多在伤后 7～14 日。

2. *处理*　应立即进行，清除血肿，止血，次要动脉宜加以结扎，重要动脉应争取修复。伤口感染严重或肌肉广泛坏死者须截肢。

（六）抗凝药物的使用

血管修复的成功主要依赖认真、细致地操作和处理上的正确无误，不宜在手术后立即用全身抗凝剂。一般情况下不宜使用全身抗凝剂，以免增加出血危险。但为了防止吻合血管时发生凝血，应在局部使用抗凝剂，并不时冲洗伤口及吻合处。吻合完成后即用大量生理盐水冲洗伤口，去除肝素及凝血块等。

（七）中医治疗

通常按临床表现不同分为以下三型：

1. *脉络阴寒型*　表现为四肢怕冷，发凉，疼痛，麻木，遇冷后症状加重，遇暖减轻。肤色或为苍白，舌淡紫，苔薄白，脉沉紧或涩。以肢体寒凉为主症。治以温经益气，活血通络。用阳和汤，桃红四物汤加减。

2. *脉络血瘀化热型*　肢体灼热，疼痛，肤色或为紫暗，舌紫暗，有瘀斑，舌尖或红，苔薄黄，脉弦紧或濡。以肢体灼热，痛甚为主症。治以养阴清热，活血化瘀。用四妙勇安汤，桃红、四物汤加减。

    3. 脉络湿阻型   肢体水肿、胀痛,抬高肢体症状可以减轻,舌淡紫,舌体胖大,苔白腻或腻,脉沉紧或濡。以肢体水肿,胀痛为主症。治以益气活血,利湿通络。用金匮肾气丸,人参健脾丸,四物汤加减。

附方索引

二 画

二妙汤(《医学正传》)
【组成】苍术 9g　黄柏 9g
【功效与适应证】清热利湿。治湿热下注之足膝腰痛。
【制用法】水煎服。

十灰散(《十药神书》)
【组成】大蓟　小蓟　荷叶　侧柏叶　白茅根　大黄　山栀　茜草根　棕榈皮　牡丹皮　以上各药等量
【功效与适应证】凉血止血。治损伤所致的创面渗血、吐血等。
【制用法】各药烧灰存性,研极细末保存待用。每服 10～15g,用鲜藕汁或鲜萝卜汁调服。

十全大补汤(《医学发明》)
【组成】党参 10g　白术 12g　茯苓 12g　当归 10g　川芎 6g　熟地黄 12g　白芍 12g　黄芪 10g　炙甘草 5g　肉桂 0.6g(焗冲)
【功效与适应证】补气补血。治损伤后期气血衰弱,溃疡脓清稀,倦怠气短,不思饮食。
【制用法】水煎服,每日 1 剂。

丁桂散(《中医伤科学讲义》)
【组成】丁香　肉桂　各等份
【功效与适应证】祛风散寒,温经通络。治阴证肿疡疼痛。
【制用法】共研细末,撒在药膏上,烘热后贴患处。

七三丹(经验方)
【组成】熟石膏 21g　升丹 9g
【功效与适应证】提脓祛腐。治各种溃疡流脓未尽者。
【制用法】共研细末,制成药条,阴干备用。用时将药条插入疮中。

七厘散(《良方集腋》)
【组成】血竭 30g　麝香 0.36g　冰片 0.36g　乳香 4.5g　没药 4.5g　红花 4.5g　朱砂 3.6g　儿茶 7.2g
【功效与适应证】活血散瘀,定痛止血。治跌打损伤,瘀滞作痛,筋伤骨折,创伤出血。
【制用法】共研细末,每服 0.2g,每日服 1～2 次,米酒调服或酒调敷患处。

八仙逍遥汤(《医宗金鉴》)
【组成】防风 3g　荆芥 3g　川芎 3g　甘草 3g　当归 6g　苍术 10g　牡丹皮 10g　川椒 10g　苦参 15g　黄柏 6g
【功效与适应证】祛风散寒,活血通络。治损伤后瘀肿疼痛,或风寒湿邪浸注,筋骨酸痛。
【制用法】煎水熏洗患处。

八珍汤(《正体类要》)
【组成】党参 10g　白术 10g　茯苓 10g　炙甘草 5g　川芎 6g　当归 10g　熟地黄 10g　白芍 10g　生姜 5g　大枣 5g
【功效与适应证】补益气血。治损伤中、后期气血俱虚。
【制用法】清水煎服,每日 1 剂。

九一丹(《医宗金鉴》)
【组成】熟石膏 9 份　升丹 1 份
【功效与适应证】提脓祛腐。治各种溃疡流脓未尽者。
【制用法】共研细末。掺于创面,或制成药条插入疮口,用凡士林制成软膏外敷亦可。

三 画

三七伤药片(经验方)
【组成】参三七　雪上一枝蒿　红花　扦扦活等
【功效与适应证】活血祛瘀,通络定痛。治损伤初期,瘀血肿痛,脉络不通。

【制用法】内服每次3片,每日3次。

三色敷药(《中医伤科学讲义》)

【组成】黄荆子(去衣炒黑)8份 紫荆皮(炒黑)8份 全当归2份 木瓜2份 丹参2份 羌活2份 赤芍2份 白芷2份 片姜黄2份 独活2份 甘草0.5份 秦艽1份 天花粉2份 牛膝2份 川芎1份 连翘1份 威灵仙2份 木防己2份 防风2份 炙马钱子2份

【功效与适应证】消肿止痛,祛风湿,利关节。治损伤初、中期局部肿痛,亦治风寒湿痹痛。

【制用法】共研细末,用蜜糖或饴糖调拌厚糊状,敷于患处。

三妙丸(《医学正传》)

【组成】苍术180g 黄柏120g(酒炒) 牛膝60g

【功效与适应证】清热燥湿。治湿热下注之腰膝关节疼痛。

【制用法】共研细末,面糊为丸,每服9g,淡盐汤送下。

三痹汤(《妇人良方》)

【组成】独活6g 秦艽12g 防风6g 细辛3g 川芎6g 当归12g 生地黄15g 芍药10g 茯苓12g 肉桂1g(焗冲) 杜仲12g 牛膝6g 党参12g 甘草3g 黄芪12g 续断12g

【功效与适应证】补肝肾,祛风湿。治气血凝滞之手足拘挛、筋骨痿软、风湿痹痛等。

【制用法】水煎服,每日1剂。

大成汤(《仙授理伤续断秘方》)

【组成】大黄20g 芒硝10g(冲服) 当归10g 木通10g 枳壳20g 厚朴10g 苏木10g 陈皮10g 甘草10g 川红花10g

【功效与适应证】攻下逐瘀。治跌扑损伤后瘀血内蓄、昏睡、二便秘结;或腰椎损伤后,伴肠麻痹、腹胀者。

【制用法】水煎服,药后得下即停服。

大红丸(《仙授理伤续断秘方》)

【组成】何首乌500g 制川乌710g 制南星500g 芍药500g 当归300g 骨碎补500g 牛膝300g 细辛250g 赤小豆1 000g 煅自然铜120g 青桑炭2 500g

【功效与适应证】坚筋固骨,滋血生力。治筋断骨折,瘀血留滞,外肿内痛。

【制用法】共研细末,醋煮面糊为丸,如梧桐子大,朱砂为衣。每次服30丸,温酒下,醋汤送服亦可。

大补阴丸(《丹溪心法》)

【组成】黄柏120g 知母120g 熟地黄180g 龟板180g

【功效与适应证】滋阴降火。治肝肾阴虚,虚火上炎者。

【制用法】为末,猪脊髓蒸熟,炼蜜为丸,每服6~9g,早晚各1次。

大活络丹(《圣济总录》)

【组成】白花蛇100g 乌梢蛇100g 草乌100g 威灵仙100g 两头尖100g 天麻100g 全蝎100g 何首乌100g 龟板100g 麻黄100g 贯众100g 炙甘草100g 羌活100g 肉桂100g 藿香100g 乌药100g 黄连100g 熟地黄100g 大黄100g 木香100g 沉香100g 细辛50g 赤芍50g 没药50g 丁香50g 乳香50g 僵蚕50g 天南星50g 青皮50g 白豆蔻50g 骨碎补50g 安息香50g 黑附子50g 黄芩50g 茯苓50g 香附50g 玄参50g 白术50g 防风125g 葛根75g 豹骨75g 当归75g 血竭25g 地龙25g 犀角25g 麝香25g 松脂25g 牛黄7.5g 龙脑7.5g 人参150g 蜜糖适量

【功效与适应证】行气活血,通利经络。治跌打损伤后期筋肉挛痛及痿痹等。

【制用法】共研细末,炼蜜为丸。每服3g,每日2次,陈酒送下。

万应膏(《中医伤科学讲义》)

【组成】附子 红花 血余 莪术 桂枝 羌活 独活 僵蚕 秦艽 麻黄 当归 川乌 防风 威灵仙 草乌 大黄 赤芍 山栀 桃仁 三棱 白芷 全蝎 五加皮 高良姜各30g 生地黄 香附 乌药各60g

【功效与适应证】活血祛瘀,温经通络。治跌打损伤,负重闪腰,筋骨疼痛,胸腹气痛,腹胀寒痛。

【制用法】麻油7 500g,加丹3 000g,收膏后,再加肉桂粉15g,苏合油15g及香料药100g,摊贴。

万灵膏(《医宗金鉴》)

【组成】伸筋草 透骨草 紫丁香根 当归 自然铜 没药 血竭各30g 川芎25g 半两钱1枚(醋淬) 红花30g 川牛膝 五加皮 石菖蒲 茅术各25g 木香 秦艽 蛇床子 肉桂 附子 半夏 石斛 萆薢 鹿茸各10g 豹骨30g 麝香6g 麻油5 000g 黄丹2 500g

【功效与适应证】散瘀消毒,舒筋止痛,祛寒通络。治跌打损伤后期寒湿为患,局部麻木疼痛者。

【制用法】血竭、没药、麝香分别研细末另包,余药先用麻油微火煨浸3日,然后熬黑为度,去渣,加入黄丹,再熬至滴水成珠,离火,俟少时药温,将血竭、没药、麝香末放入,搅匀取起,去火毒,制成膏药。用时烘热外贴患处。

小活络丹(《和剂局方》)

【组成】制南星3份 制川乌3份 制草乌3份 地龙3份 乳香1份 没药1份 蜜糖适量

【功效与适应证】温经散结,活血通络。治跌打损伤,瘀阻经络,风寒湿侵袭经络作痛,肢体麻木、不能屈伸,日久不愈等。

【制用法】共为细末,炼蜜为丸,每丸重3g,每日服1～2次。

小蓟饮子(《济生方》)

【组成】小蓟10g 生地黄25g 滑石15g 蒲黄(炒)6g 通草6g 淡竹叶10g 藕节12g 当归10g 栀子10g 甘草6g

【功效与适应证】凉血止血,利水通淋。治泌尿系挫伤,瘀热结于下焦血淋者。

【制用法】水煎内服。

四　画

云南白药(成药)

【组成】略

【功效与适应证】活血止血,祛瘀定痛。治损伤瘀滞肿痛。

【制用法】内服每次0.5g,每隔4h服1次。外伤创面出血,可直接撒在出血处,然后包扎,亦可调敷患处。

五虎丹(成方)

【组成】红花 天南星 白芷 当归

【功效与适应证】活血化瘀,消肿止痛。治跌打损伤,闪腰岔气,伤筋动骨,皮肤青肿,瘀血不散,红肿疼痛。

【制用法】温黄酒或温开水冲服,外用白酒调敷患处。

五味消毒饮(《医宗金鉴》)

【组成】金银花15g 野菊花15g 蒲公英15g 紫花地丁15g 紫背天葵10g

【功效与适应证】清热解毒。治创伤感染初期。

【制用法】水煎服,每日1～3剂。

太乙膏(《外科正宗》)

【组成】玄参 白芷 当归身 肉桂 赤芍 大黄 生地黄 土木鳖各60g 阿魏9g 轻粉12g 柳槐枝各100段 血余30g 东丹1 200g 乳香15g 没药9g 麻油2 500g

【功效与适应证】清热消肿,解毒生肌。治各种疮疡及创伤。

【制用法】除东丹外,余药用油煎,熬至药枯,滤去渣滓,再加入东丹,充分搅匀成膏,隔火炖烊,摊于纸上,随疮口大小敷贴患处。

化坚膏(《中医伤科学讲义》)

【组成】白芥子2份 甘遂2份 地龙肉2份 威灵仙2.5份 急性子2.5份 透骨草2.5份 麻根3份 细辛3份 乌梅肉4份 生山甲4份 血余1份 诃子1份 全蝎1份 防风1份 生草乌1份 紫硇砂0.5份(后) 香油80份 东丹40份

【功效与适应证】祛风化瘀。治损伤后期软组织硬化或粘连等。

【制用法】将香油熬药至枯,去渣,炼油滴水成珠时下东丹,将烟搅净后再下硇砂。外敷患处。

乌头汤(《金匮要略》)

【组成】麻黄9g 芍药9g 黄芪9g 制川乌9g 炙甘草9g

【功效与适应证】温经通络,祛寒逐湿。治损伤后风寒湿邪乘虚入络者。

【制用法】水煎服。

六味地黄(丸)汤(《小儿药证直诀》)

【组成】熟地黄25g 淮山药12g 茯苓10g 泽泻10g 山萸肉12g 牡丹皮10g

【功效与适应证】滋水降火。治肾水不足,腰膝酸痛,头晕目眩,咽干耳鸣,潮热盗汗,骨折后期迟缓愈合等。

【制用法】水煎服，每日1剂。作丸则将药研细末，蜜丸，每丸10g，每服1丸，每日3次。

双柏(散)膏(《中医伤科学讲义》)

【组成】侧柏叶2份　黄柏1份　大黄2份　薄荷1份　泽兰1份

【功效与适应证】活血解毒，消肿止痛。治跌打损伤早期，疮疡初起，局部红肿热痛，或局部包块形成而无溃疡者。

【制用法】共研细末，作散剂备用。用时以水、蜜糖煮热调成厚糊外敷患处。亦可加入少量米酒调敷，或用凡士林调煮成膏外敷。

五　画

正骨水(成药)

【组成】略

【功效与适应证】活血化瘀，消肿止痛。治跌打损伤，扭伤挫伤，风湿痹痛。

【制用法】用时将药水涂擦患处，每日2~3次。

正骨紫金丹(《医宗金鉴》)

【组成】丁香1份　木香1份　血竭1份　儿茶1份　熟大黄1份　红花1份　牡丹皮0.5份　甘草0.3份

【功效与适应证】活血祛瘀，行气止痛。治跌仆堕坠、闪挫伤之疼痛和瘀血凝聚等证。

【制用法】共研细末，炼蜜为丸。每服10g，黄酒送服。

右归丸(《景岳全书》)

【组成】熟地黄4份　淮山药2份　山茱萸2份　枸杞子2份　菟丝子2份　杜仲2份　鹿角胶2份　当归1.5份　附子1份　肉桂1份　蜜糖适量

【功效与适应证】补益肾阳。治骨及软组织损伤后期，肝肾不足，精血虚损而致神疲气乏，或肢冷酸软无力。

【制用法】共研细末，炼蜜为小丸。每服10g，每日1~2次。

左归丸(《景岳全书》)

【组成】熟地黄4份　淮山药2份　山茱萸2份　枸杞子2份　菟丝子2份　鹿角胶2份　龟板2份　牛膝2份　蜜糖适量

【功效与适应证】补益肾阴。治损伤日久或骨疾病后，肾水不足，精髓内亏，腰膝酸软，头昏眼花，虚热盗汗等证。

【制用法】药为细末，炼蜜为丸如豆大。每服10g，每日1~2次，饭前服。

四生丸(《妇人良方》)

【组成】生地黄12g　生艾叶10g　生荷叶10g　生侧柏叶10g

【功效与适应证】凉血止血。治损伤出血，血热妄行，或吐血、衄血。

【制用法】水煎服，或将生药捣汁服，或等量为丸，每服6~12g，每日3次。

四生散(《和剂局方》)

【组成】生川乌1份　生南星6份　生白附子4份　生半夏14份

【功效与适应证】祛风逐痰，散寒解毒，通络止痛。治跌打损伤肿痛，关节痹痛。

【制用法】共为细末存放待用。用时以蜜糖适量调成糊状外敷患处。

四君子汤(《和剂局方》)

【组成】党参10g　白术12g　茯苓12g　炙甘草6g

【功效与适应证】补益中气，调养脾胃。治损伤后期中气不足，脾胃虚弱，肌肉消瘦者。

【制用法】水煎服，每日1剂。

四物汤(《仙授理伤续断秘方》)

【组成】川芎6g　当归10g　白芍12g　熟地黄12g

【功效与适应证】养血补血。治损伤后期血虚之证。

【制用法】水煎服，每日1剂。

四黄膏(经验方)

【组成】黄连　黄柏　黄芩　大黄　乳香　没药各等量

【功效与适应证】清热解毒，活血消肿。治阳证疮疡。

【制用法】共为细末，凡士林调膏外用。

仙方活命饮(《外科发挥》)

【组成】炮山甲3g 天花粉3g 甘草节3g 乳香3g 白芷3g 赤芍3g 贝母3g 防风3g 没药3g 皂角刺(炒)3g 当归尾3g 陈皮10g 金银花10g

【功效与适应证】清热解毒,消肿溃坚,活血止痛。治骨痈初期。

【制用法】水煎服。

生血补髓汤(《伤科补要》)

【组成】生地黄12g 芍药9g 川芎6g 黄芪9g 杜仲9g 五加皮9g 牛膝9g 红花5g 当归9g 续断9g

【功效与适应证】调理气血,舒筋活络。治扭挫伤及中、后期脱位骨折,患处未愈合并有疼痛者。

【制用法】水煎服,每日1剂。

生肌八宝丹(《中医伤科学讲义》)

【组成】煅石膏3份 赤石脂3份 东丹1份 龙骨1份 轻粉3份 血竭1份 乳香1份 没药1份

【功效与适应证】生肌收敛。治各种创口。

【制用法】共研极细末,外撒创口。

生肌玉红膏(《医宗金鉴》)

【组成】当归60g 白芷15g 白蜡60g 轻粉12g 甘草36g 紫草6g 血竭12g 麻油500g

【功效与适应证】生肌。治各种溃疡。

【制用法】将当归、白芷、紫草、甘草四味入油内浸3日,大枸内慢火熬微枯色,细绢滤清,将油复入枸内煎滚,入血竭化尽;次下白蜡,微火化之。用茶盅4个,预放水中,将膏分成4处,倾入盅内,候片时方下研极细之轻粉各投3g,搅匀,候至1日夜,外敷。

加味术附汤(《杂病源流犀烛》)

【组成】白术6g 附子4.5g 甘草4.5g 赤茯苓4.5g 生姜4g 大枣2g

【功效与适应证】祛湿散寒。治寒湿腰痛偏于湿重者。

【制用法】水煎服。

六 画

地龙散(《医宗金鉴》)

【组成】地龙 肉桂 苏木各3g 麻黄2g 黄柏 当归尾各7.5g 桃仁3g 甘草10g

【功效与适应证】活血祛瘀,行气通络。治跌打损伤,瘀血留于太阳经引起腰脊疼痛。

【制用法】水煎,饭前服。

当归四逆汤(《伤寒论》)

【组成】当归15g 桂枝6g 芍药9g 细辛3g 甘草3g 通草3g 大枣6g

【功效与适应证】活血通络,温经止痛。治素体血虚,阳气不足,血虚寒凝,四肢周身痹痛者。

【制用法】水煎服,每日1剂。

当归鸡血藤汤(经验方)

【组成】当归15g 熟地黄15g 龙眼肉6g 白芍9g 丹参9g 鸡血藤15g

【功效与适应证】补气补血。治骨伤患者后期气血虚弱者。

【制用法】水煎服,每日1剂。

伤油膏(《中医伤科学讲义》)

【组成】血竭60g 红花6g 乳香6g 没药6g 儿茶6g 琥珀3g 冰片6g(后下) 香油1500g 黄蜡适量

【功效与适应证】活血止痛。治扭挫伤。

【制用法】在施行理伤手法时,取少许涂擦患处。

伤湿止痛膏(成药)

【组成】乳香 没药 冰片等

【功效与适应证】祛风湿止痛。治风湿痛、神经痛、扭伤和肌肉酸痛。

【制用法】皮肤洗净后将药贴于患处。凡对橡皮膏过敏或皮肤糜烂有渗液、出血和化脓性感染者禁用。

血府逐瘀汤(《医林改错》)

【组成】当归10g 生地黄10g 桃仁12g 红花10g 枳壳6g 赤芍6g 柴胡3g 甘草3g 桔梗4.5g 川芎4.5g 牛膝10g

【功效与适应证】活血逐瘀,通络止痛。治瘀血内阻,血行不畅,经脉闭塞疼痛。

【制用法】水煎服,每日1剂。

壮筋养血汤(《伤科补要》)

【组成】当归9g 川芎6g 白芷9g 续断12g 红花5g 生地黄12g 牛膝9g 牡丹皮9g

杜仲 6g

【功效与适应证】活血壮筋。治筋络损伤。

【制用法】水煎服。

壮筋续骨丹(《伤科大成》)

【组成】当归 60g　川芎 30g　白芍 30g　熟地黄 120g　杜仲 30g　川续断 45g　五加皮 45g　骨碎补 90g　桂枝 30g　三七 30g　黄芪 90g　豹骨 30g　补骨脂 60g　菟丝子 60g　党参 60g　木瓜 30g　刘寄奴 60g　地鳖虫 90g

【功效与适应证】壮筋续骨。治骨折、脱位、伤筋中、后期。

【制用法】共研细末,糖水泛丸。每服 12g,温酒下。

防风汤(《宣明论》)

【组成】黄芩　人参　炙甘草　麦门冬(去心)各 15g　川芎 15g　防风 20g(去芦)

【功效与适应证】祛风通络,散寒除湿。治伤后行痹。

【制用法】水煎服。

如圣金刀散(《外科正宗》)

【组成】松香 210g　生矾 45g　枯矾 45g

【功效与适应证】止血燥湿。治金疮出血不止或溃烂流脓。

【制用法】共研细末,敷于伤口包扎。

七　画

坎离砂(成药)

【组成】麻黄　当归尾　附子　透骨草　红花　干姜　桂枝　牛膝　白芷　荆芥　防风　木瓜　羌活　生艾绒　独活各等份　醋适量。

【功效与适应证】祛风,散寒,止痛。治腰腿疼痛,风湿性关节疼痛。

【制用法】用醋水各半,将药熬成浓汁,再将铁砂炒红后搅拌制成。使用时加醋约 25g,装入布袋内,自然发热,敷于患处,如太热可来回移动。

花蕊石散(《本草纲目》引《和剂局方》)

【组成】花蕊石 60g　石硫磺 120g

【功效与适应证】化瘀而不伤气,止血生新。治跌仆重伤,死血瘀积患处或创伤出血者。

【制用法】二味和匀,放入瓦罐煅研为细末。每服 3g,童便调下。或外用止血。

坚骨壮筋膏(《中医伤科学讲义》)

【组成】

第 1 组:骨碎补 90g　川续断 90g　马钱子 60g　白及 60g　硼砂 60g　生草乌 60g　生川乌 60g　牛膝 60g　苏木 60g　杜仲 60g　伸筋草 60g　透骨草 60g　羌独 30g　独活 30g　麻黄 30g　五加皮 30g　皂角核 30g　红花 30g　泽兰叶 30g　豹骨 24g　香油 5 000g　黄丹 2 500g

第 2 组:血竭 30g　冰片 15g　丁香 30g　肉桂 60g　白芷 30g　甘松 60g　细辛 60g　乳香 30g　没药 30g　麝香 1.5g

【功效与适应证】强壮筋骨。治筋伤、骨折后期。

【制用法】第 1 组药,熬成膏药后温烊摊贴。第 2 组药,共研为细末,临贴时撒于药面。

身痛逐瘀汤(《医林改错》)

【组成】秦艽 9g　川芎 9g　桃仁 6g　红花 6g　甘草 3g　羌活 9g　没药 9g　五灵脂 9g　香附 9g　牛膝 9g　地龙 9g　当归 15g

【功效与适应证】活血行气,祛瘀通络,通痹止痛。治气血痹阻经络所致的肩、腰、腿或周身疼痛,经久不愈者。

【制用法】水煎服。

补中益气汤(《东垣十书》)

【组成】黄芪 15g　党参 12g　白术 12g　陈皮 3g　炙甘草 5g　当归 10g　升麻 5g　柴胡 5g

【功效与适应证】益气补中。治损伤后元气亏损,气血虚弱,中气不足。

【制用法】水煎服。

补阳还五汤(《医林改错》)

【组成】生黄芪 120g　当归尾 6g　赤芍 4.5g　地龙　川芎　桃仁　红花各 3g

【功效与适应证】补气活血,疏通经络。治气虚而血不行的半身不遂、口眼㖞斜,以及头部或脊柱督脉受伤而致的瘫痪。

【制用法】水煎服。

补肾壮筋汤(《伤科补要》)

【组成】当归 9g　熟地黄 9g　牛膝 9g　山茱萸 9g　茯苓 9g　续断 9g　杜仲 9g　白芍 9g　青皮 9g　五加皮 9g

【功效与适应证】补益肝肾,强壮筋骨。治肾气虚损,习惯性关节脱位。

【制用法】水煎服,每日1剂。或制成丸剂服。

补肾活血汤(《伤科大成》)

【组成】熟地黄10g　杜仲3g　枸杞子3g　补骨脂10g　菟丝子10g　当归尾3g　没药3g　山茱萸3g　红花2g　独活3g　肉苁蓉3g

【功效与适应证】补肾壮筋,活血止痛。治损伤后期各种筋骨酸痛、无力等,尤以腰部伤患更宜。

【制用法】水煎服,每日1剂。

补筋丸(《医宗金鉴》)

【组成】五加皮50g　蛇床子50g　沉香50g　丁香50g　川牛膝50g　茯苓50g　莲子心50g　肉苁蓉50g　菟丝子50g　当归(酒洗)50g　熟地黄50g　牡丹皮50g　木瓜50g　淮山药40g　人参25g　广木香15g

【功效与适应证】活血祛瘀,舒筋止痛。治跌仆闪挫,筋翻筋挛,筋胀筋粗,筋聚骨错,血脉壅滞,青肿疼痛等。

【制用法】共为细末,炼蜜为丸,如弹子大,每丸重9g,每次服1丸,药酒送下。

陀僧膏(《伤科补要》)

【组成】南陀僧40份　赤芍1份　当归1份　乳香1份　没药1份　赤石脂0.5份　百草霜4份　苦参8份　银黝2份　桐油64份　香油32份　血竭1份　儿茶1份　大黄16份

【功效与适应证】解毒止血。治创伤和局部感染、疼痛者。

【制用法】陀僧研成细末,用香油把其他药煎熬,去渣后入陀僧末,制成膏,外用。

鸡鸣散(《伤科补要》)

【组成】当归尾12g　桃仁12g　大黄9g

【功效与适应证】攻下逐瘀。治胸腹部挫伤疼痛难忍,并见大便秘结者。

【制用法】水煎服。

驳骨散(《外伤科学》)

【组成】桃仁1份　黄连1份　金耳环1份　川红花1份　栀子2份　生地黄2份　黄柏2份　黄芩2份　防风2份　甘草2份　蒲公英2份　赤芍2份　自然铜2份　土鳖虫2份　侧柏叶6份　大黄6份　骨碎补6份　当归尾4份　薄荷4份　毛麝香4份　牡丹皮4份　金银花4份　透骨消4份　鸡骨香4份

【功效与适应证】消肿止痛,散瘀接骨。治早、中期骨折和软组织扭挫伤。

【制用法】共研细末。水、酒、蜂蜜或凡士林调煮外敷患处。

八　　画

青娥丸(《和剂局方》)

【组成】杜仲480g　补骨脂240g　胡桃20g　大蒜120g

【功效与适应证】补肾壮腰。治伤病后肾气虚弱,风寒侵袭,气血相搏的腰痛。

【制用法】共研细末,末糊为丸如豆大,每服10g,淡盐汤或温酒送下,每日1~3次。

和营止痛汤(《伤科补要》)

【组成】赤芍9g　当归尾9g　川芎6g　苏木6g　陈皮6g　桃仁6g　续断12g　乌药9g　乳香6g　没药6g　木通6g　甘草6g

【功效与适应证】活血止痛,祛瘀生新。治损伤积瘀肿痛。

【制用法】水煎服。

和营通气散(《伤科学》)

【组成】全当归　丹参　香附各90g　川芎　延胡索　小青皮　生枳壳各30g　川郁金　制半夏各60g　广木香　大茴香各15g

【功效与适应证】活血行气。治躯干内伤,气阻血滞之胸腹闷胀不舒,呼吸不利。

【制用法】共研为末,每服1.5g,每日2次,吞服。

知柏地黄丸(《医宗金鉴》)

【组成】熟地黄　淮山药　茯苓　泽泻　山茱萸　牡丹皮　知母　黄柏

【功效与适应证】滋阴降火,清热除烦。治疮疡皮肤病属阴虚火旺者。

【制用法】水煎服,或为丸服。

金铃子散(《圣惠方》)

【组成】川楝子　延胡索各等量

【功效与适应证】理气止痛。治跌仆损伤后心腹胸胁疼痛,时发时止,或流窜不定者。

【制用法】共为细末,每服9~12g,温开水或温酒送下,每日2~4次。

金黄(散)膏(《医宗金鉴》)

【组成】大黄5份 黄柏5份 姜黄5份 白芷5份 制南星1份 陈皮1份 苍术1份 厚朴1份 甘草1份 天花粉10份

【功效与适应证】清热解毒，散瘀消肿。治跌打肿痛，感染阳证。

【制用法】共研细末，可用酒、油、花露、丝瓜叶或生葱捣汁调敷；或用凡士林8份，药散2份的比例调制成膏外敷。

金匮肾气丸(《金匮要略》)

【组成】熟地黄25g 淮山药12g 山茱萸12g 泽泻10g 茯苓10g 牡丹皮10g 肉桂3g(焗冲) 熟附子10g

【功效与适应证】温补肾阳。治伤后肾阳亏损。

【制用法】水煎服。或制成丸剂，淡盐汤送服。

狗皮膏(《中药制剂手册》)

【组成】枳壳 青皮 大枫子 赤石脂 赤芍 天麻 甘草 乌药 牛膝 羌活 黄柏 补骨脂 威灵仙 生川乌 木香 续断 白蔹 桃仁 生附子 川芎 生草乌 杜仲 远志 穿山甲 香附 白术 川楝子 僵蚕 小茴香 蛇床子 当归 细辛 菟丝子 肉桂 橘皮 青风藤各30g 轻粉 儿茶 丁香 樟脑 没药 血竭 乳香各15g

【功效与适应证】散寒止痛，舒筋活络。治跌打损伤和风寒湿痹痛。

【制用法】先将枳壳等前三十五味碎断，取麻油12 000g，置于铁锅内，将枳壳等倒入，加热炸枯，过滤取药油，将油微炼，待爆音停止，水气去尽，晾温加入后八味细粉搅匀，制成膏药分摊于狗皮、羊皮或布帛上。温热化开，贴患处。

肢伤二方(《外伤科学》)

【组成】当归12g 赤芍12g 续断12g 威灵仙12g 生薏苡仁30g 桑寄生30g 骨碎补12g 五加皮12g

【功效与适应证】祛瘀生新，舒筋活络。治跌打损伤，筋络挛痛，用于四肢损伤的中、后期。

【制用法】水煎服。

泽兰汤(《疡医大全》)

【组成】泽兰叶 当归 牡丹皮各9g 赤芍 青木香 桃仁各6g 红花3g

【功效与适应证】活血祛瘀。治跌打损伤，或损伤致肠中瘀血、二便秘结。如大便不通加炒大黄9g。

【制用法】水煎，热酒冲服。

宝珍膏(成药)

【组成】生地黄 茅术 枳壳 五加皮 莪术 桃仁 山柰 当归 川乌 陈皮 乌药 三棱 大黄 何首乌 草乌 柴胡 香附 防风 牙皂 肉桂 羌活 赤芍 南星 荆芥 白芷 藁本 续断 良姜 独活 麻黄 甘松 连翘 冰片 樟脑 乳香 没药 阿魏 细辛 刘寄奴 威灵仙 海风藤 小茴香各1份 川芎2份 血余7份 麝香 木香 附子各2/3份 东丹30份

【功效与适应证】行气活血，祛风止痛。治风湿关节痛及跌打损伤疼痛。

【制用法】制成膏药，烘热后贴患处。

定痛活血汤(《伤科补要》)

【组成】当归 红花 乳香 没药 五灵脂 川续断 蒲黄 秦艽 桃仁

【功效与适应证】活血止痛。治扭挫伤后瘀血不散。

【制用法】按病情酌量，水酒各半煎服。

定痛膏(《证治准绳》)

【组成】芙蓉叶4份 紫荆皮1份 独活1份 生南星1份 白芷1份

【功效与适应证】祛瘀，消肿，止痛。治跌仆损伤肿痛。

【制用法】共研细末。用姜汁、水、酒调煮热敷，或用凡士林调煮成软膏外敷。

羌活灵仙方(经验方)

【组成】羌活 威灵仙 香附 牛膝 木通 赤芍 鸡血藤 五加皮各9g 薏苡仁12g 乳香 没药 地龙 牡丹皮各6g 千年健 土鳖虫 生姜 甘草各4.5g

【功效与适应证】行气消瘀，活血止痛。治下肢损伤初期，伤处气滞血瘀肿痛者。

【制用法】水煎服，每日1剂，连服3剂。

羌活胜湿汤(《内外伤辨惑论》)

【组成】羌活15g 独活15g 藁本15g 防风15g 川芎10g 蔓荆子10g 甘草6g

【功效与适应证】祛风除湿。治伤后风湿邪客者。

【制用法】水煎服。药渣可煎水热洗患处。

九 画

骨友灵(经验方)

【组成】略

【功效与适应证】活血化瘀,消肿止痛。治骨质增生所引起的功能性障碍,软组织损伤及大骨节病所引起的肿胀、疼痛。

【制用法】外用,涂于患处,热敷20～30min,每次2～5ml,每日2～3次。

骨科外洗一方(《外伤科学》)

【组成】宽筋藤30g 钩藤30g 金银花藤30g 王不留行30g 刘寄奴15g 防风15g 大黄15g 荆芥10g

【功效与适应证】活血通络,舒筋止痛。治损伤后筋肉拘挛,关节功能欠佳,酸痛麻木或外感风湿作痛等。

【制用法】煎水熏洗。

骨科外洗二方(《外伤科学》)

【组成】桂枝15g 威灵仙15g 防风15g 五加皮15g 细辛10g 荆芥10g 没药10g

【功效与适应证】活血通络,祛风止痛。治损伤后期肢体冷痛,关节不利及风寒湿邪侵注,局部遇冷则痛增,得温稍适的痹证。

【制用法】煎水熏洗,肢体可直接浸泡,躯干可用毛巾湿热敷擦。

骨科活络丸(成都中医学院附属医院方)

【组成】马钱子适量

【功效与适应证】通经活络。治损伤后期筋凝作痛,关节屈伸不利。

【制用法】马钱子炮制后,研末蜜丸,开水冲服,每服0.2～0.4g,每日2次。

复元活血汤(《医学发明》)

【组成】柴胡15g 天花粉10g 当归尾10g 红花6g 穿山甲10g 酒浸大黄30g 酒浸桃仁12g

【功效与适应证】活血祛瘀,消肿止痛。治跌打损伤,血停积于胁下,肿痛不可忍者。

【制用法】水煎,分2次服。如服完第1次后,泻下大便,得利痛减,则停服;如6h后仍无泻下者,则服下第2次,以利为度。

复元通气散(《伤科汇纂》)

【组成】木香 炒茴香 青皮 炙山甲 陈皮 白芷 甘草 漏芦 贝母各等份

【功效与适应证】行气止痛。治打扑损伤作痛,或恼怒气滞、血凝作痛者。

【制用法】共为末,每服3～6g,温酒调下。

顺气活血汤(《伤科大成》)

【组成】紫苏梗 厚朴 砂仁 枳壳 当归尾 红花 木香 赤芍 桃仁 苏木 香附

【功效与适应证】行气活血,祛瘀止痛。治胸腹挫伤,气滞胀满作痛。

【制用法】按病情定剂量,水煎,可加少量米酒和服。

独活寄生汤(《千金方》)

【组成】独活6g 防风6g 川芎6g 牛膝6g 秦艽12g 杜仲12g 当归12g 茯苓12g 桑寄生18g 党参12g 熟地黄15g 白芍10g 细辛3g 甘草3g 肉桂2g(焗冲)

【功效与适应证】补肝肾,壮筋骨,祛风湿,止痹痛。治腰脊损伤后期,肝肾两亏,风湿痛和腿足屈伸不利者。

【制用法】水煎服,可复煎外洗患处。

活血丸(《中医伤科学》)

【组成】土鳖虫5份 血竭3份 西红花1份 乳香3份 没药3份 牛膝2份 白芷2份 儿茶2份 骨碎补2份 杜仲3份 续断3份 苏木3份 当归5份 生地黄3份 川芎2份 自然铜2份 桃仁2份 大黄2份 马钱子2份 朱砂1份 冰片2份 蜜糖适量

【功效与适应证】活血祛瘀,消肿止痛。治跌打损伤,瘀肿疼痛。用于骨折及其他损伤的初中期。

【制用法】共为细末,炼蜜为丸,每丸5g,每次1丸,每日2～3次。

活血止痛汤(《伤科大成》)

【组成】当归12g 川芎6g 乳香6g 苏木5g 红花5g 没药6g 地鳖虫3g 三七3g 赤芍9g 陈皮5g 落得打6g 紫荆藤9g

【功效与适应证】活血止痛。治跌打损伤肿痛。

【制用法】水煎服。

活血止痛散(《临床正骨学》)

【组成】当归尾 红花 苏木 白芷 姜黄 威灵仙 羌活 五加皮 海桐皮 川楝子 牛膝 土茯苓各15g 乳香6g 花椒9g 透骨草30g

【功效与适应证】活血舒筋,通络止痛。治筋伤或骨折中、后期。

【制用法】水煎趁热熏洗患处,每日2次。

活血祛瘀汤(《中医伤科学》)

【组成】当归25g 红花10g 土鳖虫15g 煅自然铜15g 狗脊15g 骨碎补25g 没药10g 乳香10g 路路通10g 桃仁5g 三七粉5g(分3次冲)

【功效与适应证】活血化瘀,通络消肿,续筋接骨。治软组织损伤及骨折的初期。

【制用法】水煎服,每日1剂。

活血酒(《中医正骨经验概述》)

【组成】活血散15g 白酒500g

【功效与适应证】通经活血。治陈旧性挫伤,寒湿偏胜之腰腿痛。

【制用法】将药散泡于白酒中7～10日即成。内服。

活血散(《中医正骨经验概述》)

【组成】乳香 没药 血竭 羌活 香附 穿山甲 煅自然铜 独活 续断 豹骨 川芎 木瓜各15g 贝母 厚朴 炒小茴 肉桂各9g 木香6g 制川乌 制草乌各3g 白芷24g 麝香1.5g 紫荆皮 当归各24g

【功效与适应证】活血舒筋,理气止痛。治跌打损伤,瘀肿疼痛或久伤不愈。

【制用法】共研细末,开水调成糊状外敷患处。

活血舒筋汤(《中医伤科学讲义》)

【组成】当归尾 赤芍 片姜黄 伸筋草 松节 海桐皮 落得打 路路通 羌活 独活 防风 续断 甘草

加减:上肢加用川芎、桂枝,下肢加用牛膝、木瓜,痛甚者加乳香、没药。

【功效与适应证】活血祛瘀,舒筋通络。治筋伤后关节肿痛,功能活动障碍者。

【制用法】水煎服。

活络油膏(《伤科学》)

【组成】红花 没药 白芷各60g 当归 生地黄各240g 白附子 白药子 黄药子各30g 钩藤120g 紫草 栀子 甘草 刘寄奴 牡丹皮 梅片 制乳膏 露蜂房各60g 大黄120g

【功效与适应证】活血消肿,舒筋活络。治损伤肿痛。

【制用法】上药置大铁锅内,再放入麻油4 500g,梅片60g,用木棍调和装盒。用手指蘸药擦患处,并配合理筋手法治疗。

宣痹汤(《林如高正骨经验》)

【组成】防风6g 苍术6g 桂枝6g 制川乌3g 制草乌3g 络石藤9g 当归9g 薏苡仁30g

加减:风胜加秦艽、羌活、独活,湿胜加防己、木瓜,寒胜加干姜、制附子,上肢为主加桑枝、桂枝,下肢为主加牛膝、木瓜,腰背痛加杜仲、桑寄生,疼痛加乳香、没药、桃仁、红花,气血虚弱加何首乌、黄芪、熟地黄。

【功效与适应证】宣痹止痛。治筋痛,风湿性关节炎,类风湿性关节炎,肌肉风湿痛。

【制用法】水煎服。

十　　画

桂枝汤(《伤科补要》)

【组成】桂枝 赤芍 枳壳 香附 陈皮 红花 生地黄 当归尾 延胡索 防风 独活

【功效与适应证】祛风胜湿,和营止痛。治落枕,上肢损伤,风寒湿侵袭经络作痛等。

【制用法】各等份,童便、陈酒煎服。

桂麝散(《药奁启秘》)

【组成】麻黄15g 细辛15g 肉桂30g 牙皂10g 半夏25g 丁香30g 生南星25g 麝香1.8g 冰片1.2g

【功效与适应证】温化痰湿,消肿止痛。治疮疡阴证未溃者。

【制用法】共研细末,掺于膏药上,贴患处。

桃仁承气汤(《伤寒论》)

【组成】桃仁10g 大黄12g(后下) 桂枝6g 甘草6g 芒硝6g(冲服)

【功效与适应证】逐瘀泻下。治跌打损伤,瘀血停聚,疼痛拒按等里实热证。

【制用法】水煎服。

桃红四物汤(《医宗金鉴》)

【组成】当归 川芎 白芍 生地黄 桃仁 红花

【功效与适应证】活血祛瘀。治损伤血瘀。

【制用法】水煎服。

桃花散(《外科正宗》)

【组成】白石灰6份 大黄1份

【功效与适应证】止血。治创伤出血。

【制用法】大黄煎汁泼入白石灰内，为末，再炒，以石灰变成红色为度，将石灰过筛备用。用时掺撒患处，纱布紧扎。

损伤风湿膏(《中医伤科学讲义》)

【组成】生川乌 生草乌 生南星 生半夏 当归 黄金子 紫荆皮 生地黄 苏木 桃仁 桂枝 僵蚕 青皮 甘松 木瓜 山柰 地龙 乳香各4份 没药 羌活 独活 川芎 白芷 苍术 木鳖子 山甲片 川续断 山栀子 地鳖虫 骨碎补 赤石脂 红花 牡丹皮 落得打 白芥子各2份 细辛1份 麻油320份 黄铅粉60份

【功效与适应证】祛风湿，行气血，消肿痛。治损伤肿痛或损伤后期并风湿痹痛。

【制用法】用麻油将药浸泡7～10日后，以文火煎熬至色枯，去渣，再将油熬，2h左右，滴水成珠，离火，将黄铅粉徐徐筛入搅匀，成膏收贮，摊用。

柴胡疏肝散(《景岳全书》)

【组成】柴胡 芍药 枳壳 甘草 川芎 香附

【功效与适应证】疏肝理气止痛。治胸胁损伤。

【制用法】按病情拟定药量，酌情加减，水煎服。

健步虎潜丸(《伤科补要》)

【组成】龟胶 鹿角胶 豹骨 何首乌 川牛膝 杜仲 锁阳 当归 熟地黄 威灵仙各2份 黄柏 人参 羌活 白芍 白术各1份 大川附子1.5份 蜜糖适量

【功效与适应证】补气血，壮筋骨。治跌打损伤，血虚气弱，筋骨痿弱无力，步履艰难。

【制用法】共为细末，炼蜜丸如绿豆大。每服10g，空腹淡盐水送下，每日2～3次。

健脾除湿汤(北京中医学院经验方)

【组成】炒苍术 炒白术 薏苡仁 茯苓 陈皮 汉防己 五加皮 关防风 羌活 独活 生甘草 生姜 大枣

加减：上肢加嫩桂枝、升麻，下肢加宣木瓜、川牛膝。

【功效与适应证】健脾除湿。治损伤后期，肢体肿胀。

【制用法】水煎服，每日1剂。

消肿止痛膏(《外伤科学》)

【组成】姜黄 羌活 干姜 栀子 乳香 没药

【功效与适应证】祛瘀，消肿，止痛。治损伤初期瘀肿、疼痛者。

【制用法】共研细末。用凡士林调成60%软膏外敷患处。

消肿化瘀散(《刘寿山正骨经验方》)

【组成】当归 赤芍 生地黄 延胡索 血竭 制乳香 红花 大黄 姜黄 鳖甲 茄根 仁曲 赤小豆各等份

【功效与适应证】活血祛瘀，止痛消肿。治筋伤、脱位疾患而肿胀显著，瘀血作痛者。

【制用法】共为细末，醋调敷伤处。

消肿散(《林如高正骨经验》)

【组成】黄柏60g 侧柏叶150g 透骨草90g 穿山甲90g 骨碎补90g 芙蓉叶90g 天花粉90g 煅石膏240g 楠香180g 川黄连60g 紫荆皮90g 菊花叶90g

【功效与适应证】清热凉血，消肿定痛。治损伤初期局部肿痛者。

【制用法】研成细末，用蜜水各半，调成糊状，每日敷贴1次，每次8h。

消瘀止痛药膏(《中医伤科学讲义》)

【组成】木瓜60g 栀子30g 大黄15g 蒲公英60g 地鳖虫30g 乳香30g 没药30g

【功效与适应证】消瘀，退肿，止痛。治骨折、筋伤初期肿胀、疼痛剧烈，一般无皮肤破损之局部损伤者。

【制用法】共为细末，蜜糖或凡士林调敷。

消瘀膏(经验方)

【组成】大黄50g 栀子100g 木瓜200g 蒲公英200g 姜黄200g 黄柏300g 蜜糖适量

【功效与适应证】祛瘀,消肿,止痛。治损伤瘀肿疼痛。

【制用法】共为细末,水蜜各半调敷。

海桐皮汤(《医宗金鉴》)

【组成】海桐皮 6g 透骨草 6g 乳香 6g 没药 6g 当归 5g 川椒 10g 川芎 3g 红花 3g 威灵仙 3g 甘草 3g 防风 3g 白芷 3g

【功效与适应证】活络止痛。治跌打损伤疼痛。

【制用法】共为细末,布袋装。煎水熏洗患处。

十 一 画

黄芪桂枝五物汤(《金匮要略》)

【组成】黄芪 12g 芍药 9g 桂枝 9g 生姜 12g 大枣 6g

【功效与适应证】益气温经,和营通痹。治血痹证而引起的肌肤麻木不仁。

【制用法】水煎服。

象皮膏(《伤科补要》)

【组成】

第1组：大黄 10 份 川芎 当归 生地黄各 5 份 红花 川连 荆芥 肉桂各 1.5 份 甘草 2.5 份 麻油 85 份

第2组：黄占 白占各 25 份

第3组：象皮 血竭 乳香 没药各 2.5 份 珍珠 人参各 1 份 冰片 0.5 份 地鳖虫 5 份 白及 白蔹 龙骨 海螵蛸 1.5 份 百草霜适量

【功效与适应证】活血生肌,接骨续损。治开放性损伤及各种溃疡腐肉已去,且已控制感染无明显脓性分泌物,期待其生长进而愈合者。

【制用法】第1组药,用麻油煎熬至枯色,去渣取油入第2组药,炼制成膏。第3组药分别为细末,除百草霜外,混合后加入膏内搅拌,以百草霜调节稠度,密闭包装备用。用时直接摊在敷料上外敷。

麻桂温经汤(《伤科补要》)

【组成】麻黄 桂枝 红花 白芷 细辛 桃仁 赤芍 甘草

【功效与适应证】通经,活络,祛瘀。治损伤之后风寒客注而痹痛。

【制用法】按病情决定剂量,水煎服。

清心药(《证治准绳》)

【组成】当归 20g 川芎 10g 生地黄 15g 赤芍 20g 桃仁 10g 牡丹皮 15g 黄连 15g 黄芩 15g 连翘 15g 栀子 15g 甘草 5g

【功效与适应证】化瘀消肿,清热解毒。治跌打损伤。

【制用法】水煎服,每日 1 剂。

十 二 画

散瘀和伤汤(《医宗金鉴》)

【组成】番木鳖 15g 红花 15g 生半夏 15g 骨碎补 9g 甘草 9g 葱须 30g 醋 60g(后下)

【功效与适应证】活血祛瘀,舒筋疗伤。治碰擦损伤,瘀血停聚,筋伤骨错,疼痛不止。

【制用法】用水煎药,沸后,入醋再煎 5~10 min,熏洗患处。每日 3~4 次,每次熏洗都把药液煎沸后用。

葛根汤(《伤寒论》)

【组成】葛根 15g 麻黄 8g 桂枝 15g 白芍 15g 甘草 5g 生姜 3g 大枣 5g

【功效与适应证】解肌散寒。治颈部损伤兼有风寒乘袭者。

【制用法】水煎服。煎渣湿热敷颈部。

跌打万花油(成药)

【组成】略

【功效与适应证】消肿止痛,解毒消炎。治跌打损伤肿痛、烫伤等。

【制用法】敷贴：将万花油装在消毒容器内,再把消毒纱布放到容器内浸泡片刻,然后直接敷贴患处。或将药直接涂擦在患处,亦可在施行按摩手法时配合使用。

跌打丸(《全国中医成药处方集》)

【组成】当归 30g 土鳖虫 30g 川芎 30g 血竭 30g 没药 30g 麻黄 60g 自然铜 60g 乳香 60g

【功效与适应证】活血破瘀,接骨续筋。治跌打损伤,筋断骨折,瘀血攻心等证。

【制用法】共为细末,为蜜丸,每丸 3g。每服 1~2 丸,每日 1~2 次。

跌打膏(《林如高正骨经验》)

【组成】乌药 30g 白芷 60g 何首乌 60g 威灵仙 30g 木通 30g 苍耳叶 30g 桂枝 30g 木瓜 30g 穿山龙 60g 杜仲 30g 生地黄 90g 金银花

30g　泽兰30g　当归60g　五加皮60g　郁金15g　大黄30g　地榆皮30g　川芎45g　五倍子30g　生川乌60g　生草乌60g　生半夏15g　怀牛膝90g　小茴香15g　补骨脂30g　炮山甲30g　血竭60g　三七60g　肉桂30g　沉香30g　朱砂60g　乳香45g　楠香60g　川连30g　白芥子30g　西红花15g　炒黄丹2 000g

【功效与适应证】祛风通络，凉血消肿，化瘀止痛。治跌打损伤局部肿痛或风寒湿入络者。

【制用法】前二十七味粗料用茶油3 000g、桐油1 375g，同入锅内熬炼，滤去药渣，再加入后十一味细料。同时将膏药摊在布上，温贴患处。

跌打膏(《中医伤科学讲义》)

【组成】乳香150g　没药150g　血竭90g　香油10 000g　三七17 500g　冰片90g　樟脑90g　东丹5 000g

【功效与适应证】活血祛瘀，消肿止痛。治跌打损伤，骨折筋伤，肿胀疼痛。

【制用法】先将乳香、没药、血竭、三七等药用香油浸，继用慢火煎2h，改用急火煎药至枯去渣，用纱布过滤，取滤液再煎，达浓稠似蜜糖起白烟时，放入东丹，继续煎至滴水成珠为宜。离火后加入冰片、樟脑调匀，摊于膏药纸上即成，外贴患处。

舒筋丸(又称舒筋壮力丸，《刘寿山正骨经验》)

【组成】麻黄　制马钱子各2份　制乳香　制没药　血竭　红花　自然铜(煅，醋淬)　羌活　独活　防风　钻地风　杜仲　木瓜　桂枝　怀牛膝　贝母　生甘草各1份　蜂蜜适量

【功效与适应证】散寒祛风，舒筋活络。治各种筋伤遇冷痹痛。

【制用法】共为细末，炼蜜为丸，每丸重5g，每服1丸，每日1～3次。

舒筋止痛水(《林如高正骨经验》)

【组成】三七粉18g　三棱18g　红花30g　生川乌12g　生草乌12g　当归尾18g　樟脑30g　五加皮12g　木瓜12g　怀牛膝12g

【功效与适应证】祛风止痛，舒筋活血。治跌打损伤局部肿痛者。

【制用法】上药入70%乙醇1 500ml或高粱酒1 000ml，浸泡备用。用药水涂擦患处，每日2～3次。

舒筋汤

【组成】
1. 当归10g　白芍10g　姜黄6g　宽筋藤15g　松节6g　海桐皮12g　羌活10g　防风10g　续断10g　甘草6g(《外伤科学》)
2. 当归12g　陈皮9g　羌活9g　骨碎补9g　伸筋草15g　五加皮9g　桑寄生15g　木瓜9g(南京中医学院经验方)

【功效与适应证】祛风，舒筋，活络。治骨折及关节脱位后期，或筋伤所致筋络挛痛。

【制用法】水煎服。

舒筋药水(《上海市药品标准》)

【组成】生川乌　生草乌　生天南星　樟脑　山栀　大黄　木瓜　羌活　独活　路路通　花椒　苏木　蒲黄　香樟木　赤芍　红花

【功效与适应证】舒筋活络，祛风止痛。治扭伤、损伤，筋骨酸痛者。

【制用法】制为酊剂，涂擦患处，每日3次。

舒筋活血汤(《伤科补要》)

【组成】羌活6g　防风9g　荆芥6g　独活9g　当归12g　续断12g　青皮5g　牛膝9g　五加皮9g　杜仲9g　红花6g　枳壳6g

【功效与适应证】舒筋活络。治筋伤及骨折脱位后期筋肉挛痛者。

【制用法】水煎服。

舒筋活血洗方(《伤科学》)

【组成】伸筋草9g　海桐皮9g　独活　大秦艽　当归　钩藤各9g　川红花　乳香　没药各6g

【功效与适应证】活血消肿，舒筋止痛。治跌打损伤，肿硬疼痛和风湿痹痛诸证。

【制用法】煎汤温洗患处。

舒筋活络膏(《林如高正骨经验》)

【组成】当归60g　松节60g　豨莶草60g　蓖麻仁60g　木瓜30g　蚕砂30g　穿山甲90g　钩藤60g　海风藤60g　五加皮90g　乳香30g　没药30g　蚯蚓(干)30g　蛇蜕15g　麝香3g　炒黄丹500g

【功效与适应证】祛风活络，行血止痛。治旧伤兼挟风湿而引起关节或软组织酸痛。

【制用法】前十味粗料用净菜油750g，桐油250g同入锅内熬炼，滤去药渣，再加入后六味细料。将膏药摊在布上，温贴患处。

温经通络膏(《中医伤科学讲义》)

【组成】乳香 没药 麻黄 马钱子各等量 饴糖或蜂蜜适量

【功效与适应证】祛风止痛。治骨关节、软组织损伤肿痛,或风寒湿浸注,局部痹痛者。

【制用法】共为细末,饴糖或蜂蜜调成软膏或凡士林调煮成膏外敷患处。

温胆汤(《备急千金要方》)

【组成】半夏 竹茹 枳实 橘皮 生姜 茯苓 甘草

【功效与适应证】燥湿豁痰,行气开郁。治一切痰厥。

【制用法】水煎服。

十三画以上

新伤续断汤(《中医伤科学讲义》)

【组成】当归尾 12g 地鳖虫 6g 乳香 3g 没药 3g 丹参 6g 自然铜(醋煅)12g 骨碎补 12g 泽兰叶 6g 延胡索 6g 苏木 10g 续断 10g 桑枝 12g 桃仁 6g

【功效与适应证】活血祛瘀,止痛接骨。治骨折筋伤初、中期。

【制用法】水煎服。

膈下逐瘀汤(《医林改错》)

【组成】当归 9g 川芎 6g 赤芍 9g 桃仁 9g 红花 6g 枳壳 5g 牡丹皮 9g 香附 9g 延胡索 12g 乌药 9g 甘草 5g 五灵脂 9g

【功效与适应证】活血祛瘀。治腹部损伤,蓄瘀疼痛。

【制用法】水煎服。

黎洞丸(《医宗金鉴》)

【组成】牛黄 冰片 麝香各 1 份 阿魏 雄黄各 5 份 大黄 儿茶 血竭 乳香 没药 田三七 天竺黄 藤黄(隔汤煮十数次,去浮珠,用山羊血拌晒,如无山羊血,以子羊血代之)各 10 份

【功效与适应证】祛瘀生新。治跌打损伤,瘀阻气滞,剧烈疼痛或瘀血内攻等证。

【制用法】共研细末,将藤黄化开为丸,如芡实大,焙干,稍加白蜜,外用蜡皮封固。每次 1 丸,开水或酒送服。外用时,用茶卤磨涂。

熨风散(《疡科选粹》)

【组成】羌活 白芷 当归 细辛 芫花 白芍 吴茱萸 肉桂各等量 连须赤皮葱适量

【功效与适应证】温经散寒,祛风止痛。治流痰、附骨疽及风寒痹证所致的筋骨疼痛。

【制用法】共研细末,每次取适量药末与适量连须赤皮葱捣烂混合,醋炒热,布包,热熨患处。

橘术四物汤(《医宗金鉴》)

【组成】当归 6g 川芎 6g 白芍 6g 生地黄 6g 陈皮 3g 白术 3g 红花 3g 桃仁 3g

加减:骨节疼痛,加羌活、独活。痛不止,加乳香、没药。

【功效与适应证】活血化瘀,行气止痛。治损伤肿痛。

【制用法】水煎服。

薏苡仁汤(《类证治裁》)

【组成】薏苡仁 川芎 当归 麻黄 桂枝 羌活 独活 防风 川乌 苍术 甘草 生姜

【功效与适应证】除湿运脾,祛风散寒。治伤后着(湿)痹。

【制用法】水煎服。

麝香虎骨膏(成药)

【组成】略

【功效与适应证】祛风通络,舒筋止痛。治关节扭挫伤,风寒湿痹等证。

【制用法】皮肤清洁后外贴患处。

麝香关节止痛膏(成药)

【组成】略

【功效与适应证】消肿止痛,活络舒筋。治关节痛,扭挫伤,肌肉酸痛等证。

【制用法】皮肤清洁后外贴患处。

蠲痹汤(《百一选方》)

【组成】羌活 6g 姜黄 6g 当归 12g 赤芍 9g 黄芪 12g 防风 6g 炙甘草 3g 生姜 3g

【功效与适应证】活血通络,祛风除湿。治损伤后风寒乘虚入络者。

【制用法】水煎服。